THE SPIRIT OF GREEN

그린의 정신

그린의 정신
지속 가능한 세계를 위한 그린 경제학

초판 1쇄 인쇄일 2023년 11월 20일   **초판 1쇄 발행일** 2023년 11월 30일

지은이 윌리엄 D. 노드하우스 | **옮긴이** 김홍옥
펴낸이 박재환 | **편집** 유은재 | **관리** 조영란
펴낸곳 에코리브르 | **주소** 서울시 마포구 동교로15길 34 3층(04003) | **전화** 702-2530 | **팩스** 702-2532
이메일 ecolivres@hanmail.net | **블로그** http://blog.naver.com/ecolivres
출판등록 2001년 5월 7일 제201-10-2147호
종이 세종페이퍼 | **인쇄 · 제본** 상지사 P&B

ISBN **978-89-6263-261-3 03320**

책값은 뒤표지에 있습니다.   잘못된 책은 구입한 곳에서 바꿔드립니다.

그린의 정신

지속 가능한 세계를 위한 그린 경제학

윌리엄 D. 노드하우스 지음 | 김홍옥 옮김

에코리브르

차례

들어가며

뉴멕시코주의 고지대 사막에서 자란 나는 그린(green)을 메마른 풍경 속에서 만나는 한줄기 반가운 안도로 여겼다. "참 푸르기도 하다." 아버지는 산중에 자리한 우리 가족의 오두막집으로 차를 몰아갈 때면 이렇게 되뇌시곤 했다. 아버지의 말에는 송어를 낚기에 더없이 좋을 만큼 개울에 물이 가득했으면 하는 소망이 담겨 있었다. 아버지에게 그린은 송어를 냄비에 끓여 먹을 수 있다는 것을 의미했다.

내게 '그린(Green)'의 의미는 달랐다. 그린은 그 자체의 생명을 지녔으며 개인의 행동, 기업, 정치 활동, 법률 등에 새로운 접근법을 부여한 사회 운동으로 떠올랐다. 그것은 현대 산업 사회가 어떤 위태로운 부작용을 지녔는지, 그리고 우리가 그것을 치유할 수 있는, 아니 최소한 억제할 수 있는 방법은 무엇인지를 다루는 서로 이어진 일련의 아이디어다. 이 책에서 대문자로 표기한 'Green'은 현대 사회에서의 전염과 충돌을 다루는 운동을 뜻한다. 소문자로 표기할 경우 'green'은 그저 나무나 식물이 지닌 것으로 인지되는 빛깔을 지칭한다.

10년 전 머릿속으로 이 책의 얼개를 그렸을 때, 나는 경제 성장과 세계화에서 비롯한 난제들과 그것이 낳는 의도치 않은 부작용을 본격적으로 다루고 싶었다. 내가 가장 깊이 관심을 기울인 부작용은 기후 변화다. 나는 지구 온난화를 늦추는 정책을 탐구한 결과, 이 책에 담아낸 수많은 아이디어를 얻을 수 있었다. 책 집필이 거의 끝나갈 무렵 세계는 신종 코로나바이러스가 일으킨 팬데믹이라는 또 하나의 골칫거리에 시달리고 있다.

기후 변화는 새롭지만 역병은 유구한 것이다. 그렇기는 하나 해결책을 얻기 위한 둘의 접근법에는 중대한 공통점이 있다. 바로 사회는 민간 시장의 기발함과 정부의 재정적·규제적 권한을 동시에 활용해야 한다는 것이다. 민간 시장은 식량이나 주거지 같은 재화를 풍부하게 공급하는 데 필요하지만, 오직 정부만이 오염 억제, 공공 의료, 개인의 안전 같은 집단재를 제공할 수 있다. 민간 시장과 집단적 행동 없이 '잘 관리된 사회'를 이끌어가려는 것은 마치 한 손으로 박수를 치려 애쓰는 꼴이나 진배없다. 이 책은 사적 사회 조직 형태와 공적 사회 조직 형태의 위력을 이용해 산업주의 사회가 직면한 얽히고설킨 난제들을 다룰 효과적인 해결책을 모색한다.

이 책에서 나는 환경 운동, 즉 '그린' 운동의 영향력을 다양한 영역에 걸쳐 살펴볼 것이다. 대다수 사람들은 오염을 오늘날의 삶에서 가장 심각한 스필오버〔spillover: 일출(溢出) 효과, 누출 효과, 유출 효과, 파급 효과라고도 옮긴다—옮긴이〕라 여기지만, 세계는 팬데믹이 나날의 개인적 거래와 경제적 거래로 인한 치명적인 부산물이 될 수 있음을 깨달았다. 그린은 청정한 행성을 의미할 뿐 아니라 코로나19 같은 파괴적인 전염병이 없는 세계를 뜻하기도 한다.

그린 행성을 위한 청사진

이 책의 장들은 다양한 영역에 걸친 사회적, 경제적, 정치적 문제를 그린의 관점에서 살펴본다. 여기에는 오염, 교통 혼잡, 지구 온난화 같은 잘 정립된 영역도 포함되지만 그린화학, 세금 제도, 윤리, 금융 같은 생소한 영역도 들어간다.

'코펜힐(Copenhill)'로 우리의 여정을 시작하고자 한다. 최근 덴마크 코펜하겐에 들어선 미래 지향적인 구조물 말이다. 이 건축물은 내부 사무실, 쓰레기로 전기를 생산하는 공장, 하이킹에 적합한 산책로, 초보자에서 전문가까지 두루 울창한 스키 슬로프를 즐길 수 있는 의자식 리프트 등을 한데 결합하고 있다. 코펜힐을 그린 시대의 아이콘으로 꼽을 사람은 거의 없을 것이다. 쓰레기를 연상시키기 때문이다. 하지만 그것은 우리의 생활 양식을 구성하는 상이한 요소들—생산과 노동에서 스키 타기에 이르는—이 어떻게 혁신적으로 통합될 수 있는지를 보여준다.

코펜힐은 그린 건축물의 상징으로, 이를 지지하는 사람 중 한 명인 제임스 와인스(James Wines)는 다음과 같이 설명한다. "그린 건축이란 지속 가능한 에너지원, 건축 자재의 재사용과 안전성, 그리고 그것이 환경에 미칠 영향력을 고려한 건물 부지 등을 지지하는 건축 철학이다." 여기에서 핵심어는 **지속 가능성**이다. 그린 건축에서 지속 가능성이란 효율적인 디자인과 재생 가능한 자원을 사용해 건물이 환경에 미치는 해악을 최소화한다는 것을 의미한다. 더욱 일반적으로 이 책 전체를 관통하는 주제로서, 지속 가능한 사회란 미래 세대가 적어도 현재 세대만큼은 풍요로운 생활 수준을 누릴 수 있도록 보장하는 사회다.

인공 환경은 인간 문명에서 가장 내구적이고 눈에 띄는 특성이다. 몇 가지 연장을 제외하면 인간이 만든 가장 오래된 작품은 건축물이다. 그 예로는 이집트의 피라미드, 로마의 수도교, 인디언 주택 푸에블로(pueblo: 돌이나 어도비 벽돌로 지은 인디언 집단 주택 또는 그것들로 이루어진 마을—옮긴이), 고딕 양식의 대성당 따위를 꼽을 수 있다. 대다수 구조물은 대략 50년 정도 버틴다. 이는 수명이 10년 정도인 자동차나 고작 몇 년에 불과한 스마트폰과 대비된다. 건축물은 두드러지고 이렇듯 오래 지속되므로 그린 원칙을 적용하는 것이 얼마나 중요한지 잘 보여주는 요긴한 예다.

그린 정신은 건축물 등 여러 유형의 재화를 위한 청사진으로서 유용하다. 하지만 상호 관련된 사회를 위한 제도, 법률, 윤리를 설계하는 개념적 틀로서 중요성이 한층 더 크다. 서구 경제의 분석적 토대는 애덤 스미스와 19세기 자유주의자들의 사상에 기반을 둔다. 그들의 접근법은 독점과 사기가 없는 경쟁 시장을 강조한다. 이러한 과거의 경제적 통찰은 풍요로운 사회의 주요 구성 요소로 남아 있다. 하지만 그것은 시장의 결함과 비시장의 결함을 바로잡는 데 필요한 철학으로 보완할 필요가 있다.

이 책은 그린 철학과 세계화하고 기술적으로 진보한 사회에 그 철학을 적용하는 문제를 다룬다. 코펜힐이나 새로운 차량 또는 화학 물질 같은 몇몇 경우에서는 이 접근법이 문자 그대로든 비유적으로든 '구체적(concrete: '콘크리트의' '유형의'라는 뜻을 지닌다—옮긴이)'이다.

하지만 가장 중요한 그린 접근법 몇 가지는 조직, 제도 또는 사고방식과 관련이 있다. 우리의 세금 제도를 손질하는 것, 좀더 정확한 국가 산출 척도를 개발하는 것, 그린 에너지를 위한 인센티브를 개선하는 것, 오염을 줄이도록 시장 제도를 활용하는 것, 그리고 개인 및 기업을 위한 윤리 규범을 가다듬는 것, 이것들은 강철이나 콘크리트가 아니라 마음가짐과 법령의 변화를 요청하는 사회 개선 방식이다.

이어지는 다양한 주제를 다루기 전에, 많은 것을 깨닫게 해준 동료와 친구들에게 머리 숙여 감사드려야 할 것 같다. 특히 이 자리를 빌려 우리 전 세대에 속한 스승 Tjalling Koopmans, Paul Samuelson, Robert Solow, 그리고 James Tobin에게 경의를 표한다.

그뿐만 아니라 환경적 사고와 경제적 사고를 다루는 연구 집단의 기고가들에게도 감사드린다. George Akerlof, Jesse Ausubel, Lint Barrage, Scott Baqrrett, William Brainard, Nicholas Christakis, Maureen Cropper, Dan Esty, Alan Gerberm Ken Gillingham, Geoffrey Heal, Robert Keohane, Charles Kolstad, Matt Kotchen, To, Lovejoy, Robert Mendelsohn, Nicholas Muller, Nebojsa Mikicenovic, John Reilly, Jeffrey Sachs, Cass Sunstein, David Swenson, Martin Weitzman, Zili Yang, Gary Yohe가 그들이다.

마지막으로 나의 형 밥〔로버트 노드하우스(Robert Nordhaus, 1937~2016). 밥(Bob)은 로버트(Robert)의 애칭—옮긴이〕에게 고마움을 전한다. 내 인생에 영감을 불어 넣어준 법학자 밥은 연방 에너지 및 환경 법률과 관련한 그린 이상을 다룬 글의 집필에 자신의 재능을 쏟아부었다.

고집스럽게 남아 있는 이 책의 오류와 터무니없는 비약은 모두 저자인 나의 불찰이다.

조 바이든(Joe Biden)이 2021년 1월 20일 46대 대통령에 취임함으로써 미국은 트럼프가 지배하던 수년의 암흑기에서 벗어났다. 나는 그 이튿날 이 책의 마지막 줄을 썼다. 새로운 바이든 행정부는 전 세계의 정부 및 시민들과 함께 지난 반세기의 그 어느 때보다 한층 벅찬 난제들에 직면했다. 바로 '그린 이후(Green and beyond)'라는 과제다. 하지만 선의, 진지한 과학, 그리고 민주주의 제도 등이 다가오는 미래에 우리의 앞날을 밝게 비춰줄 것이다.

1부

그린 사회의 기반

그린의 역사

여기에서 살펴볼 그린 운동은 코네티컷주 뉴헤이븐에 있는 나의 집 부근에서 삼림원 기포드 핀콧(Gifford Pinchot)과 더불어 시작된다. 그는 예일 임학대학원(Yale Forestry School)에 재산을 기증했으며, 숲을 개간하기 위해 도끼를 휘둘렀고, 미국이 초창기에 실시한 숲 정책의 선구자였다. 그린 운동에 대한 검토는 같은 대학원, 이제는 예일 환경대학원(Yale's School of the Environment)으로 개칭한 곳에 몸담고 있는 유능한 환경법 학자와 더불어 끝을 맺는다. 우리는 댄 에스티(Dan Esty)가 수집한, 우리 지구의 보호·보존에 기여하는 급진적인 아이디어들을 검토함으로써 그린 운동이 어떻게 달라졌는지 살펴볼 것이다.

핀콧, 뮤어, 그리고 미국 환경주의의 창설

오늘날 우리가 알고 있는 것과 같은 환경주의는 1800년대 말 태동했다. 그것은 약 1세기 동안 천연자원, 특히 숲과 황무지의 관리 및 보존에 주력했다. 천연자원은 시장적 서비스와 비시장적 서비스를 동시에 제공하는데, 초기에 이루어진 대부분의 논쟁은 시장에 의존하는 방법과 정부에 의존하는 방법 간의 상대적 중요성과 관련이 있었다. 환경적 사고의 창시자 기포드 핀콧과 존 뮤어(John Muir), 이 두 사람이 이후 논의의 발판을 다졌다.

미국 환경주의의 역사는 기포드 핀콧과 함께 시작되었다. 예일 대학에서 그의 이름은 널리 알려져 있다. 그는 1889년 예일 대학을 졸업했고, 훗날 예일 임학대학원에 재원을 기부했다. 핀콧은 목재업의 거부인 부유한 가문 출신으로, 가업에 따라 서부 숲의 방대한 지역을 벌채하는 일에 뛰어들었다. 그는 오늘날에는 불미스럽게 여기는 견해들(특히 우생학)을 지지했지만, 삼림학에서는 선구자였다.

핀콧은 숲이 목재의 원천으로서 가장 중요한 국가 자산이라고 믿었지만, 민간 기업은 숲 자원을 제대로 관리하지 못한다고도 생각했다. 기업이 저지르는 가장 심각한 실패는 투자 기간이 너무 짧다(즉, 오늘날의 용어로 말하자면, 지나치게 높은 할인율을 적용한다)는 것이었다. 그는 이렇게 적었다. "숲은 수많은 적에 의해 위협당하고 있다. 그중 최악은 산불과 무분별한 벌목이다." 그의 견해에 따르면, 정부의 역할은 숲 자산을 적절하게 이용하고, 숲을 그 적들로부터 보호하도록 보장하는 것이었다.

핀콧은 그린 운동의 핵심 원칙인 **지속 가능성**을 처음으로 지지한 이들 가운데 한 명이었다. 그는 이렇게 썼다.[1]

임학에서 가장 중요한 개념은 현명한 사용에 의거한 영속 개념이다. 즉, 숲이 현재 가능한 최선의 서비스를 내놓되 미래의 유용성 또한 줄이지 않고 늘린다는 개념 말이다.

이는 오늘날 환경경제학의 가장 심오한 사상 가운데 하나로 자리 잡았다. **지속 가능한 소비**(목재 수확에서든, 좀더 일반적으로 경제에서든)는 미래 세대가 현재 세대만큼 풍족하게 살도록 남겨놓은 상태에서 소비할 수 있는 양이다.

핀콧은 예지력이 남다를 뿐 아니라 실용적인 인물이었다. 숲은 여러 용도로서 가치를 띠긴 하지만, 그는 목재 수확을 가장 중시했다. 핀콧은 그것을 "도끼질할 시기가 무르익은 나무들의 정기적인 공급"이라고 보았다. "숲이 떠안은 가장 심각한 위험 가운데 상당수는 인간과 관련한 것들이다. 파괴적인 벌채와 삼림 지대에 대한 과도한 과세 같은 것들 말이다. ……세금이 지나치게 높아서 벌목인들은 시기가 채 무르익기도 전에 서둘러서, 즉 미래에 대한 고려도 없이 나무를 잘라 팔기에 급급하다." 그의 임무는 '실용적 임학'을 구축하기 위해 파괴적 관행을 바로잡는 것이었다. 그가 보기에 실용적 임학이란 "숲이 미래의 유용성을 줄이기보다 늘리는 식으로 인간에게 최선의 서비스를 제공하게끔 이끄는 것"이었다.

그 시대를 상징하는 또 다른 인물은 존 뮤어다. 만약 핀콧이 도끼를 휘두르는 남성이라면, 뮤어는 부츠를 신고 산야를 누비는 남성이었다. 스코틀랜드에서 태어난 그는 11세 때 위스콘신주로 이주했다. 거기에서 여러 기이한 일자리를 전전하고, 농장을 경영하기도 했다. 그리고 짧은 기간의 대학 생활을 경험한 끝에, 자신이 걷기와 자연을 사랑한다는 사실을 알아차렸다. 미국 국립공원제도(National Park System)의 설립에 크게 기여한 뮤어는 시에라 클럽(Sierra Club)을 창립했으며, 현대 환경주의 가운데 '보존주의(preservationist)' 진영을 구축했다.

뮤어는 20대 때부터 그의 평생에 걸친 특색인 전국을 걸어 다니는 삶을 시작했다. 그는 장장 1600킬로미터를 걸었다. 플로리다키스의 해안에 당도했을 때, 그의 낭만적 기질에 불이 붙었다.[2]

> 기억은 의지의 작용에서 벗어날 수 있으며 오랜 시간 잠자기도 하지만, 올바른 영향에 의해 자극받으면(설사 그 영향이 그림자 같은 가벼운 것이라 할지라도) 모든 장면이 생생하게 되살아난다. ……나는 끝없이 펼쳐져 있는 멕시코만을 바라보았다. 나무 한 그루 없는 매끈한 평원을 바라보며 바닷가에 서 있노라니 수많은 꿈이며 사색적인 생각거리가 다투듯 피어올랐다.

나중에 시에라 클럽을 창립할 때, 그는 이 느낌을 그 헌장에 담아냈다. "태평양 연안의 산악 지대를 탐험하고 향유하고 접근 가능하도록 만드는 것", 그리고 "숲과 시에라네바다산맥의 자연적 특성을 보존하는 데 대한 지지를 끌어모으는 것"이 목적이라고 밝힌 헌장 말이다. 그때 이후 시에라 클럽은 그 임무를 "지구상의 야생 지역을 탐험하고 향유하고 보호하는 것, 그리고 책임 있는 지구 생태계와 자원의 사용을 실천하고 촉구하는 것"으로까지 확대했다.

인간중심주의와 생물중심주의

뮤어의 저작에서 핵심 주제는 귀중한 자연 지역은 미래 세대를 위해 보호 및 보존되어야 한다는 **인간 중심적**(human-centric, 즉 anthropocentric) 접근법이다. 오늘날의 인간 가치가 사실상 천연자원의 가치에 대한 모든 법적·경제적 분석의 기초를 이룬다.

두 번째 분명한 주제는 자연이 인간과 무관하게 그 자체로 가치를 지니며, 따라서 어떤 인간도 그것을 향유할 수 없을 때조차 보전해야 마땅하다는 생태적 관점이다. 이는 **생물 중심적**(biocentric) 접근법이다.[3]

대다수 사람들은 자연이 본래적으로 가치 있다는 직관적인 감각을 가지고 있다. 설사 자연을 어떻게 가치 있게 만들지, 혹은 인간과 비인간의 관심사 사이의 트레이드오프(trade-off: 서로 대립되는 요소 사이의 균형―옮긴이)가 어떻게 가능할지 깨닫지 못한다 해도 말이다. 생물 중심적 접근법의 한 가지 예는 동물권 운동이다. 이는 동물이 인간의 권리나 이익과 무관하게 그 자신의 권리와 이익을 지닌다고 주장한다.

경제적 관점에서 우리는 이렇게 질문해볼 수도 있다. "숲이나 생태계의 가치는 무엇인가?" 좀더 일반적으로 자연계의 가치는 무엇인가? 그림 2-1에서 보는 바와 같이 환경의 가치를 평가하는 세 가지 상이한 방식을 구분해보면 유용하다. 핀콧을 비롯한 수많은 시장 지향적 인물들은 목재 같은 제품의 시장 가치, 즉 원 A의 중요성을 강조한다. 우리는 시장 산출의 중요성을 과소평가하지 말아야 한다. 사람들은 늘 의식주를 필요로 하며 오늘날에는 휴대폰, TV 프로그램, 콘서트를 즐긴다.

하지만 우리는 원 A의 시장 가치에 더해 원 B에서 볼 수 있는 비시장 활동의 가치도 인정해야 한다. 여기에는 해안가 걷기나 산맥 하이킹

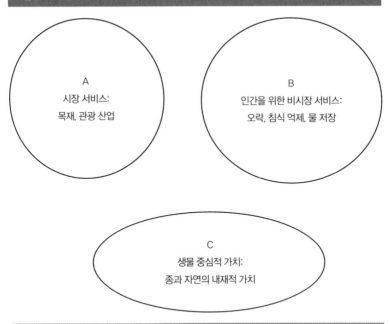

그림 2-1 여러 가지 가치 체계

A
시장 서비스:
목재, 관광 산업

B
인간을 위한 비시장 서비스:
오락, 침식 억제, 물 저장

C
생물 중심적 가치:
종과 자연의 내재적 가치

원 A는 핀콧의 접근법을 토대로 숲의 시장 가치 극대화를 나타낸다. 원 B는 그 체계 속에 비시장 가치를 포함하는데, 규제받지 않는 시장은 그 가치를 효율적으로 제공하지 못한다. 원 C는 꼭 인간이 가치롭게 여기지 않을 수도 있지만 그것들 자체로 내재적인 가치를 담고 있다.

처럼 천연 자산의 서비스뿐 아니라 여가와 가족의 삶도 포함된다. 아마 원 B의 비시장 서비스가 인간에게 부여하는 가치는 정확히 원 A의 시장 활동과 마찬가지로 소중할 것이다. 개념적 관점에서 A와 B는 둘 다 인간의 복지를 증진한다는 철학적 의미로 볼 때 인간 중심적이다. 하지만 이 두 가지는 상이한 기제를 통해 인간의 목적에 기여한다.

원 C는 비인간종이나 생태계 또는 개별 동물은 **그것이 인간에게 어떤 가치가 있는지와 무관하게** 그들 고유의 가치를 지닌다고 주장함으로써 가치에 새로운 차원을 부여한다. 이 중요한 점은 좀더 고찰해볼 필요가 있다. 법 이론과 마찬가지로, 경제학을 비롯한 대다수 사회과학은 사회의 목적과 선호에 오직 인간의 복지와 선호만을 포함한다.

하지만 일부 철학자나 환경주의자들(동물권 집단뿐 아니라)은 관심과 가치의 경계를 비인간종의 복지를 포함하는 단계로까지 확대하고 싶어한다.[4] 환경 연구에서 이 접근법은 흔히 생물중심주의, 혹은 심층생태학이라 부르기도 한다. 그 지지자인 철학자 폴 테일러(Paul Taylor)는 생물중심주의 아래 깔린 주요 원칙을 이렇게 기술한다.

> 지구의 비인간 생명체에 대한 우리의 의무는 본래적 가치를 지니는 존재로서 그들의 위상에 근거를 둔다. 그들은 그 자체로 제게 속한 모종의 가치를 지닌다. 바로 그 때문에 마치 인간의 목적을 위한 수단에 불과한 존재인 양 그들을 대해서는 안 된다. 그들의 이익을 촉진하고 보존해야 하는 것은 무엇보다 그들 자신을 위해서다. 인간이 존중받아야 하는 것처럼 그들 역시 존중받아야 마땅하다.[5]

테일러의 접근법은 인간의 선호와 복지를 개선하고자 조치를 취하는 법률과 경제에 대한 표준적 분석과 대조를 이룬다. (혹자는 테일러의 접근법이 법률과 경제에 대한 표준적 분석을 보완한다고 말하기도 한다.) 비인간 생명체의 내재적 가치를 주장하는 것은 인간이 비인간 생명체에 가치를 부여한다고 말하는 것과는 다르다는 데 주목하라. 대다수 사람들은 북극곰이나 산호초를 보호하는 행동이 중요한 까닭은 인간이 그들을 사랑하기 때문이라는 말에 동의할 것이다. 그들은 이처럼 귀중한 생명체는 내재적 가치를 지닌다고 덧붙일 수도 있다. 생명체의 내재적 가치를 주장하는 이들에게 난감한 경우는 모기나 해파리일 것이다. 많은 사람이 그들을 죽이고 싶어 하겠지만, 생물중심주의자는 그들 자체도 소중하다며 맞설 것이다.

핀콧과 뮤어에 관한 논의로 돌아가보자. 핀콧은 분명 원 A의 가치에 중점을 두고 있지만, 그렇게 하는 데에서 원 A의 가치를 최적화하도록 보장하기 위해 정부의 규제가 필요하다고 주장한다. 뮤어의 견해는 그보다 한층 넓다. 그는 원 B의 비시장 가치가 중요하다는 걸 분명하게 믿지만, 때로 자연을 보호하는 것은 자연 자체의 내재적 가치를 위해서 (원 C)라고 강조하기도 한다.

뮤어는 인간 중심적 입장과 생물 중심적 입장을 동시에 견지했지만, 오늘날의 우리처럼 그 둘을 명확하게 구분했던 것 같지는 않다. 그의 생물 중심적 견해는 악어를 옹호한 글에서 분명하게 드러난다. "많은 선량한 사람들이 악마가 악어를 창조했다고, 그들이 모든 걸 집어삼키는 식욕과 못생긴 외양을 지닌 것을 보면 그 점을 알 수 있다고 믿는다. ……악마는 같은 재료로 다른 모든 생명체를 창조했다. 유해한 것이든 우리에게 하찮아 보이는 것이든 말이다. 그들은 이 세상에 태어난 우리의 동반자이자 동료 생명체다."[6] 그뿐 아니라 그는 실용적이었으며, 기분을 고양시키는 경험으로서 자연에 관심 있는 이들을 동원하는 일이 중요하다는 것을 인식했다. 악어는 투표권도 없고 동조자도 거의 없다.

공유지의 비극

환경과학에서 가장 영향력 있는 논문 가운데 하나는 1968년 출간된 개

릿 하딘(Garrett Hardin)의 〈공유지의 비극(The Tragedy of the Commons)〉이다.[7] 미생물학자로 훈련받은 하딘은 재빨리 인구 증가와 경제 성장을 비판하면서 대중적 지지를 얻게 된 이력으로 선회했다. 그는 오늘날의 환경주의에서 반시장주의로 자리 잡은 입장을 대표했다.

하딘이 내놓은 공유지의 비극 개념에서 기본적 주제는 애덤 스미스가 주장한 규제받지 않는 시장, 즉 '보이지 않는 손'(4장에서 상세히 논의한다)의 경쟁이 생태계와 인간에게 재앙을 안겨줄 수 있다는 것이다. 하딘은 스미스의 분석이 "그때 이후 합리적인 분석에 기초한 적극적 행동을 방해해온 주도적 사상의 경향성, 즉 개인적 결정이 실제로 사회 전체를 위한 최선의 결정이 될 거라고 가정하는 경향성에 기여했다"고 주장했다.[8]

하딘은 시장의 힘이 드러내는 비효율성의 예를 다수 제시했는데, 특히 폭발적인 인구 성장에 주목했다. 많은 이들이 바다에서 농사짓기(farming the sea), 혹은 새로운 잡종 곡물의 개발 같은 기술적 해법을 옹호하고 있었다. 그는 그런 것은 쓸데없다고 주장했다. "그 어떤 기술적 해법도 우리를 인구 과잉의 비참함으로부터 구해줄 수는 없다"고 말이다.[9]

그는 가족에 또 한 명의 인구를 더하는 부부는 마치 자신이 모는 가축 떼에 가축 한 마리를 추가함으로써 공유지의 과방목에 기여하는 목동과 다를 바 없다고 판단했다.

> 모든 사람은 세상에 한계가 있음에도 무한정 자기 무리를 늘리도록 내모는 체제에 스스로 갇혀 있다. 모든 이들이 공유지의 자유를 믿으며 저마다 본인 최선의 이익을 추구함으로써 파멸이라는 종착지를 향해 달려가고 있다. 공유지의 자유는 모두를 파탄으로 내몬다.[10]

공유지의 비극은 오늘날 외부 효과(externality: 좀더 구체적으로 공유 자산 자원을 말하며 이후 자세히 다룰 것이다)가 야기하는 경제적 비효율성의 일례로 간주되고 있다. 과방목이 일어나는 것은 동물이 너무나 집중적으로 먹어 치우는 통에 초목이 새로 재생하는 데 필요한 시간이 없을 때다. 개별 목동들은 초목의 재생 능력 상실에 대해 어떤 대가도 지불하지 않으며, 따라서 비옥하던 초원은 이내 메마른 덤불 지대로 바뀐다. 이런 현상은 해양이나 대기 등 공적 특성을 띠는 자원이 그 이용 가격을 낮게 책정하는 바람에 악화하는 경우에서도 확인할 수 있다.

레이첼 카슨의 선도적 기여

환경 이론은 19세기 말 막 태동하기 시작했을 때 그리 큰 관심을 끌지 못했다. 당시 미국 자본주의의 정치적 투쟁은 관세 문제, 금과 은, 자본과 노동의 공방, 독점의 부상과 그걸 억제하는 데 따른 갈등에 골몰하고 있었으며, 주기적인 전쟁 및 경기 침체에 휩싸였다.

제2차 세계대전 이후 경제 활동의 규모가 늘어나면서 대지, 대기, 물에 대한 압박이 거세지기 시작했다. 대중과 정치 지도자에게 환경적 관심사를 일깨운 주요 인물 가운데 한 명이 과학자이자 시인인 레이첼 카슨(Rachel Carson, 1907~1964)이었다.

카슨은 피츠버그 북부의 작은 마을에서 태어났으며, 해양생물학 분야의 연구를 계속했다. 바다의 매력에 푹 빠진 그녀는 라디오 프로그램의 원고를 집필하거나 논문을 쓰기 시작했다. 카슨은 자신의 글에서 유려한 문장으로 바다를 묘사했다. "누가 바다를 알고 있는가? 땅에 발

묶인 채 살아가는 우리 감각으로는 그대도 나도 해안가에 밀려들어 해초 아래 은거지에 몸을 숨긴 게를 덮치는 조수의 포말에 대해 알지 못한다."[11]

보존생물학을 연구하던 그녀는 광범위한 살충제 사용에 관심을 기울이게 되었다. 가장 중요하면서도 파괴적인 살충제는 군인의 머릿니에서부터 열대 지방의 모기에 이르는 모든 것을 박멸하는 데 쓰인 DDT였다. 카슨은 자신의 연구를 기반으로 경종을 울리는 책《침묵의 봄(Silent Spring)》(1962)을 출간했다. 이 책은 화학 약품을 써서 성가신 존재를 제거하는 문제와 관련해 사회가 직면한 딜레마를 기술했다.[12]

> 책임 있는 사람이라면 누구도 곤충 매개성 질병을 무시해도 좋다고 주장하지는 않을 것이다. 다만 오늘날 시급하게 제기해야 하는 질문은 삽시간에 문제를 악화하는 방법으로 문제를 해결하는 게 과연 현명하거나 책임 있는 처사냐 하는 것이다. 세상이 전염을 일으키는 곤충 매개체를 억제함으로써 질병을 퇴치하고자 득의만면한 전투를 벌이고 있다는 이야기를 우리는 심심찮게 들어왔다. 하지만 그 이면에 대한 이야기는 거의 들리지 않는다. 그것은 패배이자 단기적 승리로서 이제 곤충 적은 우리의 노력으로 인해 실제로 한층 더 힘이 세졌다는 불안한 견해를 강력하게 지지해준다. 더 나쁜 결과로, 우리는 우리의 투쟁 수단 자체를 망가뜨렸는지도 모른다.[13]

이 책은 환경주의자와 과학자들 사이에서 널리 호평받았다. 그뿐만 아니라 출간되기도 전에 존 F. 케네디 대통령의 고문들, 그리고 이어 대통령 자신의 관심을 끌었다. 케네디 대통령은《침묵의 봄》에 대해 공개적으로 지지를 표명했으며, 살충제 사용이 환경과 건강에 미치는 다양한 문제를 연구하도록 대통령 산하에 과학고문위원회를 설치하라고 명령했다. 언론의 관심에 힘입어서 케네디 행정부는 환경 법안을 발의할 추진력을 얻을 수 있었다.[14]

하지만 카슨의 비판은 그에 영향을 받게 된 기업들로부터 거센 반발을 불러일으킴으로써 환경 정치의 새 장을 열었다. 기업들은 어떻게든 《침묵의 봄》 출간을 저지하기 위해 출판업자를 고소하겠다고 으름장을 놓았다. 벨시콜(Velsicol) 같은 화학 기업들은 자신의 명성과 최종 결산 결과에 미칠 파장을 우려해 반대 연구에 뛰어들었다. 이는 화학-산업 연합체가 환경비평가들을 몰아붙인 최초의 사건은 아니지만, 아마 가장 공격적인 사건 가운데 하나였을 것이다. 그것은 또한 담배, 산성비, 지구 온난화 같은 영역에서 과학자와 기업들 사이에 유사한 격돌이 펼쳐지도록 발판을 마련했다.

지구를 구하기 위한 급진적 사상

이번 장은 사회적 개선을 위한 새롭고도 급진적인 사상의 중요성을 인식하는 것으로 끝을 맺는다. 우리는 이 책 전반에 걸쳐 어떻게 새로운 테크놀로지와 사상이 문제를 야기하고, 다시 그것을 다른 테크놀로지와 사상이 해결하도록 돕는지 누차 살펴보게 될 것이다. 경제 발전은 도시 인구를 폭발적으로 증가시켰으며, 그 결과로 수송을 위해 많은 말이 필요했다. 그런데 그것은 결국 산더미 같은 말 배설물을 남겨놓았다. 어마어마한 말 배설물은 오늘날의 환경 운동가들이 경멸해 마지않는, 새로 발명된 자동차가 말을 대체하고 도시 거리를 깨끗하게 하고서야 비로소 사라졌다.

오늘날 우리는—이어지는 장들에서 살펴보겠지만—그와 유사한 난제들에 직면해 있다. 거기에는 교통 혼잡 같은 지역적 문제에서부터 기후 변화 같은 전 지구적 문제까지 두루 포함된다. 이 책 전반을 관통하는 주제는, 인류가 직면한 문제들은 새롭건 유구하건 간에 급진적인 사상들을 신중하고도 비판적으로 경청함으로써 해결할 수 있다는 것이다.

한 가지 주목할 만한 것은 최근 댄 에스티가 편집한 책《더 나은 행성: 지속 가능한 미래를 위한 40가지 주요 아이디어(A Better Planet: Forty Big Ideas for a Sustainable Future)》이다.[15] 에스티는 개인적 연구와 대중적 지지를 아우르는 이력의 소유자다. 예일대 로스쿨과 예일 환경대학원의 교수이자 코네티컷주 에너지환경보호부(Department of Energy and Environmental Protection)의 위원을 역임했다. 그리고 많은 글을 쓰는 저술가이면서 혁신을 통한 환경의 개선을 옹호하는 인물이다.

《더 나은 행성》은 40개 장으로 이루어져 있는데, 각 장마다 하나의 환경 이슈를 다루고 그에 따른 급진적인 해결책을 제시한다. 그중 한 가지 예가 **폐수** 개념을 재고(再考)하자는 트레이시 메헌(Tracy Mehan)의 제안이다.[16] 세계 많은 지역이 물 부족을 겪고 있다. 하지만 미국 서부에서는 물을 써서 없애는 대신 재사용하면 방대한 물을 공급할 수 있다. 새로운 테크놀로지를 활용하면 물을 하수구로 흘러보내지 않고 재처리해서 수도꼭지로 돌려보낼 수 있다. 적설(積雪) 지대가 줄어들어도, 가뭄이 일어도 폐수를 재활용해 공급하는 물 자원은 감소하지 않는다.

우리는 그린 운동의 선구자 몇몇을 소개하는 것으로 역사가 짧은 그 운동에 대해 살펴볼 여정을 시작했다. 그 역사는 도끼와 군인이 아니라 급진적인 사상과 테크놀로지가 우리의 환경 문제를 해결해주리라는 것을 잘 보여준다. J. M. 케인스는 경제학에 그 자신의 급진적 신개념을 도입하면서 이 점을 강조했다.[17]

경제학자와 정치철학자가 내놓은 개념들은 그것이 옳든 그르든 흔히 이해하는 정도보다 한층 강력한 영향력을 발휘한다. 사실 그것 말고 세상을 지배하는 것은 거의 없다.

핀콧, 뮤어, 하딘, 카슨, 에스티 같은 선구자들의 통찰은 사회와 현대의 환경 정책에 파문을 일으켰고, 우리가 어떻게 사회 및 자연 세계를 지배해야 하는지와 관련한 견해에 커다란 영향을 끼쳤다. 이제 그 여파가 어디까지 미쳤는지 알아볼 차례다.

그린 사회의 원칙

나는 그린 운동을 처음 접했을 때, 그것이 오늘날의 사고에 얼마나 깊숙이 파고들었는지를 제대로 인식하지 못했다. 신문들이 팬데믹과 기후변화에 대해서는 부지런히 다루고 있다. 하지만 그린 윤리, 재정, 과세, 기업의 계획 같은 기타 분야를 다룬 저작물은 내 서가에 없었다.

개인을 위한 규칙에서 전 지구적 오염과 팬데믹에 이르는 온갖 주제는 그린 운동의 대체적인 풍광을 이루는 부분들이다. 하지만 그린이라는 건축물은 어떻게 생겼는가? 그린 원칙은 '잘 관리된 사회'에 대한 개념화와 어떻게 맞물려 있는가? 그린 사고의 핵심 교리는 무엇인가? 우리는 이런 질문을 필두로 여러 상이한 분야에 우리의 사고를 접목해 보려 한다.

'잘 관리된 사회'의 목표

여러 가지 그린 정신 영역을 분석하기 전에, 그 논의를 우리가 희망하는 유의 사회 특성에 관한 좀더 일반적인 철학적 견해와 관련지어보면 도움이 될 것이다.

내 생각에 이상적 사회란 공정하고 풍요로운 국가를 촉구하는 제도, 태도, 기법으로 이루어진 사회다. 논의를 단순화하기 위해 나는 이를 **잘 관리된 사회**(well-managed society)'라고 부르겠다. 수세기 동안 정치철학자와 경제철학자들이 이 주제에 관심을 쏟아왔다.

나 자신이 종합한 것이긴 하지만, 이는 존 스튜어트 밀(John Stuart Mill), 아서 피구(Arthur Pigou), 로버트 달(Robert Dahl), 폴 새뮤얼슨(Paul Samuelson), 그리고 존 롤스(John Rawls) 같은 정치사상가나 경제사상가의 오랜 계보에 기대고 있다. 그 아이디어들은 이 책의 범위를 훌쩍 뛰어넘는 수준이지만, 본서의 목적은 그린 정신이 공유하는 '잘 관리된 사회'의 요소들을 개괄하는 것이다.[1]

여기에서 기술한 아이디어들과 관련 깊은 것이 하버드 대학의 철학자 존 롤스가 말한 '잘 정돈된 사회(well-ordered society)'다. 롤스에 따르면, '잘 정돈된 사회'란 "한 사람이 충분히 심사숙고한 끝에 살고 싶어 하고, 우리 자신의 관심사와 성격을 형성하고 싶어 하는 듯 보이는 사회의 일반적 특성을 한데 모아놓은 결과"다.[2]

나는 롤스의 개념과 구분하기 위해 그와 다른 용어인 '잘 관리된 사회'를 사용할 것이다. 강조점이 서로 다르기 때문이다. 롤스는 좋은 사회에 대한 저술에서 정의(justice)에 초점을 맞추었다. 반면 나는 대다수 경제학 저술에서와 마찬가지로 정의에 효율성(efficiency)이라는 목표를 곁들이고자 한다.

네 가지 기둥

그런 목표와 관련해서 '잘 관리된 사회'를 지탱하는 것은 네 가지 기둥이다. 첫 번째, '잘 관리된 사회'는 사람들 간의 관계를 규정하는 **법률 체계**를 요구한다. 그 법률은 시민 행동과 시민권을 집행하고, 재산권과 계약을 정의 및 관장하며, 평등과 민주주의를 촉진한다. 좋은 법률은 분쟁에 대한 공정하고 효율적인 판결과 더불어 신뢰할 수 있는 거래를 보장하는 식으로 사람들이 상호 작용하도록 거든다.

두 번째 기둥은 잘 발달한 일련의 **사적재 시장**(markets for private goods)이다. 사적재란 기업이나 소비자가 제공 및 향유의 비용을 전액 부담하는 재화를 말한다. 효과적인 사적재 제공의 핵심 기제는 시장에서의 수요와 공급이다. 무역과 교환에서 자신의 이익을 추구하는 개인과 기업이 애덤 스미스의 '보이지 않는 손' 메커니즘을 통해 효율성을 추구하는 것이 바로 이 지점이다.

세 번째, 사회는 **공공재**(public goods), 즉 **외부 효과**를 다루는 기술을 찾아내야 한다. 여기에 해당하는 활동은 그 비용 또는 편익이 시장 밖으로 유출(spillover)되지만, 시장 가격에 반영되지 않는다. 스필오버에는 오염이나 감염 같은 부정적인 것도 있고, 신지식 같은 긍정적인 것도 있다. '잘 관리된 사회'는 정부의 법률을 통해 중요한 부정적 외부 효과를 바로잡도록 보장한다. 규제와 과세 같은 권한을 이용해 피해에 따른 책임과 협상을 촉구하는 정부의 법률 말이다. 그런가 하면 정부 조치가 누락되거나 불완전한 영역에서는 개인과 민간 기관이 그들 자신의 외부 효과에 유념할 필요가 있다.

네 번째, '잘 관리된 사회'는 정부가 경제적·정치적 기회와 결과의 분배가 평등하고 공정하도록 보장하는 교정(corrective) 과세와 지출, 그리고 제도에서의 평등을 추구하도록 요구한다. 이는 지난 반세기에 걸쳐 경제적 불평등이 점차 심화하고 있느니만큼 특히 중요해진 목표다. 한 가지 예를 들면, 1963년에 상위 1퍼센트 가정의 부는 평균 가정의 15배였다. 그러던 것이 2016년에는 50배로 치솟았다. 여기에서 중요하게 지적할 점은 유해한 외부 효과를 기존의 불평등에 덧씌워서는 안 된다는 것이다.

물론 '잘 관리된 사회'의 요구 사항을 들먹인다고 해서 이 목표를 어떻게 이행할지와 관련해 딱 부러진 답이 나오는 것은 아니다. 불평등을 줄이려는 시도는 더러 분열을 초래한다. 가진 자들이 언제나 순순히 자신의 것을 나누려 들지는 않기 때문이다. 더군다나 국가가 지저분한 마당, 공공장소에서 트림하는 행위 같은 시시콜콜한 외부 효과를 일일이 규제할 수도 없고, 또 그래서도 안 된다. 하지만 일반적 원칙은 분명할 뿐더러 기업이나 개인 같은 사적 참가자들이 갖춰야 할 윤리에도, 정치적 결정에도 묵직한 함의를 준다.

그린 사회를 위한 기둥

그린 사회의 목표는 '잘 관리된 사회'의 목표 안에 내포되어 있으며, 특히 해악과 해결책에 중점을 둔다. 법적 구조라는 첫 번째 기둥은 개인과 기타 독립체들이 자신의 행동에 책임을 갖도록 이끈다. 예컨대 법적 제도는 사람들이 자동차를 몰 때 자신이 일으키는 피해에 대해 책임이 있다고, 무모한 행동은 그에 적합한 응분의 처벌을 받아야 한다고 주장할 것이다. 시장의 두 번째 기둥은 가격, 임금, 소득 같은 신호를 이용해 사람들―공급자든 소비자든―의 시장 행동에 제공하는 지침이다. 적절하게 굴러가는 시장은 국내·국제 무역을 통해 수많은 재화와 서비스를 제공하므로 생활을 극도로 단순하게 만들어준다.

중요한 공공재를 다루고, 특히 해로운 외부 효과에 주목하는 세 번째 원칙은 그린 정신의 핵심이다. 이는 지역의 쓰레기 더미에서 지구 온난화에 이르는 방대한 스펙트럼의 스필오버를 포괄하며, 가시적·비가시적 이슈, 일시적·정기적 이슈, 짜증나는 이슈부터 치명적인 이슈까지 아우른다. 우리는 이 책 전반에 걸쳐 수많은 원천에서 유래한 해로운 외부 효과의 예를 살펴볼 것이다.

네 번째 원칙은 사람들이 누리는 기회와 결과에는 커다란 차이가 있음을 우리에게 상기시킨다. 가장 효과적이고 효율적인 도구와 결과를 발견하고 만족하긴 쉽지만, 우리는 그것이 분배에 미치는 (특히 저소득층과 저소득 국가에 미치는) 영향에 주의를 기울여야 한다. 환경 정의(environmental justice)는 정의와 평등이라는 좀더 보편적인 목표의 일부분이다.

그린 정신의 주요 주제

이 책의 독자 대부분은 저마다의 관심 분야에 담긴 그린 사고에 익숙할 테지만, 그러한 아이디어가 다른 분야에도 널리 퍼져 있다는 사실을 알면 놀랄 것이다. 그린 아이디어의 여러 갈래는 얼핏 무관해 보일 수도 있으나 몇 가지 핵심 개념이 논의 과정에서 드러날 것이다. 여기에는 세계화의 영향, 충돌과 감염의 증가 및 만연, 연방주의의 중요성, 정책을 위한 기본 처방, 그리고 행동을 위한 메커니즘 등이 포함된다.

성장과 세계화의 영향력

그린은 왜 중요한가? 그린 운동은 점점 더 북적이는 세계에 대한 반응이다. 거기에는 글로벌화하고 급격하게 변화하며 서로 연결되어 있고 기술적으로 발전하는 세계에서 우리가 늘 서로 다양하게 충돌하는 양상이 반영되어 있다. 과거에 역병은 말이나 배에 의해 서서히 퍼졌고, 전 지구에 번지기까지 몇 달이 걸리는지라 그 과정에서 수그러들기 일쑤였다. 하지만 오늘날에는 중국에서 유럽 또는 미국으로의 비행이 일상화해서 하룻밤 사이에, 사실상 과학자들이 그 정체를 미처 밝혀내기도 전에 치명적인 병원균이 전파될 수도 있다.

때로 우리의 상호 작용은 무해하다. 인도에서 서로 스쳐 지나가는 경우가 그렇다. 흔히 벌어지는 일로 도로에서 부딪치거나, 흔한 일은 아니지만 항공로에서 충돌하는 놀라운 사건의 경우에는 그보다 결과가 더 심각하다. 사회에 가장 치명적인 영향을 안겨주는 상호 작용 상황은 다음과 같다. 기업이 사람들을 죽음에 이르게 하고 기후를 변화시키는 오염 물질을 배출하는 경우, 기업이 생산 기지를 해외로 옮김으로써 노동자의 일자리를 없애고 지역 사회를 곤궁에 빠뜨리는 경우, 기업이 고의로 사람들을 병들게 하거나 불구로 만들거나 사망으로 내모는 위험한 제품을 생산하는 경우, 그리고 팬데믹이 전 세계로 퍼져나가 수백만 명의 목숨을 앗아가고 경제를 곤두박질치게 만드는 경우……. 이런 경향성을 색깔로 표현하라고 하면 나는 그 같은 악화의 힘들을 '브라운(Brown: Green과 대비되는, 환경적으로 유해한 것을 일컫는다—옮긴이)'이라고 부르겠다.

충돌, 감염, 외부 효과

이런 악화의 힘들은 한꺼번에 불거지지 않는다. 그것들은 우리 사회의 주요 행위체 사이에서 이루어지는 상호 작용의 결과다. 그 행위체에는 가족, 회사, 시장, 행정, 정치, 클럽, 대학, 온라인 네트워크 등 다양한 기제와 기관을 통해 관련을 맺는 개인, 기업, 정부가 포함된다. 여기에서 우리가 주목하고자 하는 것은 주로 구매와 판매를 통해, 법률과 규제를 거친 정치를 통해, 그리고 기업의 사회적·반사회적 행동을 통해 시장에서 이루어지는 것과 같은 비개인적 관계다.

사과 먹기 등 우리가 하는 대다수 행동은 다른 사람에게 영향을 끼치지 않는 중립적인 것이다. 학교에 자선 기부금을 내거나 구호 활동에 도움을 주는 것 같은 행동은 다른 사람에게 유익하다. 하지만 오염이나 남획 같은 여러 행동은 다른 사람에게 따로 보상하지도 않은 채 비용을 떠안긴다는 점에서 해롭다. 즉 '브라운' 행동이다.

우리는 이러한 스필오버 효과를 **외부 경제**(external economies), 즉 **외부 효과**라고 부른다. 그것들은 **시장 바깥에서** 일어나는 경제 활동의 영향에서 비롯된다. 가장 두드러지는 외부 효과는 오염이다. 대도시의 자동차 배기가스 배출로 인한 스모그, 혹은 호숫가로 흘러 들어온 독성 폐기물에 따른 물고기의 떼죽음 등이다. 아마 가장 눈에 띄지 않는 외부 효과는 미세한 코로나바이러스일 것이다. 그것은 크기가 모래 알갱이의

1000분의 1에 불과하지만 폭주하는 기관차보다 훨씬 더 위험하다.

모든 외부 효과를 아우르는 공통된 주제는 "가격이 올바르게 책정되어 있지 않다"는 것이다. 이는 가격이 사회적 비용을 제대로 반영하고 있지 못하다는 의미다. 이 심오한 특성은 다음과 같이 이해할 수 있다. 잘 굴러가는 시장의 경우, 수혜자는 그들이 향유하는 제품의 편익에 비용을 지불하며, 생산자는 그들이 만들어낸 제품의 비용을 받는다. 중대한 외부 효과를 지닌 활동의 경우, 비용·편익·가격이 적절한 연계성을 띠지 않는다. 도시의 스모그를 예로 들어보자. 자동차 운전자는 유해한 공기를 들이마셔야 하는 사람들이 겪는 의료적 피해에 비용을 지불하지 않는다. 그린 운동은 이런 스필오버, 즉 외부 효과 활동의 원천·기제·영향을 분석하는 데 많은 시간을 쏟아붓는다.

책임의 연방주의

다른 많은 경우에서와 마찬가지로 외부 효과를 다루는 데에서도 핵심 원칙은 연방주의다. 이는 사회 위계상의 적절한 수준—개인, 가정, 조직, 국가, 세계—에서 책임을 제기해야 한다는 뜻이다.

다시 말해, 외부 효과와 관련한 해결책을 모색할 때 우리는 어떤 지배 구조(governance)가 각각의 외부 효과를 효율적으로 다루는 최선의 것인지 질문해야 한다. 연방주의는 법적·윤리적·경제적·정치적 의무와 절차가 서로 다른 차원에서 작동한다는 것, 그리고 해결책 역시 그수준에 따라서 필히 다양한 제도와 의사 결정 과정을 수반한다는 것을 인정한다. 더군다나 연방주의 사다리(federalist ladder)의 한 단계에서 규범은 그 사다리의 다른 단계들에서 어떤 수행이 이뤄졌느냐에 따라 달라진다. 이것이 이른바 **그린연방주의**(Green federalism)다.

대기 오염을 예로 들어보자. (이 논의는 아황산가스에 딱 들어맞지만 다른 경우도 유사할 것이다.) 규제받지 않는 환경에서, 기업은 배출량의 가격이 0이기 때문에 오염을 일으킬 때 아무 비용도 지불하지 않는다. 하지만 발전소가 쏟아낸 배기가스 1톤은 국민에게 3000달러의 건강 및 재산상 피해를 안겨줄 가능성이 있다. 따라서 오염 유발자에게 부과되는 비용과 국민에게 미치는 피해액이 일치하지 않는다.

우리는 개인, 동네, 주(州), 기업, 국가, 세계, 이렇게 상이한 수준의 규칙을 갖고 그 같은 대기 오염을 다루는 방식에 대해 고려해볼 수 있다. 그런데 역사를 돌이켜보면 이 여섯 가지 수준 가운데 다섯 가지가 비효과적이었다는 것, 오직 국가 차원의 규제만이 효과적이었다는 것을 알 수 있다. 개인은 동기가 희박하고 정보도 부족하다. 다른 극단에 놓인 국제기구 유엔은 각국의 오염을 제어할 권한을 쥐고 있지 않다. 따라서 대기 오염을 다루기에 가장 효과적인 지점은 바로 국가 차원이며, 실제로 대다수 조치가 이루어진 것도 국가 차원에서였다.

특히 곤란한 이슈는 연방주의 사다리의 최고 단계에서 일어나는 게 분명한 활동들과 관련이 있다. 즉, 기후 변화, 해양 오염, 팬데믹 같은 세계적 이슈 말이다. 세계 차원의 제도와 방어 기제는 존재하지 않거나 설사 있다 해도 유명무실하다. 그런지라 악화의 힘들을 제어하는 데 실패하는 사례 상당수가 세계 차원에서 이루어진다는 사실은 하등 놀랄 게 없다.

정책을 위한 기본 처방

그린 사회를 마련하는 데에서 주요 난제가 수많은 외부 효과로부터 비롯된 위협이라면, 가장 효과적인 정책은 비용과 편익을 '내부화하는

(internalize)' 것이다. 내부화는 외부 효과를 일으킨 이들이 그에 따른 사회적 비용을 지불하도록 요구하는 것이다. 정의의 정신에 입각해 피해 입은 사람들에 대한 보상도 필요하다.

가장 해로운 스필오버는 시장 거래―에너지, 운송, 천연자원 부문에서의 거래가 특히 중요하다―로부터 비롯된다. 그런 정책에는 사적 행동을 공적 이해와 결부 짓는 정부 차원의 행동이 포함될 것이다. 규제, 과세, 책임법, 개선된 재산권, 국제적 정책 조정 따위가 여기에 해당한다. 기타 비효율성은 근시안적 시계(視界), 정보 부족, 안일함 같은 행동주의적 이례 현상(behavioral anomaly)에서 기인한다. 행동주의적 이슈는 그보다 복잡하지만, 적어도 정보의 개선을 요구한다.

모든 게 어느 정도는 그렇지만, 정부가 필요한 조치를 취하지 못해서 나라가 잘 관리된 이상적인 사회에 이르지 못하면, 이것이 다른 차원의 행위체들에게 책임을 지운다. 여러 단계에 걸친 연방주의 사다리의 조치는 내부화되지 않은 스필오버의 정도와 상이한 제도들의 효과성에 따라 처방이 달라진다.

예컨대 기업 및 기타 민간 기관이 정부 실패에 개입할 필요가 있을지도 모른다. 그에 따라 새롭게 등장한 주요 개념이 바로 '기업의 사회적 책임'이다. 기업으로 하여금 그들이 생산하는 제품과 생산 공정의 안전성 등 기업 고유의 전문 분야에서 윤리적으로 행동하게끔 안내하는 개념이다. 예컨대 제약 회사는 의사와 환자들에게 자사가 생산하는 약품이 건강에 미치는 위험에 대한 정보를 제공해야 한다. 그뿐만 아니라 퍼듀 파마(Purdue Pharma)가 오피오이드(opioid: 아편 비슷한 작용을 하는 합성 진통·마취제―옮긴이)의 경우에 그랬던 것처럼, 의사와 환자들을 기만하고 수만 명이 약물 과다 복용으로 인해 사망에 이르도록 해서는 안 된다.

개인 또한 본인의 행동으로 빚어지는 불필요한 피해를 방지할 책임이 있다.

메커니즘

사회는 스필오버에 효과적으로 대처하기 위해 다양한 메커니즘을 활용할 것이다. 시장 인센티브, 정부의 규제와 재정적 처벌, 기업의 책임을 통한 조직적 활동, 중요한 사람과 사람 간 상호 작용에 요구되는 개인의 윤리 따위가 이에 해당한다.

그린 메커니즘의 예로는 낭비적인 에너지 사용을 최소화함으로써 다양한 오염 물질을 줄이는 개인의 활동을 들 수 있다. 또한 발전소와 자동차의 배기가스 배출량을 낮추기 위한 정부의 법률과 규제도 있다. 또 한 가지 중요한 그린 활동은 기업의 경영 개선이다. 노동자와 고객에게 미치는 해로운 영향을 염두에 두면서 기업을 운영하는 것 말이다. 그밖의 추가 조치로는 그린 설계가 있다. 쓸모가 다한 뒤 빠르고 무해하게 분해되는 새로운 제품을 발명하는 것이 그 예다. **한마디로 그린 조치는 해로운 상호 작용으로 기울어진 사회의 운동장을 이로운 상호 작용으로 바로잡는 조치다.**

가장 중요한 대부분의 스필오버는 정부의 개입을 필요로 한다. 실제로 외부 효과를 다룬 최초의 정책들은 전염병으로부터 대중의 건강을 보호하는 데 초점을 맞춘 것이었다. 우리는 11장에서 팬데믹의 역사가 문자 기록이 시작된 초기까지 거슬러 올라간다는 사실을 살펴볼 참이다. 오늘날 사람들에게 익숙한 '격리(quarantine)'라는 단어는 14세기 베네치아에 그 기원을 두고 있다. 40일을 의미하는 콰란테나(quarantena)에서 유래했다고 한다. 역병으로부터 시민을 보호하기 위해 베네치아는 상륙하기 전에 40일 동안 배를 정박해두게 했다. 오늘날 사람들은 40일이 아니라 14일 동안 고립 생활을 해야 하는데, 더러는 크루즈 선상에서 그렇게 할 때도 있다.

좀더 익숙한 것으로는 대기 오염을 줄이기 위한 정책을 들 수 있다. 미국은 건국 이래 첫 100년 동안 대기 오염을 무시했다. 대기 오염이 실제로 피해를 일으키는 수준으로까지 심각해질 경우, 그 문제는 대체로 사적인 골칫거리로서 소송을 통해 다루어졌다. 이게 비효과적인 것으로 여겨지면서 주 정부와 지방 정부는 후속 조치를 취했다. 1881년에 일찌감치 대기 오염을 공적인 골칫거리로 선언하고 공장들로 하여금 스모그를 줄이도록 요구한 것이다.

대기 오염과 관련해서 중요한 연방 법률〔대기오염방지법(Clean Air Act)— 옮긴이〕은 1970년에야 시행되었다. 그 법은 모든 유해한 대기 오염 물질로까지 규칙을 확대했지만, 여전히 주로 기술적인 기준에 기댐으로써 오염과 관련해 특정한 기술적 수정을 요구하는 식이었다. 1990년 아황산가스에 대해 거래 가능한 배출 허가증이 개발되면서 시장 상품 시대가 개막했다. 그리고 몇몇 나라는 2000년대에 탄소세 같은 오염세를 제정했다. 국가 간 계약 등의 협약 및 기타 조약들이 국제적 대기 오염과 관련한 규제를 담당하고 있다. 따라서 대기 오염의 역사는 외부 효과를 억제하는 데 사용할 수 있는 주요 도구 대부분을 총망라한다.

대기 오염과 기후 변화는 그에 따른 사실상의 모든 피해가 정작 그 외부 효과를 빚어낸 사람이 아닌 다른 당사자들에게 흘러가는 극단적 외부 효과의 사례다. 기후 변화는 그중에서도 단연 극단적인 경우다. 만약 내가 자동차를 몰 때 이산화탄소 1톤을 방출하면, 그로 인한 기후 피해의 0.00001퍼센트만이 나 자신에게 돌아오고, 그 비용의 99.99999퍼센트는 다른 것들이 지게 된다. 피해를 보는 다른 것들로는 다른 사람, 다른 생명체, 다른 대지, 다른 세대 등을 꼽을 수 있다.

공유 자원 같은 일부 사례는 한층 복잡하다. 나 자신의 편익과 다른 사람의 편익이 한층 팽팽하게 뒤섞이기 때문이다. 교통 혼잡을 예로 들어보자. 대다수 사람들은 차가 막히면 씩씩대면서 화를 낸다. 하지만 본인이 다른 운전자들에게 미치는 영향은 무시하는 듯하다. 그 결과 사람들은 비효율적인 교통 혼잡을 해결하는 확실한 방법, 즉 고속도로와 공항에 혼잡 통행료를 부과하는 조치에 한사코 저항한다.

또 한 가지 특수한 메커니즘 세트는 그린 윤리 분야와 관련이 있다. 그리고 곧 살펴보겠지만, 그것은 기업이나 개인뿐 아니라 재정, 심지어 화학에도 적용된다. 여기서 특히 중요한 지점은 '기업의 사회적 책임'이다. 이에 따르면 기업은 자사가 생산하는 제품과 생산 공정의 안전성에 관해 더 나은 정보를 제공하도록 요청받는다.

맺는말

그린이라는 은유는 100여 년 전 시작된 환경 운동에서 영감을 얻은 것이며, 해로운 스필오버를 억제하기 위한 가장 빼어나고도 지속적인 시도들 가운데 하나다. 하지만 그린 운동은 환경을 넘어서까지 널리 확산했으며, 이것이 이 책에서 다룰 내용이다. 그린 사고는 지구 온난화, 팬데믹, 근시안적인 의사 결정, 인구 과밀, 숲의 과도한 벌목과 남획 등 우리 시대의 가장 골치 아픈 문제 다수를 분석하고, 아마도 이를 해결하도록 도울 수 있을 것이다. 그린 사고는 또한 가정, 기업, 대학, 그리고 정부를 위한 훌륭한 관리 도구이기도 하다.

우리는 이제부터 여러 분야에서 그린이 담당하는 역할을 살펴볼 것이다. 또한 그린 사상가들이 개발한 개념이 어떻게 상호 연결성이 점차 커지는 우리 세계의 건강과 행복을 증진시킬 수 있는지 따져볼 생각이다.

그린 효율성

효율성은 경제학자들의 주식으로, 그들은 아침에도 점심에도 저녁에도 이를 먹는다.[1] 하지만 일종의 사회로서 우리 음식은 때로 오염에 의해 망가지곤 하는데, 이는 경제학의 주요 관심사다.

북미의 오대호는 자연 세계의 경이 가운데 하나다. 오대호는 세계에서 가장 큰 호수들로 세계 담수의 5분의 1을 차지하고 있다. 오대호는 약 1만 5000년 전 빙하가 퇴각하면서 땅을 깎아 만든 작품이다. 만약 오대호의 호숫가에 서 있다면 당신은 아마도 돛단배가 여기저기 흩어져 있는 광대한 푸른 물을 볼 수 있을 것이다. (겨울이라면 얼어붙은 오대호의 얼음낚시 광경과 마주할 수 있을지도 모른다.)

인간이 산업화에 뛰어들면서 오대호는 폐수, 공장 오염 물질, 살충제의 거대한 쓰레기장으로 변모했다. 오대호 가운데 규모가 가장 작은 이리호(Lake Erie)는 조류(藻類) 증가, 산소 고갈, 대규모 어류 포획 등으로 '죽은' 호수라는 오명을 뒤집어썼다. 이리호는 1969년 특히나 극적인 사건을 겪었다. 클리블랜드를 거쳐 이리호로 흘러드는 쿠야호가강(Cuyahoga River)에 불이 난 것이다. 그로 인한 대소동 덕분에 1972년 수질오염방지법(Clean Water Act)이 통과되었고, 같은 해에 미국-캐나다 오대호 수질 협약(U.S.-Canadian Great Lakes Water Quality Agreement)이 체결되었다.

이는 앞 장에서 살펴본 그린 원칙의 당면 문제들을 생생하게 보여준다. 이 사례를 보면 형편없는 경제적 관리가 어떻게 천연자원의 낭비로 이어지는지 알 수 있다. 이 점이 바로 환경경제학의 핵심이며, 이번 장에서 다룰 주제다.

그린 정신은 '잘 관리된 사회'라는 목표를 표방한다는 사실을 기억하라. 이는 언제든 사람들 간에 시장·비시장 재화와 서비스를 효율적으로 사용하고 분배하도록 요청한다. 여기서 우리가 말하는 분배란 어떻게 사람들 간에 공정하게 재화를 나누느냐는 의미다.

이번 장은 주류 경제학에서 가져온 효율성 개념에 의거해 그린 효율성에 집중한다. 실제로 우리는 그린 효율성을 추구하는 데 새로운 경제 원칙을 들먹일 필요가 없다. 그보다 이번 장에서는 특수한 몇몇 실패에 주목하려 한다. 주로 환경 서비스와 자연 시스템을 위한 시장의 역기능에 따른 실패들이다.

그린 효율성의 촉진은 세 가지 중심 주제를 수반한다. 가장 중요한 주제는 오염 같은 부정적 외부 효과를 띠는 경제 활동에 대해 다룰 필요성이다. 두 번째는 정보 부족과 이어져 있는데, 이는 에너지 사용에 대한 소비자의 무지 때문일 수도, 그린 행동을 촉진하는 테크놀로지의 혁신 부족 때문일 수도 있다. 세 번째 이슈는 **행동주의적 이례 현상**—즉 개인, 기업, 정부가 그들의 이익 극대화에 걸맞지 않은 방식으로 행동할 때 발생하는 비효율성―을 다루는 것과 관련이 있다.

밑바탕이 되는 철학적 원칙

경제학에서 흔히 사용되는 기본적인 윤리 원칙을 개괄하는 것으로 시작해보자. 핵심 원칙은 사회적 순위 매기기가 **개인주의적**이라는 것이다. 다시 말해, 사회 상태(social state)는 사회를 이루는 개인들이 그것을 어떻게 순위 매기느냐에 따라 결정된다. 만약 모든 개인이 세상 B보다 세상 A를 선호한다면, 우리는 그들의 선호를 존중하게 될 것이다.

　아무 해될 것 없이 들리는 이 원칙은 중요한 함의를 지닌다. 다름 아니라 20세기 초반의 이탈리아 경제학자〔빌프레도 파레토(Vilfredo Pareto, 1848~1923)―옮긴이〕이름을 딴 **파레토 법칙**(Pareto rule)이 그것이다. 이 법칙은 만약 적어도 한 명의 개인이 B보다 A를 더 좋아하며 아무도 B보다 A를 싫어하지 않는다면, A가 더 선호되는 사회 상태라고 주장한다. 경제학자들이 경제적 효율성에서 시장이 맡은 역할에 대해 그토록 자주 글을 쓴 까닭이 바로 이 파레토 법칙 때문이다. 특정한 좁은 환경에서 파레토 법칙에 따르면, 그 어떤 결과도 시장 결과보다 나을 수 없는 것이다.

　우리는 효율적인 사회 자원의 사용 문제를 다룰 때 약간의 진보를 가능케 해주는 이 두 가지 기본 원칙, 즉 개인주의적 순위 매기기와 파레토 법칙에서 출발한다.

일반적 의미의 효율성

효율성이란 무엇인가? 효율성은 사람들의 욕구와 필요를 충족시키는 데에서 사회 자원을 가장 효과적으로 사용하는 것을 뜻한다. 좀더 정확하게 말하자면, 경제 효율성은 경제가 당대의 테크놀로지와 희소 자원이라는 조건 아래 재화 및 서비스의 양과 질을 가지고 최대 수준의 조합을 이끌어내도록 요구한다. 이는 때로 앞서 언급한 파레토 기준의 관점에서 기술되기도 한다. 그 논리에 따르면, 어떤 개인의 경제적 후생이 개선되지 않는다 해도 다른 누군가가 못살게 되지 않는다면, 그 경제는 효율적으로 작동하고 있는 셈이다.

그림 4-1은 이 논의를 잘 보여준다. 외진 어촌 마을에서 상하기 쉬운 물고기 1000마리가 잡혔다고 치자. 한 가지 효율적 결과는 100개 가정에 각각 10마리씩 물고기를 나누어주는 것이다(이를 공평한 A라고 부르자). 하지만 그와 다른 효율적 결과는 한 가정이 901마리를 차지하고 나머지 가정이 각각 한 마리씩을 얻는 것이다(이를 불공평한 B라고 부르자). 불공평한 B는 대다수 사람에게는 전혀 합당해 보이지 않지만 여전히 효율적이긴 하다.

불운한 **비효율적** 대안은 시비가 불거질 때 나온다. B의 불공평한 결과 때문에 시민들이 물고기의 분배에 동의할 수 없다고 가정해보자. 그들은 공평한 절차에 관해 논쟁을 이어가고, 협상은 해결의 실마리를 찾지 못한 채 며칠간 이어진다. 그리고 마침내 물고기를 공평하게 나누기로 결정한다. 하지만 그때가 되면 물고기의 절반이 상해서 못 먹게 되고, 따라서 각 가정은 겨우 5마리씩만 차지할 수 있다. 이것이 결과 C다. 실제로 대다수 가정한테는 더 나은 결정이다. 하지만 버려진 물고

그림 4-1 두 가지 효율적 결과와 한 가지 비효율적 결과

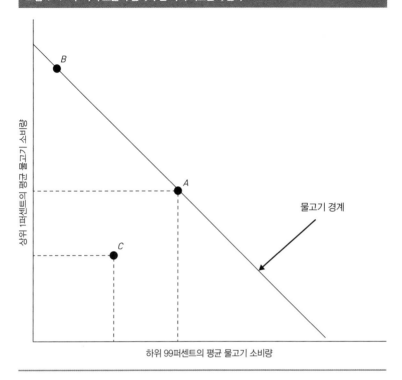

그림은 상위 1퍼센트와 하위 99퍼센트 가정의 평균 물고기 소비량을 나타낸다. 바깥의 실선은 물고기 1000마리를 효율적으로 할당하는 '물고기 경계'다. 점 A는 공평하면서도 효율적인 결과인 반면, 점 B는 효율적이긴 하나 터무니없이 불공평한 결과다. 점 C는 공평하지만 비효율적인 결과다.

기 탓에 그 결과는 비효율적이다. 또한 이 사례는 공정함과 효율성 간의 트레이드오프 가능성을 보여주기도 한다. 공정한 결과를 고안해내는 데 비용이 많이 들면 그것은 비효율성으로 이어진다. 그림 4-1은 이 세 가지 경우를 나타낸다.

이 모든 논의는 온갖 제도적 구조 밖에서 이루어졌다. 여기가 바로 경제학이 개입하는 지점이다. 환경경제학의 기저를 이루는 경제학의 핵

심 가정은 시장이 적절하게 기능하면 자원을 잘 할당하지만, 시장 실패가 존재할 경우 자원을 잘못 배분할 수 있다는 것이다.

나는 '보이지 않는 손 원칙'이라는 흥미로운 용어를 사용할 것이다. 이 원칙은 잘 굴러가는 경쟁적 시장의 효율성을 지칭한다. 이는 앞 장들에서 살펴보았다시피 '잘 관리된 사회'의 두 번째 기둥이다. 애덤 스미스는 《국부론(The Wealth of Nations)》에서 그와 관련한 내용을 다음과 같이 설득력 있게 제시했다.

> 모든 개인은 최대의 결과를 낳도록 자신의 자본을 사용하고자 애쓴다. 그들은 일반적으로 공적 이익을 촉진하려 의도하지도 않고, 자신이 얼마나 공적 이익을 촉진하고 있는지도 알지 못한다. 오로지 제 자신의 안전과 이득에만 골몰한다. 그리고 그렇게 하는 데서 '보이지 않는 손'에 이끌려 그 자신이 전혀 의도하지 않은 목적을 촉진한다. 그들은 흔히 제 자신의 이익을 추구함으로써 그들이 진심으로 사회의 이익을 촉진하려 의도했을 때보다 한층 더 효과적으로 그렇게 하곤 한다.[2]

이 아리송한 구절이 의미하는 바는 무엇인가? 스미스는 이 글을 쓰고 나서 거의 2세기 동안 제대로 이해받지 못한 어떤 것을 간파했다. 즉, 잘 기능하는 시장에서 작동한다면 사적 이익이 공적 이익으로 이어질 수 있다고 주장한 것이다. 좀더 정확하게 말하자면, **오늘날의 경제학은 규제적 조건 아래에서 완벽하게 경쟁적인 경제가 효율적임을 보여주었다.**

그림 4-1에 따르면, 이상적인 경쟁 시장은 사회가 점 A나 점 B처럼 물고기 경계상에 놓이도록 보장해줄 것이다. 이러한 결과는 상대적으로 공정할 수도, 끔찍하게 불공정할 수도 있다. 하지만 모든 사람의 경제

적 지위를 개선하는 것은 가능하지 않다.

2세기 동안 경험과 사고를 진전시킨 뒤 경제학자들은 이제 '보이지 않는 손 원칙'의 포괄 범위가 꽤나 제한적임을 알아차렸다. 우리는 비효율성이 우리를 점 C처럼 물고기 경계 안에 존재하는 사회로 안내할 수도 있음을 깨달았다. 또한 시장에 결함이 있을 때 '시장 실패'가 발생한다는 것도 알고 있다. 일련의 시장 실패는 불완전 경쟁이나 독점과 관련이 있다. 가장 유명한 독점 사례는 스탠더드 오일(Standard Oil), 아메리칸 토바코(American Tobacco), AT&T다. 이 모두는 불법적 관행에 연루된 것으로 드러났으며 끝내 해체되었다. 오늘날 거대 테크놀로지 기업은 반독점 관계 당국이 그들을 압박하고 있음을 발견하고, 당국의 반(反)경쟁적인 권한 남용에 불평을 늘어놓고 있다.

두 가지 서로 다른 실패는 그린 효율성을 이해하는 열쇠다. 하나는 사람들이 상이한 차량이나 가전제품의 에너지 효율에 대해 알지 못하는 경우에서 보듯 정보 부족과 관련이 있다. 하지만 가장 중요한 실패는 시장 밖에서 스필오버나 외부 효과가 나타날 때 빚어진다. 이리호에 흘러든 살충제나 대기 중에 방출된 이산화탄소 같은 부정적 스필오버 말이다.

여기서 핵심은 이런 요소 가운데 하나가 발생할 때 애덤 스미스의 '보이지 않는 손 원칙'은 제대로 작동하지 않으므로 어떻게든 수술이 필요하다는 것이다.

아서 피구: 환경경제학의 창시자

앞 장에서 나는 기포드 핀콧, 존 뮤어, 그리고 레이첼 카슨 같은 걸출한 인물들이 환경 운동을 창시했다고 밝혔다. 그린 운동의 기저를 이루는 분석적 사고는 영국 케임브리지 대학의 학장 아서 피구에서 비롯되었다. 그는 케임브리지 대학 킹스 칼리지(King's College, Cambridge)에서 교육받았으며 20세기 초에 케임브리지학파(Cambridge School)를 이끌었다.

피구는 경제학을 인간의 후생을 개선하는 도구로 개발하는 데 삶을 바쳤으며, 정치·외국인·여성 등 그 외 다른 것은 나 몰라라 했다. 사람들은 피구가 킹스 칼리지나 케임브리지 경제학자들의 조언만 기꺼이 경청했을뿐 미국인들의 지적에는 아랑곳하지 않았다고 말한다. 하지만 그의 전기 작가는 와전된 소문이라며 이렇게 바로잡았다. 그는 어느 누구의 조언도 귀담아듣지 않았다고.

그의 주요 저작 《후생경제학(The Economics of Welfare)》은 서로 갈등하는 체제, 즉 사회주의와 자본주의에 대해 논쟁을 벌이는 종래의 전통에서 벗어나 현행 경제 제도의 개선 방안을 모색하는 쪽으로 방향을 틀었다.[3] 그는 적절하게 기능하는 시장은 인간의 만족도를 극대화하리라 믿으며 애덤 스미스의 발자국을 따랐다. 하지만 자신이 살던 시대의 영국 경제에 결함이 있음을 분명하게 알아차렸다.

그의 견해에 따르면 가장 큰 결함은 외부 효과의 존재였고, 피구는 그 개념의 주도적인 개발자였다. 그는 이렇게 기술했다.[4]

단순한 경쟁 아래에서 발생하는 사회적 한계 순생산과 개인적 한계 순생산의 가치는 일반적으로 차이가 나는데, 그 까닭은 몇몇 직종에서 단위당 자원으로 만든 제품의 일부가 거기에 투자한 사람에게 가는 대신 긍정적 또는 부정적 항목으로 다른 이들에게 전가되는 뭔가로 이루어져 있다는 사실 때문이다.

그의 분석은 "사회적 한계 순생산과 개인적 한계 순생산의 가치는 일반적으로 차이가 난다"는 조악한 구절을 사용하고 있다. 어쨌거나 이것이 정확하게 오늘날 우리가 말하는 이른바 **외부 효과**다.

피구는 몇 가지 사례를 제시했다. 그중 하나가 등대라는 낯익은 사례다. 등대는 "모든 선박이 그 혜택을 누리지만, 선박들한테는 그 어떤 통행세도 부과되지 않는다". 다른 사례로는 공원, 숲, 도로와 전차 선로, 오염 억제, 알코올 중독, 도로 파괴 등이 있다. 그가 진지하게 받아들인 몇 가지 예, 이를테면 이웃집 마당으로 넘어와 활보하는 토끼 같은 사례는 오늘날 시각에서 보면 너무 나간 것 같기도 하다.

그린 혁신에 관한 장(18장)에서 강조하겠지만, 피구가 보기에 가장 중요한 외부 효과는 신지식에 대한 투자였다.

〔가장 중요한 외부 효과는〕 우선 근원적인 과학적 연구 문제에 할애된 자원으로부터 비롯된다. 이 자원들로부터 뜻하지 않은 방식으로 높은 실용적 효용을 지닌 발견이 이루어지기 일쑤다. 또한 그것은 산업 과정에서의 발명과 개선을 완벽하게 하고자 할애된 자원들로부터 나오기도 한다. 이들 중 후자는 그 속성상 흔히 특허를 받을 수도, 기밀을 유지할 수도 없다. 따라서 특허를 받지도, 기밀이 유지되지도 않는 추가 보상 전체는 처음엔 그 발명가에게 전달되지만, 저렴해진 가격이라는 형태로 그에게서 일반 대중에게 매우 빠른 속도로 전이된다.

환경경제학은 오염이나 교통 혼잡을 파고드는 음울한 경향의 과목이지만, 피구는 올바르게도 지식·발명·테크놀로지의 개선 같은 긍정적 외부 효과에 주목했다. 그린 사회를 추구하는 데에서 테크놀로지가 차지하는 역할은 이 책 전반에 걸쳐 논의할 예정이며, 특히 그린 혁신에 관해 다루는 18장에서 집중적으로 조명할 참이다.

피구의 혁명적 제안은 이들 외부 효과를 바로잡기 위해 재정적 도구를 활용하자는 것이다. 그가 말했다.

> 국가는 만약 그럴 수만 있다면, 어떤 분야에 대한 투자를 '이례적으로 장려'하거나 '이례적으로 제약'함으로써 그 분야에서 〔사회적 한계 생산과 개인적 한계 생산 간의〕 차이를 좁히려 들 것이다. 이러한 장려와 제약이 가정하는 가장 분명한 형태는 물론 포상금이나 세금일 터이다.

피구는 이 같은 재정적 조치의 몇 가지 예를 제시했다. 여기에는 도로 개발에 할애된 휘발유세, 과도한 음주를 막기 위한 알코올세, 과밀한 동네의 건물에 대한 과세, 그리고 유병률이 높은 지역에 들어선 기업에 대한 과세 등이 포함된다.

피구의 아이디어는 점차 경제학계 전반에 퍼져나갔고, 오염을 줄이기 위해 시장 접근법을 사용하는 도구로서 지지를 얻었다. 피구는 외부 효과의 과정을 인식했지만, 외부 효과라는 용어는 결코 사용한 적이 없다. 그 개념에 대해서는 그로부터 여러 해가 지난 1957년 프랜시스 바토르(Francis Bator)가 처음으로 설명했다. 그 후 외부 효과 개념은 경제학에서 널리 쓰이기에 이르렀으며 환경적 사고와 법률 분야로까지 확대되었다.[5]

피구의 환경 아이디어는 당시로서는 이례적으로 급진적이었다. 대다수 경제학자들이 외부 효과가 경제에 미치는 피해를 미처 알아차리기도 전에, 피구는 그것을 깨달았을 뿐 아니라 표준적 경제 개념에 포함시켰으며, 환경세와 환경 보조금 같은 형태의 새로운 해결책을 고안했다.

이 빼어난 발명품의 중요성을 기리기 위해 잠시 멈춰보는 것도 의미가 있을 것이다. 사회는 복사기나 스마트폰 같은 새로운 제품의 발명을 찬미한다. 하지만 대부분의 중요한 혁신은 **제도와 관련이 있다.** 18세기에 발명된 우리의 정치적 민주주의는 불완전하기는 했지만 모든 제도적 혁신을 통틀어 가장 오래가고 가장 귀중한 것 가운데 하나로 증명되었다. 그와 마찬가지로 시장도 발명된 것이지 땅에서 절로 솟아난 게 아니다. 그리고 마지막 예에서 보듯이 우리는 환경세나 환경 보조금을 탁월할뿐더러 중요한 제도적 아이디어의 하나로 간주할 수 있다.

그린세를 다룬 장(17장)에서 오염세 주제로 돌아가겠지만, 나는 그러기에 앞서 이 강력한 아이디어의 주창자 아서 피구에게 감사를 표하고 싶다.

공공재 vs. 사적재

공공재와 사적재를 구분하는 것은 그린 이슈를 이해하는 데 중요하다. **공공재**는 개인들이 그에 대해 비용을 지불하든 지불하지 않든, 그것을 원하든 원하지 않든, 그로 인한 피해나 이득이 지역 사회 전체에 널리 퍼지는 활동이다. 반면 **사적재**는 그 어떤 외부적 편익도 비용도 다른 사람에게 전가하지 않고, 나뉠 수 있으며, 상이한 개인들에게 개별적으로

제공되는 활동이다.[6]

공공재의 고전적인 예는 국방이다. 사회의 안보보다 그 사회에 더 중요한 것은 없다. 하지만 국방은 일단 제공되기만 하면 만인에게 영향을 끼친다. 당신이 강경파냐 온건파냐, 젊은이냐 늙은이냐는 전혀 문제가 되지 않는다. 당신은 당신네 나라의 다른 모든 사람과 같은 군사 정책 아래에서 살아갈 것이다. 하지만 공공재는 빵 같은 사적재와 판이하리만큼 다르다. 10덩어리의 빵은 다양한 방식으로 갈라서 개인에게 나눠줄 수 있지만, 내가 먹는 것을 다른 사람이 먹을 수는 없다.

이 차이점에 주목하라. 국방 같은 공공재를 특정 수준으로 제공하기로 한 결정은 모두의 의사 결정이나 동의 없이 그들에게 영향을 미칠 소비나 갈등으로 이어진다. 반면 빵 같은 사적재를 소비하겠다는 결정은 개인적 행위다. 당신은 빵을 네 조각, 아니 두 조각 먹을 수도 있고, 전혀 안 먹을 수도 있다. 그 결정은 오롯이 당신 자신만의 것이며, 다른 사람들은 그들이 원하는 것을 먹으면 된다.

공공재로서 등대

아나키스트 빼고는 누구라도 국방이 공공재라는 데 동의할 것이다. 좀 더 이해를 돕는 예가 등대다. 흥미로운 역사를 지니고 있는 등대는 생명과 화물을 구해준다. 하지만 등대지기는 선박들로부터 수수료를 거두기 위해 그들과 접촉할 수 없을뿐더러, 설사 그렇게 할 수 있다손 쳐도 그 서비스를 이용하는 선박에 경제적 패널티를 요구해서 받아내는 일은 사회적 목적에 기여할 것이다. 등대가 비추는 불빛은 가장 효율적으로 거저 제공할 수 있다. 위험한 바위가 있다는 경고를 배 한 척한테 하는 거나 10척한테 하는 거나 1000척한테 하는 거나 비용이 같기 때문이다.

공공재의 중요한 두 가지 속성은 그 서비스를 또 다른 한 사람에게로 확대하는 데 따른 비용이 0이라는 점〔**비경합성**(nonrivalry)〕, 그리고 개인이 그것을 향유하지 못하도록 배제하는 일이 불가능하다는 점〔**비배제성**(nonexcludability)〕이다. 등대는 이 두 가지 특성 모두에 해당한다.

하지만 '공공'재가 꼭 공적으로 제공되는 것은 아니다. 아무도 그것을 제공하지 않을 수도 있다. 더군다나 사적으로 제공된다는 게 그것이 효율적으로 제공된다거나 징수한 수수료가 등대한테 지불하기에 충분하다는 말은 아니다.

우리 시대의 가장 장엄한 뮤지컬은, 노래 속에 미국 최초의 공공경제학자 알렉산더 해밀턴(Alexander Hamilton)의 **빼어나지만** 비극적인 생애와 이력을 담아낸 작품 〈해밀턴(Hamilton)〉이다. 거의 묻혀 있다시피 한 해밀턴의 면모는 그가 최초의 공공사업, 즉 미국의 인프라 프로젝트인 등대법(Lighthouse Act)을 지지했다는 사실이다. 엄밀히 말해서 그것은 1789년에 제정된 '등대·봉수대·부표·공공교각의 설치 및 지원에 관한 법률(An Act for the Establishment and Support of Lighthouses, Beacons, Buoys, and Public Piers)'이다. 경제 이론가들이 외부 효과 이론을 개발하기 훨씬 전에 해밀턴은 그것을 "미국의 모든 만 및 항구 내와 그 입구에 세워졌거나 이 법안이 통과되기도 전에 가라앉은 모든 등대·봉수대·부표·공공교각에 필요한 지원을 제공하고 유지·보수함으로써 그곳에서의 항해를 편리하고 안전하게 만들어주는 수단으로서" 찬미했다.

등대는 더 이상 오늘날의 공공 정책에서 핵심 이슈가 아니며, 이제 그저 여행객이나 경제학자들의 관심사에 그친다. 등대는 위성 기반의 '전 세계 위치 파악 시스템(global positioning system)', 즉 GPS로 대체되었고, 그 역시 정부가 무료로 제공하는 공공재다.

하지만 등대와 국방은 자유 시장 해법이 효율적으로 제공할 수 없는 활동의 중요한 역할을 우리에게 상기시킨다. 이것들은 예외적인 사례가 아니다. 백신, 오염 저감, 청정 식수, 고속도로, 공원, 우주 탐사, 소방서, 혹은 그와 비슷한 정부 프로젝트를 떠올리면, 당신은 일반적으로 공공재와 관련한 요소를 발견할 수 있을 것이다. 그런 정책의 핵심이 이 부분이다. 즉, 사적 시장은 사적재를 효율적으로 제공하기 위한 핵심 기구이지만, 공공재는 정부의 개입을 필요로 한다는 것 말이다.

이 근원적인 경제 원리는 물에 대한 권리 같은 유구한 문제로부터 이 책 뒷부분에서 다룰 그린 뉴딜에 관한 오늘날의 논쟁에 이르는 환경 정책 논의에 영향을 줄 것이다.

네트워크 외부 효과

네트워크의 존재 속에서 전혀 다른 유의 외부 효과가 부각되고 있다. 여기에서 기본적인 아이디어는 많은 제품이 그 자체로는 거의 쓰임새가 없지만, 오직 다른 제품이나 다른 사람들과 함께 쓰일 때에만 가치를 창출한다는 것이다. 네트워크는 상이한 사람들이 모종의 시스템을 통해 서로 연결되는 바로 그런 제품이다. 과거에 중요한 네트워크는 전자 통신 시스템, 송전 네트워크, 파이프라인, 도로 같은 물리적인(physical) 연결 장치였다. 반면 오늘날 그 연결 장치는 사람들이 스마트폰, 소셜 미디어, 그리고 컴퓨터 소프트웨어를 사용할 때, 또는 (영어 같은) 동일한 언어를 사용할 때와 같이 점점 더 가상적인(virtual) 성격을 띤다.

네트워크의 속성을 이해하기 위해, 당신이 주유소 망이 없는 상태로 얼마나 먼 곳까지 운전할 수 있는지, 혹은 당신이 유일한 폰 사용자라면 당신의 휴대폰이 어느 정도 가치를 발휘할지 생각해보라. 마찬가지로 신용카드와 ATM 카드도 수많은 장소에서 사용할 수 있기에 가치가 있다. 페이스북이 사람들의 관심을 사로잡은 까닭은 다른 사람들과 네트워크로 연결될 수 있기 때문이다. 더 많은 이들이 페이스북을 이용할수록 그것이 안겨주는 편익은 한층 커진다.

네트워크는 소비자가 단순히 그들 자체의 재화 사용을 통해서뿐 아니라 그 재화를 채택하는 다른 사람들의 수를 통해 이득을 얻는다는 점에서 특수한 재화다. 이는 **네트워크 외부 효과**(network externality)라고 알려져 있다. 네트워크 외부 효과가 생겨나는 것은 재화나 서비스 이용자가 추가적인 이용자들이 그것을 채택할 때 이득을 보거나 손해를 보는 경우다.

나는 휴대폰을 가지고 있으면 그것으로 다른 모든 사람과 소통할 수 있다. 따라서 내가 그 네트워크에 합류하는 것은 다른 사람들에게 긍정적 외부 효과를 안겨준다. 네트워크 외부 효과는 많은 대학이 자교의 모든 학생과 교수에게 보편적인 이메일을 제공하는 이유다. 이메일 서비스의 가치는 모든 사람이 참가할 때 한층 더 커지기 때문이다.

또한 네트워크는 더러 부정적 외부 효과를 낳기도 한다. 당신은 고속도로의 규모에 비추어 너무 많은 차량이 북적여서 끔찍한 교통 체증에 발이 묶인 경험이 있을 것이다. 혹은 아마도 항공 네트워크가 꽉 차 있어 붐비는 활주로에서 하염없이 대기한 적도 있을 것이다. 때로 컴퓨터 네트워크 역시 과부하가 걸려서 서비스 속도를 늦출 수 있다. 이 모든 것은 페이스북이나 휴대폰 사례와는 정반대다. 길은 더 많은 사람이 이용하면 이용할수록 더 매력적이기보다 덜 매력적이 되기 때문이다.

경제학자들은 네트워크 시장의 몇 가지 중요한 특성을 발견했다. 첫째, 네트워크 시장은 **한쪽으로 치우치기 쉽다**. 즉, 이는 균형이 단 하나의 제품, 혹은 오직 소수의 제품 쪽으로 기운다는 의미다. 소비자는 다른 사람들의 시스템과 양립 가능한 제품을 좋아하는지라 경쟁 제품을 상대로 승리를 거둔 단 하나의 제품 쪽으로 치우치는 경향이 있다. 한 가지 중요한 예가 마이크로소프트 윈도우인데, 그게 주도적인 시스템으로 자리 잡은 것은 부분적으로 소비자들이 본인 컴퓨터가 착오 없이 온갖 가능한 소프트웨어를 실행할 수 있길 바랐기 때문이다. 오늘날 데스크톱 컴퓨터 운영 체제에서 윈도우는 80퍼센트가 넘는 시장 점유율을 자랑하고 있다.

두 번째 흥미로운 특징은 네트워크 시장에서는 '역사가 중요하다'는 것이다. 가장 유명한 예가 당신이 사용하고 있는 컴퓨터의 QWERTY 키보드다. 당신은 어째서 문자가 어색하게 늘어선 이 특수한 키 배열이 표준으로 자리 잡았는지 의아할지도 모르겠다. QWERTY 키보드는 물리적인 키들이 달린 수동 타자기를 쓰던 19세기에 개발되었다. 흔히 쓰이는 키(E와 O 같은)가 원활하게 작동하도록 그것들을 물리적으로 떼어 놓을 목적에서 설계한 것이다.

전자식 타이핑 기술이 발달할 즈음, 수백만 명이 이미 QWERTY 키보드를 장착한 타자기로 타이핑 기술을 익힌 상태였다. QWERTY 키보드를 좀더 효율적인 설계로 대체하는 것은 조정하기에 비용도 많이 들고 까다로운 일이 될 판이었다. 따라서 오늘날 영어 키보드에서도 문자 배치가 구식인 QWERTY 상태를 유지하고 있으며, 나 역시 이 책을 집필하기 위해 QWERTY 키보드를 사용하고 있다.

QWERTY 사례는, 강력한 네트워크 효과를 지닌 테크놀로지는 극도로 안정적이 될 수 있음을 보여준다. 이런 점은 중요한 환경적 결과를 낳는다. 예컨대 미국의 자동차 문화는 (현존하는 자동차, 도로, 주유소, 그리고 거주지 네트워크와 더불어) 단단히 뿌리내린 상태라서 한층 밀도 높은 도시나 대중교통의 개선 같은 좀더 환경친화적인 대안으로 대체하는 작업을 어렵게 만든다. 상이한 역사를 지닌 다른 나라들은 자동차나 도로에 대한 의존도가 미국보다 덜하다. 실제로 그린 에너지 구조로 전환하는 데에서 마주하는 주요 난관 가운데 하나는 현존하는 에너지 사용 자본과 인프라 네트워크를 극복하는 일이다. 가령 아마 전기차는 그린 대안이 될 것이다. 이 경우 일반 자동차와 '주유소'는 급속 충전되는 전기차와 '충전소'로 갈아타야 한다.

네트워크 외부 효과는 오염이나 코로나19 등의 감염병 같은 종래의 외부 효과와는 다른 유의 정책 문제를 일으킨다. 교통 혼잡은 우리의 일상적 삶을 점차 특징짓고 있다. 특히 도시에서 살아가거나 수시로 여행을 떠나는 사람들에게는 말이다.

한 가지 해법은 네트워크를 사적으로 소유하고 운영하도록 함으로써 외부 효과를 '내부화'하는 것이다. 만약 기업이 전체 네트워크를 소유한다면, 그 기업은 네트워크 스필오버를 최소화하는 시스템을 구축하고 운영하고자 하는 동기를 가질 것이다. 휴대폰 네트워크는 바쁜 시간대에 혼잡을 겪을 수 있다. 하지만 고도로 수익성 있는 휴대폰 제공 업체는 더 많은 용량에 투자하거나 가장 바쁜 시간대에 혼잡을 줄이기 위한 고가(高價) 책정 정책을 시행하려는 강력한 재정적 유인을 지닌다.

도로나 항공로 같은 공적 네트워크를 관리하는 것은 더 어려운 일이다. 그런 네트워크는 이윤 극대화가 아니라 정치적 합의에 의해 운영되기 때문이다. 우리는 공적 네트워크를 가장 효과적으로 사용하기 위한 혁신으로서 **혼잡 통행료**(congestion pricing)와 **혼잡 통행세**(congestion taxes)라는 아이디어로 돌아갈 것이다.

화폐적 외부 효과

환경적 관심사는 주로 기술적 외부 효과로부터 불거진다. 바로 오염 같은 스필오버인데, 이 경우에는 시장 밖에서 상호 작용이 이루어진다. 중요하지만 환경 이론에서 거의 다루지 않는 또 다른 이형(異形)은 **화폐적 외부 효과**(pecuniary externality)다. 이는 **시장을 거쳐서** 간접적으로 일어나는 외부 효과다. 이것이 발생하는 까닭은 경제적 조치가 다른 사람들의 소득과 물가에 영향을 끼치기 때문이다.

화폐적 외부 효과에 대해 자세히 다룬 연구는 거의 없다. 아마도 가장 중요한 화폐적 외부 효과의 예는 공장이 문을 닫고 생산 기지가 임금이 더 낮은 지역으로 옮아가는 사태일 것이다. 미국에서 이런 일은 흔히 기업이 고비용 주(州)에서 저비용 주로 이동하는 식으로 일어난다. 훨씬 더 논쟁적인 것은 다른 나라로 생산 기지를 '오프쇼링(offshoring: 아웃소싱의 한 형태로 기업이 경비 절감을 위해 생산·용역·일자리를 해외로 보내는 현상—옮긴이)'하는 경우다. 하지만—논란은 덜해도 양적으로 더 많은—다른 사례들이 생겨나는 까닭은 컴퓨터 같은 새로운 제품이 타자기 같은 낡은 제품을 대체할 때 볼 수 있는 '시장에서의 고객 이탈(market churn)'

과 혁신에 의한 **창조적 파괴**(creative destruction) 때문이다.

섬유 공장의 폐업을 예로 들어보자. 이런 유의 일자리 상실은 일반적으로 실업 기간의 장기화로 이어지고, 노동자들은 결국 보수가 더 낮은 열악한 일자리로 옮아가는 것으로 끝난다. 경제학자 스티븐 데이비스(Steven Davis)와 틸 폰 와처(Till von Wachter)가 수행한 주요 연구는 그 영향에 관한 추정치를 제시한다.[7] 그들은 공장 폐쇄 이후 노동자들이 일반적으로 이후 10년 동안 소득의 약 15퍼센트를 잃는다는 사실을 확인했다. 그 일자리가 연봉 5만 달러였다고 가정해보자. 쫓겨난 노동자는 10년 동안 7만 5000달러가 깎이는 셈이다. 이는 고소득 제조업 직장을 잃은 노동자에게 닥친 심각한 화폐적 외부 효과 사례다.

실직 같은 화폐적 외부 효과는 개인이 아닌 전체의 관점에서 보면 다소 복잡해진다. 일부 노동자는 실직자의 희생으로 직장을 구할 테니 말이다. 실제로 혁신이나 국제 무역을 통한 창조적 파괴가 안겨주는 전체적인 경제 효과는 대체로 개별 국가에도, 세계 경제에도 긍정적이다. 월마트 사례는 신중한 연구 대상이 되어왔는데, 그 결과는 슈퍼스토어(superstore)의 부상이 소비자 가격을 낮춰주므로 미국인의 실질 소득을 상당 폭 증가시켰음을 보여준다.

하지만 정리 해고된 노동자 자신에게 실직은 낭떠러지에서 떨어지는 것과 같은 일이다. 공장이 폐쇄되고 생산 기지가 멕시코나 베트남으로 이전할 경우, 소비자나 멀리 떨어진 익명의 일부 노동자가 이득을 얻는다는 사실이 실직자에게 위안이 될 수는 없다. 도널드 트럼프 등이 주도한 반(反)세계화 운동은 부분적으로 사람들로 하여금 외국인이 그들의 일자리를 '빼앗고 있다'고 여기도록 만든 화폐적 외부 효과를 일부 반영한다.

우리는 화폐적 외부 효과나 경제 구조 변화에 따른 시장 손익의 중요성을 과소평가해서는 안 된다. 하지만 화폐적 외부 효과는 **시장 내부에서** 일어나므로 기술적 외부 효과와는 다른 구조를 지니고 있음을 인식해야 한다. 경제학자들은 흔히 국제 무역으로 인한 실직 같은 화폐적 외부 효과에 따른 해결책은 관세 장벽을 높이는 게 아니라 적절한 실업 보험과 재교육 프로그램을 마련하는 쪽이라고 믿는다. 마찬가지로 전기 통신 분야의 혁신을 통한 창조적 파괴, 교외 대형 할인점 같은 새로운 소매 전략, 인터넷 상거래 등을 중단하면 장기적으로 사실상 모든 사람의 생활 수준이 하락할 것이다.

외부 효과의 규제

현대 환경주의는 인간 활동에 따른 중요한 외부 효과를 분석하고자 하는 지적·법적 개념 틀이다. 그 포괄 범위는 작은 마을에서부터 거대 국가에 이르기까지 전 세계를 아우른다. 모든 주요 대학은 환경과학과 환경 정책 강좌를 열고 있으며, 학생들은 차차 환경과학이 보람 있고 영감을 주는 연구 분야임을 알아차리고 있다. 연구 분야로서 환경과학은 지구과학, 생물학, 생태학, 공중보건학, 경제학, 정치학, 법학, 그리고 기타 수많은 근본 학문을 포함한다.

외부 효과는 **시장 실패**를 뜻한다. 시장 실패는 시장이 제 기능을 발휘하지 못할 때 생겨난다. 외부 효과와 관련해 실패가 발생하는 것은 스필오버(예컨대 오염)를 야기하는 사람들이 (인간이나 물고기에게 가한) 피해에 대해 비용을 지불하지 않기 때문이다. 중요한 외부 효과의 경우 효율적으로 기능하려면 규제적 수단이나 재정적 수단을 통해 기능 장애를 바로잡는 정부의 개입이 필요하다.

정부는 이 기획에서 중대한 부분을 차지한다. 한편으로 정부는 인공위성을 통한 원격 탐사, 공중 보건, 컴퓨터를 이용한 모델링 등 상당수의 과학 연구에 자금을 대준다. 다른 한편으로는 다양한 법률과 규정을 제정해왔다. (특히 대기, 물, 토지, 또는 에너지 사용 등과의 상호 작용을 포함하는) 경제의 거의 모든 측면은 모종의 정부 규제와 관련이 있다.

외부 효과의 규제

그림 5-1은 외부 효과의 생성과 그것의 규제에 따른 논리적 구조를 단순화해서 보여준다. 문제는 석탄을 화력으로 삼는 발전 같은 네모 A에서 시작한다. 네모 B에서 볼 수 있는 것처럼, 석탄의 연소는 오염 물질인 아황산가스를 대기 중에 배출하는 의도치 않은 부작용을 일으킨다. 네모 C에서 나타나는 다음 단계는 그에 따른 효과, 즉 대기 오염이 인간의 건강에 미치는 피해다.

만약 아무런 규제적 반응이 없다면 이야기는 여기에서 끝날 것이다. 하지만 네모 D에서 보듯이 오늘날에는 대다수 주요 외부 효과에 대해 정부가 규제적 반응을 보인다. 여기에는 배출량을 줄이거나 외부 효과를 내부화하는 조치가 포함된다. 정부는 여러 가지 방식으로 대응한다. 어떤 것은 오염을 줄이거나 특정 저감 기술을 이용하라는 단순한 명령이다. 또 어떤 것은 오염에 과세하거나 가격을 부과하는 방식이다. 정책은 그것이 어떤 기제든 외부 효과를 바로잡는 경향이 있다.

따라서 오염 규제는 전력 생산을 담당하는 이들의 인센티브에 영향을 미쳐서 그 순환 구조를 차단한다. 만약 황 오염의 가격이 높다면, 공

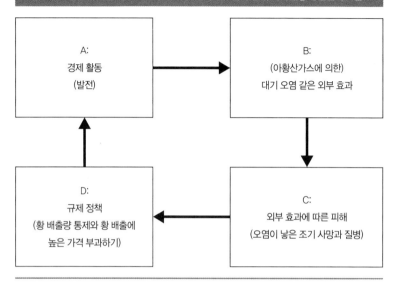

그림 5-1 발전에 따른 대기 오염 같은 외부 효과와 그에 대한 규제적 반응의 순환적 흐름

A:
경제 활동
(발전)

B:
(아황산가스에 의한)
대기 오염 같은 외부 효과

D:
규제 정책
(황 배출량 통제와 황 배출에
높은 가격 부과하기)

C:
외부 효과에 따른 피해
(오염이 낳은 조기 사망과 질병)

익사업체들은 황 함유량이 낮은 석탄을 사용하거나, 황을 제거하는 장비를 추가하거나, 석탄을 원료로 쓰는 공장을 폐쇄하고 가스 화력 발전소를 건설할지도 모른다. 만약 전기 가격이 인상되어 전력 수요가 줄고 더 나아가 오염 물질 배출량이 감소하면 소비자도 그 효과를 실감할 것이다.

　그림 5-1은 단순해 보여도 각각의 네모는 쉽게 이해하기 어려운 복잡한 시스템을 나타낸다. 황 배출은 중서부에서 발생하지만 그 오염 물질이 바람에 실려가 다른 화합물로 바뀌면서 동부의 대기를 어지럽힐 수도 있다. 동부 거주자 중 누가 중서부에서 발원한 황의 피해를 입을지 판단하려면 복잡한 기상학 지식이 필요하다. 게다가 상이한 농도의 오염 물질에 노출되었을 때 인간의 건강 관련 반응이 어떻게 달라지는지도 불확실한 채로 남아 있다. 통계적 연구들이 증거를 제공하긴

하지만, 그 데이터가 통제된 실험에 바탕을 두고 있지 않으므로 오염 농도-건강의 관련성은 불분명하다. 더군다나 경제학자들은 비용 편익 셈법에서 중요한 부분인 규제에 따른 비용을 제대로 파악하고 있지 못하다.

그림 5-1은 그린 정부 정책이 어떻게 중요한 외부 효과에 반응하는지 보여준다. 이는 그린 운동에서 제기되는 이슈를 이해하는 데 더없이 중요하다.

소유권 문제로서 외부 효과

공공 자원, 즉 '공유 재산' 자원에 대한 소유권 주장이 지극히 혼란스러워서 생기는 외부 효과도 적지 않다.

지구의 대기를 예로 들어보자. 각국은 자국 영공에 대해서는 권리를 주장할 수 있지만, 우주 공간에 대해서나 아무런 법적 제약 없이 순환하는 대기 중의 화학 물질에 대해서는 소유권을 요구하기 어렵다. 대기는 모든 생명체의 공유 재산이다. 대다수 나라에서 오염 물질을 대기 중에 방출하는 가격은 0이며, 그 결과가 바로 온실가스 농도가 증가하고, 아황산가스 같은 오염 물질이 골치를 썩이고, 인공위성 잔해들이 지구를 떠돌아다니는 현실이다.

좀더 미묘한 외부 효과는 해양에서 이루어지는 남획이다. 이는 공유 재산 자원의 오용을 보여주는 또 한 가지 사례다. 당신은 어부가 배를 소유하고 일꾼을 고용하며 그물을 수리하고 폭풍우 몰아치는 날씨가 안겨주는 위험을 감수하는지라, 이 경우 대체 어디에 외부 효과가 있다는 것인지 의아할 수도 있다. 하지만 좀더 자세히 들여다보면 어부가 물고기를 잡는 데 대해서는 비용을 지불하지만, 어족 자원을 고갈시키는 데 따른 효과에 관한 한 대가를 치르지 않고 있음을 알 수 있다. 어부가 대서양참다랑어(bluefin tuna)를 한 마리 잡으면, 이는 그 종 자원을 재공급할 수 있는 대서양참다랑어의 수를 줄이는 꼴이다. 만약 그 어족 자원이 과할 정도로 고갈되면 그 종은 멸종하고 말 것이다. 그 종의 물고기들이 성체까지 자라서 종의 생존에 충분할 만큼의 치어를 만들어 내지 못할 테니 말이다. 남획이 외부 효과를 지니는 까닭은 어부의 비용 편익 셈법에서 어족 자원의 가치를 배제하고, 따라서 그 가치를 평가 절하하기 때문이다.

해법

법학자들은 위의 각 예시에서 제기된 문제는 불완전한 재산권 탓에 빚어진다고 말한다. 즉 기후, 깨끗한 공기, 그리고 어족 자원은 잘못 관리되기 쉬운 공유 재산 자원이다. 공유 재산 자원은 모든 사람의 소관 사항인데, 이는 누구의 소관 사항도 아니라는 것과 다를 바 없는 말이다. 사적 의사 결정은 어느 시스템의 가치 있는 일부 측면을 무시하며, 따라서 나쁜 것은 지나치게 많이, 좋은 것은 지나치게 적게 생산하는 쪽으로 기운다.

그렇다면 외부 효과를 해소해줄 '자유 시장 해법'은 존재할까? 일부 경우에서는 재산권을 변동시킴으로써 외부 효과를 바로잡을 수 있다. 당신이 송어가 바글거리는 커다란 연못을 소유하고 있으며, 사람들이 돈을 내고 그 송어를 잡을 수 있다고 가정하자. 당신은 그 연못의 주인이므로 그 어족 자원 역시 당신 것이다. 당신은 송어가 고갈되지 않도록 연못을 잘 관리하려는 당연한 유인을 가진다. 또한 각 물고기의 가치를 반영하기 위해 충분히 높은 가격을 청구할 수도 있다. 다음 번 물고기 세대를 착오 없이 생산함으로써 그 사업이 다가오는 몇 년 동안에도 잘 살아남도록 하기 위해서다. 공유 재산을 사유 재산으로 전환하는 것은 많은 나라에서 토지 관리를 개선하는 중요한 요소로 떠올랐다.

또 다른 경우에서는 사회가 자산 혹은 자원이 사유화하기에 부적절한 공공재적 성격을 띤다고 판단할 수 있다. 일례로 옐로스톤 국립공원 같은 대체 불가능하고 독특한 자산은 최고가 경매자의 손에 넘어가서 놀이공원이나 채광(採鑛)의 용도로 쓰여서는 안 된다. 그보다 그 공원은 현재 세대와 미래 세대에 즐거움을 선사할 수 있는 공공 자원으로서, 그리고 독특한 자연적 경이로서 보존 및 관리되어야 한다.

또 어떤 경우에는 사유 재산이 어떻게 문제를 해결할 수 있는지 감을 잡기가 어렵다. 기후, 깨끗한 공기, 해양의 물고기는 누구의 것도 아니다. 따라서 기후, 깨끗한 공기, 대서양참다랑어 자원의 가치까지 고려해 계산할 수 있는 사적 소유주는 존재하지 않는다. 바닷물고기는 '불확정 자산(fugitive asset: 누군가가 최초로 획득할 때까지는 아무도 소유하고 있는 게 아니며, 최초 획득자가 모든 권리를 부여받는 자산—옮긴이)'이라는 법률과 과학의 판단을 감안하건대, 사회적으로 귀중한 이들 공유 재산의 법적 지위가 가까운 미래에 달라질 가망성은 거의 없어 보인다.

그렇다면 공유 재산 자원의 오용을 해소하는 방안은 무엇인가? 잘못 관리되는 공유 재산 자원에 대해 재산권 부여가 가능하지 않을 경우, 정부는 규제나 세금 제도를 통해 개입할 필요가 있을지 모른다. 기후 변화를 늦추기 위해 이산화탄소 배출량을 제한할 수도 있다. 또한 양도 가능한 쿼터제를 실시함으로써 어획을 제한하는 것도 한 가지 방법이다. 정부는 냇가나 호수에 독성 폐기물을 버리지는 않는지 확인하기 위해 수시로 공장을 점검해야 한다. 관련 목록은 길지만 무한하지는 않다. 여기서 중요한 점은 올바른 가격 유인을 지니면 시장은 기적을 낳는다는 것, 하지만 중요한 외부 효과가 존재함에도 가격이 잘못 책정되어 있을 경우 규제받지 않는 민간 시장은 토지와 대기와 해양을 파괴할 수 있다는 것이다.

긍정적 외부 효과와 테크놀로지의 개선

그린 정신은 비관적인 측면을 부각하곤 한다. 흔히 오염, 기후 변화, 무책임한 기업 따위의 병폐에 대해 조바심을 치면서 말이다. 하지만 우리는 한 걸음 물러서서 **긍정적 외부 효과**(positive externality)의 막강한 역할에 대해 인식할 필요가 있다. 여기에는 기본적으로 신지식과 테크놀로지의 변화뿐 아니라 인간 조건을 개선할 수 있는 제도의 발전도 포함된다.

의료, 수명, 생활 수준에서의 진보를 돌아보면, 암울한 전망에서 다소 놓여날 수 있다. 사실상 모든 생활 수준 지표를 훑어보면, 지난 2세기에 걸쳐 그것들이 지속적으로 개선되었음을 확인할 수 있다. 전 지구 차원의 1인당 소득은 1900년 이래 해마다 약 2퍼센트씩 증가해왔다. 이같은 경제적 진보는 꾸준한 수명 증가와 수많은 끔찍한 질병의 감소를 동반했다. 스티븐 핑커(Steven Pinker)의 놀라운 책《우리 본성의 선한 천

사: 인간은 폭력성과 어떻게 싸워 왔는가(The Better Angels of Our Nature: Why Violence Has Declined)》는 시간의 흐름에 따른 숱한 사회 개선 사례를 담고 있다.

이러한 개선의 견인차는 새로운 과학 및 테크놀로지 지식이었다. 당신이 생각해낼 수 있는 온갖 제품—그중 일부만 열거하자면 백신 접종, 스마트폰, TV, 자동차, 복사기, 겨울철에 먹을 수 있는 온실 딸기, 그리고 인터넷—이 사실상 오랜 세월 동안 발전해온 테크놀로지의 결실이다.

더군다나 중요한 테크놀로지에 대한 경제적 연구를 살펴보면, 그것들이 상당 정도의 외부 효과도 지녔다는 것을 알 수 있다. 하지만 이들의 경우는 긍정적 외부 효과다. 바로 앞 문단에서 열거한 제품 각각에서, 주요 발명가들은 자신의 발명이 가져다준 사회적 편익의 극히 일부만을 제 몫으로 챙겼다. 이를테면 체스터 칼슨(Chester Carlson)은 제로그래피(xerography: 건식 전자 사진 복사의 한 가지 방식—옮긴이)를 발명함으로써 필경사나 비서들이 힘들고 단조로운 필사에 쏟아붓던 수십억 시간을 절감해주었다. 하지만 그가 벌어들인 돈은 특허가 발효되는 동안에는 제록스 복사 한 건당 1센트의 16분의 1에 그쳤고, 지난 50년 동안에는 아예 단 한 푼도 없었다. 그는 자신의 발명으로 인한 편익을 전용할 수 없었던 발명가의 전형적인 예다. 분명 무일푼으로 생을 마감하지는 않은 애플의 스티브 잡스(Steve Jobs) 같은 거물들조차 그들이 정보 혁명으로 일군 가치의 극히 일부만을 손에 넣었다.

경제학자들은 많은 시간을 들여 급속하고도 유익한 테크놀로지 변화에 관한 연구를 진행해왔다. 실제로 2018년 노벨 경제학상을 수상한 폴 로머(Paul Romer: 그해에 이 책의 저자 윌리엄 D. 노드하우스와 공동 수상했다—

옮긴이)는 지식이라는 공공재에 관한 혁신적 연구를 수행한 공로를 인정받았다. 그린 목표를 성취하는 데에는 흔히 새로운 제품과 생산 공정이 핵심적이다. 그린 설계를 촉진하기 위해서는 오염에 대한 적절한 가격 책정, 지식 재산권 강화, 그리고 기초적인 그린 과학에 대한 정부의 지원 제공 같은 메커니즘에 관심을 기울여야 한다. 많은 과학자는 코로나19가 촉발한 경제적, 사회적, 정치적, 의료적 위기는 오직 모든 이가 백신을 접종하고 사람들이 정상적인 일상으로 돌아갈 만큼 안전하다고 느낄 때에야 비로소 해소될 거라고 생각한다. 여기서 중요한 점은 각국이 지혜롭게 투자하고 선택한다면 테크놀로지와 제도의 개선에 따른 긍정적 외부 효과가 부정적 외부 효과를 상쇄해줄 수 있음을 기억하는 것이다.

최적의 오염을 위한 근본 조건

일단 오염 같은 외부 효과에 따른 징후를 진단하고 나면 당연히 어떻게 '최적의 오염'을 성취할 수 있을지 고려하는 단계로 나아가야 한다. 최적의 오염이라는 용어가 기이하게 들릴지도 모르겠다. 0이 아닌 그 어떤 오염도 최적이 될 수는 없을 것 같으니 말이다. 하지만 이 표현은 오염 저감이 편익은 제한적인 데 반해 그 비용은 상당하므로 보통 비용 편익 간 줄다리기를 필요로 한다는 현실을 반영한다. 자동차 배기가스 입자를 마지막 하나까지 모조리 제거하려면 터무니없을 정도로 많은 비용이 들지만, 그 마지막 하나는 공중 보건에 무시해도 좋을 만큼의 영향만 끼칠 따름이다.

따라서 최적의 오염 이론은 몇 그램이 너무 많지도 적지도 않은 딱 알맞은 균형인지 결정하는 것을 목표로 삼는다. 이는 인간 자신에게도 경제에도 정말이지 중요한 결정이다. 환경을 규제하는 데에는 매년 수십억 달러의 비용이 들지만, 그 결과 상당한 편익이 생긴다. (이에 대해서는 이 장 뒷부분에서 더 자세히 다루겠다.)

규제의 엄격성 수준을 결정하는 경제적 개념 틀이 바로 비용 편익 분석이다. 이는 규제의 수준이 비용과 편익의 균형점에서 정해진다는 것을 뜻한다. 좀더 엄밀하게 말하자면, 최적의 개념 틀에서는 규제의 엄격성을 늘리는 데 드는 추가적 비용〔경제학 용어로 **한계 비용**(marginal cost)〕이 추가적 편익, 즉 회피된 피해〔averted damage: 역시 경제학 용어로 **한계 편익**(marginal benefit)〕로 정확히 상쇄되도록 규제 수준을 설정한다.[1]

따라서 규제 기관이 자동차의 일산화탄소 배출에 대한 최적의 표준을 연구하고 있다고 가정해보자. 그들은 1마일당 2그램, 3그램 등 여러 상이한 수준에서 배출량 제한에 따른 비용과 편익을 저울질한다. 그 결과 1마일당 3.4그램이 최적의 기준이라는 판단에 이른다. 그 기준에 비추어 과학자들은 일산화탄소 배출량 1톤이 100달러어치의 피해를 일으킨다고 추정할 수 있다. 만약 이것이 최적의(즉, 효율적인) 규제라면 그 1톤을 줄이기 위해 드는 비용도 100달러일 것이다.

효율적인 환경 규제를 위한 근본 조건은 배출량을 줄이는 데 따른 한계 비용이 한계 편익과 같아야 한다는 것이다.

표 5-1은 최적의 규제에 대한 가설적 예를 제시한다. 허용 가능한 오염 수준을 900에서 800으로, 다시 700으로 …… 옮겨가면 무슨 일이 벌

표 5-1	최적의 오염					
오염(톤)	저감(톤)	총 저감 비용	저감의 한계 비용	저감에 따른 편익	저감의 한계 편익	순편익
900	0	0	0	0		0
800	100	8	0.17	483	3.42	475
700	200	33	0.33	685	1.79	652
600	300	75	0.50	840	1.43	765
500	400	133	0.67	971	1.23	838
400	500	209	0.83	1,087	1.10	878
301	599	299	1.00	1,190	1.05	890.9819
300	600	300	1.00	1,191	1.00	890.9823
299	601	301	1.00	1,192	0.96	891.1000
200	700	409	1.17	1,287	0.93	879
100	800	534	1.33	1,377	0.87	843
0	900	676	1.50	1,461	0.82	786

저감 수준이 600톤일 때, 추가 저감에 드는 한계 비용이 한계 편익과 정확하게 일치한다. 마지막 칸은 순편익(총편익에서 총비용을 뺀 값)이 그 저감 수준에서 최대화된다는 것을 보여준다.

어질지 생각해보라. 오염 수준이 300일 때, 추가적 감소에 따른 비용이 추가적 편익과 정확히 균형을 이룬다. 비용과 피해를 더한 값이 최소화된다. 사회적으로 최적의 오염은 이렇게 정해진다.[2]

이 근본 조건은 우리로 하여금 애덤 스미스의 '보이지 않는 손 원칙'과 아서 피구의 '이례적 제약' 이론으로 돌아가서 그것들을 최적의 환경 정책을 이해하는 한 가지 방법으로 받아들이게끔 돕는다. 효율적 시장이라는 이상적인 경우에서는, 빵을 생산하는 데 따른 한계 비용(농부, 제분소 주인, 빵가게 주인에 의해 발생되는)이 그 빵의 소비에 따른 한계 편익(소비자는 그에 대한 비용을 지불한다)과 정확히 일치한다. 외부 효과가 없으므로 사회에 미치는 한계 비용과 한계 편익 사이에는 아무런 괴리도 없다.

이와 마찬가지로 자동차의 경우, 만약 자동차 여행과 관련한 모든 비용이 자동차 소유주에게 **내부화**된다면, (다른 가능한 왜곡은 차치하고) 자동차에 환경적 규제를 가할 필요는 없다. 하지만 외부 효과가 존재할 경우 생산의 사회적 비용(오염을 포함해)이 소비의 사회적 편익보다 커진다. 사회적 한계 비용과 사회적 한계 편익의 차이가 정확히 외부 효과의 영향이다. 표 5-1에서 보듯이, 만약 규제가 없다면 처음 100톤의 저감은 순편익 475로 이어진다. 오염이 줄어듦에 따라, 최적의 오염 수준 300톤에 이르러 오염을 포함한 한계 비용이 그 제품의 한계 편익과 (거의 정확하게) 일치하는 지점까지 순편익은 꾸준히 늘어난다.

효율성을 위한 근본 조건은 많은 분야에 널리 적용된다. 여기서는 오염을 예로 들어 그것을 실증적으로 보여준다. 또 한 가지 그것을 적용해볼 수 있는 매우 중대한 사례는 기후 변화다. 이 책 5부에서 다룰 글로벌 그린 논의를 미리 보여주는 것으로, 모델 개발자들은 배출량에 따른 한계 피해를 추정했다. 미국 정부가 내놓은 가장 포괄적인 추정치에 따르면, 이는 대략 이산화탄소 1톤당 40달러다. 이산화탄소 배출량 1톤당 40달러의 가격을 책정함에 따라 각국은 세계적 저감 비용과 세계적 피해 억제 간에 적절한 균형을 보장할 수 있다.

우리는 이어지는 장들이 다룰 몇몇 경우에서 이 근본 조건으로 돌아갈 것이다. 나는 이 근본 조건이 이상화된 것이고, 야구의 퍼펙트게임(안타·4구·실책 등 어떤 이유로든 상대 타자를 단 한 번도 1루로 내보내지 않고 승리한 경기—옮긴이)처럼 현실 세계에서는 좀처럼 찾아보기 힘든 것임을 강조하고자 한다. 정부가 늘 정책을 실시하기 위해 이 근본 조건을 활용하는 것도 아니다. 하지만 '잘 관리된 사회'에서는 실제 정책들이 효율적인 수준에 거의 근접하도록 보장하고자 막후에서 이 근본 조건을 참조하곤 한다.

그린연방주의

많은 정치 제도는 중앙 정부와 지방 정부 간 권력 분할이라는 연방적 구조를 띠고 있다. 연방적 구조는 중앙 정부와 그에 종속된 조직체들 사이에 영향력을 미치는 영역의 관리에 따른 권리와 책임이 잘 정의되도록 요구한다. 예컨대 중앙 정부는 보통 관세와 국방을 책임지는 반면, 지방 정부는 흔히 아동 교육과 쓰레기 수거를 담당한다. 이 같은 노동 분업이 유용한 까닭은 그 정치적 경계가 대체로 공공재의 경계이며, 상이한 차원의 여러 정치 당국이 대개 집단적 문제를 이해하고 해결하려는 정치적 동기와 전문 지식을 갖추고 있기 때문이다.

그린연방주의

외부 효과와 관련한 정책 역시 연방적 구조를 띤다. **그린연방주의**는 법

그림 6-1 각각의 외부 효과를 다루는 데 가장 효과적인 연방주의 사다리 위치

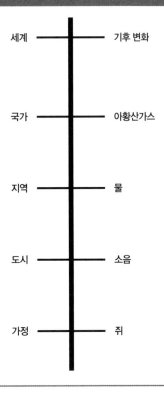

적·윤리적·경제적·정치적 의무와 절차가 상이한 차원에서 진행된다
는 것, 그리고 해법이 반드시 그 차원에 따라 달라지는 다양한 제도 및
의사 결정 과정과 연관되리라는 것을 인식하고 있다. 그림 6-1은 상이
한 외부 효과, 그리고 그것들을 가장 효과적으로 규제하는 연방주의 사
다리에서 그것들이 차지하는 적절한 위치를 보여준다. 기후 변화는 세
계적인 조정이 필요한 문제인 반면, 소음 규제는 도시나 읍면 차원에서
가장 잘 다룰 수 있으며, 쥐덫을 놓아야 할 주체는 각 가정이다.

미국의 그린연방주의

미국의 환경 정책에 따른 문제들을 생각해보자. 대기 오염과 수질 오염 정책은 대부분 연방 차원의 법률과 규정이 담당하고 있다. 1970년 제정된 대기오염방지법, 1972년 통과된 수질오염방지법 및 여러 수정안이 그 예다. 차량 배기구 배출량 제한 같은 조항은 연방 기관인 환경보호국(Environmental Protection Agency, EPA)이 결정한다. 주(州)나 원주민 독립체들은 환경보호국의 승인 아래 계획을 개발하며, 그보다 하위 주체들은 그 계획을 잘 이행하는지 모니터링한다.

미국에서는 대다수 규정을 연방 차원에서 관장하고 있긴 하지만, 주도 더러 연방의 제약에 부가적인 내용을 덧붙이곤 한다. 일례로 캘리포니아는 가장 엄격한 환경 보호 정책을 실시하는 주들 가운데 하나다. 2015년 제정된 캘리포니아 주법은 2030년까지 그 주의 전력 절반을 재생 가능 에너지원을 써서 생산해야 한다고 못 박고 있다. 반면 일부 주들은 열의가 그만 못하다. 가령 미시시피주는 연방 정부의 환경 기준에 **반대하는** 소송을 제기하느라 여념이 없다.

도시와 읍면은 주로 쓰레기 처리 등을 포함한 토지 사용에 관여한다. 건축 법규는 화재와 홍수를 예방하는 데 중요할 뿐 아니라, 최소한의 거주 요건을 충족하도록 보장하는 데도 꼭 필요하다. 도시는 흔히 성가신 활동을 제한하기도 한다. 이를테면 뉴헤이븐은 주택 소유자가 키울 수 있는 닭의 수를 여섯 마리로 제한하고, 수탉은 아예 기르지 못하도록 금지한다.

그 밖의 나라들은 그린연방주의의 경계를 저마다 다른 지점에 긋는다. 하지만 규정을 가장 효과적으로 관리할 수 있는 지점에 둔다는 일반적인 노동 분업 원칙은 이들의 의사 결정을 관통하는 핵심 요소다.

본인-대리인 갈등에서 빚어진 외부 효과

경제에서 이루어지는 숱한 결정은 함께 일하는 팀에 의존한다. 그들이 협동적이든 제 잇속만 차리든 말이다. 우리가 의료적 치료를 받고자 할 때 팀을 이루는 것은 환자와 그 가족, 의사, 간호팀, 보험 회사, 그리고 정부다. 의사는 치료법을 제안하는 전문가이지만, 그 밖의 사람들은 치료받는 이들, 의료비를 지불하는 이들, 혹은 환자를 도와주는 이들이다.

어느 야구팀이 월드시리즈에서 우승을 거두는 경우에서 보듯이, 팀은 협동적으로 상호 작용할 수 있다. 반면 서로 마음이 맞지 않아서 파괴적으로 상호 작용할 수도 있다. 상호 작용이 유해할 때, 우리는 그것을 **본인-대리인 문제**(principal-agent problem: 개인 또는 집단이 의사 결정 과정을 다른 사람에게 위임할 때 빚어지는 문제—옮긴이)라고 부른다. 그보다 더 직관적인 용어는 아마도 '집주인-세입자 문제'일 것이다.

본인-대리인 관계는 상호 의존적인 복잡한 사회에서 흔히 발견되며, 외부 효과와 그린 이슈를 이해할 수 있는 유용한 개념 틀이다. 또한 그 관계는 상이한 수준에서 작용하는지라 그린연방주의 이슈를 실증적으로 보여주기도 한다.

정상적인 교환과 외부 효과는 본인-대리인 개념 틀에 비추어보면 이해하기 쉽다. 표준적인 시장 거래에서는 제품을 향유하는 이들(소비자)과 그 제품을 제공하는 이들(기업)이 밀접한 관계를 맺는다. 소비자가 생산자에게 합의된 가격을 지불하기 때문이다. 만약 당신이 신발 한 켤레를 구매한다면, 당신은 그 제품을 생산하는 데 드는 비용을 지불하는 셈이며, 제조업자와 소비자는 그들의 노력에 합당한 보상을 받는다. 따라서 유인 간에 연계성이 있다. 만약 양자가 충분한 정보를 가지고 있으며 아무런 스필오버도 없다면, 시장 거래에서는 본인-대리인 문제가 발생할 가능성이 없다.

반면 외부 효과는 치명적인 본인-대리인 문제의 하나다. 본인과 대리인이 철저하게 구분되고, 서로 유인이 다르며, 흔히 서로에 대해 알지 못한다. 신발을 생산하려면 그걸 제조하는 공장을 난방하거나 수송하는 트럭을 굴리기 위해 화석 연료를 태워야 한다. 여기에 한 가지 중요한 비용은 포함되지 않는다. 그로 인해 배출된 이산화탄소가 일으키는 피해가 그것이다. 대리인(오염 유발자)과 본인(오염 피해자) 간에는 아무런 관련성이 없다.

본인-대리인, 즉 집주인-세입자 문제가 빚어지는 근본 원인은 무엇인가? 그 문제는 결정을 내리는 자(대리인 또는 세입자)의 지식이나 유인이 그 결정의 결과에 영향을 받는 자(본인 또는 집주인)의 그것과 다를 때 발생한다. 본인-대리인 문제로 인한 왜곡은 본인과 대리인이 서로 다른 사람이고 서로 다른 가치관과 유인을 가질 때 한층 심해진다.

집주인과 세입자는 흔히 분쟁에 휘말리곤 한다. 집주인은 부동산의 장기적 가치에 관심을 두지만, 세입자는 그저 1년 또는 그 남짓한 계약 기간 동안 편안하게 머물 공간을 원할 따름이기 때문이다. 세입자는 장기적 관점에서 부동산을 관리하는 데에도, 그 집이 시장 가치를 지니도록 만드는 데에도 관심을 보이지 않는다. 이와 유사한 예가 사람들이 렌터카를 함부로 다루는 현상이다. 이런 사실은 "지구 역사상 렌터카를 세차한 사람은 단 한 명도 없다"는 우스갯소리에 잘 드러나 있다.

이런 현상은 상장 기업과 관련해서도 불거지곤 한다. 상장 기업에서 경영진은 자신에게 후한 임금을 지불하려는 유인을 가진 대리인이지만, 그들이 챙기는 돈은 주주들에게 가야 할 배당금에서 빼낸 것이다. 본인-대리인 현상이 최근에 임원 보상금이 하늘 높은 줄 모르고 치솟는 이유 가운데 하나임은 의심할 나위가 없다.

연방주의와 본인-대리인 문제

본인-대리인 문제가 유용한 까닭은 그것이 사회의 여러 다른 수준에서 외부 효과가 어떻게 작동하는지 보여주기 때문이다. 외부 효과 가운데 일부는 가정과 관련이 있는 반면, 또 다른 것은 (기업이나 대학 같은) 기관을 통해, 그리고 아마도 리스 같은 계약 관계를 통해 지역 차원에서 작동한다. 또 어떤 것은 국가 차원에, 일부는 초국적(즉, 전 세계적) 차원에 걸쳐 있다.

몇몇 본인-대리인 상호 작용은 **개인의 의사 결정**(personal decision)과 관련이 있다. 나는 학생으로서 내 시간을 어떻게 써야 하는가? 공부를 해야 하는가, 아니면 파티에 참석해야 하는가? 나는 대리인임과 동시에 본인이기 때문에 연계된 유인을 가진다. 대리인으로서 내가 파티에 간다면, 낮은 학점을 따고 형편없는 취업 추천서를 받는 것 역시 나, 즉 본인이다. 나는 본인으로서 내가 하고 싶어 하는 것을 하고자 하는 대리인으로서 유인을 가진다.

또는 그렇지 않을 소지도 있다. 이따금 우리는 형편없는 결정을 내리곤 한다. 우리는 파티에 너무 오래 죽치고 있다가 늦잠을 자서 시험 시간을 놓칠 수도 있다. 그렇지 않으면 약물에 손을 대는 바람에 몽롱한 상태로 시험장에 들어설지도 모른다. 우리는 그 파티광이 학생으로서 그 사람의 미래를 망치는 유인을 가진 대리인이었노라고 볼 수도 있다. 나중에 행동주의적 관점에 대해 논의하는 부분에서, 우리는 현재인이 미래인의 중요성을 얕잡아보고 있다고 말할 것이다. 따라서 이 역시 일종의 개인적 본인-대리인 문제다.

연방주의 사다리에 놓인 또 한 가지 단계는 **가정의 의사 결정**(household decision), 즉 가족의 의사 결정이다. 가족은 일반적으로 목적을 공유하지만 더러 갈등을 빚기도 한다. 흔히 가족 본인-대리인 문제는 어떤 가족 구성원(대리인)이 의사 결정을 내리지만, 다른 가족 구성원(본인)이 돈을 댄다는 사실과 관련이 있다. 대리인 자녀가 전등 끄는 것을 까먹고, 본인 부모가 전기세를 내는 것은 흔히 벌어지는 일이다.

모든 가족은 그런 문제가 발생할 때 그것을 해결하기 위한 나름의 자구책을 마련해두고 있다. 전구 문제에 대한 해결책은 대리인(자녀)에게 전구를 끌 때마다 포인트를 주고 특별한 선물을 구입하는 데 그것을 쓸 수 있도록 허락하는 것이다. 하지만 가정 차원에서는 왜곡 정도가 그리 크지 않은 것 같다. 대리인과 본인이 너무나 많은 이해관계를 공유하고 있기 때문이다.

그보다 좀더 상위 차원에 존재하는 듯 보이는 대다수 외부 효과의 경우, 공유되는 이해관계는 전무하다. 이는 본인과 대리인의 유인 간에 전혀 연계성이 없다는 의미가 된다. 만연한 본인-대리인 왜곡이 발생하는 한 가지 이유는 계약을 통한 합의 내용이 불완전하기 때문이다. 이는 집주인-세입자 간 갈등을 보여주는 또 다른 예다. 많은 아파트 임대 계약은 집주인에게 공과금을 내도록 요구하지만, (온도 수준, 가전제품의 수 등) 에너지 사용에 관한 결정을 내리는 것은 어디까지나 세입자다. 이럴 경우 대리인은 아파트에 세 들어 사는 사람인 반면, 본인은 그들의 공과금을 내주는 집주인이다. 경험적 연구는 재정적 책임과 의사 결정이 분리되면 에너지 사용이 대폭 증가한다는 것을 말해준다. 이를 잘 보여주는 특수한 사례가 학생 기숙사다. 거기에서 학생들은 에너지 사용에 대해 아무런 가격을 지불하지 않지만, 대학 당국은 시장 가격에 맞게 에너지 비용을 치러야 한다. 그 결과 잘 굴러가는 시장에서보다 에너지 사용량이 많아진다.

또 한 가지 의사 결정 단계는 지방 차원, 주 차원, 국가 차원에 걸친 **정부 문제**(governmental question)이다. 교통 혼잡, 소음, 빛 공해, 녹지와 관련된 '토지 용도 지정(zoning)'은 우리 지역의 환경을 결정하는 주요소다. 주택 법규는 주택 설계에 요구되는 하한값을 정해둔다. 다음 단계에는 깨끗한 대기, 국방, 오염 방지, 기타 의료 및 안전 조치 같은 국가 차원의 공공재가 있다. 국가 차원에서는 본인-대리인 문제가 한층 복잡해진다. 의사 결정을 내리는 대리인(입법가)이 본인(더러운 공기를 마시는 사람들)과 한참 동떨어져 있으며, 유권자의 건강보다는 그들이 속한 정당에 더 많은 관심을 기울이기 십상인 것이다.

본인-대리인 문제가 가장 분명하게 도드라지는 것은 국가 지도자들이 전쟁에 돌입하려는 유혹에 굴복하는 경우다. 조지 W. 다운스(George W. Downs)와 데이비드 M. 로크(David M. Rocke)는 본인-대리인 문제를 다음과 같이 명료하게 기술했다.[1]

본인-대리인 문제는 국가의 최고 책임자가 …… 참전에 대해 평범한 유권자 집단과는 다른 찬반 선호를 지닌 국가 간 분쟁과 개입 영역에서 특히 골치 아프다. 민주주의 체제에서 본인-대리인 문제를 다루는 데 기여하는 기제는 자유 언론과 의회의 전쟁 선포에서부터 선거를 통한 타도와 탄핵에 이르기까지 다양하다. 전제주의 체제에서는 이런 기제가 훨씬 적다. 극단적인 경우 남은 기제라고는 큰 대가를 치러야 하는 무장 폭동뿐이다.

우리는 전쟁과 관련해서는 본인-대리인 문제를 이렇게 생각해볼 수 있다. 즉, 대리인(지도자)은 대군을 지휘하고 지도를 펼쳐 전략을 짜고 영광스러운 승자로 환영받을 수 있지만, 본인(병사)은 수렁에 빠져서 허우적거리고 정글이나 사막에서 총격을 당하는 갈등이라고 말이다.

의사 결정을 내리는 자와 그에 영향받는 자 간의 거리가 멀면 멀수록 양편의 유인이 어긋나거나 대표성이 떨어지는 결정을 내릴 가능성이 한층 커진다는 것은 잘 알려진 사실이다. 그러나 다운스와 로크가 지적했다시피, 특히 민주주의 체제에서는 대표성이 떨어지는 의사 결정을 저지하기 위한 기제가 두루 작동하고 있다. 더군다나 민주주의 체제의 환경 입법 역사는 (그린 정치를 다룬 이 책 3부에 기술하겠지만) 대중의 이해관계가 결국에 가서는 발언권을 얻게 된다는 것을 보여준다.

연방주의 사다리의 최상위 단계에는 전 지구적 외부 효과가 자리하고 있다. 팬데믹, 지구 온난화, 오존층 파괴 같은 이슈가 그 예다. 기후 변화와 관련한 본인-대리인 개념 틀에서, 대리인은 오늘날 한 나라에서 자동차를 몰고 주택을 난방하고 이산화탄소를 배출하는 이들이다. 그에 반해 기후 변화로 인해 피해를 입는 본인은 대리인과는 동떨어진 시대에 동떨어진 지역에서 살아가는, 어쩌면 아직 태어나지도 않은 존재일 수도 있는, 대리인과 전혀 다른 사람들이며, 대리인은 그들의 존재에 대해 알지 못한다.

전 세계적 외부 효과는 본인과 대리인의 관련성이 너무 헐겁고 부정적 유인을 바로잡기 위한 기제가 턱없이 취약하다. 따라서 해결하기 가장 까다로운 것이 바로 이 단계에 놓인 문제들이다.

그린 공정성

공정성에 대해 심도 있게 논의한 것은 유명 작가 2명이었다. 스코티 피츠제럴드(Scotty Fitzgerald)가 "부유한 사람은 우리 나머지들과 다르다니까요"라고 말하자, 어니스트 헤밍웨이(Ernest Hemingway)가 이렇게 응수했다고 한다. "맞아요, 저도 알죠. 그들이 우리보다 돈이 더 많다는 걸요."

열렬한 어부였던 헤밍웨이는 "맞아요, 저도 알죠. 그들이 우리보다 물고기가 더 많다는 걸요"라고 했어도 괜찮을 뻔했다. 4장에서 우리는 각 가정에 물고기를 분배하는 데서 드러나는 공정성의 차이에 대해 논의했다. 그 예에서는 어느 어촌이 막 잡은 물고기 1000마리를 어떻게 할당해야 할지 고심했다. 대다수 사람들은 물고기를 효율적으로 분배해야 한다—즉, 물고기가 상하기 전에 각 가정에 전달해야 한다—는 데 대해 동의할 것이다. 하지만 '잘 관리된 사회'의 또 한 가지 기둥은 공정성이다. 물고기를 비롯한 여타 재화와 서비스는 사람들 사이에 공정하게 분배되어야 한다.

이 원칙은 물고기 등을 비롯한 여타 재화뿐 아니라 환경 재화와 서비스에도 적용된다. 공정한 사회는 소득 사다리의 꼭대기에 있거나 밑바닥에 있는 모든 이들이 깨끗한 물, 쾌적한 공기, 녹지, 공원, 그리고 그와 비슷한 환경적 생활 수준의 여러 측면을 누리도록 보장할 것이다.

그렇다면 우리가 의미하는 공정성이란 무엇인가? 정치철학자와 도덕철학자는 이 문제와 관련해 심각하게 분열되어 있으며, 정당 역시 그와 비슷하게 양분되어 있다. 경제학자들은 일반적으로 공정성보다 '불평등'을 언급한다. 불평등은 소득과 부의 차이에 비추어 측정할 수 있는 데 반해, 공정성은 쉽사리 수량화하기 힘든 주관적인 용어이기 때문이다.

이어지는 그린 공정성 논의는 불평등의 원천과 척도를 전반적으로 돌아보는 것으로 시작한다. 그런 다음 환경 정의, 세대와 관련한 공정성, 동물과 관련한 공정성 등을 다룬 문헌에서 강조하는 문제에 집중한다.

불평등의 척도

경제적 불평등을 개괄하는 것으로 시작해보자. 미국 및 기타 국가들의 불평등에 관해서는 광범위한 통계가 나와 있다. 표 7-1은 지난 반세기에 걸친 미국의 소득 수준과 추세를 보여준다. 또한 인구 중 하위 20퍼센트(하류층), 중위 20퍼센트(중산층), 상위 5퍼센트(상류층)의 평균 소득도 보여준다. 여기서 두 가지 사실이 두드러진다. 첫째, 상류층은 하류층보다 소득이 훨씬 더 많다. 2018년에 상위 5퍼센트의 평균 소득은 하위 20퍼센트보다 30배나 많았다.

표 7-1 미국의 소득 분포(1967~2018년)			
연도	하위 20%	중위 20%	상위 5%
	소득 수준(2018년 달러 기준)		
1967	10,545	46,653	185,294
1990	13,390	55,649	259,281
2018	13,775	63,572	416,520
	성장률(%/연)		
1967~1990	1.0	0.8	1.5
1990~2018	0.1	0.5	1.7

출처: 미국 인구조사국(U.S. Census Bureau), https://www.census.gov/data/tables/time-series/demo/income-poverty/historical-income-households.html.

두 번째 특징은 마지막 두 줄에 드러나 있다. 상위 5퍼센트의 소득은 하위 집단과 중위 집단보다 훨씬 더 빠른 속도로 증가했다. 이 패턴은 상이한 시간대에 걸쳐 다소 변화가 있지만, 상위 집단의 소득은 1967~2018년에 120퍼센트 정도 증가한 반면, 중위 집단과 하위 집단의 소득은 겨우 30퍼센트만 늘어났다. 그중 두 번째 기간인 1990~2018년에 하위 집단의 소득은 사실상 제자리걸음이나 마찬가지였다.

불평등의 원천

표 7-1의 수치를 만들어낸 불평등의 원천이 무엇인지 알아보자. 현존하는 불평등 수준과 관련된 공정함에 대한 견해는 고소득이 노력의 결과냐, 운이 좋아서냐, 부모를 잘 만난 덕이냐에 따라 달라질 수 있다.

논의를 단순화하기 위해, 행운과 노력은 생산적이고 수명이 길고 건강하고 행복한 삶으로 귀결된다고, 반대로 불운과 나쁜 거주 지역, 그리고 형편없는 노력은 그 정반대 결과로 이어진다고 가정하자.[1]

노력은 "사람들이 그들 자신의 개인적 목표를 달성하기 위해 목적의식적으로 행동한다"의 줄임말이다. 즉, 이는 분명 좋은 삶을 가능케 하는 중요한 요소다. 어떤 사람들에게 노력은 경제적으로 성공하기 위해 밤낮없이 일에 매진하는 것, 또는 올림픽에서 메달을 따기 위해 혹독한 훈련에 매달리는 것을 의미한다. 반면 어떤 사람들은 가족과 시간을 보내거나 종교 서적을 탐독하는 데 시간을 쓰고 싶어 할 수도 있다. 그런가 하면 원 없이 스키를 타거나 길 위의 인생을 즐기고 싶어 하는 사람도 없지 않으리라. 노력은 만약 그게 인생의 목적을 성취하게끔 해준다면 유익할 것이다.

노력은 잠시 제쳐두고 행운에 주목해보자. 인생은 거대한 로또이기 때문이다. 당신이 인생에서 성공할지 여부는 당신이 부모로부터 무작위로 물려받은 DNA, 당신의 나라, 당신이 태어난 가정, 당신이 만난 선생님, 그리고 당신이 일자리를 구할 당시의 구직 시장 상황 등에 따라 달라진다.

공정성을 해치는 한 가지 확연한 조건은 지역 로또이다. 요행히 부유한 지역에서 태어나 좋은 학교에 다니고 안전한 동네에서 살아가는 사람들은 일반적으로 행운의 여신이 그들의 소득과 건강에 환한 빛을 비춰준다는 것을 깨닫는다. 불평등을 안겨주는 두 번째 주요 원천은 인종과 피부색이다. 노동경제학자 제임스 헤크먼(James Heckman)은 분배 로또에 대해 이렇게 기술했다.[2]

출생이라는 사건은 오늘날 미국에서 가장 커다란 불평등의 원천이다. 불우한 환경에서 태어난 아동은 유치원에 다니기 시작하면서부터 이미 학교를 중퇴하거나 10대에 임신하거나 범죄에 휘말리거나 저임금 노동자로 살아갈 위험에 처한다.

이 로또가 가져다주는 다양한 특징이 지역에 따라 결정되는지라, 학자들은 '우편번호 효과(zip code effect)'를 발견하기에 이른다. 만약 당신이 맨해튼의 도심 지구인 우편번호 10104 지역에서 태어난다면, 당신의 연간 평균 소득은 290만 달러가 될 것이다. 하지만 만약 그로부터 불과 몇 킬로미터밖에 떨어지지 않은 브롱크스 남부의 어느 슬럼가에서 태어난다면, 당신의 연간 평균 소득은 9000달러에 그칠 것이다.

미국에서 볼 수 있는 불평등이 다른 나라들에서는 한층 증폭된다. 만약 당신이 어쩌다 내전의 와중에 놓인 나라나 의료 체계가 제대로 작동하지 않는 나라에서 살아간다면, 당신은 아마 삶 자체가 고통일 테고 단명할 가능성도 높다. 만약 우리가 공정성을 평등한 로또라고 정의한다면 인생은 결단코 공정하지 않다. 더군다나 전쟁 지대나 최빈곤 지역에서 살아가는 이들은 문자 그대로 벽이 가로막혀 있어 부자 나라의 높은 생활 수준과 안전을 누리지 못한다.

이전 시대에 사람들은 흔히 자신의 행운이 하늘에 달려 있다고 생각했다. 오늘날의 사회과학자들은 공적·사적 제도와 정책이 인생의 제비뽑기를 상쇄해주느냐 강화하느냐에 따라 공정성이 달라진다고 주장한다. 역사적으로 볼 때 사회 정책과 경제 정책은 흔히 이 제비뽑기로 인한 결과를 한층 강화하는 쪽이었다. 불우하게 생의 첫발을 내딛던 사람들—여성, 토착민, 미국 대부분 지역의 유색 인종—은 차별적 관행, 배제, 추방, 그리고 노예제에 시달렸다.

　오늘날 자유민주주의 체제에서 대부분의 정책은 기회의 평등을 강조한다. 이는 기본적으로 정책이 삶의 제비뽑기와 관련해서는 중립적이라는 의미다. 당신은 부유하건 가난하건 남들과 동일하게 한 표의 투표권을 행사할 수 있다. 당신의 세율은 출신 지역을 드러내는 악센트나 피부색이 아니라 당신의 소득에 따라 달라진다. 실업 보험 같은 일부 정책은 나쁜 제비뽑기 결과로 인한 효과를 상쇄해주는 경향이 있으며, 이런 프로그램은 나쁜 결과를 경험하는 모든 이들이 이용할 수 있다.

　하지만 진보는 균일하지 않다. 흑인의 삶은 노예제가 폐지되고도 한참이 지나서까지 내내 위험에 처해 있다. 우리는 한 세대가 누린 이득이 다음 세대에서 상쇄되고 있음을 본다. 팬데믹이 전체 인구에 커다란 피해를 안겨주면서 수십만 명의 목숨을 앗아가고 수천만 명의 일자리를 빼앗는데도 무능하고 무신경한 지도자들이 공익이 아니라 제 자신의 경제적 부와 정치적 운명에만 골몰하는 광경 속에서 말이다.

시장의 공정성?

항구적으로 계속되는 질문은 시장 경제에서 결과의 분배가 공정해야 한다고 주장할 수 있는지 여부다. 다시 표 7-1로 돌아가 보자. 학자들은 일반적으로 시장 원리는 지난 반세기 동안 빈자와 부자 간 소득 성장률 격차를 낳은 주요소였다고 믿는다. 이런 시장 원리에는 세계화, 이주, 그리고 탈규제뿐 아니라 저숙련 노동자를 대체하는 테크놀로지도 포함된다.

그것은 과연 공정했는가? 우리는 오늘날 상위 1퍼센트 가구가 미국 부의 40퍼센트를 차지하고 있는 현상을 목도하고 있는데, 이는 과연 공정한가? 그것은 노력의 결과인가, 행운의 결과인가? 미국인의 소득이 아프리카인의 10배에 달하는 이유는 미국인이 그만큼 더 많이 노력하기 때문인가? 만약 인생의 제비뽑기로 어떤 사람은 소득이 100만 달러인 데 반해, 또 다른 사람은 간신히 최저 임금만 벌고 있다면 이는 과연 공정한 결과인가?

시장 원리의 공정성을 평가하는 것은 순수한 학문적 문제라기보다 가치의 문제다. 시장의 윤리를 잘 보여주는 비유가 한 가지 있다. 정글에서 식량을 갈라 먹는 문제를 생각해보자. 사자는 그들이 잡을 수 있는 거의 모든 걸 실컷 먹을 수 있지만, 영양은 사자를 피해 달아날 수 있는 한도 내에서 풍부한 식사를 즐길 수 있다. 우리는 정글의 법칙이 윤리적으로 공정하다고 말할 수 있을까? 아마 그럴 수 없을 것이다. 인간 사회는 정글보다야 좀더 개명한 사회지만, 그럼에도 순전한 자유방임에 의거해 식량을 배분하면 정글에서 전리품을 배분하는 것과 다를 바 없는 윤리적 상태에 놓일 것이다.

그린 공정성은 어떻게 다른가

그린 공정성은 좀더 일반적인 고려 사항에 뭔가가 더해진 것인가? 우리는 세 가지 관심사를 추가로 덧붙일 수 있다. 첫 번째는 세대 관련 공정성, 즉 우리가 어떻게 미래를 다루어야 하는지와 관련이 있다. 두 번째는 환경 정책이 소득 분배에 미치는 영향을 포함하는 환경 정의다.

세 번째, 환경 윤리는 동물과 관련한 공정성을 묻는 완전히 새로운 차원을 더해준다. 우리는 이번 장 나머지 부분에서 이 주제들을 계속 이어가려 한다.

세대 관련 공정성

첫 번째 관심사는 미래 세대와 관련이 있다. 해수면 상승, 멸종 위협, 점차 심화하는 이상 기후, 그리고 생태계 파괴 등으로 지구를 위기에 빠뜨리는 것이 과연 미래 세대에게 공정한 일인가? 하지만 대체 누가 누구에게 피해를 입히고 있는지 알아내기란 어렵다. 불공정은 수억 명의 사람이 다른 수억 명의 사람에게 피해를 입히는지라 모호하기 그지없다. 단 한 명의 죄인을 딱 꼬집어낼 수 없는 것이다.

세대 관련 공정성에 대해 따져볼 방법이 하나 있다. 당신은 만약 본인 인생에서 '다시 시작' 버튼을 누를 수 있다면, 언제 태어나기로 선택할 것인가? 정확하게 당신이 현재 살아가고 있는 시기를 선호할 것인가? 아니면 장발을 휘날리던 1960년대로 돌아가고 싶은가? 아니면 미래를 선택하겠는가?

우리는 아마도 미래를 더 선호할 것이다. 의학이 급속도로 발달하고 있는 데다 로봇들이 설거지를 하거나 우리의 온갖 기분을 살필 테니 말이다. 반면 미래가 로봇의 횡포, 사이버 전쟁, 자연 세계의 악화로 얼룩질 것을 두려워한다면, 우리는 인류의 황금기로서 오늘날 세계를 더 선호할 수도 있다. 만약 사람들이 현재보다 미래에 태어나는 쪽을 선호한다면(즉, 1990년생이 아니라 2050년생 쪽을 택한다면), 우리가 미래 세대에 공정하지 않다고 주장하기는 어려울 것이다. 하지만 여기서 다시 한번 강조하거니와 세대 관련 운명은 노력과 행운의 합작품이므로, 우리가 현재를 더 선호한다면 그것은 아마 세대 간 차이 때문이라기보다 행운 때문일 것이다.

세대 관련 공정성이라는 주제는 그린 운동에서 상당한 비중을 차지하는 심오한 주제다. 이 주제는 지속 가능성에 대해 논의하는 다음 장에서 좀더 심도 있게 다루겠다.

환경이 소득 분배에 미치는 영향

두 번째 이슈는 환경 악화와 교정 정책이 소득 분배에, 좀더 일반적으로 말해, 경제 후생의 분배에 미치는 영향이다. 우리는 먼저 환경 정의 문제를, 이어서 분배와 관련한 좀더 광범위한 이슈를 살펴볼 것이다.

환경 정의

환경 정의를 좁게 정의하면 인종, 피부색, 국적, 소득과 상관없이 만인을 위한 환경 법령과 규정의 개발에 평등하게 접근하는 것이라고 할 수 있다. 로또의 논리로 말하자면, 모든 사람은 환경이라는 로또에서 동일한 **기회**를 누려야 한다. 그린 정신을 좀더 폭넓게 정의하면, 환경적 편익과 부담을 평등하게 분배하는 것이라고 할 수 있다. 이는 로또의 **결과**가 평등해야 한다는 걸 말한다.

한 가지 예를 들어보자. 뉴욕시에 자리 잡은 센트럴파크는 세계에서 가장 큰 규모의 도시 공원 가운데 하나로, 그 도시에서 가장 많은 보조금을 받는 공원이기도 하다. 누가 그로 인해 가장 많은 혜택을 누릴까? 말할 것도 없이 주된 수혜자는 그 도시 부근에 사는 사람들이다. 세계에서 가장 부유한 축에 끼는 사람들 말이다. 이것은 얼마나 공정한가? 뉴욕시는 그 도시의 지출 중 더 많은 몫을 브롱크스의 좀더 가난한 우편번호 지역에 할애해야 옳은가?

좀더 면밀히 들여다보면 놀라운 점이 드러난다. 그 공원 부근에서 살아가는 사람들은 더 부유하지만, 또한 그 이득을 위해 상당한 프리미엄을 지불하기도 한다. 어떤 연구에 따르면, 당신이 센트럴파크 인근 아파트에 살기 위해서는 그보다 먼 동네에 살 때보다 150만 달러를 더 내야 한다. 흥미롭게도 이것이 설계자 프레더릭 로 옴스테드(Fredrick Law Olmstead)가 그 공원을 옹호한 이유 가운데 하나였다. 그는 센트럴파크에 인접한 부동산의 재산세 인상분이 그 공원에 지불하는 비용보다 더 많을 거라고 주장했다.

다른 불공정 사례들은 좀더 설득력이 있다. 도시 설계자들은 흔히 주차용 차고나 쓰레기장을 저소득층 동네에 설립하곤 한다. 그곳 땅값이 가장 싸다는 점을 근거로 들면서 말이다. 하지만 이런 셈법은 잘못이다. (건강 같은) 비화폐적 결과와 화폐적 이전(아마도 손실 감당 능력이 가장 낮은 거주자들의 재산 가치 하락)을 간과하기 때문이다. 저소득층 동네에서 대기 오염이 증가하면, 그러잖아도 상대적으로 덜 건강하고 의료 혜택도 제대로 받지 못하는 사람들에게 한층 부담이 간다. 해를 일으킬 소지가 있는 프로젝트들이 발생시키는 비용을 시장적인 것뿐 아니라 비시장적인 것까지 모두 아우른다는 수칙은 효율성은 물론 공정성을 위해서도 중요하다.

환경 정책이 분배에 미치는 효과

오늘날 환경 정책은 그 자체로 공정한가? 좀더 정확하게 말해서, 규제 비용과 환경적 편익의 구조가 가난한 가정에 유리하게 기우는가, 불리하게 기우는가? 정책은 역진적(regressive)인가, 누진적(progressive)인가? (역진적이란 정책의 효과가 부자들보다 가난한 이들의 경제 후생을 낮춘다는 뜻이며, 누진적이란 그 반대의 의미다.)

위의 질문에 대한 답은 간단하지 않다. 소득 계층에 의한 귀속(imputation)뿐 아니라, 간접적인 비용 편익 척도와도 관련을 보이기 때문이다. 하지만 나머지 증거들이 시사하는 바에 따르면, 오염을 줄이는 데 드는 비용은 역진적이지만 환경 개선의 편익은 누진적이다.

우리는 환경 비용의 역진적 속성의 예를 유류세에서 찾아볼 수 있으며, 그것을 말해주는 데이터는 수두룩하다. 안토니오 벤토(Antonio Bento)는 공동 저자들과 함께 수행한 연구에서 소득과 휘발유 사용량에 관한 데이터를 수집했다. 그리고 휘발유세가 4개 소득 집단(하위·중하위·중상위·상위 집단)의 평생 소득에 미치는 영향을 조사했다. 세수의 사용을 잠시 접어둘 때(곧 이 주제로 돌아올 것이다), 그 세금의 순영향(net impact)은 분명히 역진적이었다. 가장 부정적인 영향을 받은 것이 하위·중하위 소득 집단이었으니 말이다.[3]

환경 정책의 역진적 속성에 관한 결론은 다른 많은 영역에서도 발견되었다. 즉, 저소득 집단은 고소득 집단보다 환경 규제의 대상이 되는 제품(휘발유, 전기, 난방)에 상대적으로 더 많은 비율의 돈을 소비한다. 그들은 부자보다 **절대적인 수준에서는 덜** 소비하지만 **상대적인 수준에서는 더** 소비하는 것이다. 따라서 일반적으로 저소득 집단의 실질 소득이 고

소득 집단의 실질 소득보다 낮아진다.

하지만 이 같은 역진적 영향이 불가피한 것은 아니다. 환경 정책이 (배출량 제한 같은) 규제적 속성보다 (유류세 같은) 세제적 속성을 띨 경우에는 특히 그렇다. 만약 유류세가 (저소득 가정에 많은 액수를 환불해주는) 누진적 방식으로 재사용된다면, 그것은 중립적 제도, 혹은 심지어 누진적 제도로 달라질 수 있다. 그와 마찬가지로 만약 기후 정책이 배출량 제한이 아니라 탄소세 시행이라는 형태를 띤다면, 그 세금으로 확보한 세수를 그로 인해 가장 크게 타격받는 집단에 재사용할 수 있을 것이다.

환경 정책이 분배에 미치는 영향을 살펴본 대다수 연구는 대기 오염의 저감 비용에 초점을 맞춘다. 하지만 전체적인 그림을 그리려면 환경적 편익도 고려에 넣어야 한다. 계속 대기 오염을 예로 들어보자. 미국 환경보호국은 미국이 1970년부터 1990년까지 연간 국내총생산(GDP)의 약 0.5퍼센트를 자동차, 발전소, 그리고 기타 원천에서 비롯된 대기 오염의 저감에 소비했다고 추정했다.

또한 환경보호국은 같은 기간 동안 깨끗한 공기 관련 규정에 따른 총 편익이 비용의 **40배**에 달했다고 추산한다.[4] 환경 정책의 **편익** 분배에 관한 증거는 여기저기 산재하지만 설득력이 있다. 오염 노출과 1인당 소득은 강한 음의 관련성을 띤다. 먼저 증거에 따르면, 대기 오염은 저소득층이 거주하는 동네, 그리고 흑인과 히스패닉이 다수 살아가는 동네에서 불균형하다 할 만큼 높다. 유독 물질 오염 유발자가 그런 동네에 불균형하다 할 만큼 더 많은 것처럼 말이다. 예컨대 어느 연구는 도시를 오염이 심한 도시와 심하지 않은 도시로 구분했는데, 그 결과 인종·민족·소득은 오염이 심한 도시에 사는 것과 상관성이 높음을 확인했다.[5]

오염 노출과 소득이 상관관계를 보인다는 사실은 환경 정책의 편익이 누진적임을 말해준다. 더 가난한 동네가 한층 오염도가 심하므로 노출 저감 정책은 가난한 가정에 더 많은 혜택을 안겨줄 것이다. 그 정책이 더욱 중요한 까닭은 빈곤 가구가 의료 혜택이 미흡할 가능성마저 높기 때문이다.

요컨대 단독으로 고려했을 때 오염-저감 프로그램의 비용은 소득 분포상의 밑바닥 집단에게 더 많은 부담을 안겨줌으로써 역진적 속성을 띤다. 다만 양적 규제가 아닌 배출 수수료나 배출 세금을 활용하면 환경 정책의 역진적 속성을 상쇄하는 데 쓸 수 있는 세수가 확보된다. 그러나 환경 개선이 건강과 후생에 미치는 효과는 누진적이다. 저소득층 가구에 훨씬 더 많은 도움을 주기 때문이다. 순영향을 분명하게 계산해내기란 어렵다. 하지만 편익이 비용을 훌쩍 능가하는 경향이 있으므로 환경 정책의 전반적 효과는 누진적이라고 볼 수 있다.

동물 관련 공정성

그린 공정성에서 특히 중요한 세 번째 영역은 비인간종에 대한 알맞은 배려, 즉 동물 관련 공정성이다. 경제학·법학·도덕철학은 대체로 인간의 후생, 또는 선호에만 관심을 둔다. 그러나 예외가 존재하며, 동물의 권리와 복지를 옹호하는 견해가 서서히 부상하고 있다.

동물은 법적 권리를 갖는가? 대부분의 경우 답은 '아니요'다. 동물은 '이해(interest)'는 몰라도 '권리(right)'는 갖고 있지 않다. 이해와 권리의 차이는 무엇인가? 동물의 권리란 동물도 인간과 마찬가지로 다른 존재에게 이익을 줄 수 있다는 이유만으로 희생 및 거래되어는 안 되는 활동과 지위를 가진다는 의미다. 반면 이해는 보호받아야 하지만 다른 이해들과 절충이나 균형을 이룰 수 있다. 정확한 트레이드오프의 특성에 대해서는 활발한 논쟁이 이루어져야겠지만 말이다.

동물의 이해는 불필요한 잔혹함으로부터 그들을 보호해준다. 그리고 어떤 경우 멸종 위기종에게 특별한 보호를 제공하기도 한다. 그런데 〔미국 동물복지법(Animal Welfare Act) 등〕대부분의 법률은 '고등' 동물(영장류와 개)과 '하등' 동물(벌레와 모기)을 구분하고, 후자는 보호 대상에서 제외한다. 하지만 심지어 '고등' 동물조차 미국에서는 사람에게 소송을 제기하거나 재산을 소유할 권리를 갖지 않는다.

동물의 법적 지위가 저작권 소송에 등장했다. 나루토(Naruto)라는 이름의 '도가머리마카크원숭이(crested macaque monkey)'가 데이비드 슬레이터(David Slater)의 카메라를 이용해 '셀카'를 몇 장 찍은 것이다. 슬레이터는 사진에 대한 소유권을 주장했고, 그 귀여운 사진을 출판함으로써 이득을 누렸다.[6] 이에 대해 한 동물권 옹호 단체〔동물을 인도적으로 대우하는 사람들(People for the Ethical Treatment of Animals, PETA)—옮긴이〕는 저작권이 나루토의 소유라며, 슬레이터가 나루토의 재산권을 이용해 불법적으로 이득을 취했다고 주장했다.

이 문제는 연방 법원으로 넘어갔다. 1976년의 미국 저작권법(Copyright Act)은 '저자의 원본'을 보호한다고 명시한다. 더군다나 사진의 경우 그 법은 사진을 찍은 작가가 저작권을 가진다고 밝히고 있다. 하지만 작가란 무엇인가? '나루토의 친구들'은 저작권법에 의거 작가 자격은 동물을 포함해 '작품의 원본'을 창작하는 존재 누구나 가질 수 있다고 주장했다.

법원은 이 주장을 받아들이지 않으면서 "만약 의회와 대통령이 사람과 법적 독립체뿐 아니라 동물에게도 소송할 수 있도록 허가하는 이례적인 조치를 취할 생각이었다면, 분명히 그렇게 말할 수 있어야 했고, 그렇게 말했어야 했다"는 판결을 인용했다. 판사는 "그 법 어디에도 동물에 대한 언급은 없다"고 지적했다. 결국 법원은 그 사진들에 대한 저작권은 누구의 소유도 아니라고 판결했으며, 슬레이터는 나루토 덕분에 얻은 수익을 모두 잃었다.

아마도 동물은 소송을 제기할 수도 투표를 할 수도 없을 테지만, 어쨌거나 일정한 보호를 받고 있다. 철학에서 **동물공리주의**(animal utilitarianism)라고 부르는 운동은 모든 행동이 동물의 행복과 불행을 고려해야 한다고 주장한다. 나는 매년 여름 바닷가재 철에 이와 관련한 딜레마를 겪는다. 내게 주어진 몫은 끓는 물에 바닷가재를 집어넣어 삶는 것이다. 내 손녀들은 바닥을 기어 다니는 바닷가재의 모습을 좋아한다. 나는 바닷가재를 솥에 집어넣어 죽일 때마다 그들도 고통을 느낄지 궁금하다. 하지만 그들이 아무 비명도 지르지 않는데 무슨 수로 그 사실을 알겠는가? 만약 바닷가재가 고통을 느낀다면, 그들을 신속히 해치우는 덜 고통스러운 방법은 없을까?

게와 바닷가재 같은 갑각류는 학습된 회피를 경험한다는 사실이 밝혀졌다.[7] 모종의 충격을 받으면, 그들은 차후에 그 충격을 한사코 피하려는 경향이 있다. 쥐나 인간과 다를 바 없이 말이다. 바닷가재가 무엇을 느끼는지 알 수는 없지만, 나는 내 경험을 통해 끓는 물 같은 충격이 바닷가재에게 행복할 리 만무하다는 걸 깨달았다.

나는 다른 방법을 강구해야 할 것이다. 스위스는 살아 있는 바닷가재를 삶는 행위를 금지했으며, 그렇게 하기 전에 먼저 기절시키도록 요구한다. 그냥 바닷가재 요리를 관두어야 할 것 같다. 다른 한편 소고기나 황새치로 갈아탄다면, 아마 나는 고통스러운 작업을 다른 누군가에게 아웃소싱하는 셈이다.

동물공리주의는 심각한 어려움을 몇 가지 제기한다. 첫째, 동물은 발언하거나 투표할 수 없기에 동물의 선호를 인간과 동일한 방식으로 존중하는 것은 가능하지 않다. 둘째, 우리는 서로 다른 생명체들에게 상이한 우선순위를 매기는 것 같다. 개와 침팬지를 해파리나 모기보다 더 존중하는 식으로 말이다. 어떤 생명체는 이해를 가지고 어떤 생명체는 그렇지 않은가? 철학자 피터 싱어(Peter Singer)가 내놓은 정의에 따르면, 감각이 있는 생명체는 보호해야 하지만 감각이 없는 생명체는 보호할 필요가 없다. 감각이 있다는 것은 어떤 종이냐와는 무관하게 고통을 느끼는 능력이 있다는 의미다. 따라서 감각이 있는 개와 바닷가재는 보호받고, 신경계가 없는 나무나 해면은 감각이 없으므로 개별적 보호의 대상이 아니다.

보존생물학자는 그와 다르게 접근한다. 종과 생명의 나무를 강조하기 때문이다. 그들은 생명의 기적이 낳은 결과로서 서로 다른 나무 또는 이끼종들을 보호할 것이다. 이것이 모든 생명 형태로까지 확장될까? 남들은 몰라도 나는 진드기와 모기의 박멸에 찬성하지만, 다른 사람들은 그에 대해 기백 넘치는 반대 의견을 내놓을지도 모른다.

인간의 욕구와 동물의 이해 사이에서 적절한 균형을 찾는 것이야말로 그린 공정성에서 가장 논쟁적인 주제 가운데 하나다.

결론

이 책 전반에서 반복적으로 등장하는 주제는 다음과 같다. 즉, 우리는 그린 이슈를 경제적·사회적·정치적 삶과 관련한 다른 이슈들과 깔끔하게 구분할 수 없다. 그린 사회는 좀더 넓은 사회 안에 둥지를 틀고 있다. 미국 대통령을 역임한 드와이트 아이젠하워(Dwight Eisenhower) 장군은 이 점에 대해 분명하게 밝혔다.

> 생산된 모든 총, 진수된 모든 전함, 발사된 모든 로켓은 궁극적인 의미에서 굶주리며 제대로 먹지 못하는 사람들, 헐벗은 채 추위에 떠는 사람들로부터 가로챈 결과다. 무장한 이 세계는 돈만 허비하고 있는 게 아니다.[8]

아이젠하워가 여기에서 지적하려 한 것은 자원의 대체 가능성이라는 미묘한 주제다. 어느 한 영역(예컨대 총)에 자원을 할당하면 반드시 다른 영역(예컨대 빵)에서는 자원을 거둬들여야 한다. 우리는 환경에서 피해 입은 사람들을 다른 부분의 이익으로 보상해줄 수 있다. 그뿐만 아니라 사람들에게 적절한 의료를 제공하는 것이 모종의 해로운 물질을 마지막 한 톨까지 샅샅이 제거하는 것보다 훨씬 효과적일 수 있다.

우리는 이런 대체 가능성 원칙을 지구 온난화에도 적용해볼 수 있다. 글로벌 그린에 관한 장들(22장과 23장)에서 논의하겠지만, 각국은 기후 변화를 늦추기 위한 노력에 한량없이 미온적이었다. 각고의 노력에도 불구하고 지구는 다가오는 세기에 섭씨 2도 또는 섭씨 3도가량의 온난화를 경험하게 될지도 모른다. 피해자들을 보상하는 한 가지 방법은 그린 영역의 악화를 상쇄하도록 비그린 영역에서 미래 세대의 복지를 향상시키기 위해 적극적으로 투자하는 것이다. 이러한 투자는 저지대 섬 거주민을 포함해 모든 사람이 입은 피해를 상쇄하지는 못하겠지만, 전반적으로 피해를 상쇄해줄 테고 미래 세대 중 99퍼센트에 이르는 사람들이 그로써 이득을 볼 것이다.

마찬가지로 그린 공정성 원칙을 동물성 식품의 소비에 적용하는 것도 간단한 문제가 아니다. 위반 가능성이 더없이 크기 때문이다. 앞서 나는 내 손으로 살아 있는 바닷가재를 솥에 넣고 삶느니 차라리 조리 식품을 사먹는 편이 낫겠다면서 고통 유발 행동을 남에게 떠넘기는 문제에 대해 언급했다. 우리는 소고기나 생선의 섭취를 기피하게 될지도 모른다. 하지만 빵에 쓰이는 밀이 이리호에 흘러들어 유독성 녹조를 만들어낸 결과 물고기를 죽음에 이르게 하는 비료를 사용해 재배되는지 여부를 우리가 어찌 알겠는가? 우리가 먹는 식품이 인간에게 안전하지 않은 공장에서 생산될지도 모를 일이다. 우리의 손은 깨끗하지 않고 그린과도 거리가 멀다.

공정성 문제를 얼핏 살펴본 나는 몇몇 예외가 없지는 않지만 그린 공정성은 좀더 폭넓은 사회적 공정성의 맥락에서 검토해야 한다는 결론을 얻었다. 오늘날 미국에서 주된 불공정 요인은 영양실조, 불충분한 소득, 부실한 학교 교육, 의료 결핍이다. 이는 부분적으로 부유층에게 유리하도록 재정 시스템을 설계했기에 불거진 문제들이다. 그뿐만 아니라 그린 공정성의 일부 영역은 그 자체의 장점에 세심한 주의를 기울일 만한 가치가 있다. 동물공리주의는 시간이 흐르면서 진화하고 있다. 그리고 정부 프로젝트에서 모든 비시장적 영향과 관련한 회계를 포함시키면 최악의 환경 정의 오용 사례 몇 가지를 예방하는 데 도움이 될 것이다.

2부

위험한 세상에서의 지속 가능성

그린경제학과 지속 가능성 개념

그린 경제학의 이형들

'그린' 경제학이란 무엇인가? 어느 면에서 '그린' 경제학은 이 책의 주제랄 수도 있다. 그것은 성장하는 경제학의 한 분파로서 환경, 오염 및 기후 변화, 그리고 외부 효과 분석과 그에 대한 대처를 다룬다. '그린' 경제학의 토대를 닦은 것은 앞서 언급한 아서 피구다. 피구는 의사 결정이 사회에 미치는 영향과 개인에 미치는 영향 간 차이를 분석했다. 그리고 그 차이를 줄이는, 즉 그 활동을 내부화하는 환경세(그린세) 같은 도구들을 제안했다.

그뿐만 아니라 스스로를 아예 **'그린경제학**(Green economics)'이라고 지칭하는 특수한 분야도 존재한다. (앞 문단의 '그린' 경제학은 '그린'에 방점을 찍은 복합 명사로, 이곳의 '그린경제학'은 고유 명사로 받아들여야 옳을 듯하다. 원서에는 둘 다 'Green economics'로 표기했지만, 여기서는 둘을 구분해 옮겼다—옮긴이.) 그

지지자들은 시장 실패와 정부 실패를 강조하며, 효율적이고 평등한 결과를 낳는 데에서 시장 메커니즘이 발휘하는 효과성에 의문을 표시하는 경향이 있다. 우리는 먼저 그린경제학의 주요 아이디어 몇 가지를 소개하고, 그런 다음 지속 가능성이라는 핵심적인 문제를 좀더 면밀하게 살펴볼 생각이다.

그린 경제의 전망

주류 경제학은 주로 시장 경제의 작용을 다룬다. 거기에서 중요한 영역은 의료, 노동 시장, 금융 등이다. 앞 장들에서 분석한 것처럼, 주류 환경경제학은 시장 거래가 시장 밖에서 인간을 비롯한 생명체의 건강에, 생태계에, 그리고 미래의 기후 조건에 영향을 미치는 스필오버 효과를 포함한다.

그린경제학은 **인간이 영향을 미치는 비시장 시스템**의 행동을 분석하는 경제학의 한 분파다.[1] 이 분야의 모범적인 연구로는 마이클 제이컵스(Michael Jacobs)가 쓴 《그린 경제(The Green Economy)》를 들 수 있다.[2] 그의 연구는 이 책과 공통적인 사항을 다수 다루고 있긴 하지만, 환경이 주류 경제학, 즉 '신고전주의' 경제학에 포함될 수 있다는 데 극도로 회의적이다.

반면 나의 이 책은 주류적 견해를 대거 채택해 환경적 재화와 서비스는 시장 실패에 시달린다는 점만 빼면 어느 재화 및 서비스와 다를 바 없다고 여긴다. 주류적 관점에서 볼 때 그 해결책은 시장 실패를 바로잡은 다음 평상시처럼 일을 진행해나가는 것이다. 예컨대 만약 도시 스모그가 아황산가스 배출량에 낮은 가격을 책정한 결과라면, 우리는 아황산가스 배출량에 적절한 가격을 매겨야 한다. 그렇게 하면 경제는 제대로 굴러갈 것이다.

이러한 신고전주의 경제학의 관점은 지나치게 단순화한 것이지만, 주된 환경 문제에 대한 주류 경제학의 입장을 잘 담아내고 있다. 제이컵스와 그린경제학계에 몸담은 그 동료들의 관점에 따를 경우, 이 같은 견해에서 잘못된 점은 무엇일까? 진정한 그린경제학이 보기에 바로잡아야 할 중요한 단점은 네 가지다. 나는 그에 전적으로 동의하지는 않지만, 그것들이 그린 정신에 담겨 있는지라 신중하게 따져볼 작정이다.

첫 번째 비판은 선호(즉, 수요와 공급에서의 '수요')에 미래 세대의 이해가 반영되어 있지 않다는 것이다. 현재의 의사 결정은 오늘의 소비자와 유권자가 하는 것으로 거기에 미래 세대가 끼어들 여지는 없다. 따라서 오늘의 정치인이 미래의 해안을 훼손하는 조치를 거부하지 않는다 해도, 미래의 유권자가 투표를 통해 그들을 심판할 도리는 없다.

관련한 두 번째 단점은 금융 시장과 공적 의사 결정이 현재와 미래를 적절하게 저울질하지 못한다는 것이다. 현재에 치우친 이러한 경향성을 반영하는 것이 바로 (시장 금리를 포함해) 지나치게 높은 할인율이다. (행동주의적 편향에 관한 섹션에서 다루겠지만) 과도한 할인율은 현재의 비용을 과대평가하고 미래의 편익을 과소평가한다. 세대와 관련한 이 같은 치우침은 지구 시스템의 미래 건강을 보장하고 기후 변화를 예방하며 소중한 환경 자산을 보존하는 데 투자하는 것으로부터 얻는 이득이 저평가되고 있음을 말해준다. 미래를 비추는 망원경에 결함이 있어 미래가 너무 조그맣게 보이는 것이다.

세 번째 주된 단점은 흔히 주류 경제학이 환경적 질, 그리고 환경 재화와 서비스 같은 공공재를 과소평가한다고 알려져 있다는 사실과 관련된다. 공공재의 가치를 과소평가하는 까닭은 자유방임적인 시장 경제에서 그 가격이 낮게 책정되어 있기 때문이다. 가령 어떤 물고기종은 어류 시장에서 그들의 어족 자원이 저평가되고, 따라서 가격이 낮게 매겨지는 탓에 멸종할 수도 있다. 이는 기후 변화나 오존층 보호 같은 전 지구적 공공재에 훨씬 더 분명하게 적용된다. 거기에서는 시장 가격이 그저 낮은 데 그치는 게 아니라 아예 0인 것이다. 이 점은 강조해야 마땅하다. 하지만 이는 주류 경제학의 핵심 교리이기도 하다. 많은 공공재 가격은 부정확하며 실제로 턱없이 낮게 책정되어 있다. 이를 여실히 보여주는 것이 바로 대부분 분야에서, 그리고 대다수 나라에서 이산화탄소 배출 가격이 0으로 그에 따른 사회적 비용을 한층 밑돈다는 사실이다.

네 번째 단점은 주류 경제학이 어떤 의미에서 앞의 세 가지를 모두 아우르는 주요 관심사, 즉 **지속 가능성**, 혹은 **지속 가능한 성장**을 보장할 필요성을 경시한다는 것이다. 지속 가능성은 환경 역사에 깊이 뿌리 내린 개념으로서 점차 경제 발전에까지 확대되었다. 우리는 숱한 조직에 '지속 가능성 부서'를 두고 있기까지 하다. 그렇다면 지속 가능성의 정확한 의미는 무엇일까? 우리는 그것을 어떻게 측정할 수 있을까? 우리는 지속 가능한 경로를 따르고 있는가?

마이클 제이컵스는 그의 책 《그린 경제》에서 지속 가능성을 자신이 강조한 모든 원칙의 맨 앞자리에 두었다. 그는 지속 가능성을 미래를 보호하는 데 관한 것이라고 본다. 오늘날에는 현재 세대가 미래 세대의 이해를 대표하지는 못하기 때문이다. 그는 이렇게 주장한다.[3]

우리가 100년 후에 살고 있다고 가정해보자. 우리는 과거 세대가 환경과 관련해 무엇을 해주길 원할까? 직관적으로 두 가지 답이 떠오른다. ······ '약한(weak)' 버전의 지속 가능성은 오직 미래 세대가 확실하게 환경 재앙을 피할 수 있도록 보장하는 의미에서만 환경이 지속되기를 바란다. 반면 '강한(strong)', 즉 '최대(maximal)' 버전의 지속 가능성은 그보다 더 많은 것을 요구한다. 즉, 미래 세대에 적어도 현재 세대와 동일한 환경 소비 수준을 경험할 기회를 남겨두어야 한다는 것이다.

그린경제학에 대한 제이컵스의 설명에서 알아차려야 할 포인트는 지속 가능성이 주로 '환경'에 관한 것인지라 인간의 관심사에 대해 협의의 관점을 담고 있다는 것이다. '약한' 버전의 지속 가능성 개념에 따르면, 우리가 전쟁 및 팬데믹을 포함한 모든 재앙을 피하고 싶어 하듯 사회가 환경적 재앙을 비껴가길 바란다는 것 역시 거의 논쟁의 여지가 없다. 한편 '강한' 버전의 지속 가능성 개념에 의하면, 사회는 소비의 다른 부분들보다 환경에 우선권을 두는 것처럼 보이는 '환경 소비' 수준을 보장해야 한다.

아래에서 다루겠지만, 지속 가능성에 관한 주류적 관점은 이 두 가지와 완전히 다른 접근법이다. 즉, 우리는 전반적으로 미래 세대가 현재 세대와 적어도 동일한 '생활' 수준을 누릴 수 있도록 보장해야 한다는 것이다. 이번 장 나머지 부분에서 이 제3의 관점과 그것이 지니는 함의에 대해 살펴보겠다.

지속 가능한 성장: 기원

지속 가능성에 대한 관심은 100여 년 전으로 거슬러 올라간 임업 저술에서 비롯되었다. 한 가지 개념은 **최대의 지속 가능한 수확**을 제공할 수 있도록, 즉 무한정 최대량의 목재 수확을 유지할 수 있도록 숲을 관리해야 한다는 것이었다.

지속 가능성 개념은 본시 숲과 더불어 시작되었지만 다른 천연자원으로까지 확대되었다. 거기에는 에너지, 비연료 광물, 토양 같은 재생 불가능한 천연자원, 어장과 대수층 같은 재생 가능한 자원, 그리고 깨끗한 대기와 물, 유전 물질 스톡, 현재 우리의 기후 같은 주요 환경 자원이 포함된다.

지속 가능한 성장 개념을 대중화한 것은 1987년 세계환경개발위원회(World Commission on Environment and Development), 일명 브룬트란트 위원회(Brundtland Commission)였다.[4]

> 자연은 풍요롭지만 또한 섬세하게 균형을 이루고 있는 취약한 상태다. 지구 시스템에는 기본적인 완결성을 위태롭게 하지 않고서는 넘을 수 없는 문턱들이 존재한다. 오늘날 우리는 이런 문턱들 다수에 다가가고 있다. 그러므로 지상에서 살아가는 생명체의 생존이 위협에 몰린 상황을 유념해야 한다.

브룬트란트 위원회는 지속 가능한 발전을 "미래 세대가 그들 자신의 욕구를 충족시킬 수 있는 능력을 훼손하지 않으면서 현재 세대의 욕구를 해결하는 발전"이라고 정의했다. 그 위원회는 "지구를 급격하게 변화시킬 것처럼 위협하고, 인간종을 비롯해 그 위에서 살아가는 무수한 종의 목숨을 위태롭게 하는 환경적 추세가 이어지고 있다"고 결론 내렸다.

지속 가능성: 경제적 해석

우리는 어떻게 지속 가능성 개념을 경제적 개념 틀에 포함시킬 수 있는가? 지속 가능성에 대해 설득력 있는 분석을 내놓은 이는 매사추세츠 공과대학(MIT)의 선도적인 경제 성장론 연구자 로버트 솔로(Robert Solow)다. 그의 접근법은 지속 가능성을 세대 간 평등주의의 일환으로 간주한다. 그가 말했다.[5]

> 나는 국가 경제를 위한 지속 가능한 길은 모든 미래 세대에 그 이전 세대만큼 부유하게 살 수 있도록 선택권을 보장하는 길이라고 가정할 것이다. 지속 가능성이 부과하는 의무는 미래 세대에 무슨 특별한 것을 물려주는 게 아니라 …… 적어도 우리와 같은 생활 수준을 성취하는 데, 그리고 그들이 다음 세대를 비슷하게 돌보는 데 필요한 모든 걸 그들에게 제공하는 것이다. 우리는 가장 넓은 의미의 인류 자본을 써서 없애버려선 안 된다.

다시 말해 지속 가능성에 따르면, 현재 세대의 자연 자산과 인공 자산 소비는 미래 세대 역시 최소한 현재 세대와 동일한 생활 수준을 향유할 수 있도록 보장하는 한도 내에서 이뤄져야 한다.[6]

솔로의 지속 가능성 개념은 세 가지 문제를 제기한다. 첫째, 생활 수준이란 무엇인가? 둘째, 미래 세대의 전망이 현재 세대보다 더 나아진다는 것은 과연 무슨 의미인가? 셋째, 미래의 웰빙을 위협하는 주요소는 무엇인가? 그리고 특히 그 요소는 환경과 천연자원의 악화에서 비롯되는가, 아니면 기타 영역에서 유래하는가?

첫 번째 문제는 실제로 무엇을 지속할 것인가와 관련이 있다. 주류 경제학의 접근법은 적절한 관점이란 개인이 소망하고 향유하는 소비 수준, 즉 철학자들이 말하는 이른바 개인적 관점이라고 가정한다. 우리는 전체의 기호를 우리의 기호로 대체해서는 안 된다. 그러는 대신 사회 구성원이 사회적 조건을 어떻게 평가하느냐에 기반해 그 사회적 조건을 판단해야 한다.

또한 소비는 넓게 해석해야 한다. 즉, 식품이나 주거 같은 표준 항목뿐 아니라 문화, 여가, 그리고 등산을 통한 즐거움 같은 무형의 항목이나 서비스도 포함해야 하는 것이다. 등산 같은 일부 광의의 소비 항목은 전통적인 국가 산출 척도에서는 배제된다. 시장 밖에서 일어나기 때문이다. 더욱이 표준 척도는 건강 상태와 수많은 무형의 투자를 간과하는 등 몇 가지 중대한 결함을 드러낸다. 하지만 표준 국가 산출 척도에 포함된 항목들은 중요하며 잘 측정되고 있다. 따라서 표준 항목은 생활 수준을 보여주는 중요하고도 객관적인 척도다.

두 번째 문제는 다가오는 몇십 년 동안의 경제 성장 전망이 어떤가이다. 출발점은 경제사를 살펴보는 것이다. 경제사가들은 세계의 1인당 실질 산출이 1900년 이래 해마다 약 2.2퍼센트씩 꾸준히 증가해왔다고 추산한다. 지난 20년간의 전 세계적 성장률은 2020년 팬데믹이 급작스러운 경기 하락을 초래하기 전까지는 역사적 평균을 상회했다.

상당 기간 경제 성장률이 감소세로 돌아서려면 심각한 불연속성이 드러나야 한다. 세계 경제는 코로나19 팬데믹 기간 동안 분명 심대한 타격을 입었다. 그러나 전문 예측가들은 비록 몇 년을 더 끌 수도 있지만 장기적 하강을 겪은 뒤 경제는 결국 정상적인 성장률 수준을 회복할 거라고 예상한다.[7]

미래에 대한 전망은 어떠한가? 피터 크리스텐슨(Peter Christensen)이 이끄는 일군의 경제학자들은 두 가지 기법을 써서 2100년까지 시기에 걸친 전통적인 국내총생산 성장률을 추정했다. 하나는 통계적 기법이고 다른 하나는 전문가 조사였다. 이 두 접근법을 통해 얻어낸 21세기 전반의 세계 1인당 산출 성장률 예측치는 매년 2퍼센트를 약간 상회했다. 이 연구의 두드러진 특징은 완전히 다른 두 가지 접근법이 미래의 성장에 대해 유사한 전망을 내놓았다는 사실이다.[8] 따라서 두 번째 질문에 대해서는 표준 생활 수준 척도를 사용했을 때 미래 세대가 현재 세대보다 더 잘살 가능성이 있다고 답할 수 있다.[9]

세 번째 문제는 미래에 생활 수준이 하락할 가능성이 얼마나 되느냐이다. 이는 제이컵스가 말한 이른바 지속 가능성 '최소' 테스트(파괴적인 경기 하강 가능성)에 대한 전문가 응답을 보면 알 수 있다. 크리스텐슨의 연구에 참여한 전문가들은 2100년까지의 성장률이 마이너스일 가능성, 즉 2100년에 살아갈 사람들이 2010년의 사람들보다 더 못살 가능성은 약 5퍼센트라고 판단했다. 통계적 기법은 경기 하락 가능성을 그보다 훨씬 더 낮게 점쳤다.

또한 이 연구는 전문가들에게 미래의 경제 성장에 대한 위협 요소를 꼽아달라고 요청했다. 응답자 4명은 전쟁이 최대 위협을 줄 거라고 믿었으며, 응답자 한 명은 파괴적인 기후 변화가 그 원인이 되리라고 보았다. 놀랍게도 전문가 가운데 팬데믹을 미래 경제의 주된 위협으로 간주한 이는 단 한 명도 없었다.

따라서 세 번째 질문에 대해서는 통계적 기법과 전문가 조사 모두 이번 세기 동안 경기 하락 가능성이 극히 희박하다고 판단했다. 다만 전문가라고 해서 '인식하는 위험들(known unknowns: 우리가 모른다는 것을 아는 위험들—옮긴이)'을 정확히 예측할 수 있는 것은 아니다. 그러니만큼 그들이 '인식하지 못하는 위험들(unknown unknowns: 우리가 모른다는 것을 모르는 위험들—옮긴이)'을 미리 점치길 기대하기란 더더욱 어렵다. 그러므로 우리는 그들의 예측치를 주의 깊게 받아들여야 한다.

지속 가능성의 구성 요소

그린경제학과 주류 경제학의 가장 큰 차이는 지속 가능성 개념의 적용과 관계가 있다. 그린경제학은 '환경 소비'의 중요성에 초점을 맞추는 반면, 주류 경제학은 '광범위한 영역의 재화와 서비스'—환경적 재화와 서비스뿐 아니라 비환경적 재화와 서비스—가 경제 활동의 목표라고 가정한다.

우선, 주류 경제학은 **포괄적인** 자산과 **다양한** 소비재 및 서비스의 지속 가능성을 평가한다. 이 접근법은 점차 희소해지는 자산 및 재화를 좀더 풍부한 자산 및 재화로 대체하는 것을 허락한다. 로버트 솔로는 그 점에 대해 이렇게 주장했다.[10]

> 모종의 고유하고 대체 불가능한 자산은 (다른 무엇의 목적도 아닌) 그 자체의 목적을 위해 보존해야 한다는 주장은 얼마든지 사리에 닿는다. 요세미티 국립공원이 한 가지 예다. 하지만 그런 유의 상황을 보편화할 수는 없다.

"세상을 모든 점에서 우리가 발견한 그대로 보존하는 것"은 가능하지도 바람직하지도 않다. 보통의 천연자원은 대부분 그 존재 때문이 아니라 그 역할 때문에 바람직한 것이다. 우리가 가치 있게 여기는 유용한 재화와 서비스를 제공하는 것이 바로 그 역량이다.

소비자가 자신의 욕구를 좀더 저렴하게 충족하는 방법을 모색하는 경향성이 바로 중요한 **대체**(substitution)의 원칙이다. 대체가 일어나는 것은 고가인 데다 질은 제자리걸음인 재화 대신 저렴하고 질 좋은 재화로 갈아탐으로써 욕구를 충족할 수 있을 때다. 경제사 관련 책은 더욱 질 좋고 새로운, 게다가 저렴한 재화와 서비스로의 교체를 가능케 한 신형 테크놀로지에 여러 장을 할애한다. 역마차를 밀어낸 기차, 그 기차를 갈아치운 비행기, 옥외 화장실을 추방한 실내 화장실, 일반 전화를 대체한 휴대전화, 편지를 몰아낸 이메일 등이 그것이다. 우리는 마땅히 소비 대체 원칙이 모든 곳에 적용되는지 여부를 물어볼 수 있다. 일부 소비 요소는 신성불가침인가?

우리는 여기서 분명한 답을 내놓을 수 없고, 실제로 그에 대한 답은 시간이 가면서 달라진다. 대부분의 사람은 사회가 (성스러운 사원 같은) 종교적·문화적 자산뿐 아니라 (요세미티 국립공원 같은) 독특하고 대체 불가능한 자산을 보호해야 한다는 사실에 동의할 것이다. 미국에서 언론의 자유, 재판 청구권, 투표권은 적어도 원칙적으로는 불가침이다. 우리는 제아무리 절박한 상황에 내몰린다 해도 우리 자신을 노예로 내다팔 수는 없다. 가장 극단적인 시장근본주의자를 제외하고는 그 누구도 광산 개발을 위해 요세미티를 경매에 부치거나 트럼프 타워(고층 건물)가 들어선 도시를 빛내기 위해 뉴욕의 센트럴파크를 팔고 싶어 하지 않을 것이다.

하지만 그 밖의 자산은 불가침이 아니다. 개념적으로 명료화하기 위해, 성스러운 요소도 불가침의 요소도 없는 재화를 **순수 경제재**(pure economic goods)라고 부르기로 하자. 솔로가 설명했다시피, 여기서 골자는 지속 가능성이 미래 세대를 위해 순수 경제재를 보존하도록 요구하지는 않는다는 것이다. 과거 세대는 더 저렴하고 바람직한 대체재가 출시되었을 때 현재 세대를 위해 옥외 화장실, 마차, 등유 램프의 최소 공급을 유지할 의무가 없었다.

마찬가지로, 현재 세대 역시 미래 세대를 위해 실내 화장실이나 자동차, 부피 큰 노트북 컴퓨터의 최소 공급을 유지할 의무가 없다. 지속 가능성은 적절한 식량, 주거 공간, 의료를 요구한다. 하지만 그것이 합성 자재보다 나무로 주택을 지어야 한다거나, 양식 물고기보다 바다에서 직접 잡은 물고기를 먹어야 한다거나, 큰 집에 살면서 작은 차를 모는 대신 작은 집에 살면서 큰 차를 몰아야 한다고 요구하는 식은 아니다.

하지만 제이컵스가 대표하는 그린경제학은, 특정한 환경 활동과 자산은 순수 경제재와 달리 침해할 수 없다는 입장을 견지한다. 이에 따르면, 사람들이 더 많은 비환경 재화와 서비스를 누릴 수 있도록 질 낮은 환경 서비스를 제공하는 것은 용납되지 않는다. 예컨대 생물 중심적 관점은 주요 종의 존재가 경제적 트레이드오프를 뛰어넘는다고 주장할 수도 있다. 또는 통상적인 상품을 위해 청정한 숲의 존재와 그것들이 미래 세대에 선사할 즐거움을 희생해서는 안 된다고 강변할지도 모른다.

여기에서 꼭 지켜야 할 레드 라인(red line: 위반할 수 없는 기준—옮긴이)이 담당하는 역할은 무엇인가? 그 선을 어디에 그어야 하는가? 나는 이 질문에 대해, 사회적 의사 결정을 위해 레드 라인을 긋고 일부 활동을 절대적 필요성의 지위로 끌어올리는 데 신중해야 한다고 답하려 한다. 우리는 늘 환경 목표가 그 존재 때문에 가치 있는지 그 행위 때문에 가치 있는지 따져보아야 한다.

레드 라인을 어디에 그어야 할지와 관련해 토론이 활발하게 이루어지는 영역이 몇 가지 있다. 그중 두 가지 주요 영역은 종의 생존과 기후 변화 방지다. 나는 우리가 의사 결정을 단순화하는 레드 라인을 긋고 싶어 해도 사회가 비용 편익을 저울질하는 데에서 벗어날 수는 없다고 본다. 마찬가지로 얼마나 많은 오염을 허용해야 하는지, 혹은 보호해야 할 땅의 경계를 어디에 두어야 하는지와 관련해 명확한 선이 따로 있는 것도 아니다. 팬데믹에서의 딜레마―즉, 감염을 줄이기 위해 사회를 어느 정도 봉쇄해야 하는가, 또는 실업을 줄이기 위해 사회를 어느 정도 개방해야 하는가―는 피할 수 없는 선택이다. 이 같은 상황에서 우리가 마주한 윤리적 딜레마는 종교, 환경주의, 과학, 또는 경제학도 끝내 해소할 수 없는 격렬하고도 진정한 접근법의 차이를 낳는다.

지속 가능성의 전망

지속 가능성에 관한 논의를 마무리하면서 우리는 마지막으로 지속 가능성이 무엇을 위한 것인지, 그리고 누구를 위한 것인지 묻지 않을 수 없다. 이를 위해 컬럼비아 대학의 제프리 삭스(Jeffrey Sachs)가 들려준 이야기에 귀를 기울여보자. 오늘날의 그 어떤 개인보다 큰 몫을 감당하고 있는 삭스는 최고의 경제적·환경적 사고를 바탕으로 지속 가능한 발전을 추구하는 지칠 줄 모르는 훌륭한 학자이자 활동가다. 그는 자신

의 생각을 다음과 같이 요약했다.[11]

> 사실 인간은 아직도 극도로 분열되고 불공정한 사회에서 무모하게 자연과,
> 그리고 서로서로와 좌충우돌한다. 그럼에도 우리는 성공할 수 있는 수단,
> 즉 사회적 포용과 환경적 안전을 통해 빈곤을 종식할 수 있는 수단을 손
> 에 쥐고 있다. 우리의 생존에 가장 필요한 특성은 올바른 일을 하고자 하
> 는 도덕적 추진력이다. 서로서로와 자연을 우리의 탐욕, 과학적 이해 부족,
> 그리고 도덕적 경시와 무신경으로부터 보호하고자 하는 도덕적 추진력 말
> 이다.

지속 가능한 발전에 대한 삭스의 요약, 그리고 자연과의 충돌에 대한
그의 경고는 이 책의 결론과도 맥을 같이한다.

그린 국민 계정

내가 그린 회계(환경 회계)에 관심을 갖게 된 시점을 정확히 기억한다. 앨버커키(Albuquerque: 미국 뉴멕시코주의 중부 도시─옮긴이)에서 비행기를 타고 이동하는 중이었다. 지금은 없어진 TWA 항공사가 발행하는 잡지를 뒤적이던 중 국민총생산(Gross National Product, GNP)을 비판하는 기사에서 다음과 같은 구절을 접했다. "젊은 급진주의자의 말마따나, 당신의 GNP에 대해 나한테 말하지 마세요. 내겐 정녕 국민총오염(Gross National Pollution)이니까."[1]

나는 '와, 정말 매력적인 말이네'라며 감탄했다. 하지만 그 말이 과연 사실일까?

실제로 그것은 (GNP를 비판하려는 의도의 빈정거림을 담은 말장난이지만─옮긴이) 완전히 틀린 말이다. 우리의 산출 척도는 오염을 계산에 넣지 않으니 말이다. 그 척도는 자동차 같은 재화 그리고 콘서트 같은 서비스는 포함하되, 대기 중으로 내뿜는 일산화탄소는 포함하지 않는다.

하지만 그런 불평에는 생각해볼 만한 미묘한 점이 있다. 국가 산출의 척도는 오염을 비롯한 기타 경제의 스필오버 효과를 제대로 바로잡지 못한다. 오염을 적절하게 다루는 일련의 계정을 **그린 산출**(Green output)이라고 부른다. 우리는 그런 계정을 개발하기 위해 진지한 노력이 이루어져왔다는 것, 하지만 이는 극도로 까다로운 영역이라는 것을 살펴볼 참이다.

국가 산출은 어떻게 측정하는가

여기서 잠시 걸음을 멈추고, 우리의 산출 측정 방식에 대한 배경지식을 살펴보자. 국가 산출과 관련한 대다수 논의는 국내총생산, 즉 GDP에 대해 말한다. GDP는 국가 경제가 생산한 재화와 서비스의 가치에서 생산에 쓰인 재화와 서비스의 가치를 뺀 결과다. 따라서 그것은 정부를 위한 생산과 해외 무역을 위한 조정뿐만 아니라 식량 같은 소비재와 새로운 주택 같은 투자재를 포함한다.

2018년 미국의 1인당 GDP는 6만 2600달러로, 대국들 가운데서도 단연 높은 수준이었다. 최대 인구 국가인 중국의 GDP는 1만 8200달러였다. 가장 가난한 거대 국가는 콩고민주공화국으로 1인당 GDP가 약 930달러에 그쳤다. 이런 수치는 계산하는 데 수많은 미묘한 어려움이 따르지만, 현재 우리가 손에 넣을 수 있는 최선의 결과다. 어느 선도적인 경제학 교과서는 GDP라는 척도의 중요성을 다음과 같이 설명한다.[2]

거시경제학의 모든 개념 중 가장 중요한 단 하나의 개념을 꼽으라면, 그것은 단연 국민소득과 국가 산출, 특히 GDP다. GDP와 그 나머지 국민 계정은 불가사의한 개념처럼 보일지 모르지만, 진정으로 20세기의 위대한 발명품 가운데 하나다. 우주에 있는 인공위성이 대륙 전체에 걸친 날씨를 살필 수 있는 것과 마찬가지로, GDP는 경제 상태에 대한 전반적 그림을 보여준다.

GDP는 보편적으로 측정 및 사용되지만 더러 비판의 표적으로 떠오르기도 한다. GDP의 기본적인 문제 중 하나는 총투자를 포함하되 감가상각을 차감하지 않는다는 점이다. 따라서 그것은 1년 동안 지은 새로운 주택을 모두 포함하지만 산불로 소실된 주택은 빼지 않는다. 감가상각을 차감하지 않으므로 총투자는 턱없이 큰 수치가 된다.

더 나은 척도는 총산출의 일부로서 오직 순투자만을 포함하는 것이다. 순투자는 총투자에서 감가상각을 덜어낸 수치다. 국내 생산이 아니라 국민 생산으로 표현되는 주민의 소득에 집중하는 것도 유용한 방법이다. GDP에서 감가상각을 빼고 주민의 소득을 살펴보면, 우리는 국민순생산(net national product, NNP)을 얻을 수 있다. 만약 NNP가 GDP보다 국가 산출을 더 잘 측정하는 척도라면, 국가 회계사들은 왜 한사코 NNP가 아니라 GDP에 집중할까? 그 이유는 부분적으로 감가상각은 추정하기 까다로운 반면, 총투자는 꽤나 정확하게 추정할 수 있기 때문이다. 그뿐 아니라 GDP는 낯익은 데다 통계학자들은 그렇게나 널리 쓰이는 개념이 바뀌는 걸 달가워하지 않는다.

하지만 NNP조차 그 나름의 한계가 있다. 그것은 한 나라의 주민들이 생산한 재화와 서비스를 모두 포함하지만, 시장에서 생산 및 판매되지 않는 재화와 서비스는 배제한다. 따라서 NNP는 숲에서 채취한 목재는 포함하되, 숲에서의 자연 탐사 도보 여행이나 숲의 침식 억제 가치는 고려하지 않는다. 또한 전력 회사가 생산하고 판매하는 전기는 포함하지만, 그 회사가 배출하는 오염이 건강에 미치는 피해는 계산에 넣지 않는다. 따라서 GDP가 오염을 포함한다는 젊은 급진주의자의 주장은 맞지 않는다. (저자가 앞에서 언급한 것은 GNP다. 주지하다시피 GNP는 국적을, GDP는 영토를 기준으로 삼는 지표로서, 국내 경제 사정을 더 정확하게 반영하는 것은 GDP다. 따라서 최근에는 GNP보다 GDP를 주로 사용한다 ─ 옮긴이.) GDP도, NNP도 오염에 따른 뺄셈을 하지 않는다는 게 맞는 진술이다.

따라서 첫 번째 정의는 이렇다. **그린 산출**은 오염 같은 외부 효과가 경제에 미치는 효과를 교정함과 동시에 중요한 비시장 재화, 서비스, 그리고 투자를 포함하는 국가 산출 척도다.

와이츠먼의 빼어난 환경 회계 이론

대다수 전문가는 경제 계정에서 오염, 기후 변화, 그리고 기타 비시장 활동과 외부 효과를 바로잡는 작업이 중요하다는 데 동의할 것이다. 하지만 이를 실제로 어떻게 수행할 수 있는가? 우리는 수질 오염이나 이산화탄소 배출로 인한 경제적 피해를 식량이나 주거의 가치에서 차감하는 방법을 어떻게 알아낼 수 있는가? 〔이 섹션에서는 환경 회계(environmental accounting)와 환경 계정(environmental account)이라는 용어를 사용한다. 회계는 기업의 경제 상황을 여러 이해 당사자에게 수치적으로 표현해주는 것이고, 계정은 회계적으로 인식된 거래에 대한 금액적 크기를 장부상에 항목별로 기록하는 것이

다—옮긴이.〕

이는 답하기 불가능한 질문처럼 보인다. 하지만 하버드 대학의 마틴 와이츠먼(Martin Weitzman, 1942~2019)은 빼어난 분석을 통해 그 방법을 보여주었다.[3] 완전 소득 회계(full-income accounting), 즉 그린 회계(green accounting: '환경 회계'와 동의어로, 천연자원의 사용 및 고갈을 통합하기 위해 국민 계정 체제를 보완한 것이다—옮긴이)에 구체화된 와이츠먼의 접근법은 실제로 꽤나 직관적이다. 그의 아이디어는 (시장 거래를 포함한) 기본적인 국가 경제 계정을 비시장 활동이나 과정까지 확대하는 것이다. 표준 계정의 접근법은 (사과·목재·휘발유·자동차 등의) 생산량과 가격에 대한 데이터를 수집하고, 가격과 수량을 곱해 가치를 계산한 다음, 소비자와 다른 부문들에 판매된 최종 산물의 가치를 합해서 국가 총산출을 계산하는 것이다.

표준 계정은 실제로 결함이 있지만, 앞서 다룬 젊은 급진주의자가 말한 것과 같은 방식으로는 아니다. ('국민총오염'이라고 한 그의 언급은 당연히 비꼬기 위한 말장난이지만, 그 말을 곧이곧대로 받아들이자면 그렇다는 것이다—옮긴이.) 문제는 오염이 표준 계정에 포함되었다는 게 아니라 정확히 그 반대다. 다시 말해, 문제는 실제로 포함해야 할 오염을 산출에 포함하지 **않았다**는 것이다. 와이츠먼의 접근법은 해로운 외부 효과에 가격을 부과한다고 가정하고, 외부 효과의 값을 합계에 더한다. 따라서 이렇게 정리할 수 있다. 그린 NNP = 통상적 NNP + (오염의 양×오염의 가격).

정말 이렇게 간단할까? 여기서 우리는 해로운 활동이 '좋은 활동'이라기보다 '나쁜 활동'이므로 **마이너스** 가격을 지닌다는 점을 기억해야 한다. 따라서 '오염의 양×오염의 가격'은 국민 계정에서 더하기가 아니라 빼기가 된다. 예컨대 1년 동안 대기 오염이 500만 톤 발생하고, 그

대기 오염으로 인한 피해액이 1톤당 100달러라고 하면, 이는 국민 계정에서 500만 톤×100달러, 즉 5억 달러를 빼도록 요구한다.

이 모든 것은 간단하다. '오염의 가격'이라는 개념이 다소 혼란스러울지도 모른다는 점만 빼면 말이다. 감자의 가격은 식료품 가게에서 확인할 수 있다. 그것은 그 식료품 가게가 청구한 가격이며, 소비자에게는 비용이다. 하지만 오염(예컨대 트럭에서 내뿜는 일산화탄소)의 가격은 얼마인가? 기업과 그 상업 계정의 관점에서 보면 그 가격은 0이다. 그리고 이것이 바로 국가 경제 계정에 '일산화탄소 대기 오염 매출' 항목이 없는 이유다. 하지만 오염은 인간의 건강에 피해를 끼치는지라 인간에게 미치는 비용은 0이 아니다. 앞 문단에서 소개한 예로 돌아가 보면, 아마도 배출된 일산화탄소 1톤은 약 100달러어치 피해를 안겨줄 것이다. 와이츠먼의 접근법에 따르건대, 그 피해액은 완전 국민소득, 즉 그린 산출의 계산에서 오염 및 기타 외부 효과의 비용을 뺄 때 사용하기에 적절한 가격이다.

이렇게 하면 문제가 해결될까? 원칙적으로는 그렇다. 하지만 실제로 오염과 기타 외부 효과의 비용을 계산하는 일은 지극히 어렵다. 데이터가 희박하거나 심할 경우 누락되기 때문이다. 국립과학아카데미(National Academy of Sciences) 산하의 한 위원회는 다음 구절에서 이 점을 잘 밝혀 놓았다.[4]

> [와이츠먼의 기법을 이용해] 간단한 빵 한 덩어리를 회계 처리하는 문제를 고려해보자. 그렇게 하려면 밀을 생산하는 데 들어가는 다양한 종류의 물, 비료, 살충제, 노동력, 기후, 그리고 자본 투입, ……밀을 제분하는 데 소요되는 인간 기능, 장비, 구조물의 복잡한 결합 등등을 측정하고

평가할 필요가 있다. 누구도 이 작은 빵 한 덩어리와 관련한 물리적 흐름을 설명해보려 할 것 같지 않으며, 아무도 그 일에 성공할 수 없다고 말해도 무방할 듯하다. 그러나 다행히 표준 경제 계정은 이처럼 까다로운 일을 시도하지 않는다. 대신 국민 계정은 이러한 모든 활동을 공통의 측정자(measuring rod)인 달러로 잰다. ⋯⋯위의 비교는 시장 밖에서의 환경 흐름 회계가 왜 그토록 벅찬 작업인지를 얼마간 이해할 수 있게끔 해준다.

이것이 우리가 서 있는 현주소다. 즉, 우리는 대부분 나라의 시장 경제에 관한 포괄적인 계정을 가지고 있다. 앞의 인용에서 주장한 것처럼 쉽게 관찰 가능한 달러 흐름과 가격을 사용할 수 있는지라 GDP나 NNP 같은 표준적 개념을 계산하는 게 가능하다.

　반면, 우리는 외부 효과와 관련한 회계 정보는 조금밖에 가지고 있지 않다. 비시장 활동의 양과 가격을 알아내기 위한 데이터가 대단히 희박하기 때문이다. 학자들이 거의 반세기 동안 이 문제에 매달려왔음에도 우리는 여전히 그에 대해 아는 게 별로 없다. 다음 섹션에서는 표준 국가 산출 척도를 지속 가능한 산출 개념과 연관 짓고자 한다. 그에 이어지는 섹션에서는 현재의 추정치가 어떻게 좀더 광범위한 그린 산출로까지 확장될 수 있는지 분명하게 보여주는 추정치들을 제시할 것이다.

순산출과 지속 가능한 산출

그린 국가 산출은 표준 경제 척도와 지속 가능한 산출 개념 사이에 중요하고도 놀라운 연결 고리를 제공해준다. 앞 장에서 살펴보았듯, 지속 가능한 산출에 대한 경제적 정의는 미래 세대가 적어도 현재 세대만큼은 잘살 수 있도록 허락하는 소비 수준이다. 우리는 더 나아가 지속 가능한 산출의 기원이 지속 가능한 수확 개념을 지닌 임업에 있음도 확인했다. 숲의 지속 가능한 수확은 무기한으로 거둬들일 수 있는 양이다. 경제학에 가까운 대안적 정의는 산림 자원을 고스란히 남겨둠으로써 미래에도 동일한 수확량을 거둬들일 수 있는 상태에서의 최대 수확이다.

이와 같은 숲의 관점에서 시작해보면, 지속 가능한 산출에 대해 좀 더 일반적인 경제적 정의를 도입할 수 있다. 이는 한 경제가 이듬해 혹은 미래 세대를 위해 동일한 자본 스톡을 남겨두고 소비할 수 있는 최대치다.

지속 가능한 산출 개념을 잘 보여주는 것은 과실수 경제다. 각각 100개의 과실을 생산하는 과실수 1000그루가 있고, 그 과실을 먹을 수도 더 많은 과실수로 기르기 위해 심을 수도 있다고 가정하자. 우리는 경제를 위한 국민 계정을 구축해 과실 단위당 산출을 추정할 것이고, 그에 따른 산출은 100F다. 매년 10그루의 나무가 죽는다. 그러므로 우리는 대체 나무를 재배하기 위해 한 그루당 과실 10개는 따로 떼어두어야 한다. 이렇게 되면 나무 자본(나무의 수)을 손대지 않은 채 매년 소비할 수 있는 과실로는 한 그루당 90개가 남는다. 따라서 이 경제의 총산출은 100F이지만 순산출은 90F다.

우리는 매년 10그루의 나무를 추가함으로써 경제가 성장한다고 가정하는 식으로 이 개념을 확장해볼 수 있다. 따라서 소비할 수 있는 과실은 80F이고, 순투자는 10F다. 순산출과 지속 가능한 산출(소비 더하기 순투자)은 여전히 90F다. 이 예에서 순산출(90F)은 총산출(100F)에서 감가상각(10F)을 뺀 값과 같다. 또한 그것은 소비(80F)에 순투자(10F)를 더한 값과 같다. 여기에서 중요한 것은 적절하게 측정한 순산출(90F)은 지속 가능한 최대 소비량과도, 지속 가능한 산출과도 같다는 점이다.

과실수의 예는 많은 재화, 서비스, 그리고 여러 유형의 자본을 다루는 좀더 복잡한 경제에까지 확대해볼 수 있다. 하지만 그 기본적인 전제는 좀더 복잡한 시스템에서도 계속 견지된다. **즉, 모든 투입과 산출을 적절하게 측정할 수 있는 경제에서는, 지속 가능한 산출을 국민순생산으로, 즉 소비 더하기 순투자로 계산할 수 있다.** 이 같은 중요한 결과는 그린 산출을 측정하는 것이 그린경제학에서 왜 연구 과제의 맨 앞자리에 놓여야 하는지를 말해준다. 이 과제에는 배제되고 잘못 측정한 활동에 대한 모종의 교정이 포함될 것이다.

배제된 환경 활동을 고려한 교정

나는 그 어떤 나라에도 포괄적인 환경 계정(천연자원의 고갈이나 환경 악화가 국민소득에 미치는 영향과 그로 인한 사회적 비용을 국민 계정 차원에 통합한 결과—옮긴이)이 존재하지 않는다는 것, 실제로 그 계정은 오직 희소한 정도로만 존재한다는 것을 강조하고자 한다. 하지만 우리는 드물긴 하나 기존 연구들을 이용해 그 계정이 어떤 것인지 음미해볼 수는 있다. 이 논의는 환경 계정이 이미 구축되어 있거나 쉽게 구축할 수 있는 3개 부문에 주목한다. 바로 온실가스 배출로 영향을 받는 기후 변화, 하층토 광물, 그리고 대기 오염이다.

개념적 관점에서 출발점은 국민순생산이다. 이 추정치를 얻어내는 데에서 우리는 **수준 교정**(level correction)과 **성장 교정**(growth correction) 둘 다를 계산할 수 있다. 수준 교정은 외부 효과, 혹은 기타 NNP에서의 누락 요소에 대한 추정치를 더하거나 뺀 결과다.

따라서 아마도 오염 X에 대한 교정은 2014년에는 NNP의 1.0퍼센트, 2015년에는 NNP의 1.1퍼센트가 될 것이다. 성장 교정은 NNP 성장에 대한 교정이 가져오는 영향을 살펴본다. 그것은 외부 효과가 커지면 성장률을 줄어들게 만들고, 외부 효과가 작아지면 성장률을 늘어나게 한다. 방금 제시한 수치를 이용할 경우, 오염 교정은 예컨대 기존의 NNP 성장률 3.0퍼센트를 교정된 그린 NNP 성장률 2.9퍼센트로 낮출 것이다.

기후 변화

이제 몇 가지 실제 사례를 살펴보겠다. 첫 번째는 기후 변화 외부 효과, 특히 이산화탄소의 영향이다. 뒤의 나머지 두 가지 사례와 달리, 이는 너무나 간단해서 누구나 스프레드시트에 계산할 수 있을 정도다. 여기서 아이디어는 양과 가격의 추정치를 얻은 다음 계정을 교정하는 것이다. 온실가스(이 경우에는 이산화탄소) 배출 측정치 하나를 가지고 시작해 볼 수 있다. 우선 배출량과 배출 가격을 곱한다. 가격으로는 미국 정부가 추정해 사용하는 **탄소의 사회적 비용**(social cost of carbon, SCC)을 쓸 것이다(그린 정치를 다룬 3부의 논의 참조).

표 9-1은 계산 결과를 보여준다. 이를 위해 우리는 상숫값을 사용한다. 우선 2018년 줄에 집중해보라. 여기서 2018년 미국의 이산화탄소 총배출량은 53억 1700만 톤이었다. 미국 정부는 2018년 배출의 사회적 비용을 1톤당 43달러로 추산한다. 따라서 총공제액은 43달러 곱하기 5317로, 대략 2290억 달러다. 이는 그해 산출 15조 8720억 달러로부터

표 9-1	기후 변화 관련 환경 교정 계산				
연도	공식 NNP (2012년 달러 기준 10억)	이산화탄소 배출량 (이산화탄소 100만 톤)	이산화탄소 가격 (2012년 달러 기준: 달러/이산 화탄소 톤)	이산화탄소 교정 (2012년 달러 기준 10억)	교정한 NNP (2012년 달러 기준 10억)
1973	5,227	4,735	11	53	5,043
2018	15,872	5,317	43	229	15,699
1973~2018 연평균 성장률	2.468%	0.257%			2.493%

출처: 표 9-1의 추정치는 퇴른크비스트 지수(Törnqvist index)를 사용해 실질 산출을 계산한 결과다. 이산화탄소 배출량 데이터는 미국 에너지정보청(Energy Information Administration)에서, 산출 데이터는 미국 경제분석국(Bureau of Economic Analysis)에서, 그리고 '탄소의 사회적 비용(SCC)'은 미국 환경보호국에서 가져왔다. 1973~2015년 동안 SCC는 실질적으로 매년 2퍼센트씩 증가한 것으로 가정한다. 2℃ 목표를 위한 SCC 추정치는 William Nordhaus, "Climate Change: The Ultimate Challenge for Economics", *American Economic Review* 109, no. 6 (2019): 1991~2014, doi:10.1257/aer.109.6.1991에 보고된 DICE 모델 사용 결과에서 가져왔다.

의 차변 항목, 즉 산출의 1.5퍼센트에 해당하는 수준 교정이다.[5]

다음으로 성장 효과를 계산해보자. 이 계산을 위해 표 9-1에서 볼 수 있는 1973년과 2018년의 교정 NNP부터 시작할 것이다. 우리는 이산화탄소 교정이 그 기간 동안 천천히 늘어났음을 확인할 수 있다. 이는 이산화탄소 배출량이 산출과 비교해 매년 2.2퍼센트씩 감소했음을 말해준다. 기후 교정이 성장에 미치는 효과는 직관에 반하게도 약간 **부적**(negative)이다. 그래서 그린 NNP는 기존 NNP보다 더욱 빠르게 증가했다. 정확히 말해 1973~2018년의 연간 산출 성장률은 교정된 수치를 사용할 경우 (공식 수치를 사용할 경우의 2.468퍼센트 대신) 2.493퍼센트였다. 음(-)의 성장 효과는 직관에 반하는 것처럼 보인다. 그것이 이산화탄소 배출량이 감소하기 때문에 발생하며, 따라서 그린 산출에 미치는 영향이 말기보다 초기에 더 크다는 점을 깨닫기 전까지는 말이다. 성장 효과는 (연간 −0.025퍼센트로) 작지만 여전히 놀랍다. 따라서 이산화탄소 배출을 교정하면 산출의 **수준** 추정치는 다소 낮아지고, 산출의 **성장률**은 다소 높아질 것이다.

이 대목에서 좀더 야심 찬 기후 목표와 관련해서는 성장 교정이 어떻게 달라질지 따져보는 것도 좋은 생각이다. 글로벌 그린에 대해 다룬 장들(22장과 23장)에서 논의하겠지만, 국제 정책은 기온 상승을 섭씨 2도까지로 제한하는 목표를 두고 있다. 이는 '탄소의 사회적 비용'이 훨씬 더 높아지고, 따라서 표 9-1의 계산에서 탄소 가격이 더한층 상승한다는 것을 뜻한다. 이와 관련한 하나의 추정치는 좀더 엄격한 목표 아래에서는 탄소 가격이 5배 이상 뛸 거라고 내다본다. 표 9-1에서 제시한 것과 동일한 방법론을 쓸 경우, 섭씨 2도 목표를 위한 수준 교정은 훨씬 커져서 2018년에 8퍼센트에 이르며, 성장 교정 역시 그에 상응해 상승한다. 환경 비용이 높아진다는 것은 실질 산출 또한 전통적으로 측정한 산출보다 더 낮아질 것임을 의미한다. 하지만 환경에 미치는 영향이 줄어들면 성장 교정은 양의 값이 되는 데다 더욱 커진다.

하층토 자산

그린 국가 산출과 관련해 관심이 가는 두 번째 부문은 하층토 자산이다. 이는 첫 번째보다는 좀더 복잡하지만 합리적으로 관리 가능하다. 여기에는 석유, 금, 은, 동, 기타 금속의 매장량이 포함된다.

이것들에 대한 표준 처리에서 드러나는 결함은 무엇일까? 여기서 이슈는 고갈(depletion)이나 추가(addition)와 관련해서는 회계가 없는지라 하층토 자산이 국가 산출에서 적절하게 계산되고 있지 않다는 것이다.

하층토 자산은 나무에 달린 잘 익은 소중한 과일처럼 사실상 수확할 채비가 되어 있다. 우리는 이런 자산을 수확할 때(고갈), 땅속에 매장된 석유(나무에 달린 과일)의 가치를 공제하지 않는다. 그런가 하면 새로 발견한 매장량(과실수에 달린 과일의 성장)(추가)을 더하지도 않는다.

누락된 광물의 고갈과 추가의 영향을 파헤친 가장 신중한 연구는 경제분석국이 1990년대에 실시한 것이다. 그 결과 고갈과 추가는 각각 NNP의 0.5퍼센트 수준이었고, 순수준 효과와 순성장 효과는 둘 다 0이었다. 이렇게 영향이 미미한 까닭은 추가의 양과 달러가 고갈의 양과 달러에 근접했기 때문이다. 더욱 최근의 데이터를 통해 석유와 가스를 살펴보면, 우리는 수량적으로 추가가 고갈보다 더 크다는 걸 확인할 수 있다. (즉, 석유와 가스의 매장량이 늘고 있다.) 하지만 추가 자원이 고갈 자원보다 품질이 낮고 가치가 덜할 수도 있는지라 달러 가치가 수량과 동일한지는 확신할 수 없다. 그것은 어디까지나 지레짐작일 뿐이다. 따라서 환경 계정의 이 두 번째 구성 요소는 하층토 자산의 교정이 낳는 효과가 거의 0에 가까움을 말해준다.[6]

대기 오염

세 번째이자 더없이 복잡하고도 중요한 예는 대기 오염이다. 이는 가장 치명적이고 가장 비용도 많이 드는 외부 효과 몇 가지를 포함하며, 특히 석탄의 연소 및 기타 활동들과 관련이 있다. 미국에서 이것들은 대부분 규제 대상이다. 하지만 사회적 비용을 반영하는 수준으로 가격이 매겨지고 있는 경우는 드물다.

멀러, 멘델존, 그리고 노드하우스(Muller, Mendelsohn, and Nordhaus)가 수행하고 멀러가 업데이트한 대기 오염 관련 환경 계정 계산 연구를 소개하겠다.[7] 이 연구는 위에서 언급한 표준적인 방법으로 대기 오염 피해액을 추정했다. 총피해액은 1만 개 출처에서 배출된 다섯 가지 주요 오염 물질(질소산화물, 아황산가스, 초미세먼지, 암모니아, 그리고 휘발성 유기 화합물)의 양과 가격(오염 단위당 피해액)을 곱해 얻었다. 배출량은 각 산업에서의 배출 장소별로 산정했으며, 피해액은 미국의 카운티별로 추산했다.

계정의 주된 교정은 석탄 화력 발전소와 채석업 같은 산업을 위한 것이었다. NNP의 몇 퍼센트로 표기되는 총피해액은 1999년에 산출의 6.9퍼센트이던 것이 2008년에는 산출의 3.4퍼센트로 감소했다. 이러한 교정은 분명 산출에서 적지 않은 부분일 테고, 특히 오염도가 높은 산업 부문의 산출에서는 훨씬 더 많은 부분을 차지할 것이다.

성장에 미치는 효과는 이번에도 직관에 반하게끔 **부적**이었다. 그 이유는 (앞서 논의한 이산화탄소의 경우에서와 마찬가지로) 그 기간 말기의 오염 차감이 초기의 차감보다 적었기 때문이다. 오염이 성장에 미치는 영향은 총 NNP 성장을 연간 2.03퍼센트에서 연간 2.45퍼센트로 올려준 것이었다. 이는 오염의 경제학에 대한 논의에서 강조된 적이 없는 상당한 효과다.

물론 여기서 살펴본 세 가지 사례가 흥미로운 영역 모두를 총망라한 것은 아니다. 기타 그린 부문에는 숲, 물, 교통 혼잡, 그리고 독성 폐기물이 포함될 것이다. 하지만 이것들에 대한 추정치는 거의 나와 있지 않다. 의료, 가정에서의 조리, 가족 돌봄, 여가 같은 기타 영역에서 계정 추정치 증가분이 도출되었다. 그러나 이는 전체 산출과 성장에 상당한 영향력을 발휘할 수 있지만, 일반적으로 그린 회계의 관심권 밖에 머물러 있다.

그린 회계에 대한 약식 판결

그린 국가 산출에 대해 요약하자면 이렇다. 즉, 우리가 현재 기존의 국민 계정에서 배제된 자원과 환경의 영향 추정치를 포함한다면, 산출 **수준**에서 상당한 차이를 만들어낼 수 있다. 여기에서 살펴본 것과 같은 배제된 부문들의 영향은 미국 산출의 약 10퍼센트 정도를 차감할 거라는 게 대략적인 추정이다. 하지만 연구가 미진하므로 총계는 그보다 더욱 커질 가능성이 있다.

그러나 역설적이게도, 이런 누락을 교정하면 그린 산출의 **성장률**은 늘어나는 경향을 보인다. 적어도 미국에서 지난 반세기의 경우에는 그랬다. 그 이유는 발전소, 공장, 자동차가 좀더 청정해진 결과 대부분의 오염 측정치가 경제 전반에 비해 감소하고 있기 때문이다. 현재까지 조사한 부문들에서 성장 효과는 연간 0.5퍼센트 정도인데, 이 같은 상당한 수치가 몇 년에 걸쳐 더해질 것이다. 이 추정치에서는 주요 부문이 누락되었다. 하지만 이런 수치는 근사치이긴 하나 가장 중요한 외부 효과 일부를 포괄해준다.

환경 정책이 실질적인 경제 성장에 보탬이 되고 있다는 연구 결과는 환경 정책에 관한 논쟁에서 중요하다. 나는 이것이 그린 운동이 거둔 소중한 개가라고 생각한다. 이런 놀라운 연구 결과가 도출된 이유는 자못 흥미롭다. 만약 우리가 50년 전으로, 즉 미국에서 환경 규제를 막 시작하던 시기로 돌아간다면, 대기 오염 같은 외부 효과는 오염을 줄이는 데 따른 한계 편익이 한계 비용보다 훨씬 더 큰 활동이었다. 따라서 환경 정책은 실제로 낮은 가지에 달린 값싼 과일을 따는 것과 같은 일로, 최소 비용으로 건강을 비롯한 기타 피해를 큰 폭으로 줄여주었다.

만약 오직 표준 경제 계정에만 관심을 기울인다면, 우리는 낮은 가지에 달린 환경적 과실을 따는 것 같은 경제 후생의 개선을 거의 놓칠 것이다. 환경 규제가 건강에 안겨주는 편익은 표준 계정에서 고려되지 않기 때문이다. 하지만 만약 시야를 넓혀서 외부 편익까지 끌어안는다면, 환경 정책은 사실상 성장을 큰 폭으로 개선시킬 것이다.

따라서 만약 젊은 급진주의자가 나이를 먹은 뒤 오늘날 다시 등장한다면, 국민 계정에 대한 태도가 사뭇 달라져 있을 수 있다. 늙은 급진주의자는 최근 몇년 간의 경험을 돌아보고 환경경제학자들의 연구를 훑어본 다음 이런 글을 쓸지도 모르겠다. "환경 규제가 경제 성장에 해를 끼친다고 주장하는 사람들은 완전히 잘못 짚었다. 그릇된 척도를 사용하고 있기 때문이다. 우리는 산출 척도에 오염을 포함**해야 한다**. 다만 부정적인 신호로서 그렇게 해야 한다. 만약 그린 국가 산출을 표준으로 삼는다면, 우리는 최근 몇년 간의 환경 및 안전 규제가 실질적인 경제 성장을 상당 부분 견인했다는 결과를 얻을 것이다."

'문명 밖 세계'에 대한 유혹

미래를 위해 중요한 과학적·경제적 질문은 지구상의 인간 문명이 고유한지 여부, 혹은 그것을 내가 **문명 밖 세계**(exo-civilization)'라고 부르는 다른 행성이나 우주에서 복제할 수 있는지 여부다. 대부분의 공상과학소설이나 대중문화는 그렇다고, 지구는 복제할 수 있다고 가정한다. 그리고 필그림(Pilgrim: 1620년 메이플라워호를 타고 북아메리카로 건너간 영국인 순례자들—옮긴이)이 매사추세츠에 정착지를 건설한 것과 흡사한 방식으로 우리가 달, 또는 화성, 또는 다른 어떤 먼 행성에 식민지를 건설할 수 있다고 추정한다. 아마도 처음에는 살아가기 험난하겠지만 새로운 환경에 적응하면 다른 행성에서도 얼마든지 지속 가능한 문명을 세울 수 있을 거라고 말이다.

인간 문명은 우리 행성 밖에서도 지속될 수 있을까? 사실 이것은 아직껏 누구도 답하지 못한 까다로운 질문이다. 무엇을 복제해야 할 것인지 고려하는 것부터 시작해보자. 지구는 천연 자산과 인공 자산으로 이루어진 방대한 자연 생태계와 인공 생태계의 합작품이다. 지구의 자원에는 해양과 강, 산소, 화석 연료, 희토 물질, 그리고 생물종 등이 포함된다. 여기에 인간이 개발한 테크놀로지, 길들인 가축, 도시, 도로, 주택, 기계, 공장, 국방 같은 수많은 생산 자본, 그리고 인간 지능, 노동력, 특수한 기능들이 더해진다.

마지막으로, 인간 문명은 법률, 정부, 집단적 활동, 시장 같은 제도를 통해 조직된다. 이 인위 환경과 자연 환경은 절로 생겨난 게 아니라 지상에서 살아가는 수억 명의 인간과 셀 수 없이 많은 다른 생명체를 지탱해야 하는 과제에 대처하는 과정에서 진화해왔다. 지구상에서 살아가는 생명체는 화성이나 다른 행성들의 도전에는 아직껏 적응하지 못한 상태다.

만약 인간에게 초점을 맞춘다면, 오늘날 지구 시스템은 엄청나게 생산적이다. 이 복잡계가 거둔 결실이 재화와 서비스의 연간 순산출 약 100조 달러(즉, 1인당 약 1만 5000달러)에 이를 정도다.

지구 시스템을 대체하거나 그와 병행할 수 있는 폐쇄적인 (또는 거의 폐쇄적인) 시스템을 구축하는 게 가능할까? 식량과 에너지뿐 아니라 주택, 정원, 자연 산책, 스키장, 스시, 야구 경기, 그리고 기타 현대적 삶에 필요한 필수품과 편의 시설이 제공되는 시스템을 갖추는 게 가능할까? 아마 우리는 항목별로 이들을 일일이 대체할 수는 없을 테지만, 알파 센타우리 요리(Alpha Centauri cuisine: 알파 센타우리는 공상과학 소설이나 영화에서 단골로 등장하는, 태양계에서 4.37광년 떨어진 아주 가까운 곳에 위치한 항성─옮긴이), 록볼(rockball) 경기, 모래 리조트, 화산 산책, 그리고 기타 대체물 같은 비교 가능한 메뉴를 확보할 수 있을지도 모른다.

지구 밖에서의 지속 가능성 전망을 이해하는 데 도움을 받으려면 어디에 기대볼 수 있을까? 이번 장에서는 그와 관련한 풍경을 살펴보려한다. 그 여정은 오늘날의 인간 문명으로 이어진 길고 굽이진 길을 추적하는 것으로 시작한다. 그리고 나서 오늘날의 우주 임무(space mission)에 담긴 통찰을 통해 다른 행성에서의 삶을 미루어 짐작해보려고 한다.

이 장의 마지막 섹션은 궁극적인 그린 드림(Green Dream)—즉, 애리조나주에 설치된, 거의 잊힌 원형 유리 건물 바이오스피어 2(Biosphere 2)—을 살펴봄으로써 위의 질문을 다룬다. 이 대담한 실험은 폐쇄적이고 자급자족적인 시스템을 구축하려는 시도로, 이 책에서 제기하는 광범위한 질문에 중요한 교훈을 안겨준다.

이와 같은 여러 가지 이야기에 담긴 중요한 메시지는 지구상에서 지속 가능한 문명을 일군 것이 역사적으로 말도 못 하게 어려운 일이었다는 사실이다. 지구 말고 다른 곳, 즉 다른 행성에서 자급자족적인 시스템을 뿌리내리는 작업은 그보다 훨씬 더 험난한 도전이 될 것이다.

인류 문명이라는 기적

'문명 밖 세계'에 대한 전망을 고려하는 한 가지 방법은 우리가 인간의 우수한 두뇌와 자원이 풍부한 지구라는 이점을 가지고서도 오늘날의 풍요로운 세계에 도달하기까지 더없이 긴 세월이 걸렸음을 떠올려보는 것이다. 현대 세계의 출현은 빙하보다도 더 느려터지게 이루어졌다. 처음 박테리아가 생겨난 때로부터 40억 년이 걸린 첫 번째 단계는 5만 년 전으로, 해부학적인 현생 인류 **호모 사피엔스**(Homo sapiens)가 등장한 때였다.

초기 인류의 경제는 육지와 바다에서 근근이 생계를 이어가는 여느 동물의 경우와 별반 다를 바 없었다. 문명의 진화—오랜 세월에 걸쳐 우여곡절을 겪으며 성취한 도구와 기술의 개발—는 두 단계로 구분해보면 도움이 된다. 첫 번째는 초기 인류로 시작해서 1750년경의 산업혁명기에 이르는 단계다. 두 번째는 그때부터 현재까지의 시기를 아우른다.

느리디느리게 펼쳐진 첫 번째 단계는 가장 초보적인 기술적 요소들의 개발을 수반한다. 불과 동물 길들이기, 돌도끼 발명, 농업의 발달, 문자 언어의 개발, 도시에 모여 살기 따위다. 이들 각각은 세계의 서로 다른 지역에서 독자적으로 이루어진 것처럼 보인다. 따라서 그것들은 현생 인류의 능력 범위 안에 있었다. 하지만 다른 동물들의 능력은 그에 미치지 못했다.

경제 성장의 재구성

인류의 역사를 재구성해보면 초기 인류의 생활 수준은 이례적일 정도로 느리게 성장했음을 알 수 있다. 경제사가 앵거스 매디슨(Angus Maddison)과 브래드 드롱(Brad DeLong)이 내놓은 최상의 추정치에 따르면, 인류 출현 초기에서 18세기 중엽까지의 1인당 산출은 2배, 즉 연평균 0.001퍼센트의 성장률을 보였다. 우리는 현생 인류가 출현한 이래 5만 년 가운데 처음 4만 9700년을 맬서스적(Malthusian) 시기라고 생각할 수 있다. 테크놀로지의 진보가 인간의 경제적 지위를 향상시킨 게 아니라, 그저 인간이 증식하고 확산한—이를테면 불의 도움으로 좀더

표 10-1	초기 인류 출현 이래 생산성과 생활 수준의 성장		
	1인당 산출		인구수
시기	생활 수준 (2011년 달러 기준)	이전 시기로부터의 성장(연간 %)	이전 시기로부터의 성장(연간 %)
기원전 1000000	551		
기원후 0	655	0.00002	0.00034
1000	801	0.020	0.002
1750	1,074	0.04	0.06
1900	2,048	0.43	0.21
1980	7,352	1.60	0.54
2017	15,317	1.98	0.62

출처: 본문의 주 참조.

추운 지역으로까지─결과로 귀결된 시기 말이다.[1]

표 10-1은 인류의 경제사를 가장 잘 재구성해놓은 결과다. 인간은 초기 시대에 가까스로 생존하는 수준이었다. 로마와 비잔틴 시대, 1750년 경부터의 서유럽, 그리고 지난 50년 동안의 세계 대부분 지역에 대해서는 꽤나 정확한 데이터가 나와 있다.

표 10-1이 전하는 메시지는 1인당 산출 및 생활 수준과 관련해서 인류가 출현한 이래 대부분 기간 동안에 사실상 아무런 성장도 일어나지 않았다는 것이다. 생활 수준의 혁명은 1750년 이후 속도가 붙었고, 20세기에는 날개를 단 듯했다. 오늘날 전 세계의 1인당 산출은 아마도 초기 멜서스적 시기 수준의 30배에 달할 것이다. 산업혁명 이야기는 오랜 세월 동안 경제사가들의 단골 소재였다. 그 이야기는 이전 시대에 이루어진 과학혁명의 결실, 국내 무역과 국제 무역의 성장, 혁신의 일

상화, 필요한 자원과 원자재의 개발, 대기업의 발전과 그들의 '규모의 경제(economies of scale)', 그리고 무엇보다 폭포처럼 쏟아진 경이적인 신기술과 관련이 있다.

조명의 진화

생산성과 생활 수준을 보여주는 국내총생산 같은 낯익은 척도들은 20세기의 위대한 발명품 가운데 하나다. 하지만 그것들은 역사적 포괄 범위가 심각하게 제한되어 있다. 미국의 경우 산출과 관련해 1880년대에도 제법 정확한 데이터가 있었지만 공식적인 데이터를 갖춘 것은 1929년부터였다. 중국의 산출 데이터는 정확도가 중간 정도이며, 초보적인 국민 계정이나마 사용할 수 있게 된 것도 1950년 이후의 일이다. 대부분의 열대 아프리카 나라들에서는 지금도 여전히 산출 척도가 믿을 만한 게 못된다. 따라서 먼 과거, 특히 산업혁명 이전 시기의 생산성을 측정하는 것은 어려운 일이다. 표 10-1이 보여주는 데이터는 우리가 가진 최고의 것이지만, 그럼에도 초기 데이터는 추측의 성격이 짙다.[2]

생산성을 보여주는 대안적 접근법은 협소하긴 해도 잘 측정된 부문인 조명(lighting)에 초점을 맞추는 것이다. 여기서 생산성 데이터는 우리가 이용할 수 있는 가장 오래된 것으로, 인류 역사의 가장 초기 이래로 조명 부문에서의 기술적 변화를 측정한다. 중요한 이정표는 불 다스리기(최소 60만 년 전), 초기형 개방 램프(3만 년 전), 양초(약 5000년 전), 폐쇄형 램프(약 4000년 전 초기 그리스 시대 이후), 그리고 눈에 띄는 오늘날의 석유램프(1782년 이후)였다. 지난 2세기 동안 에너지 형태와 장치 양쪽에서 이루어진 혁명적인 변화는 조명 생산성의 지속적이고도 급속한 개선으로 이어졌다. 이러한 변화에는 에너지로서 등유와 전기, 그리고 백열등,

형광등, LED 전구로 이어지는 조명의 변화가 수반되었다.

우리는 이들 각각의 테크놀로지별 조명 가격과 효율을 시간당 임금률과 함께 측정해 조명 생산성을 대략적으로나마 추정할 수 있다. 조명 가격을 임금으로 나눈 값이 1시간의 노동으로 조명을 얼마만큼 구입할 수 있는지 어림한 수치다. 이는 노동 시간당 루멘시(lumen-hour)로 측정한다. 시간당 산출은 간단하지만 믿을 만한 생산성 추정치다.

이 생산성 척도는 무엇을 나타내는가? 여기서 산출 척도는 1000루멘시다. 이는 전통적인 100와트 백열등 전구가 1시간 동안 만들어내는 대략적인 양이다. 꽤나 정확한 최초의 수치는 기원전 1750년경 바빌로니아에서 나온 것이다. 1000루멘시의 노동에 쓰이는 충분한 양의 석유를 구입하는 데 40시간의 노동이 필요했다는 게 대략적인 추정치다. 이후 3500년에 걸친 점진적인 개선을 통해 그 수치가 5시간으로 줄어들었다. 기후, 조명의 혁신에 힘입어 조명의 시간 비용은 급감했다. LED 전구를 사용하는 오늘날에는 그 비용이 1000루멘시당 0.000072시간으로 감소했다. 조명이 귀한 존재에서 기본적으로 거저나 마찬가지인 상태에 이른 것이다.

그림 10-1은 기원전 1750년부터 2020년까지를 재구성해놓은 최선의 결과다. 그래프는 비율 척도를 나타내므로 그 기울기가 바로 성장률이다. 그림을 통해 우리는 두 가지 주요 시기(1800년 이전과 이후) 동안의 성장률 수치를 확인할 수 있다. 1800년을 기점으로 눈에 확 띄는 추세 변화는 표 10-1의 총생산성 추정치가 타당하다는 것을 분명하게 말해준다.

표 10-2는 주요 기술 발전과 함께 하위 기간별 수치를 보여준다. 가장 큰 개선을 보인 두 기간은 전기를 개발한 1900년 전후, 그리고

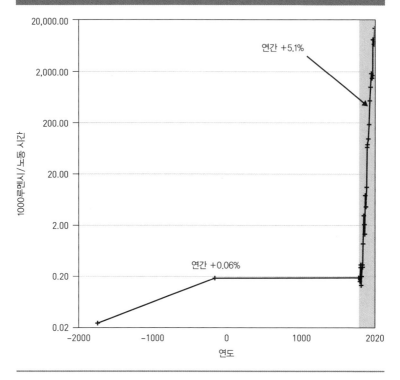

그림 10 - 1   4000년 동안의 조명 생산성

연간 +5.1%

연간 +0.06%

이 그래프는 조명 생산성을 나타낸다. 이는 비율 그래프이므로 그 기울기가 바로 성장률이다. 1800년을 기점으로 구분한 두 하위 기간의 평균 성장률을 확인할 수 있다.

1990년 이후 LED 조명 같은 신기술이 도입된 수십 년이다.

이 대목에서 중요한 점은 인류 역사가 1750년경 산업혁명과 더불어 거대한 변곡점을 맞았다는 사실이다. 이는 바퀴 같은 중대 발명품의 출현에 뒤이은 인류 문명의 두 번째 단계였다. 조명 생산성은 바빌로니아 시대 이후 산업혁명기까지는 연간 0.06퍼센트였지만, 산업혁명기 이후부터는 연간 5.1퍼센트 수준으로까지 가파르게 상승했다.

또한 나는 조명 생산성 혁명은 그린과 관련해 이례적으로 중요한 함

표 10-2   여러 다른 시대의 조명 생산성 성장

시작 연도	종료 연도	생산성 성장률 (연간)	기술 변화 (시작 연도에서 종료 연도까지)
-500000	-20000	0.00003%	신석기 시대 램프
-20000	-1750	0.00102%	바빌로니아 시대 램프
-1750	-150	0.13%	로마 시대 램프
-150	1800	0.00%	양초
1800	1850	1.17%	고래기름 램프
1850	1900	5.22%	도시가스
1900	1950	9.53%	에디슨 전구
1950	1990	2.86%	전기 생산성
1990	2005	9.38%	소형 형광등
2005	2018	5.49%	LED

의를 지닌다는 점을 지적하고자 한다. 이러한 신기술이 환경에 미치는
한 가지 다행스러운 효과를 말해주는 것으로, 루이스 스토츠(Louis Stotz)
는 이렇게 말했다. "펜실베이니아주에서의 석유 발견은 세상에는 석유
를 제공해주었고, 얼마 남지 않은 고래에게는 생명을 선사했다."3 (19~
20세기 초에는 오일 램프를 켜기 위해 고래의 지방을 끓여 기름을 얻었다. 그 때문에 이
시기에 고래 남획이 크게 증가했다—옮긴이.)

내가 전반적인 생산성과 조명 간 유사한 역사를 되짚어보는 이유는
그것이 오늘날 세계의 풍요에 이르는 지난한 길을 잘 보여주기 때문이
다. 오늘날 인류는 수십억 년에 이르는 굴곡진 생명의 여정을 거치며
진화해왔다. 그러나 해부학적으로 현생 인류와 다를 바 없는 존재가 등
장했지만, 세계 그 어느 곳도 높은 생산성을 보장해주지는 못했다. 그

렇다기보다 생산성 발전은 인류사의 처음 99퍼센트 넘는 시기 동안 달팽이가 기어가는 것 같은 더딘 속도에 그쳤다.

인류 역사 5만여 년간의 느려터진 기술 발전 속도를 감안해볼 때, 오늘날 지구 경제의 번영을 다른 어떤 곳에서 지속 가능한 형태로 재현하는 게 과연 가능할까? 인류 문명의 역사는 지상에 생존 가능한 터전을 마련하는 데 따른 장벽이 얼마나 높은지를 잘 보여준다. 심지어 현대적인 테크놀로지를 갖춘 오늘날에조차 일부 지역의 생활 조건은 석기 시대 인간 선조들의 경우와 별반 다를 바 없다. 우리는 현대 사회의 편리한 문화적, 경제적, 과학적, 자원적 환경을 오랜 시간에 걸쳐 지상에 구축했다. 그 같은 환경을 멀리 떨어진 행성에서 단기간에 복제하는 것은 무척이나 어려운 임무임에 틀림없다.

문명 밖 세계: 화성, 그리고 그 너머에서의 삶

우리가 인류 문명의 역사를 더듬어보면 지속 가능한 사회를 건설하는 것은 만만치 않은 과제처럼 보인다. 또 다른 관점은 인간이 다른 행성들—즉, 내가 지칭한 이른바 **문명 밖 세계**—을 식민지로 삼는 광경을 그려보는 것이다. 아마 우리는 그것이 신대륙을 발견하기 위해 필그림이 길을 나선 데 비견되는 일이라고 여길지도 모르겠다. 아메리카 대륙에 정착한 것은 무모하고도 위험천만한 일이었다. 하지만 유럽인들은 끝내 풍요롭고 강력한 대륙에 뿌리를 내리는 데 성공했다.

그러나 좀더 자세히 들여다보면 필그림은 문명 밖 세계의 전망을 보여주는 좋은 예가 아님을 알 수 있다. 새로운 문명을 시작하기에 가장 유망한 장소는 화성이다. 화성은 (천문학적 척도에서 볼 때) 지구와 가깝고 지구와 비슷한 특성을 얼마간 지녔으며 연구도 많이 되어 있다. 원거리 식민지화 지지자 가운데 한 명이 바로 기술 전문가이자 기업가 일론 머스크(Elon Musk)인데, 그의 비전은 이렇다. "나는 지금 수만 명, 궁극적으로 수백만 명을 화성으로 보내는 것 대해 이야기하고 있다." 그의 계획은 그 붉은 행성에 그치지 않는다. "우리는 목성의 위성에도 갈 것이다. 그 바깥쪽 위성 중 일부에는 확실히 갈 테고, 토성의 위성 타이탄(Titan)과 소행성에 갈 가능성도 있다. 일단 그 구동 함수(forcing function)와 지구-화성 경제를 갖추면, 우리는 태양계 전체를 아우르게 될 것이다."[4]

머스크는 식민화 비용을 진지하게 따져보았다. "나의 대략적 어림으로는 1인당 50만 달러면 화성에 가길 원하는 사람들이 충분히 나올 거라고 본다. 하지만 그것은 짧게 다녀오는 휴가 여행이 아니다. 마치 사람들이 초기에 미국 식민지로 이주해왔을 때처럼, 자신이 가진 돈을 모두 챙기고 보유한 물건을 몽땅 처분하는 일이 될 것이다."[5]

우주여행이라는 아이디어는 다가오는 몇십 년 내에 가능할 것으로 보인다. 하지만 우리는 정녕 "사람들이 초기에 미국 식민지로 이주해왔을 때처럼" 자급자족적인 문명을 일굴 수 있을까? 그 전망은 불가능하지는 않지만 극도로 난망해 보인다. 행성에서의 식민지 건설은 위험할 뿐더러 비용도 적잖이 들 테니 말이다.

많은 이들이 공상과학 소설이나 영화를 즐기는 게 사실이지만, 우리는 우주 식민지화를 진지하게 분석하기 위해 좀더 깊이 파고들 필요가 있다. 이 섹션은 우주 식민지화를 다룬 애덤 모턴(Adam Morton)의 최근 책, 그리고 시드니 두(Sydney Do) 등의 전문적인 분석으로부터 큰 도움을 받았다.[6] 이들의 연구는 두 가지 중요한 이슈, 즉 비용과 위험을 제기한다.

첫 번째는 우주 식민지가 자립자족이 가능한지 여부와 관련된다. 9장에서 나는 지속 가능성이란 자본을 온전하게 유지하면서 (혹은 소모한 자본을 메꾸면서) 합리적인 생활 수준을 이어가도록 해주는 시스템(즉, 경제)의 보유 능력이라고 정의했다. 이렇게 하려면 식량·주거·의료·운송·에너지를 생산하거나, 필요한 재화를 다른 행성들로부터(아마도 지구로부터) 수입하기 위한 비용을 충당하기 위해 충분한 양의 화성 재화를 수출해야 할 것이다.

비용부터 살펴보자. 우주 식민지의 비용을 고려하기 위해서는 남극 대륙에서의 삶을 유지하는 데 드는 비용을 떠올려보면 도움이 된다. 남극 대륙은 으스스해 보일지 모르지만 실제로는 살기에 알맞은 장소다. 대기, 얼어 있는 다량의 물, 지구 나머지 지역으로의 손쉬운 수송 같은 뛰어난 특징을 두루 지녔으며, 무엇보다 화성에 비해 따뜻하다. 과학자 1인당 비용은 연간 20만 달러 정도로, 이는 더 먼 목적지에서의 비용에 대한 하한선 구실을 한다.

우주와 한층 유사한 또 하나의 비교 대상은 국제 우주 정거장(International Space Station, ISS)이다. 지구 저궤도에 자리한 국제 우주 정거장은 생명체가 거주할 수 있는 위성이다. 이곳에서는 1998년 이래 연인원 240여 명의 우주인이 기거해왔다. 모턴의 말에 따르면, 국제 우주 정거장은 2010년까지 건설 비용이 1500억 달러에 달했다. 대충 계산하면 연간 비용이 1인당 약 6억 달러였다.

지구 밖 문명에 대한 경제적 분석을 위해 마스 원(Mars One) 프로그램에 대해 생각해보자. 마스 원은 화성에 항구적인 인간 식민지를 건설하려는 유럽의 민간 기업이다. 이 기업은 화성 식민지 건설을 위한 편도 여행으로 한 번에 4명씩 보낼 예정이다. 이는 일론 머스크가 널리 광고한 미션과 유사하다. (장래의 여행자들을 위해 '편도' 티켓이라는 사실을 확실히 해야 한다는 데 유의하라.)

시드니 두 등은 마스 원을 철저히 분석한 끝에, 예상한 대로 그것은 '실행이 불가능하다'고 결론 내렸다. 그 기업이 제안한 식량 보급과 공급망 같은 기술은 대부분 현재 존재하지 않는다. 그뿐만 아니라 시드니 두 등은 식민지를 건설하는 데 드는 비용도 극도로 높을 거라고 추정한다. 즉, 40명의 식민지 개척자가 자리를 잡을 때 초기 정착 누적 비용이 1000억 달러, 즉 1인당 25억 달러가 넘을 거라고 말이다. 여기에 주거비, 현지 생산비, 통신비, 운송비, 예비 부품과 관련한 비용은 아예 고려하지도 않았다. 훨씬 낮게 잡아서 1인당 비용이 연간 2억 5000만 달러라고 가정해도, 그 비용의 극히 일부를 지불하는 데 필요한 그 어떤 재화의 수출도 상상하기 어렵다. 따라서 그 식민지는 지속 가능성 테스트를 통과하지 못할 것이다.

우리는 초기 정착 및 기타 비용이 서서히 줄어들 거라고 상상해볼 수도 있다. 하지만 바깥 세계의 식민지화와 관련해서는 한층 더 버거운 걸림돌이 가로놓여 있다. 위험의 상당수는 물리적인 것이다. 화성은 자외선이 지구에서보다 한층 더 강하며 태양 에너지와 중력은 훨씬 더 약하고 빛 수준도 낮다. 게다가 거센 모래 폭풍이 일기 일쑤다. 그리고 온도가 섭씨 영하 87도 정도로 무지막지하게 춥다. 더군다나 화성은 대기권이 없어서 소행성을 막아주지 못한다. 최근의 추정치를 보면, 우리는 매년 200개의 소행성이 화성과 충돌한다는 것, 이 정도면 그 경로에 놓인 인간·구조물·장비가 모조리 파괴되리라는 것을 알 수 있다.

아마 충분히 투자하고 창의성을 발휘하면 이 모든 위험을 극복할 수 있을지도 모른다. 하지만 여전히 심리적, 경제적, 사회적 구조에 대한 의문점은 남는다. 반려견과 관련해 간단한 문제를 생각해보자. 미국인은 거의 1억 마리의 개를 키운다. 그들은 우정과 사랑을 제공한다. 또한 안내, 양치기, 수색과 구조, 치료와 탐지, 그리고 군용견으로서 가치를 지닌 전문가들이기도 하다. 하지만 인간과 마찬가지로 개도 진화를 거듭했고, 지구라는 특수한 환경에서 인간과 함께 살아가는 삶에 적응해왔다. 그들은 화성이라는 위험천만한 땅에서 삶터를 일굴 수 있을 것 같지 않으며, 따라서 그곳은 그들에게 외로운 장소가 될 것이다. 지구 밖 식민지 개척자들은 또한 생선, 토마토, 우유, 치즈, 고기 같은 제품을 그리워할 것이다. 더군다나 아마존 리:마스(Amazon re:Mars)는 가장 빠른 우주선을 타고도 당신이 주문한 상품을 배달하기까지 거의 1년이 걸릴 것이다.

우리는 미래에 대해 섣불리 판결을 내릴 수 없다. 하지만 지구 밖의 화성이나 기타 장소에 자급자족적인 '문명 밖 세계'를 건설한다는 전망은 먼 미래의 일이 될 듯하다. 완전히 불가능하지는 않지만, 오늘날의 테크놀로지 및 그와 유사한 어떤 것을 가지고는 확실히 실현하기 어렵다고 보아야 맞을 것이다.

지속 가능성 실험실로서 바이오스피어 2

우리의 지속 가능성 실험 가운데 이 마지막 단계는 아마도 가장 유익한 것이리라. 이는 지구에 바이오스피어 2라는 폐쇄 시스템을 건설할 수 있는 가능성을 타진해본 실험이었다.

바이오스피어 1은 지구 그 자체다. 그렇다면 바이오스피어 2는 무엇이었나? 바로 폐쇄 생태계의 생존 가능성을 증명하고자 고안된 민간 벤처였다. 8명의 인간(바이오스피리언)이 어떤 외부적인 식량 공급도 없이 2년간 살아가기에 충분한 식량을 생산할 수 있는지 보여주는 게 임무였다. 처음에는 그 임무가 진정한 지속 가능성을 목표로 한 게 아니었음에 유의하라. 식량은 경제적 산출 및 지속 가능성에 필요한 것의 작은 일부에 지나지 않으니 말이다. 따라서 바이오스피어 2가 성공하기 위해 넘어야 할 장애물은 그저 개미 한 마리 높이에 불과할 정도로 지극히 낮았다.[7]

더군다나 그 기본 테스트는 개념적으로 결함이 있었다. 수입과 수출을 무시했기 때문이다. 우리가 알고 있는 그 어떤 생명 시스템도 수입 없이는 지속 가능하지 않다. 지구의 경우만 해도 태양 에너지를 수입한다. 하지만 무역이 더해주는 복잡성은 잠시 접어두고, 앞의 장들에서 개발한 경제적 지속 가능성 개념에 집중하기로 하자.

바이오스피어 2에 대한 개관

애리조나주 투손(Tucson) 근처에 들어선 바이오스피어 2는 물리적으로 바깥세상과 접촉이 불가능한 대규모 유리 구조물로, 약 1만 제곱미터(약 2.5에이커)에 걸쳐 있었다. 그것은 열대 숲, 해양, 습지대, 사막, 그리고 농업 지대 같은 중요한 지구 생물군계를 보유했다. 그 안에는 몇몇 종의 생물과 2년 동안 인간 8명을 먹여 살릴 식량의 생산에 필요한 자원이 넉넉하게 구비되어 있었다. 바이오스피어 2는 약 2억 달러를 들여 자원·의약품·장비를 갖춘 대형 상점을 짓는 데에서 출발했으며, 막대한 양의 에너지(연간 1인당 약 5만 달러어치)를 들여왔다. 2년 동안 8명의 바이오스피리언은 밀폐된 공간에서 지냈고, 자신들이 먹을 식량을 대부분 생산했으며, 용케 살아남았다.

기술적 관점에서 밀폐 시스템을 유지하고자 하는 시도는 실패였다. 인간에게 생명을 위협하는 가장 중요한 문제는 대기 중 산소량의 지속적인 감소였다. 산소 농도가 처음의 21퍼센트에서 14퍼센트로, 즉 치명적인 수준에 거의 근접한 상태로 떨어졌다. 산소가 고갈되었으므로 대대적인 산소 유입이 불가피했다. 산소가 없으면 인간은 살아남을 수 없기 때문이다. 가장 중요한 특성은 지원팀이 불과 몇 미터밖에 떨어지지 않은 곳에 상시 대기한 채 여차하면 산소를 공급할 태세를 갖추고 있었다는 점이다. 만약 재보급 시간이 9개월이나 되는 화성에서 그런 유의 재앙적 사태가 빚어진다면, 살아남을 바이오스피리언은 아무도 없을 것이다.

이 실험은 인간에게 위험했고, 다른 종들의 사정은 훨씬 더 나빴다. 모든 꽃가루 매개 곤충(꿀벌 등)이 멸종했다. 처음에 나란히 출발한 25종의 척추동물 가운데 19종이 자취를 감추었다. 대다수 곤충종은 멸종했다. 살아남는 데 성공한 종이 딱 하나 있었다. 미친개미(crazy ant)만 살판이 난 것이다. 이 종은 거의 어디에서든 살아남을 수 있는 남다른 능력을 지닌 해충이다.

8명은 그 시스템을 지속시키기 위해 하루에 평균 10시간씩 일했다. 그중 상당 시간(1인당 주 22시간)을 농업 생산에 할애했다. 비교를 위해 제시하자면, 미국 경제에서 평균 농업 노동 시간은 주당 약 0.1시간이다. 그 어떤 다른 중요한 경제 활동 요소(거주지, 피복, 수송, 의약품과 의료, 또는 오락)를 생산했다는 보고는 없었다. 따라서 경제 생산은 자급 농업에 국한되었다.

지속 가능성 측정하기

바이오스피어 2 같은 프로젝트가 지속 가능한 시스템인지 여부를 어떻게 판별할 수 있는가? 우리는 8장과 9장에서 지속 가능성에 대해 광범위하게 논의했다. 그 논의를 이 폭넓은 개념 틀에 적용해볼 필요가 있다.

지속 가능성에 대해 생각할 때, 최소 기준은 그 시스템이 생산적이라는 의미에서―즉, 투입보다 산출이 크다는 의미에서―**경제적으로 생존 가능하다**는 것이다. 이는 간단한 개념으로, 단순히 순산출이 양의 값이어야 한다는 것을 뜻한다. 이는 충족하기에 어렵지 않은 기준이지만 출발점으로서 유용하다.

선호되는 지속 가능성 척도는 시스템의 자본 스톡을 유지하기에 충분할 만큼 생산적인 시스템이다. 즉, 현재의 소비 수준에서 자연 자본, 유형 자본, 지적 자본 같은 스톡이 줄어들지 않으면 그 경제는 지속 가능한 것이다.

핵심 개념은 **자본**이다. 이 개념은 생산에 쓰이는 유무형의 내구재를 의미한다. 자연 자본에는 숲과 깨끗한 대기가, 유형 자본에는 장비와 주택이, 지적 자본에는 특허·소프트웨어 그리고 기술 관련 지식이 포함된다. 자본의 총가치는 각 자본의 수량과 그것들의 가격(즉, 사회적 가치)을 곱한 값이다.

바이오스피어 2의 지속 가능성은 표준적인 지속 가능성 척도들보다 더 광범위한 이슈를 제기한다. 표준적인 경제 척도에서 우리는 자연 자본의 특정 부분이 유지되고 있다고 가정한다. 예컨대 태양은 여전히 빛나고, 강은 변함없이 흐르며, 대부분의 꽃가루 매개 곤충은 살아남을 거라고 말이다. 반면 몇 광년 떨어진 행성이나 화성에서는 결단코 그렇게 가정할 수 없다. 하지만 주요 자연 자본 부분들의 가치를 포괄하는 것은 현재 분석의 범위를 넘어서느니만큼 우리는 경제적 지속 가능성을 살펴보는 것으로 논의를 국한하고자 한다.

바이오스피어 2의 산출

나는 바이오스피어 2의 경제적 생존 가능성과 지속 가능성을 조사하기 위해 일련의 기초적 경제 계정을 구축했다. 이 계정은 9장에서 논의한 국민소득 회계 개념을 이용해 국민순생산과 그 구성 요소를 측정한다. 이 추정치는 그저 제안 수준의 것일 뿐이며, 더 나은 데이터에 접근 가능한 사람들은 더 좋은 추정치를 얻을 수도 있을 터이다. 어쨌거나 일단 시작해보자.[8]

원재료는 다음과 같다. 우리는 부문별로 분류한 바이오스피리언의 시간 사용 데이터를 가지고 있다. 초기의 자본 스톡은 약 2억 달러, 에너지 투입은 연간 80만 달러, 보안 및 기타 서비스는 연간 50만 달러로 추정된다. 2015년 가격으로 비과학적 활동을 위한 노동 시간은 시간당 15달러의 가치를, 과학적 활동을 위한 노동 시간은 시간당 50달러의 가치를 지닌다. 주요 비용 항목은 감가상각으로, 연간 자본의 10퍼센트로 추정한다. 이는 장비의 경우 적절하지만, 바이오스피어 2의 수명이 제한적임을 고려할 때 아마도 너무 낮은 듯싶다.

대단히 값어치 있는 한 가지 부문은 지식 재산권, 즉 과학적 지식에 대한 투자다. 종래의 방식과 다를 바 없이 이는 비용으로 계산하지만 긍정적 외부 효과는 그보다 훨씬 더 클 수도 있다.

표 10-3은 바이오스피어 2와 2015년 미국의 경제 계정을 1인당 기준으로 비교한 결과다. 나는 바이오스피어 2의 추정치가 자릿수는 분명

표 10-3 바이오스피어 2와 미국의 경제 계정 추정치

부문	1인당 산출(2015년 달러 기준)	
	미국	바이오스피어 2
농업	1,256	1,005
산업	2,615	0
무역	0	0
서비스	33,607	23,166
투자, 지식 재산권(과학적 지식)	952	18,876
정부 및 기타	1,182	0
1. 1인당 총산출	98,083	43,047
차감: 중간 투입	41,998	233,142
2. 1인당 국내총생산(GDP)	56,084	-190,095
차감: 자본 소비 및 기타	8,178	3,252,969
3. 1인당 국민순생산(NNP)	47,907	-3,443,064

미국 데이터는 2015년 자료다.

주: 추정치는 두 경제의 1인당 산출을 보여준다. 바이오스피어 2의 추정치는 1991~1993년 시기의 것인 반면, 미국의 것은 2015년치다. 모든 추정치는 2015년 가치와 임금으로 환산했다.

정확하지만 더없이 단편적인 정보에 근거했다는 점을 밝혀두고자 한다. 처음의 다섯 줄은 산업별 총산출—즉, 당근의 가치와 같은 단순 생산량—을 보여준다. 표에서 보는 바와 같이 바이오스피어 2에서 1인당 총산출의 가치 추정치는 미국의 약 절반이었다. 그 산출이 산업과 무역의 생산량이 0인 데에서 보듯 매우 불균형한 것이었음에 주목하라. 가장 중요한 산출은 서비스와 지식 재산권 창출이었다.

위의 표를 보면 바이오스피어 2의 국내총생산이 총산출에서 (에너지 같은) 중간 투입을 뺀 값과 같다는 것을 알 수 있다. 나는 투입이 산출을

초과했다고(심지어 에너지 투입조차 산출보다 많았다고) 추정한다. 그 결과 미국의 국내총생산은 약 5만 6000달러인 데 반해, 바이오스피어 2의 국내총생산은 약 −19만 달러인 것으로 추산된다.

한편 위 표에서 볼 수 있는 최종 합계는 바이오스피어 2의 국민순생산으로, 국내총생산에서 자본의 감가상각을 뺀 값이다. 앞서 우리는 국민순생산이 지속 가능한 소득임을 확인했다. 바이오스피어 2 자본의 감가상각은 연간 1인당 300만 달러를 웃도는 것으로 추정된다. 국내총생산에서 그 값을 빼면 연간 1인당 국민순생산은 약 −340만 달러가 된다. 우리는 이러한 수치를 변형시켜 같은 과정을 되풀이해볼 수 있지만, 그것은 언제나 결국 꽤나 큰 음수가 될 것이다.

인공 지구의 지속 가능성에 대한 판결

멀리 떨어진 곳에 인공 지구, 즉 지속 가능한 인간 시스템을 구축하려는 전망에 관해 어떤 결론을 내릴 수 있을까? 우리는 인류 문명의 역사에 대해 논의하면서 고도로 생산성 높은 오늘날의 글로벌 경제에 이르기까지 인류가 머나먼 길을 걸어왔다고 밝혔는데, 이것은 멀리 떨어진 적대적인 장소에서 그와 유사한 시스템을 구축하는 데 따르는 장애물이 만만치 않음을 시사한다. 그뿐만 아니라 화성을 비롯한 여러 행성의 식민지화 전망을 살펴보고 난 뒤 얻은 결론 역시 비관적이다. 남극 대륙이나 국제 우주 정거장 같은 유사한 환경을 참고로 삼았을 때, 적대적인 환경에서 삶을 유지하는 데 드는 비용은 천문학적일 듯싶다.

바이오스피어 2의 역사를 살펴보면 결과는 한층 더 비관적이다. 그것은 경제적 생존 가능성과 경제적 지속 가능성 두 가지 모두에서 처참하게 실패했다. 심지어 지구상에 위치했음에도 그 시스템은 오늘날의 생활 수준, 아니 구석기 시대의 생활 수준조차 지속할 수 없었다. 만약 오랫동안 운영했더라면 바이오스피어 2는 아마 끝장났을 것이다. 그 유리 구조물 안에서 살아가던 생명체와 인간은 미친개미를 제외하고 모조리 죽고 말았을 테니 말이다.

이 세 가지 실험은 일관된 교훈을 가르쳐줌으로써 우리를 고개 숙이게 만든다. 한마디로, 가까운 미래에 자급자족적인 '문명 밖 세계'를 구축할 가능성은 대단히 희박하다.

팬데믹과 그 밖의 사회적 재앙

2021년 초 우리는 전 세계 사람들이 코로나19로 고통받고 있는 모습을 본다. 사람들은 병에 걸릴까 봐 전전긍긍하고, 매일 수만 명이 목숨을 잃고 있다. 그들은 할 수 있는 한 위험을 피하고자 한다. 사람들은 대단히 효과적인 새로운 두 가지 백신이 승인되었을 때 희망을 보았지만, 공급이 제한적이고 분배가 원활하지 못한지라 걱정하고 있다. 한마디로 세상은 '신종 코로나바이러스'가 중국 우한의 야생 동물 거래 시장에서 출현한 이후, 사회적 재앙에 직면했다. (저자가 이 책의 원고를 탈고한 날은 2021년 1월 21일이다. 그 이후 코로나19의 전개 상황은 업데이트가 따로 필요 없을 만큼 우리 모두가 나날이 생생하게 경험해온 바와 같다. 이 장 마지막 섹션에서 "어두운 터널 끝에서 보이는 빛"이라고 표현한 저자의 예측은 거의 현실이 되어가고 있다. 하지만 코로나19는 2023년 11월 현재 여전히 진행형이다—옮긴이.)

신종 코로나바이러스(학명 SARS-CoV-2로 불리기도 한다)는 2020년 1월에 전 지구를 휩쓸기 시작한 치명적인 바이러스다. 이 바이러스는 흔히 코로나19(COVID-19)라고 부르는 일련의 질병을 일으킨다. 이 두 가지가 혼용되고 있긴 하지만, 편의를 위해 나는 질병과 바이러스를 구분해야 할 때를 빼고는 이 팬데믹을 그냥 코로나19라고 부르겠다.

사회적 재앙은 광범위한 사회적, 경제적, 정치적 역경을 안겨주는 사건이다. 현대 사회에서 이러한 재난은 드물어서 몇십 년, 몇백 년, 혹은 그보다 더 긴 기간에 한 번꼴로 일어난다. 사회적 재앙은 **발생 확률은 낮고 결과는 심각한 사건**인지라 감지, 예방, 완화를 위한 사회적 의사 결정 과정에 특별한 어려움을 안겨준다. 실제로 코로나19 팬데믹 사례에서 보듯이, 우리의 태도와 정치 제도는 재앙에 효과적으로 대처하는 일을 극도로 어렵게 만들고 있다. 우리가 가장 진보한 테크놀로지를 사용할 수 있음에도 불구하고 말이다.

2020년에 발생한 코로나19는 파괴적인 바이러스성 전염병이다. 하지만 다른 경우에 우리가 걱정하는 재앙은 핵전쟁, 지진, 소행성 충돌, 기후 변화 같은 것이다. 우리 대다수는 평상시에는 재앙을 걱정하는 데 별로 시간을 쓰지 않지만, 일단 재앙이 일어나면 그것 말고 다른 건 거의 생각할 수 없다.[1]

재앙의 범주

재앙은 심각성, 범위, 속도가 저마다 다르다. 심각성이 낮은 쪽에는 국지적 전쟁과 기근이 있다. 좀더 파괴적인 것으로는 광범위한 인명 피해와 파괴를 낳는 세계적인 전쟁이나 심각한 팬데믹을 꼽을 수 있다. 거대한 소행성 충돌이나 핵전쟁 가능성 같은 최악의 악몽은 지구의 상당

부분을 쑥대밭으로 만들고 인간의 생존을 위협하는 결과를 초래할 것이다.

재앙은 (제한적인 전쟁 같은) 지역적 차원일 수도, (팬데믹이나 기후 변화 같은) 세계적 차원일 수도 있다. 코로나19 팬데믹의 경우처럼 너무나 느닷없이 습격하는 재앙이 있는가 하면, 기후 변화같이 수년 또는 수십년에 걸쳐 서서히 진행되는 재앙도 있다. 마지막 차원은 그것들의 발생 빈도다. 국지전이나 심각하지 않은 풍토병 같은 일부 재앙은 몇 년에 한 차례씩 벌어진다. 반면 공룡을 멸종에 이르게 한 소행성 충돌 같은 기타 재난은 그보다 훨씬 드물어서, 수천만 년 또는 수억 년에 한 번이나 일어날까 말까 하다. 희귀한 사건들이 안겨주는 도전에 대해서는 뒤에서 다시 살펴보겠다.

그린 차원에서 바라본 재앙

환경과학과 환경경제학은 오염, 기후 변화, 방사능 낙진, 물고기의 죽음, 죽어가는 바다 같은 스필오버, 즉 외부 효과를 탐구한다. 팬데믹 같은 재앙은 외부 효과와 그린 정책을 다루는 이 책에 딱 들어맞는 주제다. 왜냐면 특히나 끔찍한 외부 효과이기 때문이다. 전염병학자들은 코로나19의 경우 완화나 보호 같은 조치를 취하지 않는 세계에서라면 감염자 한 명이 약 3명에게 바이러스를 전파시킨다고 추산한다. 아마 이들 중 10퍼센트는 중증으로 발전하고 1퍼센트는 사망에 이를 것이다. 만약 감염되고 나서 기침을 하거나 소리를 지르거나 노래를 부른다면, 우리는 치명적인 바이러스로 주변 공기를 오염시키는 셈이다. 예방 조치를 취하는 것은 제 자신과 가족을 보호하는 일임과 동시에 우리의 친구들, 심지어 낯선 이들을 보호하는 일이다.

정부는 감염병 같은 치명적인 외부 효과에 대처하는 데에서 핵심 역할을 담당한다. 미국 질병통제예방센터(Centers for Disease Control and Prevention, CDC), 또는 다른 나라의 그에 상응하는 기관들은 감염병(즉, 독감 같은 지역적 감염병뿐 아니라 코로나19 같은 신종 감염병까지)에 대처하기 위한 세부적인 프로토콜을 개발해왔다. 이들 기관은 공중 보건 위기에 대처하기 위한 도구 키트와 전문 과학자를 두고 있다는 점에서 미국 환경보호국과 흡사하다.

하지만 현재의 위기는 과학적 전문 지식이나 기술이 그 자체만으로는 팬데믹을 막을 수 없다는 걸 보여준다. 정치 지도자들은 여론을 형성하고 적절한 정책을 채택하는 데에서 막중한 역할을 맡는다. 이번 팬데믹의 경우, 중국과 미국의 정치 지도자들은 그렇게 하는 데 실패했다. 중국 지도자들은 전염병의 발발을 숨기기에 급급했고, 자국민과 세계 다른 나라 국민의 주의를 환기시키는 데 굼떴다. 트럼프 대통령은 고의적 무시와 정치적 사리사욕을 드러냄으로써 미국의 대응을 한사코 가로막았다. 우리는 얼마나 많은 사람이 정치적 리더십의 실패로 불필요하게 목숨을 잃었는지 결코 알지 못한다. 그러나 코로나19 위기는 (좀더 평범한 외부 효과도 마찬가지지만) 가장 심각한 외부 효과의 경우 그런 태도와 정책이 얼마나 절실한지를 잘 보여준다.

다르게 말해보자. 인간은 연약하지만 재앙과 마주했을 때 결코 무력하지 않다. 모든 경우에 우리는 재앙을 피하거나 완화하는 예방 조치를 취할 수 있다. 파괴적인 기후 변화의 경우가 분명한 예다. 만약 지구과학자들이 특정 온도 궤적을 넘어설 때 재앙이 일어날 수도 있음을 확인한다면, 각국은 그 한계점을 넘어서지 않도록 조치를 취할 것이다. 높은 탄소세 같은 강력한 배출 저감 정책과 재생 가능 테크놀로지에 대한 적극적인 투자를 결합하면 그 곡선을 구부릴 수 있다.

상이한 재앙에는 상이한 접근법이 필요하지만, 코로나19가 확산하도록 허락한 대대적인 혼란은 분명 피할 수 있는 것이었다. 우리의 운명은 하늘에 달려 있는 게 아니라 우리 자신에, 그리고 우리의 정치 지도자와 제도에 달려 있다.

극단적인 사건들

플로리다를 덮치는 허리케인 같은 일부 재앙은 무섭기는 해도 뜻밖의 것은 아니다. 반면 어떤 사건들은 극도로 있을 법하지 않다. 실제로 너무나 가능성이 없어 대다수 사람들은 그것을 무시한다. 그것이 일어날 법하지 않은 까닭은 거대한 소행성이 지구와 충돌하는 사건처럼 발생 빈도가 현저히 낮기 때문이다. 또는 지구와 인간의 경험에 비추어 낯선 것이기 때문일 수도 있다. 한 가지 예가 1945년 8월 히로시마 상공에서 폭발한 최초의 원자폭탄이다. 그 누구도 인간의 지난 경험에 의거해 그처럼 엄청난 파괴를 미리 점칠 수 없었다. 2020년에 발발한 코로나19가 예상 밖이었던 것은 그 특별한 바이러스가 과거에 인간을 감염시킨 사례가 한 차례도 없었을뿐더러 그것의 유전자 코드 염기서열이 밝혀지지도 않았기 때문이다.

이러한 극단적인 사건은 때로 **꼬리 사건**(tail event)이라고 부르기도 한다. 즉, 사건의 역사적 빈도, 혹은 직관의 관점에서 100만 년이나 10억 년, 또는 100만의 100제곱(centillion: 1 다음에 0이 600개 붙은 수—옮긴이) 년에 한 번 일어날까 말까 한 결과 말이다. 이를 꼬리 사건이라고 부르는 까닭은 확률 분포에는 꼬리가 있는데(종형 곡선의 양쪽 끝을 생각해보라), 그 꼬리 바깥으로 저 멀리 떨어져 있기 때문이다.

코로나19의 출현처럼 심각한 결과를 낳는 파괴적인 꼬리 사건은 유독 대처하기가 까다롭다. 주로는 예측이 불가능하기 때문이다. 그 결과 우리는 그런 사건을 예방하거나 그 확산세를 늦추거나, 또는 그로 인한 피해를 완화하기 위한 프로그램에 투자하지 못하게 된다. 최악의 사회적 재앙 가운데 일부는 꼬리 사건의 범주에 든다.

꼬리 사건을 다룬다고 해서 사회적 재앙을 완화하고 예방하는 데 필요한 기본 요건이 달라지는 건 아니다. 그것은 그저 확률이 희박한 사건에 대처해야 하는 또 한 가지 복잡성을 더해줄 따름이다. 하지만 건전한 과학, 정치적 리더십, 제도 같은 기본 요건은 꼬리로부터 최악의 재앙을 잘라내는 데 핵심 역할을 담당한다.

팬데믹이라는 도전

우리는 역사 이전에는 우화나 신화 속에서 재앙의 흔적을 엿볼 수 있다. 그리고 기록된 역사를 통해서는 인간의 경험 전반에 숱한 재앙이 아로새겨져 있음을 깨닫는다. 표 11-1은 가장 치명적인 팬데믹에 대한 꽤나 신뢰할 만한 추정치를 보여준다. (비록 지난 세기 이전의 것은 대략적인 추정치에 불과하지만 말이다.) 마지막 칸은 추정 세계 인구 대비 사망자 비율을 나타낸다. 14세기의 흑사병 같은 초기 팬데믹은 한 지역의 인구를

순위	팬데믹명	시작 연도	종료 연도	사망자 수 (1000명)	세계 인구 대비 사망자 비율(%)
1	흑사병	1331	1353	137,500	38,261
2	유스티니아누스 역병	541	542	62,500	32,094
3	안토니누스 역병	165	180	7,500	4,048
4	스페인 독감	1918	1920	58,500	2,768
5	1545년 코코리츨리 유행병	1545	1548	10,000	2,367
6	제3차 흑사병	1855	1960	18,500	1,600
7	멕시코 천연두 유행병	1520	1520	6,500	1,538
8	일본 천연두 유행병	735	737	2,000	0.967
9	HIV/AIDS	1920	2020	30,000	0.882
10	키프로스 역병	250	266	1,000	0.532
11	1576년 코코리츨리 유행병	1576	1580	2,250	0.444
12	나폴리 왕국 역병	1656	1658	1,250	0.226
13	페르시아 역병	1772	1772	2,000	0.221
14	아테네 역병	−429	−426	88	0.191
30	코로나19	2019	?	1,750	0.022

표 11-1 과거의 역병과 새로운 역병

이 표는 기록에 남아 있는 가장 치명적인 역병을 모아놓은 자료다. 마지막 칸은 세계 인구 대비 사망자 비율을 나타낸다. 이 책을 마무리한 2021년 초에 이미 코로나19 팬데믹이 가장 치명적인 역병 목록 30위에 올랐는데, 종식과는 거리가 먼 상태였음에 유의하라.[2]

사실상 전멸시켰다. 지난 세기에는 1918~1920년에 기승을 부린 '스페인 독감', 그리고 HIV가 숱한 목숨을 앗아간 주요 팬데믹이었다. 이 책은 2021년 초에 탈고했으므로, 코로나19 행에서 종료 연도는 물음표로 표기했다.

표 11-1에서 얻을 수 있는 한 가지 예비적 결론은, 오늘날의 과학과 의학이 과학 이전 시대 최악의 건강 관련 재앙은 막아주었지만, 여전히 주기적이고 예측 불가능한 치명적 감염병의 출현을 저지하지는 못하고 있다는 사실이다.

코로나19 팬데믹

현재의 팬데믹을 그런 관점에서 바라보기 전에 그걸 간단히 개괄해보면 도움이 될 것이다. 2019년 말 신종 코로나바이러스가 출현했는데, 이는 박쥐에게서 발견되는 바이러스와 깊은 연관 관계를 보였다. 0번 환자(patient zero: 문서화된 첫 번째 사례)는 2019년 12월 중국 우한에서 발생했다. 중국 의료 당국은 2020년 1월 초 새로운 바이러스가 등장했다는 사실을 인지했으며, 1월 11일 그 유전자에 대한 염기서열 분석 결과를 발표했다.

그 바이러스는 그림 11-1에서 보는 바와 같이 이후 3개월 동안 (3월 말인 90일째 되는 날까지) 급속하게 전 세계로 퍼져나갔다. 첫 번째 급등은 2020년 1월에 일어났으며 2월에는 감소세로 돌아섰다. 초기 단계에 발병 건수는 사흘 혹은 나흘마다 2배로 뛰었다. 중국이 자국민에 대한 국가 봉쇄를 실시하면서 전 세계의 사례 수는 감소했다. 그에 이은 급등은 미국과 서유럽에서 확진자 수가 폭발적으로 불어난 3월 중순께 시작되었다. 영향을 받은 국가들이 기업과 가정에 대한 봉쇄 정책을 실시하면서 두 번째 정체기(70~90일째 사이)가 이어졌다. 그러다가 5월 초 각국이 국경을 개방하기 시작하자 확진자 수가 도로 증가세로 돌아섰고,

그림 11-1 2020년 1~6월 전 세계의 코로나19 확진자 추정치

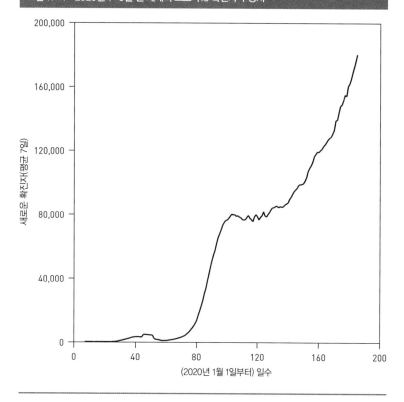

내가 이 책의 집필을 마무리한 2021년 초까지도 빠른 속도로 줄곧 불어나고 있었다.

감염성과 치명률

팬데믹을 이해하려면 치명적인 병원체의 가장 중요한 특징인 감염성과

치명률에 대해 알아야 한다. 여기서 **감염성**(infectiousness)은 그 질병의 확산 방지 조치를 취하지 않았을 때 감염된 1인이 전염시키는 평균 인원수를 뜻한다. 이는 기초감염재생산지수(R0)라는 용어로 통하는데, 여기서 R는 감염된 사람들 '세대' 간의 재생산율(reproduction rate)을 의미한다. 그리고 0은 감염 속도를 늦추기 위한 조치를 취하기 전의 '0번 환자' 또는 감염 환자들의 감염성을 뜻한다. 예컨대 코로나19의 기초감염재생산지수는 약 3인 것으로 드러났다. 일부 변종은 그보다 더 높은 R0을 가질 수도 있지만 말이다. 기초감염재생산지수가 2라고 가정해보자. 만약 세대 n에서 1000명이 감염된다면, 아무런 보호 조치를 취하지 않는다고 가정할 경우 n+1세대에서는 감염자 수가 2000명이 될 것이다.

감염의 또 다른 주요 특징은 **치명률**로, 우리는 이를 L(lethality)이라고 부를 것이다. 이는 그 병에 걸린 뒤 사망하는 사람의 비율을 의미한다. L이 낮은 쪽에는 일반 감기가 놓여 있는데, 그에 따른 사망률은 거의 0에 가깝다. 치명률이 높은 편에는 천연두가 자리하고 있는데, 그로 인한 사망률이 자그마치 30퍼센트에 달한다. 코로나19의 치명률은 아직까지는 불확실하지만 감염자의 0.5~2퍼센트에 이르는 것으로 추정된다.

코로나19의 감염성과 치명률은 1918~1920년 사이에 맹위를 떨친 스페인 독감과 비교해볼 수 있다. 표 11-1에서 보는 바와 같이 스페인 독감으로 전 세계 인구의 약 3퍼센트가 목숨을 잃었음을 상기하라. 오늘날의 인구로 치면 2억 명 이상이 숨진 셈이다.

그림 11-2는 몇 가지 질병의 감염성과 치명률의 조합을 나타낸다. 감염성을 보여주는 수치(기초감염재생산지수로 측정)는 **백신을 투여하지도 보호 조치를 취하지도 않은** 상태에 노출된 결과임을 지적할 필요가 있다.

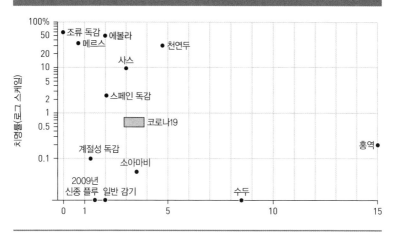

그림 11-2 보호받지 않는 인구 사이에서 코로나19 및 기타 질병의 감염성과 치명률

출처: Knvul Sheikh, Derek Watkins, Jin Wu, and Mika Gröndahl, "How Bad Will the Coronavirus Outbreak Get? Here Are 6 Key Factors," *New York Times*, February 28, 2020. 니컬러스 크리스타키스(Nicholas Christakis)와 개인적으로 소통해 업데이트했다.

천연두는 감염성과 치명률 둘 다 높기 때문에 보호 조치를 취하지 않을 경우 최악의 질병 중 하나다. 그 병은 유럽인이 북미 대륙에 당도했을 때 수많은 아메리카 원주민을 몰살시켰다(표 11-1 참조). 하지만 천연두 근절을 위한 장기적인 공중 보건 캠페인을 실시하고 효과적인 백신을 보급한 결과 오늘날에는 그 치명률이 그야말로 0이 되었다.

　팬데믹의 억제를 이해하려면 **효과적인 재생산율**(effective reproduction rate)이라는 또 하나의 개념이 필요하다. 나는 이를 **레프**(Reff)라고 부를 것이다. 기초감염재생산지수란 예컨대 그 바이러스 발견 이전이라 보호받지 못하는 극도로 취약한 사람들 사이에서의 재생산율을 의미한다는 것을 상기하라. 하지만 일단 보호 조치가 취해지면 재생산율은 떨어진다. 감염된 개인들이 격리되어 집에서 지내기 때문에, 사람들이 각자 집에 머물러 감염된 개인들에게 노출되지 않기 때문에, 또는 사람들이 이전의 감염이나 백신 접종 등으로 면역력을 얻기 때문이다.

효과적인 보호 조치를 취하면 레프는 기초감염재생산지수 아래로 떨어질 것이다. 어떤 팬데믹이든 그것을 격퇴하기 위한 열쇠는 레프를 1 아래로 낮추는 것이다. 이를테면 1000명이 감염되었고, 레프가 0.5로 줄어들었다고 가정해보자. 그러면 감염자 수는 각 세대를 거칠 때마다 50퍼센트씩 낮아질 것이다. 바이러스 저장소가 없다면 그 팬데믹은 차차 사라진다.

코로나19 사례 데이터를 써서 레프를 측정해보면, 그 수치가 2020년 1~3월 급속한 확장기 동안에는 극도로 높았다. 그런 다음 2020년 여름 감염 사례가 안정되자 레프는 거의 1에 근접했다. 하지만 2020년 말 감염 사례가 급속도로 증가하면서 레프는 다시 치솟았고, 2.25개월마다 2배로 뛰었다. 공중 보건 전문가들은 인구의 상당 비율이 백신을 접종하면 팬데믹 국면을 넘어서기에 충분한 면역[이른바 집단 면역(population immunity, 또는 herd immunity)]에 도달할 것으로 기대한다.

감염성과 치명률 낮추기

오늘날에는 어째서 천연두, 스페인 독감, 홍역, 그리고 소아마비의 발생 건수가 그토록 적을까? 그 이유는 의료적인 조치가 이들 질병의 감염성과 치명률을 낮춰주었기 때문이다. 이해하기 쉬운 예가 바로 천연두다. 오늘날 천연두의 발병 사례는 0이다. 레프가 높긴 하지만 발병 사례는 레프 곱하기 0이므로 역시 0인 것이다. 홍역의 경우 백신이 더

없이 효과적이라서 실질적인 감염성은 0에 근접하고 있다.

코로나19의 경우, 레프는 사회적 거리 두기를 통해, 즉 감염 가능성이 있는 이들과의 접촉 횟수를 줄임으로써 **일시적으로** 낮출 수 있다. 우리가 거리 두기를 유지하면 그 병의 전파 속도가 느려지겠지만, 술집이나 스타디움에서 다른 사람들과 어울리게 되면 레프는 다시 반등할 것이다. 레프를 영구적으로 줄이는 방법은 효과적인 백신의 접종이다. 이는 감염된 사람들이 감염시키는 사람의 수를 낮춤으로써 감염성을 떨어뜨린다.

레프를 줄이는 또 한 가지 궁극적인 방법이 있는데, 그것은 집단 면역을 달성하는 것이다. 그 병에 걸린 충분한 수의 사람이 면역력을 갖게 될 때 우리는 집단 면역에 도달할 수 있다. 균일한 집단에서 기초 감염재생산지수가 2라고, 그리고 인구의 4분의 3이 백신을 접종했거나 앞선 감염으로 항체를 지니게 됨으로써 면역력을 갖추었다고 가정해보자. 그러면 기초감염재생산지수는 4분의 1에 2를 곱한 값, 즉 2분의 1이 될 것이다. 이는 위의 예에서처럼 그 감염병이 서서히 사라질 거라는 의미다.

일부 무지한 정치인들은 세계가 백신 접종보다는 감염에 의해 집단 면역에 도달할 때까지 사례가 계속되게끔 허용하는 조치를 지지해왔다. 이것은 소름 끼치는 코로나19 시나리오다. 그에 따라 전 세계 차원에서 집단 면역을 성취하려면 50억 명 넘는 인구가 그 병에 걸려야 하기 때문이다.

팬데믹에 대처하기

팬데믹은 느닷없고 예상치 못한 방식으로 덮치고, 터무니없이 빠른 속도로 확산하는지라 우리에게 커다란 어려움을 안겨준다. 또한 우리의 여러 제도로 하여금 감염에 미리 대비하고 감염 전파 속도보다 더욱 신속하게 계획을 실행하도록 요구한다. 코로나19는 우리가 그 정체를 미처 밝혀내기도 전에 사람들 속으로 삽시간에 퍼져나갔다.

뉴욕시의 상황은 이 점을 잘 보여준다. 뉴욕시에서 첫 발병 사례를 발표한 것은 2020년 3월 1일이었다. 4월 1일경, 발병 사례 수는 5만 4000명으로 불어났다. 나중에 코로나19 항체가 형성되었는지 확인하기 위해 실시한 혈액 표본 검사에서, 이 시기에 감염된 인구수는 64만 2000명이었던 것으로 드러났다. 이 수치는 뉴욕 인구의 실제 발병 건수를 뜻하며, 첫 사례가 보고되기 전에 이미 뉴욕 시민 수백 명이 감염되었다는 것을 말해준다.[3]

코로나19 팬데믹은 그것을 특히 위험하게 만드는 네 가지 특징을 띠었다. 처음의 두 가지 특징은 그림 11-2에서 보여주듯 높은 감염성과 치명률이다. 하지만 나머지 두 가지 역시 꽤나 중요하다. 그중 하나는 사람 간 전파에 취약하다는 사실이다. 하지만 이 중대한 사실은 1월 후반에 이르러서야 확인되었다.

마지막으로 중요한 특성은 코로나19가 무증상 상태에서나 증상이 발현하기 이전 상태에서 전파된다는 점이다. 증상 없이 감염되는 기타 질병으로는 장티푸스, HIV, 콜레라를 꼽을 수 있다. 하지만 그 밖의 많은 질병은 오직 감염자가 증상을 보일 때에만 전파된다. 동선 추적과 항체 검사 같은 증거는 감염자 다수가 무증상임을 말해준다. 이들 가운데 일부—그 수가 얼마인지는 알려져 있지 않다—는 아무런 경고도 없이 남들에게 바이러스를 퍼뜨릴 수 있다. 한 가지 중요한 이슈로서, 코로나19의 무증상 전파는 심지어 2020년 6월까지도 혼란을 야기했다.[4]

지구 온난화 같은 숱한 그린 이슈와 관련해, 우리 인류는 연구를 진행하고 대응 방안을 고심하는 데 여러 해를 보냈다. 하지만 팬데믹은 그런 느긋하고 성찰적인 대응을 허락하지 않는다. 매주 발병 사례가 200퍼센트, 또는 500퍼센트씩 치솟고 있을 때 최선의 대응을 강구하느라 시간을 흘려보낸다면 바이러스는 무자비하게 전 세계를 뒤덮고 말 것이다.

사실, 미국에서는 최근 몇십 년 동안 상이한 수준의 정부들이 팬데믹에 대비해왔다. 그런데 그들은 일반적으로 독감 바이러스에 집중했다. 지난 세기에는 그것이 가장 큰 위협이었기 때문이다. 실제로 지난 세기에 발발한 주요 팬데믹은 모두 바이러스로 인한 것이었다.

감염병을 다루는 미국의 주요 기관인 질병통제예방센터, 즉 CDC는 정부 차원과 개인 차원에서 팬데믹에 대비하는 조치를 담은 일련의 매뉴얼을 발표했다. 이 기관은 그뿐만 아니라 역시 강력한 감염병 추적 관찰 역량을 지닌 세계보건기구(WHO)와 긴밀히 협력하기 위해 노력해왔다. 중국도 그들 자체의 CDC를 두었다. 이들 기관은 저마다 가이드라인, 절차, 그리고 유용한 지침을 담은 보고서를 발행해왔다. 하지만 막상 코로나19라는 폭풍우가 몰아치자 중국 CDC도 미국 CDC도 가이드라인이며 절차를 따르지 않았다. 팬데믹 상황에서는 국가든 세계든 1~2주일만 꾸물거려도 치명적 상황에 내몰리고 만다.

팬데믹 및 기타 재앙을 평가하는 기준

재앙이 발생하면 과학자와 역사가들은 과거를 돌아보고 정책의 성공과 실패를 평가해야 한다. 팬데믹 같은 재앙에 대처하기 위해서는 네 가지 중요한 태도와 정책이 필요하다.

- 유관한 과학 및 테크놀로지 전문 지식의 적절성
- 준비도(preparedness) 수준
- 효과적 실행
- 공적 부문과 사적 부문에 속한 지도자들의 원활한 의사소통

2020년 가을, 미국은 세계 그 어느 나라보다 많은 수의 확진자와 사망자를 쏟아냈다. 과학과 테크놀로지에서 세계를 호령하던 세계 최대 부국이 대체 어쩌다가 코로나19 위기에 효과적으로 대처하는 데 그토록 무참히 실패하게 되었는지 많은 이들이 의아해하고 있다.

이 책을 쓰는 지금 정책 전반을 평가하는 것은 다소 이른 감이 있다. 1년 뒤, 2년 뒤, 또는 5년 뒤 …… 팬데믹 상황이 어떻게 펼쳐질지 알지 못하기 때문이다. 그뿐만 아니라 다가오는 몇십 년 동안 계속될지, 다시 격화될지도 알지 못하기 때문이다. 철저한 평가는 팬데믹의 경과를 지켜보고 난 뒤에야 비로소 내릴 수 있을 것이다. 하지만 우리는 당장 이용 가능한 정보를 수집해서 2020년 가을 현재 잠정적인 판단을 내려볼 수는 있다.

과학과 테크놀로지

미국은 과학과 테크놀로지에서 훌륭한 자원을 보유하고 있다. 스페인 독감이 창궐하던 1세기 전의 지식 상태와 비교하면, 이제 우리는 2020년의 기본적인 질병들에 대해 당시와 비교할 수 없을 만큼 이해력이 높아진 상태다. 일례로 독감은 오랜 세월 바이러스가 아니라 박테리아에 의한 것이라고 여겨졌다. 실제로 독감이 바이러스 때문임이 밝혀진 것은 1944년이 되어서였다. 반면 오늘날의 코로나바이러스는 중국 의사들이 그게 새로운 바이러스종임을 확인한 시점으로부터 채 2주도 되지 않은 2020년 1월 11일 염기서열이 분석되고 세상에 알려졌다.

2020년에 이루어진 놀라운 과학적 개가 가운데 하나는 코로나19를 예방하기 위한 두 가지 백신을 개발하고, 임상 실험을 하고, 승인을 얻어낸 능력이었다. 다른 백신들도 한창 진행 중이지만, 어쨌거나 2021년 초에 사람들은 중요한 신기술로 개발한 백신 수천만 회분을 접종받았다. 그리고 2~3년 안에 전 세계적으로 원하는 이들이 백신을 접종받을 수 있을 것으로 전망된다. 만약 백신이 바라는 속도대로 보급되고 그 편익이 기대와 같다면, 미국을 비롯한 주요국은 모든 것이 순조롭게 진행될 경우 1년 안에 집단 면역에 도달할 가능성이 높다. 긴 역병의 악몽은 아직 끝나지 않았지만 최악의 악몽은 지나갔을 것이다. 오직 그래야만 세계 경제와 사회가 제자리를 찾고, 사람들은 다시 한번 편안하게 여행하고 뒤섞이면서 사회적 친밀감을 누리게 될 것이다.

준비와 자원

미국과 기타 국가의 공중 보건 전문가들, 그리고 세계보건기구는 오랫동안 팬데믹의 위험에 대해 잘 알고 있었다. 그들은 팬데믹에 대처하기 위한 계획을 차근차근 준비해왔다. 거기에는 미국을 비롯한 여러 나라가 코로나19 팬데믹 과정에서 발전시켜온 요소 대부분이 포함되어 있다. 수동적·능동적 감시뿐 아니라 검사, 동선 추적, 사회적 거리 두기, 국경 통제 등이다.

하지만 중요한 공중 보건 조치를 시행하는 데 요구되는 인력과 프로그램을 제공할 자원이 없다면 제아무리 최선의 계획이라 해도 무용지물에 가깝다. 아마 미국의 준비 부족을 드러낸 가장 명백한 증거는 팬데믹 계획에 투입된 자원의 양이었을 것이다. 몇 년 동안 보수주의자들은 '야수 굶기기(starve the beast)' 기조를 밀어붙였다. 여기에서 야수란 비(非)방위 정부 지출이다. 그들이 지칭한 '야수'에는 팬데믹 계획도 포함된다. 이런 실정은 연방 예산에서 엿볼 수 있다. 주된 예산 범주 하나가 '새롭게 부상하는 위협에 대처하기'인데, 여기에는 여러 토픽이 나열되어 있지만 팬데믹에 대한 언급은 없다시피 하다. 그에 대한 유일한 언급은 어느 문단의 일부인 "국제 차원의 팬데믹 준비도(International Pandemic Preparedness)"라는 문구뿐이다.[5]

표 11-2는 2021년 연방 예산에서 상이한 위협에 할애된 자금을 개괄적으로 보여준다. 국방 예산은 약 7410억 달러였다. 팬데믹을 추적하는 주요 기관은 질병통제예방센터인데, 그곳의 예산은 126억 달러에 그쳤다. 그뿐만 아니라 그중에서 오직 4000만 달러만이 팬데믹 계획을 위한 것이었고, 그것도 주로 독감에 쏠려 있었다. 이 총액은 연간 1인당 약

표 11-2 2021년 미국에서 상이한 위협에 대처하기 위한 재정 자원

범주	지원 자금(2021년 달러 기준, 100만 달러)
국방부	740,500
연방의 연구 및 개발	142,200
건강 연구	36,965
질병통제예방센터	12,612
독감 계획	40

출처: 미 정부 예산, 2020 회계 연도

10센트에 해당한다. 미국은 팬데믹 대비보다 애완동물 사료에 1000배
나 더 많은 돈을 쓰고 있다.

이 같은 상황은 우리에게 경제사학자 조지프 슘페터(Joseph Schumpeter)
의 다음과 같은 말을 떠오르게 한다.

> 국민의 정신, 문화 수준, 사회 구조, 그리고 정책이 준비할 수 있는 행위,
> 이 모든 것은 온갖 문구를 삭제당한 채 재정 역사에 기록되어 있다. 여기
> 에서 그 메시지를 들을 줄 아는 사람은 세계사의 천둥소리를 다른 어느 곳
> 에서보다 똑똑히 알아차릴 수 있다.[6]

우리가 듣는 천둥소리는 새로운 질병들이 사회에 가하는 중대한 위협
을 미국의 재정 정책이 깡그리 무시했다는 것이다.

실행

팬데믹에 맞서 싸우는 데 있어 미국이 드러낸 불리함 가운데 하나는 연방주의적 구조다. 공중 보건과 관련해 가장 중요한 다수의 의사 결정을 내리고 법적 권한을 갖는 것은 주 정부와 지방 정부인 반면, 연방 정부는 자원, 전문 지식, 그리고 중앙 지휘부를 갖추고 있다.[7] 질병통제예방센터는 검사(test)를 조직하고 그것을 인가하지만 재정 자원이 적다. 주 정부와 지방 정부는 봉쇄와 격리에 대한 권한을 가지지만, 서로 협조적이지 않고 전문 지식이 거의 없으며 노상 재정 압박에 시달린다.

이런 면에서 팬데믹 대응은 군사적 대응과는 판이하다. 만약 그 적이 항공기나 군대라면 연방 정부는 막대한 자금, 대규모 군대, 명확한 지휘 체계를 갖추고 있을 것이다. 반면 위험이 미세한 바이러스에서 비롯될 경우, 관계 당국들은 자금 지원도 인원도 태부족인 데다 여기저기 흩어져 있기까지 하다.

실행의 중요성은 코로나19 검사의 롤아웃(roll-out, 전개) 실패에서 확인할 수 있다. 질병통제예방센터는 검사 관리 설비와 전문 지식을 갖추고 있었지만 초장부터 그 노력을 망치고 말았다. 크게 네 가지 실패가 부각되었다. 첫째, 질병통제예방센터는 검사 초기의 결함을 바로잡기까지 많은 시일이 걸렸다. 그 결과 미국은 다른 나라들보다 코로나19 대응에 몇 주나 뒤처졌다. 둘째, 질병통제예방센터는 병원 같은 다른 기관들의 자체적인 검사를 허락하지 않았다. 많은 민간 기관이 능력을 보유하고 있었지만, 과학적으로 보수적인 질병통제예방센터의 접근은 검사를 극구 자기 수중에 두려고 고집한 데다 대응력도 불안정했다. 셋째, 질병통제예방센터는 광범위한 인구 검사를 통해 코로나19의 전반적 유병률을 판단하도록 허용하지 않았다. 예컨대 나중에 실시한 연구들은 뉴욕시에서 첫 확진자가 확인되었을 때 이미 발병 사례가 수천 건에 달했음을 밝혀냈다. 넷째, 역시 질병통제예방센터의 과학적 보수주의와 과도한 중앙 집중이 빚어낸 결과인데, 다름 아니라 많은 개인의 표본을 통합할 수 있는 집단검사(pool testing, 또는 group testing)를 금지했다는 점이다. 유병률이 적을 때 가장 값진 이 기법은 확진자가 거의 없고 검사도 극히 제한적이던 초기에 특히 유용했을 것이다.

　이렇게 엉망진창인 검사 전략 하나만으로도 미국에는 치명적이었다. 그로 인해 바이러스가 2월에서 4월까지 사실상 감지되지 않은 채로 삽시간에 퍼져나갔다. 검사가 추세를 따라잡기 시작할 무렵, 코로나19는 사실상 전국적으로 광범위하게 확산한 상태였다. 검사 속도가 빨라졌음에도 감염 속도를 따라잡기에는 역부족이었다.

의사소통

미국의 주요 실패가 의사소통 때문이었음은 두말할 나위가 없다. 조지 H. W. 부시 행정부의 팬데믹 전략은 이 점을 잘 보여준다.

　팬데믹 계획의 주된 요소는 보건 위기 대처에 익숙지 않은 사람들과 기관이 팬데믹을 준비하고 그에 대응하는 데 필요한 행동과 우선순위를 이해하도록 보장하는 것이다. 이는 팬데믹 이전과 팬데믹 발발 기간 동안 국내적으로나 국제적으로 위험과 관련해 분명하고 효과적이고 협력적인 의사소통을 필요로 한다. 여기에는 행정의 모든 단계에서 정보를 담은 유익한 메

시지를 적시에 효과적으로 전달하고 조정할 수 있는 믿을 만한 대변인을 두는 일이 포함된다.[8]

실제로 도널드 트럼프 치하 미국에서 연방 정부의 대응은 혼재된 메시지, 현실 부정, 거짓 진술, 대통령과 그에게 정치적으로 휘둘리는 이들의 터무니없는 억측 등으로 얼룩진 관리 부실의 사례 연구감이었다.

2월 27일, 대통령은 "그것은 사라질 것이다. 언젠가 기적처럼 종적을 감출 것이다"라고 점쳤다. 두 달 뒤 발병 사례 수치는 도리어 100배로 불어났다.

3월 6일, 대통령은 "필요한 사람은 누구든지 검사를 받도록 하라"고 지시했다. 그날 인구가 3억 3000만 명인 나라에서 고작 1700명이 검사를 받았다.

3월 26일, 대통령은 "누구도 이런 일[팬데믹]이 일어날 거라곤 생각지 못했을 것"이라고 발뺌했다. 하지만 공중 보건 전문가들은 누차 팬데믹에 대해 경고하고 대응 보고서를 준비해왔다. 예컨대 2019년 정부 보고서는 "미국과 세계는 다음번 독감 팬데믹, 혹은 대규모 전염병의 발발에 취약할 것"이라고 경고한 바 있다.

4월 24일, 대통령은 "소독제가 코로나19를 1분 만에 나가떨어지게 만들 수 있다네요. 그러니 소독제를 체내에 주입하거나 소독제로 세척하는 방법 같은 건 없을까요?"라고 물었다. (대통령이 권한 소독제 중 일부는 주사하거나 삼킬 경우 치명적인 것으로 드러났다.)

3월 23일, 대통령이 말했다. "하지만 우리는 고작 독감 때문에 국가를 봉쇄하는 일은 결단코 하지 않을 겁니다. ……그래서 당신은 이렇게 혼잣말을 하겠죠. '이게 다 무슨 일이냐'고 말입니다."

여기서 진실을 대하는 트럼프 대통령의 불안한 태도를 부각시키고 싶은 생각은 없다. 우리는 밥 우드워드(Bob Woodward)와의 인터뷰를 통해, 트럼프가 2월 초 코로나바이러스의 위험과 치명률에 대해 인지하고 있었음을 알고 있다. 하지만 트럼프는 2020년 자신의 재선과 정치적 미래에 대한 관심에 골몰한 나머지 대통령으로서 책무는 뒷전으로 밀어놓았다.[9] 그 결과 미국 연방 정부의 리더십은 반드시 필요했던 일의 정확히 정반대 쪽을 가리켰다. 의사소통은 명료하기는커녕 혼란스러웠고, 효과적이기는커녕 뒤죽박죽이었으며, 협조적이기는커녕 어수선했다.

그뿐만 아니라 공중 보건은 책임을 부정하는 전략으로서 정치화되기에 이르렀다. 트럼프는 처음부터 그 바이러스를 정치의 장으로 끌어들였으며, 그 결과 과학과 정책마저 정치화했다. 가장 파괴적인 측면은 마스크 착용을 정치화한 처사였다. 결국 정치적으로 중립적이고 고도로 효과적인 공중 보건 조치가 정치적 화약고로 변질되고 말았다.

공중 보건에 **정치**가 개입하는 것은 위험천만하다. 이는 중요한 조치를 취하는 것과 관련해 국민적 공감대가 형성되지 못하도록 가로막는다. 발병 사례 증가는 마스크를 널리 사용하고, 북적이는 장소를 피하고, 대규모 체육 경기장, 술집, 카지노 같은 위험한 장소들의 문을 닫음으로써 충분히 늦출 수 있다. 더군다나 이러한 조치를 취하면 사회와 경제의 나머지 부문은 거의 정상적으로 굴러가도록 할 수 있다. 그러나 상당수 인구가 바이러스는 사기이며 마스크는 효과가 없다고, 그리고 술집에 가거나 대규모 모임에 참석하거나 마스크를 쓰지 않는 게 그들의 시민적 자유에 속한다고 믿는다면, 질병 확산을 늦추는 조치는 훨씬 취하기가 어렵고 비용도 더 많이 들 것이다.

어두운 터널 끝에서 보이는 빛.

이것이 우리가 2020년 코로나19 팬데믹을 하나의 사례 연구로 주목하면서 사회적 재앙에 대해 논의한 끝에 얻은 결론이다. 세상은 머잖아 2020년의 사회적, 경제적, 정치적, 의료적 악몽에서 벗어나 정상적인 삶으로 돌아갈 수 있다는 희망을 현실로 만들 것이다. 만약 행운이 인류에게 미소를 짓는다면 우리는 1년여 뒤 일상적인 삶을 누리기 시작할 것이다. 서로 어울리고 일하고 학교에 가고 휴가를 떠나는 삶을 말이다. 천연두 및 홍역의 경우와 마찬가지로 효과적인 백신과 성공적인 공중 보건 캠페인을 통해, 우리는 새로운 코로나바이러스를 마치 독감처럼 건강 전선의 뒤편으로 물러앉게 만들 수 있을 것이다.

하지만 우리는 2020년이 안겨준 고통스러운 교훈만큼은 똑똑히 기억해야 한다. 사회적 재앙은 다른 형태로 또 우리를 찾아올 테니 말이다. 우리는 재앙을 무시하고 그것이 낳는 최악의 결과에 허덕이기보다 그에 미리미리 대비해야 한다.

3부

행동주의와 그린 정치

그린의 적, 행동주의

"잘못은 하늘에 있는 게 아니라 우리 자신에게 있다." 이는 셰익스피어의 희곡《율리우스 카이사르의 비극(The Tragedy of Julius Caesar)》에 등장하는 율리우스 카이사르가 자신이 지닌 정치적 문제들의 특징을 묘사한 말이다. 이와 비슷하게 우리가 직면한 환경 문제는 때로 시장의 잘못된 행동 때문이 아니라 사람들의 잘못된 의사 결정 탓이다. 이는 흔히 **행동주의적 이례 현상**이라고 부르는데, 나태하고 정보가 없고 왜곡된 듯 보이는 일련의 유해한 개인적 행동을 지칭하는 용어다.

행동주의적 이례 현상과 관련해 흥미로운 점은 비효율성이 시장 실패가 아니라 개인의 행동에서 비롯된다는 것이다. 당신이 농구를 하고 있는데, 쉬운 슛에서 체계적으로 실패하고 있다고 가정해보자. 당신은 그것을 학교나 리그 탓으로 돌릴 수 없다. 아마 당신은 정신을 딴 데 팔고 있을지도 모른다. 또는 기술이 형편없거나 코치의 말을 귓등으로 들을 수도 있다. 이유야 어찌 되었든 당신은 낮은 점수를 얻는다.

그와 비슷하게, 심리학자와 경제학자들은 다양한 개인의 의사 결정과 관련해 낮은 점수를 확인했다. 가장 잘 문서화된 이례 현상 가운데 하나는 과도한 에너지 사용이다. 또한 사람들은 가격 신호에 충분한 주의를 기울이지 않는다. (그리고 그 때문에 환경 정책에 제대로 대처하지 못하기도 한다.) 알코올, 마약, 텍스트 메시지 보내기, 속도 등에 대한 비합리적 중독은 고속도로에서 대량 인명 사고로 이어질 수 있다. 때로 사람들은 닥치는 대로 행동하는 것처럼 보이고, 이는 그들 자신에게나 다른 사람에게 폐를 끼치는 결과로 이어진다. 문제는 행동주의적 이례 현상이 해로운 부작용을 낳거나 악화시킬 수 있으며, 몇몇 경우에는 치명적일 가능성도 있다는 사실이다. 따라서 그린 정책이 본격적으로 다루어야 할 이슈 목록에 형편없는 의사 결정도 추가해야 한다.

행동주의적 이례 현상은 두 가지 중요한 사례에서 '브라운' 색조를 띤다. 첫 번째는 과도한 에너지 소비와 오염으로 귀결되는 편향이다. 이런 편향은 경제 특유의 것으로, 경제학자들은 이를 '초기 비용 편향(first-cost bias)'이라고 부른다. 이에 대해서는 이 장 뒷부분에서 살펴볼 것이다. 두 번째 사례는 비효율성으로 인한 낭비다. 이는 첫 번째 경우와 달리 반드시 편향은 아니지만, 필요한 것보다 더 많은 자원을 사용하므로 지나친 오염을 낳는다. (아마도 원시림 파괴와 깨끗한 물의 남용, 또는 과도한 노동 및 자본 등이 그 예일 것이다.)

의사 결정의 실패 사례를 다루기 전에 그 배경부터 살펴보자. 경제학자와 심리학자들은 오랫동안 행동주의적 실패가 왜 생겨나는지 그 원인을 밝혀내고자 고심했다. 의사 결정의 실패란 비단 그린 부문에만 국한하지 않는다는 점을 확실히 해둘 필요가 있다. 사람들은 수많은 영역에서 실수를 저지른다. 그들은 흔히 자신의 건강과 관련해서도 형편없는 결정을 내리며(처방받은 약물을 복용하지 않는다), 재정에 대해서도 어리숙한 결정에 이를 뿐 아니라(담보 대출 서류를 숙지하지 않아서 결국 집을 잃는다), 사업에서도 어이없는 결정에 뛰어든다(작은 사업체의 절반이 개업 후 1년도 안 돼 문을 닫는다). 이러한 이례 현상에 대해서는 심리학자 아모스 트버스키(Amos Tversky)와 대니얼 카너먼(Daniel Kahneman), 경제학자 조지 애컬로프(George Akerlof)와 로버트 실러(Robert Shiller)와 리처드 탈러(Richard Thaler), 그리고 법학자 댄 캐헌(Dan Kahan)과 캐스 선스타인(Cass Sunstein)이 활발하게 연구를 진행해왔다.

행동주의적 이례 현상과 결함 있는 의사 결정에 대한 고찰은 심리학과 경제학의 주요 의제로 떠올랐다. 이 중 후자는 행동경제학 분야로 자리 잡았다. 과학자들은 행동 편향(action bias)에서 요점 기억 효과(verbatim effect: 사람들이 디테일보다 전반적인 인상이나 요점을 더 잘 기억하는 인지적 편향-옮긴이)에 이르는 서로 다른 100여 가지의 이례 현상을 밝혀냈다. 뭔가 이상한 일이 벌어질 때마다 그것은 행동경제학이 다뤄야 할 사례로 간주된다. 두 가지 중요한 예는 결함 있는 할인(defective discounting)과 초기 비용 편향이다.

할인 이례 현상

행동경제학에서 논의하는 핵심 이슈 가운데 하나는 **할인**(discounting)의 역할이다. 표준 경제학은 사람들이 자동차나 에너지 효율적인 주택 및 가전제품을 구매할 때처럼 투자의 가치를 평가하는 데에도 시장 수익률을 사용해야 한다고 주장한다. 수많은 연구가 밝혀낸 바에 따르면,

사람들은 지나치게 높은 할인율을 사용하며, 투자는 과도한 에너지 사용에 치우쳐 있다.

한마디로 수많은 행동이 미래 비용을 절감하기 위해 현재의 투자를 필요로 한다는 것이다. 이를테면 우리가 오염 경감을 위해 투자할 때 그 비용은 대개 단기적으로 지불해야 하는 것이다. 하지만 피해 감소라는 형태의 편익은 먼 미래에나 드러난다. 석탄 화력 발전소를 풍력 발전소로 대체한다고 가정해보자. 풍력 발전소 건설에서 황 배출량 감소(즉, 피해 감소)로 이어지는 일련의 과정을 따라가노라면, 둘 사이에 수년 또는 수십 년의 시간 지체가 가로놓여 있음을 알 수 있다.

할인은 우리로 하여금 미래의 달러와 현재의 달러를 같은 단위에 놓도록 하기 때문에 중요하다. 내가 오늘 1000달러 드는 지붕 수리를 한다고, 그 덕분에 10년 뒤 2000달러를 절약하는 결과를 얻는다고 가정해보자. 이는 좋은 투자인가? 이 질문에 답하려면 모든 달러를 공통의 토대 위에 두어야 한다. 이는 모든 달러를 **현재 가치**로 환산하는 방식으로 이루어진다. 이것을 보면 우리는 유입과 유출 흐름의 현재 달러 가치를 알 수 있다. 우리는 미래 달러를 가져와서 할인율을 이용해 현재 달러로 환산한다.

예를 들어, 평균 투자 수익률이 연간 5퍼센트라고 치자. 따라서 할인율은 5퍼센트라고 할 수 있다. 할인율이 5퍼센트일 때 10년 동안 1228달러를 투자하면 총액은 $2000(1228(1.05)^{10})$달러가 된다. 달리 말하면, 10년 뒤의 2000달러는 현재 가치로 $1228(2000/(1.05)^{10})$달러라는 얘기다.

지붕 사례로 돌아가서 모든 비용(마이너스)과 편익(플러스)을 합하면 228(−1000+1228)달러가 된다. 그러므로 할인율이 5퍼센트일 경우 지붕 수리는 남는 장사다.

그러나 그보다 훨씬 더 높은 할인율을 적용한다고 가정해보자. 다시 말해, 미래의 돈이 실제보다 더 가치가 낮다고, 즉 미래를 '과잉 할인'한다고 치자. 나는 이 계산에서 연간 할인율 20퍼센트를 적용할 수도 있다. 이와 같은 할인율에서는 10년 뒤의 2000달러가 현재 가치로 323[2000/(1.20)^{10}]달러다. 할인된 흐름을 합산하면, 그 값은 −677(−1000+ 323)달러가 된다. 따라서 할인율이 20퍼센트면, 그 투자의 현재 가치는 사실상 마이너스다. 지나치게 높은 할인율을 적용하면 그 투자는 표준적 재무 분석을 사용할 경우 성과를 거두지 못한다.

이 같은 가설적 예는 에너지 등의 투자와 관련해 가계의 의사 결정에서 흔히 나타나는 듯하다. 다음은 조지 로웬스타인(Goerge Loewenstein)과 리처드 탈러가 요약해놓은 몇 가지 예다.[1]

에너지 사용과 초기 구입 가격만 서로 다른 두 냉장고를 비교한 어느 연구는 더 저렴한 모델의 암묵적 할인율이 자그마치 45~300퍼센트에 달할 정도로 무척 높다는 것을 발견했다. 또 다른 연구는 상이한 가전제품들의 암묵적 할인율을 계산했는데, 룸 에어컨의 경우 17퍼센트임을 밝혀냈다. 하지만 다른 가전제품의 할인율은 가스온수기 102퍼센트, 전기온수기 243퍼센트, 냉장고 138퍼센트로 그보다 훨씬 더 높았다. 경제 이론은 이런 비효율적인 가전제품이라면 앞으로 단종될 거라고 단언한다. 하지만 그런 제품을 제조사는 계속 생산하고 소비자는 계속 구매한다.

또 한 가지 흔한 이례 현상은 **쌍곡 할인**(hyperbolic discounting)이다. 이는 사람들이 장기적으로보다 단기적으로 훨씬 더 높은 할인율을 적용한다는 것, 따라서 할인율이 상수가 아니라 쌍곡선처럼 보인다는 것이다.

이 분야의 선구자 데이비드 레입슨(David Laibson)은 그에 대해 이렇게 설명한다. "쌍곡 할인 함수는 할인되는 사건이 시간적으로 더 멀리 떨어짐에 따라 할인율이 감소한다는 것을 말해준다. 가까운 미래 사건에는 먼 미래 사건에보다 암묵적으로 더 높은 할인율이 적용된다."[2]

쌍곡 할인은 '현재·미래' 이분법의 한 가지 예로 여겨질 수 있다. 우리는 지금 우리가 누리는 즐거움을 원하되 미래에 대해서는 신경을 덜 쓴다. 하지만 가까운 미래와 먼 미래는 구분하지 않는다. 이에 따른 중요한 결과가 미래에 대한 과잉 할인이다. 즉, 현재의 비용에는 너무나 많은 비중을 두는 반면 미래의 편익에는 거의 비중을 두지 않는 것이다. 쌍곡 할인(과잉 할인)의 대상이 되는 결정은 체계적으로 미래를 과소평가하며, 이는 그린 투자를 거의 하지 않는다는 의미다.

초기 비용 편향 증후군

두 번째, 장기 투자에 특히 위험한 행동주의 이슈는 여러 대안적 설계 가운데 근시안적 선택을 하는 것이다. 이는 경제학에서 초기 비용 편향으로 알려져 있다. 초기 비용 편향은 문서로 잘 정리되어 있다. 이 편향은 너무나 많은 에너지를 사용하는 투자로 귀결되고, 따라서 에너지 사용과 관련해 환경에 과도한 영향을 끼치는 결과로 이어진다.[3]

여기에서는 주택과 관련한 예를 제시해볼 참인데, 이는 에어컨이나 자동차에도 똑같이 적용할 수 있다. 내가 주택의 단열 방식에 대해 고민하고 있다고 가정해보자. 시공업체가 내게 두 가지 접근법을 제시한다. 하나는 설치하기 간편한 표준 섬유유리 롤(fiberglass roll)이고, 다른 하나는 가격이 비싸지만 단열 효과가 거의 2배인 단단한 폼 보드 (foam board)다. 설치비가 섬유유리 롤은 5000달러인 데 반해 폼 보드는 7000달러다. 미리 치러야 하는 설치비는 비교하기 쉽다.

하지만 절감액을 계산하는 것은 그보다 어렵다. 어느 쪽 투자가 더 나은지 따져보려면, 두 가지 단열 방식의 에너지 사용에 대해 알아야 한다. 도급업체는 내게 폼 보드의 단열 효과가 섬유유리 롤의 약 2배라고 말해주고, 각각에 대한 전문적 수치를 제공한다. 내가 사는 기후대에서 절감액이 얼마나 될지 결정하려면 약간의 계산이 필요할 것이다.

나는 전문 엔지니어한테 기댈 테고, 그는 수치를 계산한 다음 에너지 비용이 고투자인 폼 보드는 연간 500달러이고, 저투자인 섬유유리 롤은 연간 900달러라고 추정한다.

이쯤 되면 나는 그만 손을 들고 말지도 모른다. 너무 골머리가 아픈 데다 어느 쪽이 더 나은 선택인지 결정하는 데 필요한 계산을 해낼 시간도 재주도 없다. 혹은 쌍곡 할인 편향에 사로잡혀 있을지도 모른다. 사람들은 자신의 신용카드 빚을 감당하거나 자녀들의 비싼 대학 등록금을 해결하는 데, 혹은 고가의 의료비를 처리하는 데 곤란을 겪을 수도 있다. 이런 여러 가지 이유로 추가 단열에 2000달러를 더 투자하기가 꺼려진다. 그들은 결국 초기 비용을 아끼는 편을 택한다. 이런 결정은 그로 인한 오염과 비싼 에너지 청구서로 이어진다.

행동주의적 이례 현상의 원천

사람들은 왜 과잉 할인이나 초기 비용 편향에서 보는 것과 같이 체계적으로 형편없는 결정을 내리는가? 이 질문에 대해서는 많은 연구가 이루어졌지만, 단 하나의 답변만 있는 것은 아니다. 두드러지는 이유 몇 가지는 다음과 같다.

정보의 문제

사람들은 때로 불완전한 정보를 가지고 있거나 정보를 효율적으로 처리하지 못한다. 앞서 살펴보았듯이 최적의 주택 단열 결정을 내리는 데 요구되는 충분한 정보를 얻기란 극도로 어려운 것으로 드러났다. 당신은 머릿속으로 두 가지 투자의 현재 가치를 계산해내려고 노력할 수는 있다. 하지만 그것은 대다수 사람의 능력을 벗어나는 일이다. 많은 경우, 정보는 이용 가능하지 않다. 예컨대 지금 쓰는 냉장고의 교체 문제를 고려할 때, 나는 그것이 얼마나 많은 전기를 쓰고 있는지 알 길이 없다. 만약 사람들이 제가 알지 못하는 걸 무시한다면 미래 비용의 상이함을 간과하는 결과에 이를 것이다.

의사 결정의 문제

고전경제학은 사람들이 합리적으로 행동한다고 가정하지만, 우리는 사람들이 날마다 의사 결정에서 온갖 유의 시시하고 비극적인 오류를 저지르고 있다는 것을 안다. 신용카드 이례 현상이라고 부르는 한 가지 예는 사람들의 재정적 결정과 관련이 있다. 많은 사람이 연 1퍼센트 금리로 은행에 저축을 해놓고도 최소 연 19.99퍼센트 금리에 **다달이** 본인의 신용카드로 돈을 빌린다. 소비자들이 불필요한 이자 수백억 달러를 지불하고 있는 셈이다. 그들은 그 두 가지 이자율의 차이를 인식하고 있지 못하는 걸까? 신용카드 명세서에서 알아보기에는 그 이자 비용이 너무 적은 걸까? 아마 단열 문제에서 예로 든 초기 비용 편향과 유사한 방식의 설명이 가능할 듯하다. 사람들은 '내가 이자로 연간 300달러를 내고 있다는 건 알지만, 그건 하루에 1달러꼴도 안 돼'라고 생각할 수 있는 것이다. 이유야 어찌 되었든 이와 같은 의사 결정의 실패는 사람들에게 엄청난 비용을 요구한다.

제도의 문제

제도는 흔히 사람들이 가격 유인을 갖지 못하도록 막고, 그들이 올바른 사회적 결정을 내리지 못하게끔 방해한다. 한 가지 예로 대학에서의 에너지 계측 부재를 들 수 있다. 거의 대다수 관계자—즉 학생·교수·직원—를 위해 청구액을 지불하는 사람은 의사 결정을 내리는 사람들과 다르다. 학생들은 제 방을 온갖 전자 제품(음악 시스템, TV, 컴퓨터, 전자레인지, 냉장고 등)으로 채워놓는 경향이 있다. 하지만 학생 기숙사는 계측되는 경우가 거의 없고, 따라서 학생들은 에너지를 그저 공짜 음식처럼 여긴다. 실험실의 과학자들은 자신이 쓰는 에너지 비용을 청구받는 일이 거의 없는지라, 에너지 효율적인 장비를 구입하고자 하는 유인을 갖지 않는다. 이것은 앞의 본인-대리인 문제를 다룬 단락에서 논의한 바 있다. 거기에서는 의사 결정을 내리는 사람과 그들의 의사 결정에 영향받는 사람들이 일치하지 않기 때문에 비효율성이 발생한다.

비경제적 선호

경제학자는 흔히 사람들이 자신의 개인적 이기심을 극대화하기 위해 재화와 서비스를 선택 및 사용한다고 가정한다. 이 가정에는 경쟁적 시장의 효율성에 관한 '보이지 않는 손 원칙'이 깔려 있다. 실험실의 실험, 시장 조사, 상식은 이러한 가정이 더러 부정확하다는 것, 그리고 사람들은 비경제적 선호, 심지어 기이한 선호를 지니고 있다는 걸 우리에게 말해준다. 기이한 선호의 한 가지 사례는 사람들로 하여금 미래의 사건을 지나치게 과소평가하게끔 만드는 쌍곡 할인이다. 쌍곡 할인 아래에서는 그저 현재와 미래가 있고, 미래는 그게 다음 달이든 10년 후든 거의 가치를 지니지 않는다.

연구자들은 현상 유지 편향, 손실 회피, 통제 불능의 열정, 분노뿐만 아니라 이타적이거나 변덕스럽거나 무작위적인 행동 같은 수많은 비표준적 선호를 확인했다. 사람들은 더러 실제로 원해서가 아니라 '남들한테 뒤처지지 않기 위해서' 물건을 사기도 한다. 또한 후미 장식판이 길고 크롬 도금을 한, 기름을 잡아먹는 커다란 자동차를 탐내기도 한다. 오늘날 사람들은 환경을 돕기 위해 소형 전기차를 살지도 모른다.

행동주의적 이례 현상을 드러내는 위의 네 가지 이유는 우리의 경제적, 환경적 삶의 주된 특색이다. 심지어 시장이 독점이나 외부 효과 없이 완전하다 해도, 형편없는 의사 결정은 개인에게나 환경에 해악을 끼칠 수 있다.

행동주의적 이례 현상의 해결책

행동주의적 이례 현상은 외부 효과보다 더 골치 아픈 문제들을 제기한다. 그 원천이 오염 같은 상황과 다르고, 따라서 그와는 다른 해결책을 필요로 하기 때문이다. 자동차를 선택할 때 정보가 부족해서 초기 비용 편향이 드러난다고 가정해보자. 이를 해결하기 위해서는 더 나은 정보를 제공하면 그만이다. 다른 한편 문제가 마초주의(machoism) 때문이고, 사람들이 탱크처럼 힘 있는 뭔가를 원한다고 가정해보자. 우리는 높은 휘발유세, 혹은 기름 잡아먹는 자동차에 대한 과세 따위를 통해 그들을 뜯어말리려고 힘써볼 수는 있지만, 더 많은 정보를 제공함으로써 그들의 마음을 돌려놓지는 못할 것이다. 에너지 요금을 내지 않는 학생들을 위해 대학은 에너지 집약적인 가전제품을 사용하지 못하도록 금지할 수 있다. 하지만 그런 조치는 인기가 없을뿐더러 집행하기도 어렵다. 집행할 수 없는 규정보다 좀더 효과적인 것은 학생들의 방에 전기 계량기를 설치해서 그들이 과도한 사용량에 대해 요금을 지불하도록 이끄는 조치일 것이다.

때로 사람들은 타성을 이겨내기 위해, 또는 해당 주제에 대해 거의 아는 게 없기 때문에 '넛지(nudge: 본시 '팔꿈치로 쿡 찌르다'는 의미로 '사람들의 선택을 유도하는 부드러운 개입'을 지칭한다—옮긴이)'를 필요로 한다. 넛지 이론과 실제는 행동주의적 이례 현상과 관련한 오늘날의 정책에 큰 도움을 주고 있다.[4]

이러한 예는 행동주의적 이례 현상에 대한 해결책은 그 이례 현상이 무엇이냐, 어느 부문에 속한 것이냐에 따라 달라지는 경향이 있음을 말해준다. 나는 도움이 될 법한 두 가지 주된 해결책을 소개하고자 한다. 하나는 생애 주기 분석이고, 다른 하나는 규제적 법규다.

생애 주기 분석

초기 비용 편향 이슈를 살펴보려면 **생애 주기 분석**(life-cycle analysis)이라는 중요한 개념 틀을 도입해야 한다. 이것은 많은 주택 소유자들에게 낮익은 게 아니긴 하지만 경제학, 건축학, 공학, 기타 분야의 지속 가능성 분석에서 점차 중요해지고 있다. 생애 주기 분석이 어떻게 이루어지는지 살펴보자.

단열의 예로 다시 돌아가 보자. 생애 주기 분석은 두 가지 접근법의 단열 특성에 관한 정보로부터 시작한다. 계산에는 초기 비용뿐 아니라 미래 비용까지 포함될 것이다.

표 12-1은 20년 투자의 생애 주기 비용 추정 방법을 보여준다. 연도별 지출을 열거하는 것에서 출발해보자. 이탤릭체로 표시한 첫해는 자본 지출이다. 초기 비용에 집중하는 이들의 경우, 의사 결정은 바로 그 지점에서 끝나며 덜 비싼 버전을 선택한다. 하지만 정확한 생애 주기 분석은 1~20년에 해당하는 줄에 적힌 운영 비용도 고려한다.

재정 전문가들은 투자 선택과 관련해 세 가지 상이한 접근법을 사용한다. 가장 단순한 접근법은 **자금 회수 기간**(payback period)이다. 당신은 그것을 통해 추가적인 초기 비용이 얼마 만에 회수되는지 알 수 있다. 이 경우 당신은 자신의 투자액을 꽤 짧은 기간인 5년 만에 다시 거둬들인다.

자금 회수 기간 접근법은 시간이 가면서 그 흐름이 균일하지 않으면 잘 작동하지 않는다. 그래서 대다수 재정 전문가들은 다음의 두 가지를 더 선호한다. 두 번째 접근법인 투자의 내부 수익률(internal rate of return: 어떤 사업에 대해 그 사업 기간 동안의 현금 수익 흐름을 현재 가치로 환산해 합한 값이 투자 지출과 같아지도록 할인하는 이자율—옮긴이)이 그중 하나다. 이는 투자 기간 동안의 평균 투자액에 대한 산출을 계산한다. 대략 순소득을 투자로 나눈 값이다. 스프레드시트는 그 수익률이 연간 19퍼센트임을 보여준

표 12-1	단열 투자의 생애 주기 분석 사례		
년	초기 비용이 낮은 경우	에너지 효율적인 경우	차이
0	*5000*	*7000*	*2000*
1	900	500	-400
2	900	500	-400
3	...	...	...
4	...	...	...
5	...	...	...
6	...	...	...
7	...	...	...
8	...	...	...
9	...	...	...
10	...	...	...
11	...	...	...
12	...	...	...
13	...	...	...
14	...	...	...
15	...	...	...
16	...	...	...
17	900	500	-400
18	900	500	-400
19	900	500	-400
20	900	500	-400
현재 가치	16,216	13,231	-2,985
자금 회수 기간(년)			5
수익률			19%
연 5퍼센트일 때 현재 가치			2,985달러

다. 내부 수익률 접근법은 당신이 그것을 다른 잠재적 투자와 비교해볼 수 있게끔 해준다는 점에서 유용하다. 따라서 예컨대 만약 당신이 저축 통장에 넣어둔 2000달러로 연 5퍼센트의 소득을 올리고 몇 년 동안 그 돈을 필요로 하지 않는다면, 그 돈을 단열에 투자하는 것은 현명한 조치다.

마지막 개념은 위에서 언급한 투자의 현재 가치다. 이것은 당신에게 비용과 절감액의 유입과 유출을 현재 달러로 환산한 가치를 말해준다. 연 5퍼센트의 할인율을 적용할 경우 고가 단열재의 현재 가치는 저가 단열재보다 2985달러가 많다. 따라서 그에 대한 투자는 2985달러, 즉 약 3000달러를 횡재하는 것과 다름없다.

마지막으로, 과잉 할인 편향으로 돌아가 보자. 사람들이 그 편향으로 인해 고통받고 있다고, 그리고 미래 이익에 5퍼센트 할인율이 아니라 20퍼센트라는 쌍곡 할인율을 적용한다고 가정해보라. 이럴 경우 에너지 효율적인 투자는 실제보다 더 낮은 현재 가치를 갖게 된다.

당신은 생애 주기 투자를 할 때 이들 세 가지 기준 가운데 어느 것을 사용해야 할까? 여기에서 핵심은 당신이 초기 비용 편향을 넘어 생애 주기 분석으로 옮겨가는 데 관심이 있다면 필히 그 세 가지 가운데 적어도 하나를 사용해야 한다는 것이다. 대다수 투자에 대해 그 세 가지는 유사한 답을 제공해준다. 그 투자는 자금 회수 기간이 짧고 수익률이 높으며 현재 가치가 양의 값인 좋은 투자이거나, 아니면 그 반대일 것이다. 하지만 생애 주기 분석을 하지 않는다면, 당신은 막대한 운영 비용이 드는 저렴한 자본을 대거 보유한 스스로의 모습을 발견할지도 모른다.

생애 주기 분석에 관한 몇 가지 기술적 세부 사항

생애 주기 분석을 하는 데 관심 있는 이들에게는 세 가지 추가 사항이 유용하다. 바로 인플레이션, 세금, 그리고 위험이다.

먼저, 인플레이션에 대해 살펴보자. 표 12-1의 예는 인플레이션이 0이라고 가정한다. 우리는 정확한 분석을 위해 적절한 명목 이자율(nominal interest rate), 즉 화폐 이자율(money interest rate)뿐 아니라 연료 또는 기타 미래 비용의 추세도 고려해야 한다.

두 번째, 세금은 조금 더 복잡하다. 에너지 절약형 투자는 정부가 이들 투자에 보조금을 지급한다면 더 많은 이익을 거둘 수 있다. 예컨대 2016년에는 태양 전지판, 태양열 온수기, 지열 열펌프, 소형 풍력 에너지 시스템, 연료전지 등에 30퍼센트의 연방 소득 공제 자격이 주어졌다. 에너지 사용은 주택 소유자에게 공제 가능한 비용이 아니다. 따라서 에너지 사용을 줄이면 세후 소득이 늘어난다. 만약 투자 소득에 세금을 부과한다면, 에너지 효율적인 투자로 얻는 이점이 추가될 것이다.

마지막 문제는 위험이다. 다시 한번 단열 사례로 돌아가면, 우리가 고려해야 할 위험은 여러 가지다. 가장 중요한 것은 절감액이 공학적 추정치와 달라질 위험성이다. 실제로 보존에 대한 공학적 연구가 내놓은 에너지 절감액이 과다 추정되는 것은 흔히 있는 일이다. 또한 날씨 위험도 따른다. 아마 겨울이 평년보다 따뜻해질 것이다. 또 한 가지 위험은 화재 및 기타 피해에 따른 것이다. 보험 회사가 비싼 단열재를 변상해줄 가능성이 낮기 때문이다. 그게 아니라면 우리가 2006년 이후 경험한 대로 주택 시장이 커다란 충격에 빠지고 투자 가치가 하락할 소지도 있다. 마지막으로 아마 당신은 20년이 지나기 전에 그 집을 팔아치울 수 있고, 다음 번 집주인은 초기 비용 편향을 드러내며 추가적 단열에 돈을 지불하길 원치 않을 것이다.

하지만 핵심적인 점만큼은 놓치지 말자. 투자할 때면 반드시 생애 주기 분석을 활용하라는 것 말이다. 초기 비용뿐 아니라 모든 비용을 고려하라. 이러한 셈법은 (건축물 같은) 길게 가는 투자, 그리고 (에너지 사용 장비처럼) 미래의 운영 비용이 높은 투자의 경우 특히 중요하다.

행동주의적 문제에 대한 규제적 접근법

당신이 생애 주기 분석의 세부 사항에 대해 다소 명확히 이해하고 있지 못한다 해도 크게 염려할 필요는 없다. 당신만 그런 건 아니니까. 그것은 대다수 학교나 일상생활의 교육 과정에 포함되어 있지 않다. 예컨대 집을 단열하는 경우처럼 실생활에서 생애 주기 계산을 할 때마다 그 일은 악몽이 된다. 데이터를 사용할 수 없는 데다 전문가마다 다른 제안을 내놓기 때문이다. 나의 권고는 특히 고액 항목의 경우 생애 주기 분석을 무시하라는 게 아니다. 그 일의 어려움을 인식하라는 것이다.

일단 생애 주기 분석의 어려움을 인식하면, 정부가 규제적 접근법에서 중요한 역할을 해야 한다는 것을 깨닫게 된다. 사람들이 정말로 체계적으로 미래의 에너지 비용을 과소평가할 수도, 지나치게 높은 할인율을 적용할 수도 있다. 구매자가 정보 부족에 시달릴 여지도 있다. 시공업체가 주택의 벽을 부실하게 공사한 사실을 숨기는 사태도 얼마든지 가능하다. 이 모든 실패와 맞서기 위해 정부는 주택과 가전제품에 에너지 절감형 설계를 요구할 수 있다.

지난 50년 동안 정부는 에너지 사용 자본의 효율성 규제를 점차 강화해왔다. 규제 대상으로는 자동차, (단독 주택 같은) 건물, (냉장고와 에어컨 같은) 가전제품 등이 해당한다. 에너지 효율적으로 설계한 자본은 복잡한 생애 주기 분석의 필요성을 줄여준다. 이러한 발상은 정부가 생애 주기 분석을 대신 떠맡고 비효율적인 설계를 차단하는 하한 기준을 마련할 수 있다는 것이다.

건축 법규는 정부가 주택 설계에 영향을 미치는 주된 방법이다. 건축 규제가 중요한 까닭은 건축물의 수명이 더없이 길기 때문이다. (일례로 우리 집은 1905년에 지어졌다.) 더군다나 건축가가 설계한 건물은 드물다. 하지만 모든 건물은 주 정부와 지방 정부의 건축 법규에 의해 관리된다. 따라서 그린 건축을 도입하는 가장 효과적인 방법은 건축 법규를 개선하는 것이다.

효율성 기준과 건축 법규에 대해 생각해보는 방법이 하나 있다. (제조업자와 건축업자를 포함한) 사람들이 초기 비용 편향에 빠져 있으며, 좋은 설계(그린이든 그렇지 않든)의 다양한 측면에 대한 투자를 게을리 하는 경향이 있다고 가정해보자. 법규는 가장 효율성이 떨어지는 설계를 막아주는 방편이다. 그것은 대단히 위험하고 비효율적인 자동차, 가전제품, 주택을 발붙이지 못하게 막는다는 점에서 마치 도로의 제한 속도와 같다.

그린 정치의 이론

이제 우리는 그린 정치, 즉 우리의 정치 체제가 어떻게 오염을 비롯한 기타 해로운 외부 효과에 대처하는지에 대한 문제로 눈을 돌리고자 한다. 이번 장은 정치 이론에 초점을 맞추는 반면, 이어지는 두 장은 사례에 주목할 것이다.

　우리의 분석은 외부 효과, 즉 스필오버와 관련한 그린 현상의 핵심 개념을 강조해왔다. 이것은 다른 사람들에게 직접적인 비시장적 영향을 미치는 기업과 개인의 활동이다. 외부 효과들은 저마다 상이한 수준에서 작동하며, 따라서 각기 상이한 메커니즘을 통해 관리해야 한다.

개인적 스필오버를 위한 메커니즘

우리는 **개인적 스필오버**의 예를 살펴봄으로써 스필오버 관리에 대한 논의를 시작하고자 한다. 가장 광범위한 스필오버는 가정에서 일어난다. 이 점은 놀라울지 모르지만, 대다수 사람은 집에서 상충되는 목표들을 다루는 법을 배운다.

비흡연자인 당신이 흡연자와 결혼했다고 치자. 두 사람 다 간접흡연이 위험하다는 사실을 알고 있다. 당신은 어떻게 할 것인가? 어떻게든 배우자와 합의를 보아야 할 것이다. 차분하게 이야기를 나눠볼 수도 있고, 큰 소리로 고함을 지를 수도 있고, 아니면 그냥 깨끗하게 갈라설 수도 있다. 어떤 접근법을 취하든 이러한 협상은 사적인 것이고 정부의 강요를 수반하지 않는다. 개인들 간에 목표가 상충하는 대부분 경우에는 그것이 가족원 간이든 이웃 간이든 동업자 간이든 협상이 기본적인 해결책이다. 국가는 오직 신체적 폭력이나 아동 방치 같은 극단적 경우에만 개입한다.

사회적 스필오버와 효율적 오염 이론

그 밖의 스필오버, 특히 이 책에서 강조하는 스필오버는 **비개인적 스필오버**다. 이에 해당하는 예는 거리의 쓰레기나 교통 소음 같은 지역적이고 사소한 것에서부터 기후 변화나 치명적 팬데믹 같은 전 지구적이고 중대한 것에 이르기까지 다양하다.

그린 정치로 눈을 돌리기에 앞서 두 가지 문제를 다뤄보면 도움이 될 것이다. 하나는 오염 및 기타 외부 효과의 효율적인 내부화 이론이고, 다른 하나는 효율적인 그린 정책을 추구하는 데 활용할 수 있는 도구들이다. 이 아이디어는 그린 효율성을 다룬 앞의 논의에서 소개했지만,

정치의 맥락에서는 좀더 정교한 설명이 필요하다.

효율적인 오염에 관해 생각해보는 재미있고 유익한 방법은 골디락스〔Goldilocks: 동화책 《골디락스와 곰 세 마리(Goldilocks and Three Bears)》에 나오는 주인공 소녀―옮긴이〕의 이야기를 떠올리는 것이다. 골디락스는 곰네 집에서 세 가지 종류의 죽을 맛본다. 첫 번째 죽은 너무 뜨겁고 두 번째 죽은 너무 차갑지만, 세 번째 죽은 '딱 알맞다'. 그래서 그것을 모두 먹어치운다.

환경 정책 역시 '골디락스의 원칙'을 따른다. 최적의 규정은 그에 따른 비용과 편익이 너무 과하지도 약하지도 않고 딱 알맞으며 적절한 균형을 이루는 지점에서 정해진다.

> 규제받지 않는 시장 경제는 너무 많은 오염을 만들어낼 것이다. 그런 상태에서는 추가 저감의 사회적 편익(한계 편익)이 추가 저감의 사회적 비용(한계 비용)보다 크다. 효율성은 저감의 사회적 한계 편익이 사회적 한계 비용과 같아질 것을 요구한다.

여기에 깔린 논리는 무엇일까? 기업은 일반적으로 규제받지 않는 시장에서는 저감 노력에 거의 돈을 들이지 않을 것이다. 저감이 0인 상태에서 오염을 줄이면 편익은 크고 비용은 작다. 따라서 저감의 순편익은 높다. 반대편 극단에서 마지막 한 톨의 오염까지 샅샅이 줄이는 것은 비효율적이다. 그렇게까지 하면 비용이 편익보다 커지기 때문이다. 그보다 효율성은 추가 단위의 오염 감축 비용이 총 사회적 편익과 균형을 이룰 때 도달된다.

외부 효과에 효율적인 정책 도구

효율적인 외부 효과 관리의 조건이라는 관점에서, 정부는 비개인적 외부 효과를 퇴치하기 위해 어떤 도구를 사용할 수 있을까? 가장 눈에 띄는 활동은 직접적 통제나 재정적 유인을 통해 기업들로 하여금 외부 효과를 바로잡도록 유도하는 정부의 오염 반대 프로그램이다. 좀더 세심한 접근법은 재산권을 강화하는 것이다. 이는 효율적인 해결책을 협상하도록 돕는 도구를 민간 부문에 제공한다.[1]

정부 프로그램

오염·건강·안전 등 거의 모든 심각한 외부 효과와 관련해, 정부는 사회적 규제라고 일컫는 **직접적인 규제적 통제**(direct regulatory control)에 의존한다. 중요한 사례가 1970년에 제정된 대기오염방지법이다. 이 법은 자동차의 경우 세 가지 주요 오염원의 배출 허용량을 줄이도록 의무화했다. 가령 자동차에 적용되는 기준은 일산화탄소 배출량을 90퍼센트 이상 낮추라고 요구했다.

이러한 접근법은 군사적 의사 결정의 구조와 흡사한지라 더러 **지휘-통제**(command-and-control) 접근법이라고 부르기도 한다. 군사적 지휘-통제 아래에서 군 장성은 무슨 일을 해야 하는지 인식하고, 반드시 적절한 조치가 취해지도록 만전을 기한다. 그는 "이것은 하고 저것은 하지 말라"고 명령한다. 그와 마찬가지로 환경 규제에서도 정부는 기업에 이를테면 배기구 배출량을 줄이기 위해 자동차에 촉매 변환 장치를 설치하도록 의무화하는 것과 같은 특정 조치를 취하라고 명령한다. 이런 직접적 규제 아래에서는 정부가 최고의 기술이 무엇인지 알고 있으며, 기업은 그저 훌륭한 병사처럼 묵묵히 그 명령을 따라야 한다는 가정이 깔려 있다.

표준은 널리 쓰이며, 시행을 안내하는 대규모의 정교한 규제 체제를 지니고 있다. 그리고 정치 풍조가 바뀌는 상황에서도 내구적임이 증명되었다. 하지만 그것은 경제적 비효율성의 만연이라는 단점을 드러내기도 한다. "한계 비용과 한계 편익이 같아야 한다"는 효율적인 환경 규제의 기본 요건을 상기해보라.

실제로 대다수 규제는 한계 비용과 한계 편익을 비교하지 않은 채 정해진다. 그뿐만 아니라 정부는 배출량 목표를 충족하기에 최선의 기술이 무엇인지 좀처럼 알지 못한다. 반면 기업은 그보다 더 낮은 비용으로(더러 훨씬 더 낮은 비용으로) 요구받은 저감량에 도달할 수 있다. 게다가 기업마다 서로 다른 생산 구조를 지니는데, 이는 경제적으로 배출량을 줄일 수 있는 기업이 있는가 하면 그럴 수 없는 기업도 있음을 뜻한다.

비효율성의 한 가지 예는 위치(location)와 상관성을 띤다. 미국에서 대부분의 규제는 모든 지역에 동일하게 적용된다. 하지만 오염으로 인한 피해는 인구 밀도가 낮은 시골 지역보다 인구 밀도가 높은 도시 지역에서 훨씬 더 크다. 더군다나 규제는 흔히 상이한 출처에 상이한 표준을 적용하곤 한다. 가령 SUV는 세단보다 연료 효율 표준이 덜 엄격하다. 여러 연구에 따르면, 지휘-통제적 규제는 환경 목표를 달성하는 데 필요한 정도보다 훨씬 더 많은 비용이 든다.

직접적 통제의 약점을 피하기 위해 많은 경제학자는 **시장형 규제**(market-type regulation)를 지지한다. 이것은 기본적으로 시장을 이용해서 시장 자체의 실패를 바로잡는다.

한 가지 접근법은 배출 수수료를 활용하는 것인데, 이는 기업에 오염 단위당 세금을 납부하도록 요구한다. 가령 배출량의 한계 피해에 대한 추정치로서 탄소세는 이산화탄소 배출량 1톤당 40달러가 될 수 있다. 적절한 배출 수수료는 기업이 활동에 따른 사회적 비용을 지불하도록 함으로써 외부 효과를 내부화한다. 만약 배출 수수료를 사회적 한계 피해에 비추어 책정한다면 이윤 추구 기업들은—마치 '수선된 보이지 않는 손 원칙'에 따르기라도 하듯—오염의 사회적 한계 비용과 사회적 한계 편익이 같아지는 효율적인 지점을 찾아낼 것이다.

민간 부문의 접근

대다수 사람은 자연스럽게 오염이나 기타 외부 효과와 관련한 시장 실패에는 정부의 개입이 필요하다고 생각한다. 법학자들은 때로 강력한 재산권이 정부의 조치를 대체할 수 있음을 보여주었다. 이 점은 '잘 관리되는 사회'의 첫 번째 기둥과 관련이 있다. 즉, 사람들이 믿을 수 있는 거래와 공정하고 효율적인 분쟁 판결을 보장하는 식으로 상호 작용하게끔 재산권과 계약을 규정해놓은 법령의 개발 말이다.

먼저 민간 부문의 접근법은 정부의 직접적 규제보다 **책임법**(liability law)에 의존한다. 책임법은 가해자에게 본인이 야기한 피해에 분명한 책임을 지우는 식으로 외부 효과를 내부화한다.[2] 책임 규정은 원칙적으로 비시장적 생산 비용을 내부화하는 매력적인 수단이긴 하지만 기실 한계가 있다. 대체로 높은 소송비를 수반하는지라 원래의 외부 효과에 가외의 비용을 더해주는 것이다. 게다가 재산권이 불완전하기 때문에(예컨대 깨끗한 공기와 관련한 피해처럼), 혹은 외부 효과를 일으킨 기업의 수가 너무 많기 때문에(하천으로 흘러드는 화학 물질의 경우처럼), 혹은 특정 분야에서의 법적 제약 때문에〔집단 소송(class-action suit: 소비자 문제나 항공기 추락, 교통사고 등에 관해 피해자들이 집단으로 손해 배상을 청구하는 소송—옮긴이) 제약처럼〕소송을 제기하기가 어려운 피해도 적지 않다.

두 번째, 민간 부문 접근법은 당사자들 간의 **협상과 강력한 재산권**에 의존한다. 이 접근법을 개발한 사람은 시카고 대학의 로널드 코스(Ronald Coase)인데, 그는 영향받은 당사자들 간의 자발적 협상이 때로 효율적인 결과로 이어질 수 있음을 보여주었다. 이것을 흔히 **코스 정리**(Coase Theorem)라고 부른다.

이를테면 농부인 내가 사용한 비료가 하류로 흘러들어 당신의 연못에서 살아가는 물고기를 죽음으로 내몬다고 가정해보자. 만약 당신의 물고기 양식 사업에 충분한 수익성 있다면, 당신은 내가 사용하는 비료의 양을 줄이도록 유도하려 힘쓸 수 있다. 다시 말해 만약 공동 운영을 재정비함으로써 순수익을 얻을 수 있다면, 우리는 연대해서 효율적인 비료 유출 수준에 대해 합의하고자 하는 강력한 유인을 가질 것이다. 당신은 내게 오염을 중단하고 상황을 개선해준 대가로 돈을 지불할 수도 있다. 더군다나 이런 유인은 정부가 그 어떤 오염 반대 프로그램을 실시하지 않아도 생겨날 수 있다.

코스 정리는 비개인적 외부 효과의 경우에조차 사적 협상이 얼마나 큰 힘을 발휘할 수 있는지 일깨워주는 데 유용하다. 하지만 코스 정리가 적용되지 않는 사례도 없지는 않다. 이를테면 재산권이 제대로 정의되지 않았을 때(깨끗한 공기나 기후 피해의 경우에서처럼), 또는 거래 비용이 높을 때(당사자가 많거나 불확실성이 큰 경우에서처럼)는 빠르고 효율적으로 협상하는 일이 가능하지 않을지도 모른다.

우리는 외부 효과를 다루는 접근법이 여러 가지이며, 당면한 문제에 맞는 해결책을 모색하려면 주의를 기울여야 한다는 걸 알게 되었다. 하지만 좀더 깊은 수준에서는 모든 것이 정부의 조치와 관련이 있다. 그 조치는 규제일 수도 과세일 수도 있는데, 두 가지 다 집단적 행동이다. 하지만 심지어 책임 규정이나 재산 관련 법규를 정의하는 것조차 정치적인 행위다. 예를 들어 국가는 '오염을 일으킬 권리'에 대해 정의하고, 그 권리를 사고팔기 위한 시장이 형성되도록 허용할 수 있다.

여기에서 핵심은 경제와 사회에 널리 만연한 비개인적 스필오버의 경우 총대를 메는 주체가 바로 정부라는 점이다. 사람들은 기침을 하거나 죽을 수 있고, 기업은 고전하거나 망할 수 있으며, 종은 사라질 수 있고, 호수는 화재로 인해 피해를 입을 수 있다. 정부가 적절한 메커니즘을 통해 오염원을 억제하기 위한 조치를 취할 때까지는 위태로운 상황이 지속될 것이다.

개인적 선호의 총합으로서 정치

우리는 지금껏 그린 정치를 둘러싼 갈등의 해결에는 필히 상이한 제도와 의사 결정 과정이 수반된다는 걸 인식하는 그린연방주의의 중요성을 강조해왔다. 일부는 개인 수준이고 일부는 기업 수준이지만, 중요한 외부 효과 대다수는 정부의 조치를 필요로 한다. 따라서 **그린 정치**가 관여하는 지점이 바로 여기다.

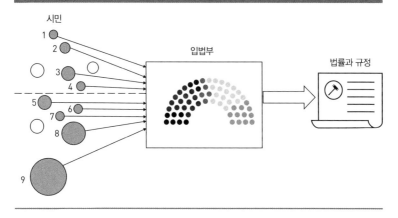

그림 13-1 업 또는 다운? 정치 체제가 시민 개개인의 선호를 한데 모으는 과정

정치는 보통 정부에 의해, 혹은 집단적으로 행동하는 사람들이나 정치 조직에 의해 내려진 의사 결정을 가리킨다. 대기 오염, 기후 변화, 기초 지식의 생성, 그리고 수많은 물리적·지적 인프라 제공 같은 중요한 외부 효과를 다루기 위해서는 집단적 행동이 요구된다. 이런 행동은 정부가 세수를 올리고, 규제를 실시하고, 바람직하지 않은 활동에 과세하고, 바람직한 활동에는 보조금을 지급하고, 재산권을 확정하고, 책임법을 제정하는 식으로 국민을 위해 결정하는 것들이다.

우리는 정치를 개인적 선호를 한데 모으는 방법이라고 표현할 수 있다(그림 13-1 참조). 황 오염 문제 다루기, 혹은 옐로스톤 국립공원 보호하기 같은 이슈가 있다고 해보자. 사람들은 그 문제에 대해 견해를 가지고 있다. (그에 대해 어떤 사람들은 잘 알고, 어떤 사람들은 잘 모른다.) 그들은 자신의 견해를 표명하고, 그에 따른 결과에 영향을 미친다. 일부 시민은 나 몰라라 하며 투표도 하지 않는다(그림 13-1에서 빈 원으로 표현한 이들). 반면 일부 시민은 선거 운동에 기부금을 내거나 많은 엔터테인먼트

청중들에게 입김을 불어넣음으로써 불균형하다 할 정도로 막대한 영향력을 행사한다.

정치 이론은 흔히 의사 결정이 '중위 유권자'에 의해 이루어진다고 주장한다. 따라서 양쪽 편의 중간적 견해를 지닌 사람은 대개 선거에서 의사 결정권자가 되곤 한다. 업(Up) 대 다운(Down)이 이슈인 그림 13-1을 예로 들어보자. 이 표에서는 유권자 5가 그 스펙트럼 중간에 위치해 있으므로 중위 유권자다. 이 유권자는 캘리포니아주가 유해 물질 관련 국민투표를 실시했을 때〔제안 65번(Proposition 65)〕나 영국이 브렉시트를 표결에 부쳤을 때처럼, 직접 투표에서 결정적 역할을 담당할 수 있다.

대다수 상황에서 정치적 의사 결정은 시민들과 거리를 둔 채 이루어진다. 시민이 선택한 국회의원이 그들을 대리해 투표하기 때문이다. 유권자들이 업당(UP Party)이나 다운당(DOWN Party)에 투표할 수 있다고 가정해보자. 그림 13-1에서 점선 위쪽에 놓인 사람들은 업당을 지지하는 반면, 점선 아래쪽에 선 사람들은 다운당을 지지한다. 다운당이 더 많은 표를 얻고 입법부를 장악한다. 그들이 결과를 좌지우지할 수 있는지라 중위 유권자는 유권자 5가 아니라 유권자 7로 옮겨가는데, 그는 다운당에 속해 있다.

그게 아닐 경우, 아마도 금전이 국회의원들에게 입김을 불어넣을 수도 있을 테고, 이는 다시 선거에 영향을 끼친다. 원의 크기가 금전의 영향력을 나타낸다고 가정해보자. 만약 우리가 '중위 달러(median dollar)'를 취한다면, 이제 그것은 유권자 8로 이동할 텐데, 그는 그 정당뿐 아니라 그보다 더 큰 인구의 대표자가 못 된다.

또한 그림 13-1은 '양극화한' 견해와 정당이 어떤 영향을 미치는지 보여준다. 그것이 그린 정치를 왜곡하는 흥미로운 현상을 말이다. 만약 유권자의 정서에 변동이 있다면, 유권자 5가 다운당에서 업당으로 이동할 수 있으므로 업당이 지지를 얻을 것이다. 이 같은 미묘한 정서 변화만으로도 입법부의 정치적 견해에는 커다란 변동이 생길 수 있다. 집권 정당의 중위 유권자가 유권자 7에서 유권자 3으로 달라지기 때문이다.

그뿐만 아니라 양극화 이론은 체제가 몇 가지 제도적 메커니즘으로 안정화되지 않으면, 선거가 한 정당을 휩쓸고 현 정당을 대체함에 따라 의사 결정이 한쪽 진영에서 다른 쪽 진영으로 크게 쏠릴 가능성이 있음을 시사한다.

미국에서는 제도적 관성의 수많은 특징이 실제 정책의 급격한 변동을 막아준다. 예컨대 연방 사법부에 몸담은 이들은 종신 임기를 누린다. 그런가 하면 상원의원은 임기가 6년이지만 대체로 재임 기간이 길다. 이는 국회의원이 한 번 자리를 잡으면 수십 년 동안 그 자리를 지킨다는 의미다.

더군다나 미국의 입법 제도는 수많은 관성을 낳는다. 법률을 뒤집으려면 의회의 의결이 필요한데, 이는 중대한 변화를 이끌어내려면 한 정당이 하원과 상원을 모두 장악해야 한다는 뜻이기 때문이다. 실제로 상원이 대부분의 법을 제정하는 데 60퍼센트라는 압도적 다수를 요구하는지라, 심지어 다수당인 것만으로도 충분치 않다. 다른 많은 나라 역시 안정성을 부여하는 메커니즘을 갖추고 있어 여론의 작은 변화에 휘둘려 커다란 변화가 일어나지 않도록 막고 있다.

환경 정책의 주기?

미국은 매우 더디게 움직이지만 꽤나 안정적인 규제 구조를 발달시켜 왔다. 대기 오염의 치명적 측면에 대해 인식한 시점은 1952년 '런던의 그레이트 스모그(Great Smog of London)' 사건이라고 볼 수 있다. 그런데 미국에서 스모그가 건강에 미치는 영향을 알아차리고 그것을 연방의 법률과 규정에 담아내기까지는 그로부터 거의 20년의 세월이 흘렀다.

하지만 법률과 규정은 일단 제정되면 역대 정권을 거치는 동안 꾸준히 유지되었다. 설사 (1981~1988년의 레이건 집권기처럼) 시계를 거꾸로 돌리고 싶어 하거나, (2009~2016년의 오바마 집권기처럼) 빠르게 규제를 강화하고자 하는 새로운 행정부가 들어설지라도, 입법부 체제와 규제 체제가 지닌 관성 때문에 변화는 (진취적인 것이든 퇴행적인 것이든) 더딜 수밖에 없었다.

규제 체제가 안정적인지 확인할 수 있는 한 가지 방법은 주요 대기 오염 물질의 대기 질 기준을 살펴보는 것이다. 그림 13-2는 억제해야 할 가장 중요한 오염 물질이자 억제하는 데 비용이 많이 드는 오염 물질 중 하나인 오존의 대기 표준을 보여준다. 이 표준은 1970년대에 처음 공포된 이래 한 번도 느슨해진 적이 없으며, 실제로 민주당 행정부와 공화당 행정부는 공히 그 표준을 강화했다.

우리는 미국 환경 규제의 안정성을 어떻게 이해할 수 있을까? 부분적으로 그것은 강력한 대중적 지지에서 비롯되었다. 하지만 그만큼이나 중요한 점으로, 우리는 규칙을 정하려면 그 새로운 규칙에 대한 타당성과 세부안을 요구하는 비공식적 규칙 제정, 그리고 복잡한 일련의 절차가 필요하다는 것을 깨달아야 한다. 행정부가 충분한 정당성과 법적 배

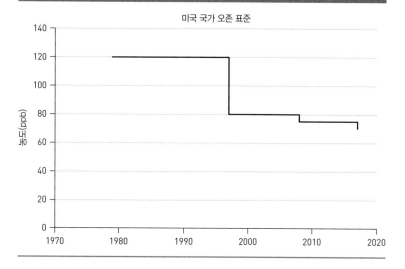

그림 13-2 국가 대기 표준, 오존

미국 국가 오존 표준

140 ─
120 ─
100 ─
농도(ppb)
80 ─
60 ─
40 ─
20 ─
0 ─

1970   1980   1990   2000   2010   2020

려 없이 규칙을 끌어내리고자 애쓰면, 미국 법원은 그 같은 정부의 주장을 '독단적이고 변덕스럽다'며 뒤집어버리기 일쑤다.

환경 전문가들은 세금보다 규정이 더 안정적이라는 것을 중요한 이점으로 꼽는다. 세법은 정치적 분위기에 따라 쉽사리 바뀔 수 있다. 가장 최근 사례는 2017년 트럼프 행정부가 실시한 감세 정책이다. 트럼프 행정부는 세법을 대대적으로 손본 다음 단 몇 주 만에 통과시켰다. 환경주의자들은 만약 비판론자들이 득세해서 입법부와 행정부를 장악한다면, 오염세가 정치적 단두대에 오를지도 모른다고 우려하고 있다.

환경법과 규정에도 편향이 존재하는가

미국의 환경법은 안정적이다. 그럼에도 불구하고 많은 이들은 그 법과 규정이 '돈 가진 이해 집단'—즉, 그림 13-1의 부유한 유권자—한테 유리하게 편중되어 있지 않은지 의심하고 있다. 이게 사실일지도 모르는 이유와 그 증거는 무엇일까?

가장 간단한 접근법은 우리가 앞서 사용한 것으로, 여기서 정치는 대중적 관점의 중요한 경향성을 반영한다. 치명적 스모그로 이어지는 오염 물질을 제한하는 것 같은 환경 정책이 기업과 대중에게 비용과 편익을 분배한다고 가정해보자. 그림 13-3은 그림 13-1과 동일한 장치를 사용한다. 하지만 여기에서 보듯이 오염을 일으키는 집중화한 거대 이해 집단은 아래쪽에 버티고 있다. 이들은 아마 부유한 과두제 집권층이 소유한 화학 회사일 것이다. 생산업체는 소수이지만 그들의 비용은 높고, 하나 혹은 2개 업계에 집중되어 있다. 또한 그 일에는 수십억 달러의 수익이 걸려 있다.

다른 한편 공기 중에 떠다니는 화학 물질에 따른 오염으로 건강이 나빠진 수많은 사람이 있다. 그들은 뿔뿔이 흩어져 있으며 조직되지 않은 작은 원으로 위쪽에 표현되어 있다. 아픈 사람이 많지만 그들은 정치력이 거의 없다. 지식이 부족하고 널리 산재해 있는 데다 구심점이 없으며, 각자가 개인적 행동을 통해 얻을 수 있는 이득이 거의 없기 때문이다.

만약 우리가 비용과 편익을 합산한다면 오염 저감의 순편익(편익에서 비용을 뺀 값)은 양의 값일 테고, 이는 환경 정책이 일반인의 관심사라는 것을 말해준다. 하지만 일반인의 관심사는 우세하지 않기 십상이다. 그

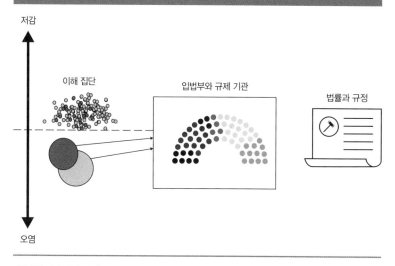

그림 13-3 집중화한 거대 이해 집단과 조직되지 않은 이해 집단

저감

이해 집단

입법부와 규제 기관

법률과 규정

오염

집중화한 거대 이해 집단(2개의 커다란 '브라운' 원)이 뿔뿔이 흩어져 있고, 조직되지 않은 이해 집단들(작은 '그린' 원 무리)을 압도한다.

림 13-3에서 보는 점선 아래쪽의 큰 원 2개는 로비 세력을 조직하고 고용하며, 연방 입법부와 주 입법부에 로비를 펼치고, 거액의 선거 기부금을 내놓음으로써 백중세인 선거전에 결정타를 날린다.

맨커 올슨(Mancur Olson)이 개발한 집단행동 이론은 정확히 이 같은 설명을 제공했다. 그 이론이 주장하는 바에 따르면, 제 이익을 얻기 위해 효과적으로 조직할 수 있는 사람은 소수이고, 다수는 세력을 꾸리거나 효과적으로 자신을 대변하고자 하는 유인이 부족하다.[3]

우리는 올슨의 이론을 확실하게 보여주기 위해 철강 관세를 예로 들 수 있다. 철강 관세는 수십 년 동안 부과와 철폐를 되풀이했는데, 가장 최근에 철강 관세가 부과된 것은 2018년의 일이다. 철강 관세는 미국의 철강 제조업체에는 이득을 주지만, 자동차·가전제품·파이프라인 제조업체와 구매자 같은 철강 소비자에게는 상당한 비용을 안긴다.

올슨이 무대 위로 등장하는 순간이 바로 이 지점이다. 철강 산업은 관세를 지지하는 주장을 펼치기 위해 자체적으로 전문 로비스트와 법조인을 두고 있다. 반면, 미국에서 강철 제품을 사용하는 수백만 명의 소비자는 철강업체에 맞설 수 있는 실질적인 균형추를 갖추고 있지 못하다. 설득력의 불균형을 감안할 때, 철강 산업이 관세 로비를 이렇듯 적극적으로 펼쳐왔다는 사실은 놀라울 게 없다.

정치 이론은 교훈적일뿐더러 많은 가능성을 보여준다. 우리는 중위 유권자 이론을 믿어야 하는가? 만약 중위 유권자가 중추 역을 담당한다면, 그것은 모든 유권자 중의 중위 유권자여야 하는가, 집권 정당의 중위 유권자여야 하는가, 아니면 중위 달러 유권자여야 하는가? 아마도 가장 결속력 있는 강력한 로비 세력을 거느린 집단이 결과를 좌우할 것이다. 그 대안으로서 공중 보건 전문가들이 흡연, 또는 오존, 또는 황의 위험에 관해 수긍 가는 증거를 제시하면 그들의 설득력은 힘을 발휘할까? 다음 장에서는 그린 정책과 관련한 경험적 증거에 대해 살펴보고 해답에 일반적인 패턴이 있는지 따져보고자 한다.

그린 정치의 실제

13장에서는 환경 정치를 이해하기 위한 표준적 접근법에 대해 기술했다. 이번 장은 경험적 분석을 살펴봄으로써 교훈을 얻으려는 목적을 지닌다. 우선 민주주의와 경제 발전 같은 주된 요소를 폭넓은 시각에서 개괄한 다음, 특히 중요한 몇 가지 영역에 대해 검토하겠다.

민주주의와 환경

먼저 광범위한 정치적 힘이 환경의 질에 미치는 영향부터 따져보자. 아마도 가장 중요한 질문은 '민주주의'가 환경에서 담당하는 역할일 것이다.

민주주의는 모호한 용어처럼 보인다. 하지만 정치학자들은 각국이 민주주의 상태인지 독재 상태인지 알아보는 양적 척도를 개발해왔다. 가령 폴리티 프로젝트(Polity Project)는 세 가지 주요인을 통해 민주주의를 측정한다. 첫 번째는 시민이 그들의 정책과 지도자를 선택할 수 있는 제도와 절차의 존재다. 두 번째 척도는 정부의 권력 행사에 대한 제도적 제약이다. 세 번째는 모든 시민에 대한 시민적 자유의 보장이다. 한쪽 극단에는 미국·캐나다·독일 같은 완벽한 민주주의(10점)가, 반대편 극단(-10점)에는 북한·사우디아라비아 같은 억압적 정권이 자리하고 있다.

민주주의가 환경에 미치는 영향과 관련해서는 어떤 연구 결과가 나와 있을까? 사실상 이 주제에 대해서는 경험적 문헌이 거의 없다시피 하다. 여기저기에서 몇 가지 연구가 산발적으로 이루어졌지만, 이는 대개 제대로 다뤄지지 않은 문제다. 이 장에서는 얼마 안 되는 연구 결과나마 한데 모아 정리해보겠지만, 해야 할 일은 아직 많이 쌓여 있다.

정치학자들은 민주주의 사회의 몇 가지 특징을 발견했다. 가장 중요한 것 가운데 하나는 민주주의 국가가 그 밖의 정부 형태보다 다른 민주주의 국가에 맞서 전쟁을 일으키려는 경향이 덜하다는 점이다. 여러 연구는 수년 동안 이런 경향성—처음 제안한 철학자의 이름을 따서 '칸트의 평화(Kantian peace)'라고 부르기도 한다—을 분명하게 보여주었다. 당신은 칸트의 평화가 환경적 관심사와 무슨 상관이 있다는 것인지 의아할지도 모르겠다. 하지만 전쟁은 환경의 철천지원수다. 실제로 인간과 지구 양자에 가능한 최악의 결과는 대규모 핵전쟁과 핵겨울(nuclear winter: 핵전쟁 후 나타날 거라고 여겨지는 초저온 현상—옮긴이)일 것이다.

그림 14-1은 1945년 이후 전쟁의 치명률이 점차 낮아졌음을 보여준다.[1] 지난 70년에 걸친 전쟁 사망자와 대규모 전쟁의 감소 경향은 민주주의가 환경에 기여해온 가장 중요한 요소 가운데 하나로 꼽힌다.

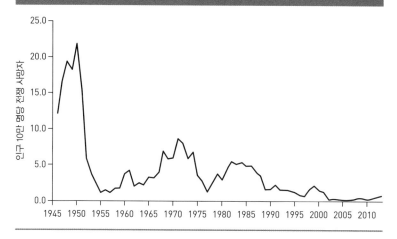

그림 14-1 전쟁의 치명률(1946~2013년)

25.0

20.0

15.0

10.0

5.0

0.0

인구 10만 명당 전쟁 사망자

1945 1950 1955 1960 1965 1970 1975 1980 1985 1990 1995 2000 2005 2010

쿠즈네츠 환경 곡선

환경이 점차 개선된 데 기여한 또 한 가지 핵심 요인은 경제 발전이다. 부유한 나라들은 좀더 민주적인 경향을 띠며 강력한 환경 정책을 감당할 만한 여력도 있다. 그러므로 사람들은 부와 환경의 상호 작용에 관심이 많다.

한 가지 일반적인 접근법은 쿠즈네츠 환경 곡선(Kuznets environmental curve), 즉 KEC라고 알려진 이론이다. 이는 개략적으로 말하면 "환경은 나빠지고 나서야 비로소 더 나아진다"는 것이다. 좀더 정확하게 설명하면, 산업이 부상하는 경제 발전 초기 단계에는 오염량이 증가하고, 이어서 서비스가 점차 중요해질수록 소득 증가와 더불어 오염량이 감소한다는 가설이다.

앞으로 살펴보겠지만, KEC와 관련한 증거는 혼재해 있다. 한 가지

그림 14 - 2   이산화탄소의 쿠즈네츠 환경 곡선(2000년)

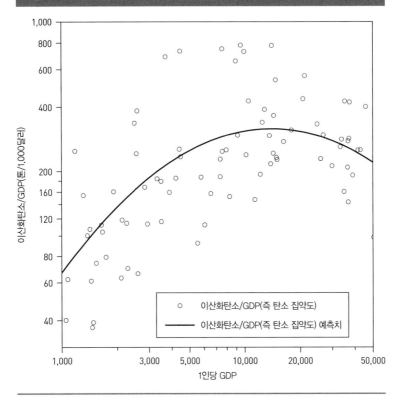

홍미로운 예가 이산화탄소다. 이것은 사실상 모든 국가에서 잘 측정되고 있고 기후 변화의 중대 원인이기 때문에 유용한 지표다. 그림 14-2는 1인당 국내총생산과 탄소 집약도(carbon intensity: 산출 단위당 이산화탄소 배출량)의 관계를 보여준다. 우리는 나라마다 탄소 집약도가 소득이 약 1만 5000달러일 때까지 증가하고, 그 이후부터는 감소한다는 것을 분명하게 확인할 수 있다. 이러한 감소세는 주로 (농업에서 산업으로, 서비스로 이동하는) 산출의 구성 때문이다. 그림 14-2는 다가오는 몇 해 동안

이산화탄소 배출량을 줄이는 데에는 거의 도움이 되지 않지만, 미래를 위해서는 희망적인 곡선을 보여준다.

그림 14-2의 KEC는 설득력 있는 돔 모양을 하고 있으나, 다른 지표들은 상이한 답을 내놓는다. 이를테면 만약 그림 14-2의 수직축에 (탄소집약도가 아니라-옮긴이) 이산화탄소 배출 총량을 표시한다면 우리는 곡선이 모든 수준에서 상승한다는 사실을 확인할 수 있을 것이다.

하지만 초미세먼지(입자 지름이 2.5마이크로미터 미만인 먼지) 같은 지역적 오염 물질과 관련해 또 한 가지 추세가 드러나고 있다. 미세먼지의 원천은 많지만, 오염 억제 관점에서 가장 중요한 것은 석탄 연소로 인한 배출이다. 현재의 분석은 배출량보다 농도를 살펴보는데, 이것은 건강에 미치는 피해의 관점에서는 배출량보다 농도가 더욱 중요한 요소이기 때문이다.

미세먼지 규정과 관련한 세계의 경험을 살펴보겠다. (미국의 경험에 대해서는 이 장 뒷부분에서 다룰 예정이다.) 최근 데이터는 미세먼지 농도가 쿠즈네츠 곡선을 따르지 않는다는 것을 보여준다. 그렇다기보다 1990년부터 오늘날까지 주요국의 모든 산출 수준에서 미세먼지 농도는 감소하고 있다. 2010년을 기준으로 할 때, 초미세먼지 농도는 1인당 산출이 2배로 증가할 때마다 25퍼센트씩 감소했다. 소득과 오염의 관계는 상위 국가들과 하위 국가들을 따로 묶어서 살펴볼 수 있다. 2010년에 가장 가난한 나라 20개국의 경우 평균 초미세먼지 농도가 41μg/m³(세제곱미터당 마이크로그램)이었던 데 반해, 가장 부유한 나라 20개국의 경우는 14μg/m³이었다.

두 번째는 민주주의와 배출량의 관계다. 우리는 민주주의 국가들이 좀더 깨끗해야 한다고 생각할지도 모른다. 민주주의 국가는 민의에 한

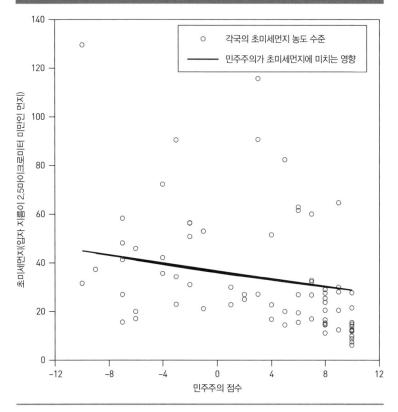

이 그래프는 각국의 초미세먼지 농도와 민주주의 점수 간의 관련성을 보여준다. 그래프를 가로지르는 선은 회귀분석이라는 통계 기법을 통해 얻은 예측치인 반면, 각 점들은 개별 국가의 초미세먼지 농도 수준이다.

출처: 오염에 따른 전 세계의 사망률 데이터는 Michael Brauer, Greg Freedman, Joseph Frostad, Aaron Van Donkelaar, Randall V. Martin, Frank Dentener, Rita van Dingenen et al., "Ambient Air Pollution Exposure Estimation for the Global Burden of Disease 2013," *Environmental Science and Technology* 50, no. 1 (2016): 79-88, doi:10.1021/acs.est.5b03709에서, 산출과 인구는 세계은행(World Bank)에서, 그리고 민주주의 점수는 폴리티 웹사이트(https://www.systemicpeace.org/polityproject. html)에서 가져왔다.

층 적극적으로 반응하고, 국민이 더욱 많은 정보를 아는 데다 자기 견해를 표명할 수 있으며, 민주적 정부는 국제 환경 문제에 대해 다른 나라들과 좀더 협력할 가능성이 많으니 말이다.

　대체로 보건대, 여러 증거는 민주적 제도가 친환경적이라는 통념을 뒷받침해준다. 일반적으로 잘 뿌리내린 민주주의 사회에서는 오염 수준이 더 낮다. 한 연구는 이렇게 결론 내렸다. "민주주의는 환경이 개선되도록 도움을 줄 수 있다. 하지만 그것은 오직 책임감을 증진하고 정보를 촉진하고 집단생활을 육성하고 국제적 협력을 채찍질하고 제도적 발전을 도모할 수 있는 시간이 주어질 때에 한한다."[2]

　미세먼지 사례로 돌아가 보자. 그림 14-3은 민주주의 점수가 데이터를 가진 80개국의 미세먼지 농도에 어떤 영향을 미치는지 보여준다. 민주주의 사회의 공기가 한층 깨끗하다는 것은 분명하다. 이를테면 완전한 민주주의 사회는 완전한 독재 사회보다 오염도가 (다른 요인들을 고려해 교정할 때) 45퍼센트 정도 낮은 것으로 추정된다. 민주주의 점수가 높은 사회는 또한 1990~2010년 동안 독재 사회보다 미세먼지 농도가 더 큰 폭으로 감소했다. 영향의 크기는 인상적이지만, 그 통계적 연관성은 표집 및 내역(specification)에 따라 상당히 달라진다.

　민주주의 제도의 중요성에 관한 결론은 13장의 관찰을 뒷받침한다. 앞의 논의를 통해 우리는 미국의 제도적 구조가 환경적 난제에 반응하는 데 느리지만, 다른 한편 느닷없고 일시적인 정치 풍조의 변덕에 맞설 수 있을 만큼 내구적이라는 걸 알게 되었다. 다른 나라들의 경험 역시 이러한 관찰을 지지해주며, 민주주의가 강력한 환경 정책의 수립 및 지속에 미치는 힘을 잘 보여준다.

정치, 분배 정치, 그리고 환경 정책

환경 규제 정치에 대한 경험적 연구는 앞 장에서 강조한 두 가지 요소의 중요성을 똑똑히 드러내준다. 우리는 사회 후생과 이익 집단 권력 간에 긴장감이 흐른다는 것, 그리고 흔히 (소수의 부유한 대기업을 거느린 철강 산업이나 석유 산업 같은) 집중화한 이해 집단들이 (지식이나 자원을 거의 갖추지 못한 수억 명의) 산발적인 이해 집단들을 압도한다는 것을 확인했다. 하지만 우리는 집중화하고 부유한 이들의 이해관계가 나날의 삶에 더 관심을 쏟는 대중의 이해관계를 얼마나 지배하는지 알고 싶다. 간단히 말해 환경 정책은 사회 후생에 가까운가, 아니면 그에 크게 못 미치는가?

환경 정책의 효율성을 측정하는 전반적인 척도는 없다. 이 장의 나머지 부분에서는 올슨의 집단 선택론이 역사적으로 환경뿐 아니라 분배 정치에 어떻게 작용해왔는지 설명하기 위해 관세, 황 정치, 기후 변화, 이 세 가지를 예로 들어보겠다.

관세

먼저 관세에서 시작해보자. 이는 환경 정책과 동떨어진 주제인 것처럼 보일지도 모른다. 하지만 협의의 이해 집단과 광의의 이해 집단 간 갈등 연구가 고전적으로 다루는 분야다. 관세는 (철강이나 목재 같은) 수입품이라는 좁은 영역에 부과되는 세금이다. 이것은 협의의 이해 집단(국내 기업과 그 산업에 종사하는 노동자)에게는 이익을 안겨주고, 광의의 이해 집단(소비자)에게는 해를 끼치는 경향이 있다.

하나의 사례가 이 점을 잘 보여준다. 미국이 수입 강철에 10퍼센트의 관세를 부과한다고 가정해보자. 10퍼센트는 단순화한 것이긴 하지만 그 점을 말해주기에 충분히 적절한 수치다. 미국은 약 1000억 달러에 이르는 1억 톤가량의 강철을 소비하는데, 그중 30퍼센트를 수입에 의존한다. 만약 관세로 인해 강철 가격이 10퍼센트 인상되면, 소비자는 100억 달러의 가외 비용을 지불해야 한다. 이 총액 가운데 약 70억 달러가 철강업계로 돌아가는데, 70개 기업이 이를 나눠가진다고 치면 각 기업은 1억 달러의 이익을 추가로 거둬들이는 셈이다. 따라서 철강 기업 사이에서 높아진 이익은 집중화한 이익이라고 할 수 있다. 반면 100억 달러의 손실은 3억 3000만 명(미국의 총인구─옮긴이)에 이르는 소비자에게 고루 분배되며, 평균 손실액은 1인당 33달러다. 단순화한 계산이긴 해도 강철 관세는 이익의 집중과 손실의 분산을 보여주는 좋은 예다.

제임스 매디슨(James Madison)은 〈페더럴리스트 페이퍼 10(Federalist Paper 10)〉에서 관세 정책의 특성을 다음과 같이 명료하게 기술했다.[3]

문명화한 국가에서는 필히 지주의 이해, 제조업자의 이해, 상인의 이해, 자본가의 이해, 그보다 규모가 작은 수많은 이해들이 각축을 벌이며, 그 각각은 서로 다른 정서와 관점에 따라 작동하는 상이한 부류로 나뉜다. 이렇듯 서로 간섭하는 다양한 이해에 대한 규제는 오늘날 입법에서 중요한 부분을 차지하는 과제다. ……"외국 제조업에 제약을 가함으로써 국내 제조업을 장려하는 게 옳은가? 만약 옳다면 어느 정도까지 그렇게 해야 하는가?" 이 질문에 대해서는 지주 집단과 제조업자 집단이 서로 다른 답을 내놓을 테고, 아마 그 답은 전적으로 정의에 따른 것도 전적으로 공익에 따른 것도 아닐 터이다.

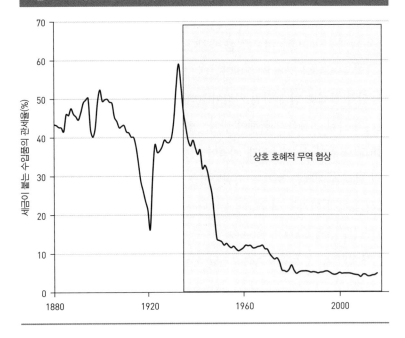

그림 14-4 미국의 평균 관세율(1880~2015년)

세금이 붙는 수입품의 관세율(%)

상호 호혜적 무역 협상

1880 1920 1960 2000

미국의 관세 역사는 매디슨의 관찰이 예리하다는 것을 잘 보여준다. 각
부문의 이해와 산업의 이해가 맡은 역할 때문에 미국은 대부분의 역사
동안 고관세 국가였다. 그림 14-4에서 볼 수 있듯 1880~1930년 미국
의 평균 관세율은 약 40퍼센트였다.

더러 경제 보호라고 부르기도 하는 관세는 주로 제조업에 초점을 두
어왔다. 높은 관세를 통해 국내 노동자와 기업을 수입으로부터 보호해
주기 위해서였다. 미국의 제조업은 대략 메인주에서 일리노이주에 이르
는 북동부와 중북부에 몰려 있었다. 이 지역은 역사상 높은 제조업 관
세(이를테면 1828~1929년의 관세)를 정치적으로 지지해왔다. 2016년 트럼프
선거 운동의 보호무역주의적 수사가 공화국 초기 이후 줄곧 관세 지지

의 중심지였던 그 같은 북동부와 중북부 주들에서 가장 잘 먹혀들었다는 점이 눈에 띈다.

그림 14-4가 보여주듯 1929년까지의 관세율에 드러난 시소 패턴은 주로 의회의 두 주요 정당에 의한 정치적 운명이 반영된 결과다.[4] 이것이 그린 정치를 이해하는 데 주는 함의는 매디슨이 예견한 바와 같다. 즉, 그것은 효율적인 재정 구조를 설계하려는 의사 결정에 따른 게 아니라, 집중화한 지역 이해 집단들이 투쟁을 벌인 결과다.

관세는 소비자의 이해와 생산자의 이해가 불균형하다는 것을 보여주는 적절한 예다. 그림 14-4에서 볼 수 있듯 지난 수십 년 동안 집중화한 생산자의 이해가 승리를 거두었으며, 관세는 높은 수준을 유지했다. 이러한 기조는 왜, 그리고 어떻게 종지부를 찍었을까? 20세기 초에 두 가지 근본적인 변화가 일어났다. 첫 번째 중요한 조치는 1914년의 소득세 도입이었다. 소득세는 관세의 재정적 필요성을 줄여주었으며, 전쟁에 자금을 지원하는 데, 그리고 제1차 세계대전 이후 복지 국가가 부상하도록 이끄는 데 결정적 역할을 했다.

두 번째 중요한 조치는 **상호 호혜성**(reciprocity)의 출현이다. 즉, 각국은 수출 촉진을 위해 해외의 관세 인하를 원할 경우 자국의 관세도 인하할 필요가 있음을 깨달았다. 미국에서 상호 호혜성은 특별히 중요해졌다. (1910년까지는) 제조업 제품의 순수입국이었지만 제1차 세계대전 이후 주요 수출국으로 변신했기 때문이다.

(1929년까지의) 비협조적 고관세에서 협상에 기반한 협조적, 상호 호혜적 접근으로의 전환은 프랭클린 D. 루스벨트 행정부(1933~1945) 초기에 우연히 이루어졌다. 루스벨트는 (그릇되게도) 고관세가 오랫동안 지속되고 있는 심각한 대공황의 주요인이라고 믿었지만, 관세 정책에 대해 명

확한 입장을 가진 것은 아니었다. 그러나 루스벨트의 국무장관 코델 헐(Cordell Hull)은 협조와 협상을 통해 관세 장벽을 낮추어야 한다는 확고한 신념을 지니고 있었다. 1933년 그는 오늘날이라면 신중하게 읽어야할 다음과 같은 글을 발표했다.[5]

> 헤아릴 수 없이 큰 손실과 피해를 낳은 수년간의 파괴적 경험을 통해 나는 극심한 경제적 고립이라는 협소하고 맹목적인 정책을 철저히 불신하게 되었다. ……그리고 오랜 숙고 끝에 국제 무역, 모든 종류의 교류와 금융에 대한 온갖 과도한 장애물을 제거하거나 완화하는 광범위한 정책을 지지하고 발표하기로, 국가 간 무역을 크게 활성화할 수 있는 상업 정책을 채택하기로 결정했다. 내 제안서의 이 부분은 그 같은 자유주의적 상업 정책과 상업 규모의 발전이 문명국가가 제1차 세계대전 이후 구축해야 할 평화 체제의 주요 토대가 되리라는 확신에 기반을 두었다.

미국과 기타 국가들은 1934년에 제정된 상호호혜무역협정법(Reciprocal Trade Agreements Act)에서 시작해 여러 차례 협상을 거치며 점차 그들의 관세 및 비관세 보호무역주의 체제를 해체했다. 세계화의 부상은 주로 무역과 금융에 대한 장벽을 낮추려는 국제 협력의 정신과 취지 덕분이었다.

최근의 역사는 각국이 저마다 두 걸음 전진할 때마다 한 걸음 후퇴한다는 것을 상기시킨다. 도널드 트럼프 행정부는 관세와 보호무역주의 엄포를 정치적 목적에 동원함으로써 동맹국을 소외시키고 국제 무역 체제를 약화시켰다. 그 결과 자잘한 무역 전쟁이 발생했지만 군사 전쟁에서와 마찬가지로 그 전쟁에서 진정한 승자는 없었다.

2020년 현재, 국제 무역 체제의 미래는 밝지 않다. 하지만 그린 정치의 교훈은 유익하다. 지역의 이해와 산업의 이해가 지배하던 과거에 소수의 이해는 다수의 이해에 맞서 승리를 거두었다. 협의의 이해 집단이 관세를 장악하던 상황은 **특정 이해 집단의 권한 박탈과 상호 협력이 무역 정책을 주도해야 한다**는 견해에 힘입어 서서히 바뀌었다. 특정 이해 집단은 관세의 분배 정치를 의회의 손에서 빼앗아온 협조적인 정책들 덕분에 소멸하기에 이르렀다.

황 정치

대기 오염 물질, 특히 황산화물(SO_x)과 관련한 정치는 모든 '국내적' 주요 그린 관심사 가운데 단연 중요하다. (기후 변화는 장기적인 '국제적' 주요 이슈다.) 아황산가스(SO_2)는 주로 석탄 및 기타 화석 연료를 연소할 때 생겨나지만 채굴이나 나무를 때는 난로 같은 다른 원천에서 발생하기도 한다. 아황산가스는 본디 해로우나, 특히 다른 화합물과 결합해 미립자, 즉 미세먼지를 형성할 경우 위험도가 커진다. 황 화합물과 미세먼지는 생태계에 피해를 입힐 뿐 아니라 인간의 건강에도 막대한 해악을 끼친다.

황 정치에서 흥미로운 특징은 초기 환경 운동이 '산성비'에 초점을 맞추었다는 점이다. 산성비는 (산성인) 황 화합물이 호수와 숲의 산성도를 높이고 그들의 생태계에 피해를 안겨줄 때 발생한다. 산성비가 일으키는 부작용에는 민물고기와 기타 생명체에 가하는 피해, 토양을 산성화함으로써 야기되는 파괴, 숲에 끼치는 간접적 영향 등이 포함된다.

황 배출물을 억제하기 위해 정부가 최초로 주요 정책을 실시한 것은 1970년대 말 이후 불거진, 불길하게 들리는 산성비의 위험 때문이었다.

황 정치(그리고 좀더 일반적으로 환경 정책의 정치)는 산성비에 대한 논쟁의 전개를 통해 잘 드러난다. 1981년 보수적인 레이건 행정부가 집권했을 당시, 그들이 노린 목표 가운데 하나는 환경 규제의 완화였다. 그리고 제기된 산성비 규제에 재빨리 주목했다. 친기업적인 외부 '과학자들'의 지지를 등에 업은 레이건 행정부는 산성비 배후에 있는 과학이 고비용 규제의 토대로 삼기에는 턱없이 불확실하다고 주장했다. 산성비를 일으키는 메커니즘뿐 아니라 그 원인 및 결과와 관련해서도 불확실성이 크다는 입장을 취했다. 엇갈리는 증언과 상충하는 전문가들 의견은 그 불확실성을 더욱 부채질했다.

다른 한편, 공중 보건 과학자들은 대기 오염이 인간의 건강에 미치는 영향을 연구하고 있었다. 대기 오염(매연 및 아황산가스의 배출)과 건강의 관련성이 점차 뚜렷해졌고, 1970년대에 공중 보건 과학자들은 그 관련성을 보여주는 구체적인 증거를 손에 넣었다. 1980년대와 1990년대를 거치면서 노출과 반응의 관계를 드러내는 수량적 증거들이 확실하게 문서로 정리되었다.

공중 보건 전문가들은 연구를 통해 대기 오염이 전 지구적 건강에 극도로 심각한 영향을 끼친다는 사실을 밝혀냈다. 2015년 전 지구적으로 때 이른 죽음을 맞은 400여 만 명이 대기 오염과 관련된 것으로 추정되며, 그중 절반이 중국과 인도에 몰려 있었다. 가장 관련성이 높은 오염 물질은 미세먼지, 오존, 이산화질소, 아황산가스였다. 미립자만 살펴본다면, 미국에서 그로 인한 사망률은 1980년에 9만 명으로 정점을 찍은 이래 2006년 6만 8000명, 2016년 3만 6000명으로 꾸준히 감소세인 것

으로 추산된다.[6]

아황산가스와 기타 대기 오염 물질에 대한 규제는 지방 정부, 주 정부, 연방 정부 차원에서 각각 실시되었지만, 여기서의 논의는 연방 정부 정책에 초점을 맞출 것이다. 관련 주요 법령은 1970년의 대기오염방지법과 1977년과 1990년의 그 개정안이다. 이 법들은 모두 새로운 접근법과 표준의 강화를 허용했다.

1990년 개정안은 환경 법률의 랜드마크 가운데 하나로, **거래 가능 허가증**(tradeable permit), 즉 **배출권 거래제**(cap-and-trade)라고 알려진 접근법을 도입했다. 이 새롭고도 급진적인 접근법 아래 미국은 **국가 차원에서** 연간 황 오염량의 한도를 정할 수 있었다. 정부는 배출권 허가증을 기업에 할당하고, 그들은 그것을 소유할 수 있었다. 그뿐만 아니라 기업은 경영에 필요할 경우 허가증을 사고팔 수 있었다. 이 제도는 최소 비용으로 전반적인 오염 수준을 달성할 수 있도록 보장한다.

미국에서 주요 대기 오염 물질의 추세 변화는 인상적이었다. 가장 피해가 큰 원인을 예로 들어보자. 산업의 아황산가스 배출량은 1970년(대기오염방지법을 시행한 해) 연간 3100만 톤으로 정점을 찍은 이래 꾸준히 감소해서 2016년에는 약 270만 톤을 기록했다.

그린 정치와 관련해 중요한 질문은 정치 체제가 황 오염의 위험에 얼마나 잘 대처해왔는가이다. 이를 논의하기 위해서 나는 미국에 집중해 1990~2016년에 걸친 시기를 살펴볼 것이다. 1990년은 미국이 황 배출량 허가증 거래를 가능케 한 법률을 통과시킴으로써 일대 전환점을 이룬 해다. 표 14-1은 지난 25년을 3개 기간(1990~2000, 2000~2006, 2006~2016)으로 나눈 다음 그 기간의 성장률을 보여준다.

전력 생산에 비례해 가장 피해가 큰 오염(초미세먼지)의 농도를 나타내

표 14-1   대기 질 개선에 영향을 끼친 주요인

기간	척도의 변화율(연간 평균 %)					
	전력 생산	석탄 소비	아황산가스 배출량	미세먼지 (PM10)*	초미세먼지 (PM2.5)**	초미세먼지/ 전력 생산
1990~2000	2.3	1.8	−3.4	−2.5	−2.8	−5.1
2000~2006	1.1	0.4	−3.7	−1.4	−2.5	−3.6
2006~2016	0.0	−4.2	−15.8	−1.6	−4.0	−4.0

* 입자 지름이 10마이크로미터 미만인 먼지―옮긴이.
** 입자 지름이 2.5마이크로미터 미만인 먼지―옮긴이.

는 마지막 줄에 주목하라. 가파른 하향세가 눈에 띈다. 전력 단위당 평
균 농도가 연간 4퍼센트 이상씩 감소한 것이다. 가장 인상적인 변화는
아황산가스 배출량의 감소다. 아황산가스 배출량은 1970년 3110만 톤
에서 2006년 1310만 톤, 그리고 2016년 230만 톤으로 줄어들었다. 이
렇게 황 배출량이 급감한 것은 여러 요인 덕분이지만 주로는 점차 엄격
해진 연방 규제에 따른 결과다. 거래 가능 허가증 제도는 1990년 이후
시기에 특히 효과적이었다. 더불어 2011~2015년에 실시된 독성 대기
배출 물질에 대한 강력한 규제도 한몫했다. 하지만 표 14-1에서와 같이
기타 요인에는 전력 생산 안정화, 석탄(황의 주요 원천) 사용 감소, 천연가
스의 경쟁력 증가가 포함되었다.

　그린 정치와 관련해 극도로 답하기 어려운 다음 질문은 대기 오염에
서 전반적인 규제의 엄격성이 너무 강하지도 약하지도 말아야 한다는
골디락스 기준―즉, 비용과 편익이 적절한 균형을 이루어야 한다―을
충족하는지 여부다. 이는 요컨대 오염 감소의 사회적 한계 편익과 사회
적 한계 비용을 어떻게 저울질할 것이냐 하는 문제다.

전반적인 엄격성 문제를 본격적으로 다룬 것은 니컬러스 멀러 등 (Nicholas Muller et al.)의 연구다.[7] 그들은 2010년 아황산가스 배출량 1톤이 일으키는 추가 피해가 약 2000달러라고 추정했다. 하지만 같은 해에 배출량 허가증의 평균 가격은 1톤당 약 40달러에 그쳤다. 이러한 황 배출량 한계 피해와 황 배출량 가격 간의 극심한 차이는 황 규제가 터무니없이 느슨하다는 것을 말해준다.

2017년으로 넘어가 보면, 배출량 가격은 1톤당 6센트로 되레 줄어들어서 사실상 공짜나 다름없었다. 배출량 가격이 이렇게 큰 폭으로 떨어진 것은 양적 규제 기준에 비해 실제 배출량이 낮았기 때문이다. 그해 배출량 감소의 한계 편익에 대한 계산은 없지만, 최근에 나온 황 배출량 한계 피해 추정치는 1톤당 6000달러를 웃돈다.[8]

규제는 배출량을 극적으로(즉, 지난 반세기 동안 10배가량) 줄이는 데 성공했다. 하지만 오늘날의 규제 제도는 지나치게 헐겁다. 황을 줄이기 위한 한계 비용(황의 거래 가격)이 공중 보건 향상과 관련한 한계 편익에 훨씬 못 미친다는 의미에서 말이다. 앞서 지적한 대로 미국에서는 미세먼지 탓에 연간 약 3만 6000명이 조기 사망하는데, 좀더 강화된 기준은 그 수치를 상당 폭 줄여줄 수 있다.

더군다나 황 규제는 본래의 배출권 거래제 규제에 따른 중요한 문제를 잘 보여준다. 배출량이 양적 한계 아래로 내려가면(규제와 관련한 이유 때문일 수도, 시장과 관련한 이유 때문일 수도 있다), 그 오염 물질의 시장 가격은 큰 폭으로 떨어질 수 있다. 심지어 0이 될 가능성마저 있다. 이것이 바로 초창기에 이산화탄소와 관련해 유럽 배출권 거래제(European Trading Scheme, ETS)에서 목도한 일이다. 가격 급락은 가격 하한제를 사용함으로써, 또는 나중에 살펴보겠지만 훨씬 더 좋은 것으로, 배출세(오늘날의 사례에서 보는 탄소세 혹은 황세)를 활용함으로써 방지할 수 있다. 여기에서 지적하고 넘어갈 점은 배출 가격은 배출량이 한 단위 추가되는 데 따른 한계 피해를 반영해야 한다는 것, 그리고 설사 배출량이 양적 목표 아래로 떨어질 때조차 배출 가격을 0으로 낮춰서는 안 된다는 것이다.

기후 변화 정치

기후 변화는 정치 체제가 그린 문제에 어떻게 대응하는지 살펴보는 데 사용할 수 있는 마지막 예다. 우리는 글로벌 그린을 다룬 22장과 23장에서 기후 변화와 관련한 이슈를 논의할 것이다. 이 장들은 효율적인 정책이 어떻게 이산화탄소와 그 밖의 온실가스에 그 배출로 인한 한계 피해가 반영된 가격을 부과하는지 기술한다. 이산화탄소 배출의 한계 피해에는 특수한 이름이 붙어 있는데, 바로 **탄소의 사회적 비용**, 즉 SCC다. 대부분의 계산은 **글로벌** SCC로서, 이는 모든 나라에 미치는 피해를 반영한다. 효율적인 정책은 각국의 각 부문이 SCC에 준하는 **통일 탄소 가격**(harmonized carbon price)을 취하도록 안내한다. 효율적인 기후 변화 정책에 필요한 일이란 '오직' 보편적인 글로벌 통일 가격을 적정 수준으로 책정하는 것뿐이다.

언뜻 이 같은 요구 사항은 믿기 어려우리만치 단순해 보인다. 효율적인 규정에 필요한 요구 사항이 SCC에 준하는 통일 탄소 가격이라는 말이 과연 사실일까? 그렇다. 그리고 그 이유도 간단하다. 배출된 이산화탄소 분자는 다른 모든 이산화탄소 분자들과 함께 대기 중에 섞여 들어간다. 말하자면, 모든 분자는 신원 불명이지만 다가오는 몇 년 동안 동일한 영향력을 행사한다. 따라서 전 세계적으로 온갖 원천에서 배출되는 모든 분자에 부여하는 규제 가격은 통일되어야 마땅하다.

SCC의 실제 수치는 어떤가? 말도 못 하게 복잡한 그 계산은 여러 모델링 노력을 통해 이루어졌다. 미국 정부는 몇 가지 연구를 검토한 끝에 2020년 이산화탄소 1톤당 적절한 글로벌 SCC는 약 40달러라고 추정했다. 이 추정치가 대단히 불확실하며, 기온 상승을 섭씨 2도로 제한한다는 국제적 목표치를 달성할 수 있는 가격에 턱없이 못 미친다는 것은 거의 분명하다. 하지만 우리는 현재의 논의를 위해 미국 정부가 제시한 그 수치에 초점을 맞추려 한다.

그린 정치의 핵심 질문은 전 세계의 배출량 감축 수준, 즉 효과적인 탄소 가격이 효율적인 탄소 가격과 어떻게 다른가 하는 것이다. 세계은행은 2018년 실질적인 글로벌 평균 가격이 이산화탄소 1톤당 2달러라고, 즉 SCC의 약 20분의 1 수준이라고 추정한다.[9] 아울러 지역 전체에 탄소 가격을 적용하는 곳은 유럽연합이 유일하다. 다른 주요국(중국·미국·인도)은 일부 지역에서 탄소에 가격을 부과하기도 하지만, 현재 국가 차원에서는 탄소에 가격을 매기지 않고 있다.

따라서 기후 변화에 따른 결론은 현행 정책이 효율적인 정책, 즉 현재의 국제적 기후 목표치를 달성할 수 있는 정책에 한참 못 미친다는 것이다.

다른 많은 오염 물질 정책은 성공을 거두어온 데 반해 기후 정책은 참담한 실패를 맛보았다. 그 이유는 무엇일까? 기후 변화 정책의 요구를 충족하는 데 정치적으로 실패한 까닭은 기후 변화 분석을 통해 광범위하게 논의될 것이다. 하지만 여기서 간략하게 요약해볼 수는 있다. 일부 원인은 국내 정책의 경우와 같다. 강력한 기후 변화 정책은 널리 흩어지는 편익과 집중화한 비용을 특징으로 한다. 더군다나 편익의 상당 부분은 미래에 속하는데, 정치 체제는 흔히 미래의 편익을 과잉 할인하곤 한다.

그러나 정책 실패의 주된 원인은 기후 변화가 **세계적 외부 효과**이기 때문이다. 각국은 그들의 **국가적** SCC에는 관심을 쏟지만 **세계적** 비용에는 거의 신경을 쓰지 않는다. 따라서 국내 정책과 달리, 기후 변화는 국제적 무임승차의 대상으로 전락하기 일쑤다. 결국 편익의 대부분이 다른 나라들한테 돌아가는지라 각국은 강력한 정책 실시에 시큰둥한 태도를 보인다. 우리는 글로벌 그린을 다룬 22장과 23장에서 무임승차가 오늘날의 글로벌 기후 변화 정책에서 가장 심각한 암초임을 살펴볼 것이다.

이 모든 이유를 종합하건대, 우리는 기후 정책이 거센 역풍을 맞고 있음을 알 수 있다. 한마디로 이들 정책은 이산화탄소 배출량, 기온 상승, 그리고 해양 파괴에 영향을 주기에는 지나치게 허술하다.

그린 정치에 대한 결론

그린 정치를 다룬 앞의 두 장에서 얻은 여러 연구 결과 가운데 세 가지가 특히 두드러진다. 첫째, 그린 운동의 숱한 난제는 정부 차원의 정책을 통해서만 해결할 수 있다는 점이다. 여기에는 각 행동 주체가 그들의 유해한 행위에 책임을 지는 법적 틀을 마련하는 것, 오염이나 감염병 같은 가장 핵심적인 스필오버를 위한 규제적 정책을 실시하는 것 따위가 포함된다. 이는 '잘 관리된 사회'의 네 가지 기둥 가운데 하나, 즉 정부가 공공재를 제공해야 할 필요성을 일깨워준다.

둘째, 환경 정책이 흔히 과학적 연구 결과보다 몇 년 정도 뒤처진다는 점이다. 과학자들은 흡연, 황 배출과 스모그, 기후 변화, 그리고 팬데믹의 위험에 대해 알고 있었다. 하지만 정부는 한참이 지나서야 그에 대처하는 효과적인 조치를 취했다. 이처럼 시간 지체가 발생하는 까닭은 부분적으로 정부―심지어 민주주의 정부조차―가 행동을 취하는 데에서 심각한 타성에 젖어 있기 때문이다. 정치적 조치를 취하려면 증거를 모으고, 이해관계를 조율하고, 반대를 뛰어넘고, 법률을 통과시키고, 규제와 집행 조치를 강구하고, 마지막으로 실제로 시행해야 한다. 또한 시간 지체가 발생하는 까닭은 집중화한 기득 이해 집단이 불리한 영향을 받는, 조직되지 않고 산발적인 다수의 이해를 차단하는 데 입김을 불어넣기 때문이기도 하다. 여기에 더해 정치 지도자가 그 사회의 금권 이해 집단이나 반과학 분파에 휘둘리면서 그 자신이 장애물의 일부가 되는 사태도 한몫한다.

셋째, 국가 차원의 파벌적 이해 집단, 국제 차원의 무임승차를 극복하기 위해서는 협력과 조율이 필요하다는 점이다. 위에서 논의한 세 가지 사례 연구―관세(국제 무역), 황 오염, 기후 변화―모두에서, 협력 부족은 효과적인 제도적 체제로의 진전을 가로막는다. 관세와 황의 경우에는 결국에 가서 협력이 이루어졌고 집단적 이해를 추구하기에 이르렀다. 하지만 기후 변화의 경우에는 무임승차와 조정 부족이 계속해서 효과적인 정책을 실시하지 못하도록 버티고 있는 심각한 걸림돌이다.

그린 뉴딜

2018년부터 **그린 뉴딜** 개념이 미국인의 의식 저변에 배어들기 시작했다. 그 개념이 출현한 것은 한편으로는 트럼프 행정부가 수많은 환경 정책을 폐기하겠노라고 결단했기 때문이고, 또 한편으로는 기후 변화의 심각한 결과에 대한 위기의식이 팽배해졌기 때문이다. 그린 뉴딜 개념은 미국에서 자유주의적인 민주당 진영의 마음을 사로잡았다. 그 중요성을 감안할 때, 그린 뉴딜 개념은 비록 잠깐이나마 신중하게 검토해볼 가치가 있다.

뉴딜 정책

그린 뉴딜은 1930년대의 뉴딜 정책에서 영감을 얻었다. 원조 뉴딜은 민주당 대통령 프랭클린 D. 루스벨트가 대공황기에 도입한 일련의 혁신적인 정책이었다. 루스벨트가 1933년 3월 집권했을 때, 산출은 1929년의 정점에 비해 30퍼센트 감소했고, 실업률은 노동 인구의 25퍼센트에 달했다.[1]

루스벨트는 미국 역사상 가장 위대한 대통령 가운데 한 명으로 손꼽힌다. 무엇보다 역사가들은 그가 궁지에 몰린 민주주의를 이끌어 제2차 세계대전에서 승리를 거둔 연합 구축자(builder)이자 군사 지도자였다는 점을 높이 산다. 뉴딜 기간 동안의 경제 정책에 대한 평가는 그의 정치적, 군사적 업적에 대한 평가보다 환상적이지는 않다.

뉴딜 정책의 핵심적인 경제적 요소는 무엇이었을까? 대공황에 종지부를 찍고자 한 그의 노력은 주로 신뢰성이 떨어지는 경제적 추론에 기댄 것이었다. 첫 번째, 뉴딜은 기본적으로 실험적이었고, 따라서 사회적 계획을 전복시키고자 의도했다는 점에서 대단히 급진적이었다. 예컨대 루스벨트는 초기에 재정 적자 감소, 세금 인상 등 재정적 보수주의 쪽으로 기울었다.

루스벨트 대통령 자신의 본능뿐 아니라 J. M. 케인스 같은 경제학자의 입김으로 그의 재정 정책은 급진적으로 수정되기에 이르렀다. 연방의 비(非)방위 지출은 그의 취임 당시 GDP의 2퍼센트에도 못 미치던 데에서 제2차 세계대전 전야에는 GDP의 5퍼센트로까지 상승했다. 실제로 연방 정부가 경제의 몫으로 투자한 액수는 1930년대 말 사상 최고치에 달했으며, 재화와 서비스에 대한 연방 정부 지출의 몫은 그때 이후 점차 감소했다.[2]

뉴딜 정책으로 인한 경기 부양은 대규모이긴 했지만 당시로서는 완전히 부적절했다. 프랭클린 D. 루스벨트가 케인스의 표현대로 '황금 족쇄(golden fetters)'인 금본위제를 폐지하기 위한 중대 조치를 취함에 따라

부흥에 부가적 요소가 더해졌다. 하지만 이러한 조치는 하나같이 불충분했다. 경제사가들은 미국 경제를 대공황으로부터 구해준 유일한 요인은 제2차 세계대전을 위한 군사비 지출이라는 대대적인 경기 부양이었노라고 결론 내렸다.[3]

뉴딜 정책의 두 번째 특징은 연방 정부의 모든 권한을 이용해 경제 문제를 해결하고자 한 루스벨트의 의지였다. 1933년 이전에는 정부 기관의 수가 상대적으로 얼마 안 되었고 연방 정부의 지출도 거의 없다시피 했다. 뉴딜 기간에 프로그램과 기관이 대폭 늘어났다. 그 중 지금까지 살아남은 기관에는 민간항공국(Civil Aeronautics Board), 수출입은행(Export-Import Bank), 연방통신위원회(Federal Communications Commission), 연방예금보험공사(Federal Deposit Insurance Corporation), 연방주택청(Federal Housing Administration), 전미노동관계위원회(National Labor Relations Board), 증권거래위원회(Securities and Exchange Commission), 그리고 사회보장청(Social Security Administration)이 있다.

돌아보면 당시 실시한 프로그램 상당수가 잘 고안되었고 내구적이었음을 깨닫게 된다. 그 예로는 사회 보장, 실업 보험, 은행 예금에 대한 예금 보험, 그리고 증권법 등이 있다. 전국부흥청(National Recovery Administration: 1933년 산업 진흥과 실업률 감소를 목표로 설립된 기관－옮긴이) 같은 기타 기관은 1940년대에 경제가 완전 고용 상태로 복구되자 기억의 저편으로 사라졌다. 오늘날의 그린 뉴딜은 사회적, 경제적 목표를 달성하기 위해 새롭거나 확장된 프로그램을 다양하게 선보인다는 점에서 그 전임자(뉴딜－옮긴이)를 충실히 따르고 있다.

뉴딜 정책의 세 번째 특징은 경제 불평등 완화를 강조한다는 점이다. 대공황은 소득을 감소시키고 가족과 공동체를 파괴했으므로, 빈곤과 불평등을 줄이는 가장 중요한 방법은 완전 고용을 회복하는 것이었다. 그 밖의 주요 정책은 (노인층의 빈곤을 근절하는) 사회 보장, (저소득층의 소득을 보충해주는) 복지, 그리고 실업 보험이었다. 이 지점에서 다시 한번 그린 뉴딜이 미충족 욕구들에 대해 후속 조치를 취한다.

네 번째로, 1930년대 뉴딜 정책의 주요 요소는 연방 정부가 환경 정책을 도입하도록 안내했다. 루스벨트 행정부는 보존 영역에서 몇 가지 요소를 개척했다. 1936년 제정된 토양 보존에 관한 법률은 텍사스주에서 사우스다코타주에 이르는 거대한 지역을 황무지로 바꾼 '건조 지대(dustbowl)'의 혹독한 가뭄과 폭풍우에 대응했다. 또 다른 프로그램은 1935년에 결성된 민간자원보존단(Civilian Conservation Corps, CCC)이었다. 작은 규모의 젊은이들이 CCC 캠프에 기거하면서 유적지를 복구하고 메뚜기를 잡아 죽이고 요새를 쌓고 길을 닦았다. CCC는 미국에서 숲의 식목 작업에 대대적으로 착수했다. 뉴딜의 보존 프로젝트 정신은 근대 환경 운동보다 시기적으로 앞선 것이며, 외부 효과와 오염에는 거의 강조점을 두지 않았다. 그렇다기보다 원조 뉴딜은 인간과 자연에 영향을 끼치는 경제 활동에 국가 정책이 적극 개입할 수 있도록 정당성과 더불어 도구까지 제공함으로써 중대한 돌파구를 마련했다.

오늘날 뉴딜 정책을 돌아보면 정부가 야경 국가 이상의 역할에 뛰어들 수 있음을 깨닫게 된다. 정부는 법학자 펠릭스 프랭크퍼터(Felix Frankfurter)의 말마따나 '강력한 사회 후생의 촉진자'로서 기여할 수 있는 것이다. 이 사실을 되새기는 것은 우리 시대에 특히 중요하다. 미국을 비롯한 수많은 국가들이 더러 사회보다 지도자나 정당의 복지에 복무할뿐더러 그런 일을 열린 민주주의 사회의 소중한 전통을 짓밟고 뒤엎는 방식으로 자행하고 있는 우리 시대에 말이다.

그린 뉴딜의 기원

그린 뉴딜 개념은 지난 20년 동안 수시로 수면 위로 떠올랐는데, 흔히 오늘날의 정치경제적 구조를 생태적·환경적 위기에서 비롯한 난제를 해결하는 데 맞추는 메커니즘으로 채택되곤 한다.[4] 그린 뉴딜 개념의 기원은 분명 칼럼니스트 톰 프리드먼(Tom Friedman)이 2007년 〈뉴욕타임스〉에 기고한 두 칼럼에서 비롯되었다.

> 기후 변화 형세를 바꾸고 우리의 석유 중독을 끝장낼 생각이라면, 우리에게는 더 많은 것이 필요하다. 태양력, 풍력, 수력, 에탄올, 바이오디젤, 청정 석탄과 원자력, 그리고 보존 등이 그것이다. 그린 뉴딜이 필요한 까닭은 이 모든 테크놀로지를 실제로 발달 가능한 수준으로까지 키워가는 일이 거대한 산업 프로젝트이기 때문이다.
>
> 우리에게는 그린 뉴딜이 필요하다. 정부 역할이 원조 뉴딜에서처럼 프로젝트에 자금을 대는 데 그치는 게 아니라, 기초 연구의 씨앗을 뿌리고 필요한 곳에 대출 보증을 제공하고 표준·세금·인센티브를 정하는 것으로까지 확대되는 그린 뉴딜이 말이다.[5]

그린 뉴딜에 대한 최초의 체계적 저술은 영국에서 시작되었다. 신경제학재단(New Economics Foundation)이 2008년 〈그린 뉴딜(A Green New Deal)〉이라는 제목의 소책자를 발행한 것이다.[6] 그 제안서는 기후 정책과 기후 인프라에 더해 "방대한 환경 재편 프로그램에 인적 자원을 제공하기 위해 노동자로 이루어진 '탄소군(carbon army)'을 결성하자"고 촉구했다. 이 초창기 제안에서 흥미로운 특징은 그것이 2008~2009년 금융 위기와 경기 하강기에 부상했다는 점이다. 일자리 창출과 경기 부양에 대한 강조가 초기 제안에서 핵심을 이루고 2019년의 제안에까지 끼어든 것도 바로 이 같은 경기 하강과 관련이 있다.

그린 뉴딜 개념은 톰 프리드먼이 주창한 이래 다양한 분야에서, 즉 외교관, 법학자, 환경 운동가, 그리고 때로 경제학자의 말 속에서 쓰였다.

2018~2020년의 그린 뉴딜

미국에서는 그린 뉴딜이 2018년 선거 이후 좀더 진보적이고 새로운 일군의 민주당 국회의원들로부터 영감을 얻으면서 새로운 국면을 맞았다. 중요한 이정표에 도달한 것은 2019년 2월이었다. 하원의원 알렉산드리아 오카시오코르테즈(Alexandria Ocasio-Cortez)가 유사한 상원 결의안을 제출한 상원의원 에드워드 마키(Edward Markey)와 함께 하원 결의안 '그린 뉴딜을 창출해야 하는 연방 정부의 임무 인식하기(Recognizing the Duty of the Federal Government to Create a Green New Deal)'를 제출했을 때다.

이 접근법은 많은 진보주의자와 환경 운동가로부터 널리 찬사를 받았지만, 이내 당파적 십자포화에 휩싸였다. 공화당 하원의원들이 "그린 뉴딜은 자유시장자본주의와 사유 재산권의 원칙에 반하며, 미국에 사회주의 사회를 창출하기 위한 정책을 뿌리내리려는 기만적 시도에 불과하고, 완전히 이행하기 불가능하다는 하원의 입장을 담아" 반대 결의안을 제출한 것이다.

의회 결의안이 구상한 '2019년 버전의 그린 뉴딜(GND-2019)'은 무엇이었나?[7] 이 결의안에는 세 가지 주요 부분이 포함되어 있다. 첫 번째는 중요한 환경 및 경제 추세 목록이다. 여기서는 기후 변화의 최신 보고서에 대해 언급하는데, 기온이 섭씨 2도 넘게 상승하면 2100년에 연간 산출 손실액이 5000억 달러를 상회하리라는 추정치도 담겨 있다. 그 결의안은 사회경제적 요인과 관련해 미국이 기대 수명 감소, 40년간 임금 정체, 그리고 소득과 부의 불평등 심화를 겪고 있다고 밝혔다.

두 번째 부분으로, 결의안에는 다섯 가지 주요 목표가 나열되어 있다. (1) 순 온실가스 배출량 0에 도달하기, (2) 양질의 고임금 일자리 수백만 개 창출하기, (3) 인프라와 산업에 투자하기, (4) 깨끗한 공기와 물, 건강한 식품, 자연에 대한 접근 등 몇 가지 환경적 목표 달성하기, (5) 특히 일선 공동체와 취약 공동체를 위한 정의와 형평성 촉진하기가 그것이다.

세 번째 부분에서 개략적으로 설명한 바에 따르면, 그러한 목적은 목표와 프로젝트의 긴 목록에 맞추어 10년 동원령을 통해 구현되어야 한다. 목적 가운데 다수(경제 안보, 건강한 식품, 양질의 의료, 가족농 등)는 불확실한 데다 야심차다. 기타 목적은 아마도 종래의 합의나 새로운 합의의 역량을 넘어설 것이다. 이를테면 "모든 미국 국민에게 가족 부양 임금, 충분한 가족 휴가 및 병가, 유급 휴가, 노후 보장을 제공하는 일자리 약속하기"처럼 말이다.

그린 뉴딜에서 '그린' 부분에 집중하면 중요한 몇 가지 제안에 이를 수 있다. 첫 번째는 2050년까지 글로벌 온실가스 순배출량 0을 달성하자는 제안이다. 이 목표는 지구 온난화를 섭씨 2도 이내로 제한하는 데 필요한 것이 무엇이냐에 대한 현재의 분석을 토대로 한다. 하지만 실제로 순배출량 0에 도달하는 것은 실현 가능성이 지극히 낮다. 그뿐만 아니라 (글로벌 그린에 관해 다룬 장(22장과 23장)에서 논의하겠지만) 2015년 파리 협정에서 합의한 정책들은 그 목표의 근처에도 가지 못할 것이다.

두 번째 구체적 제안은 "미국의 전력 수요 전체를 배출량 0인 재생 가능 청정 에너지원으로부터 얻자"는 것이다. 일정표가 적시되어 있지는 않지만 이는 아마 10년간 목표, 또는 2050년 목표에 적용할 수 있을 것이다. 이와 관련한 맥락을 이해하려면, 2019년 연방 에너지정보청 보고서가 발표한 그 기관의 추정치를 살펴볼 필요가 있다.[8] 2018년 전력 생산에서는 화석 연료가 61퍼센트를 차지했는데, 이 수치가 2050년에는 55퍼센트로 감소할 것으로 예상된다. 에너지정보청이 내놓은 가장 낙관적인 추정치에서조차 화석 에너지는 2050년에 41퍼센트로밖에 떨어지지 않는다. 오늘날 추정치는 순탄소 0의 전력 시스템으로 옮아가려면, 현재 또는 가까운 미래의 테크놀로지를 감안하더라도 발전 비용이 200~400퍼센트 치솟을 것임을 말해준다.[9]

세 번째 주제는 기후 변화를 위한 제안, 즉 "오염과 온실가스 배출량을 기술적으로 실현 가능한 정도까지 제거하는 것"이다. 그러기 위해 최대한의 조치를 취하려는 이 목표는 인프라, 제조, 농업, 운송에 적용된다. 이것은 정확히 무엇을 의미하는가? 이러한 접근법은 정책에 비용편익 분석을 적용하지 않는다. 그렇다기보다 **비용이 어떻게 되든** 정책이 최대의 조치를 취하는 접근법이다. 이 용어는 종종 '가용한 최선의 통제 기술', 즉 '실현 가능한 최대' 기준을 사용한 초기의 환경 입법 접근법을 연상케 한다. 이러한 접근법은 규제 당국으로서 극도로 시행하기 어려운 것이었다. 원칙적으로는 극심한 비용과 최소한의 편익을 낳는 조치들까지 허용할 수 있기 때문이다.

이것은 네 번째 문제로 이어진다. 무엇이 포함되어 있느냐가 아니라 무엇이 배제되어 있느냐 하는 문제로 말이다. 2020년의 관점에서 볼 때 가격, 세금, 혹은 거래 가능 허가증 같은 시장 접근법을 환경 정책의 도구로 사용하는 데 대한 논의가 빠져 있다는 점이 눈에 띤다. '그린 뉴딜 2019' 결의안에는 세금이나 가격(탄소세와 기타 오염세)에 대한 언급이 없다. 이는 목표가 1970년대에 실시한 최초의 지휘-통제적 환경 규제와 대단히 흡사한 규제적 수단에 의해 강제되리라는 것을 말해준다. 하지만 최근에는 엄격한 규제적 명령이 점차 시장형 규제 또는 시장에 의해 보완된 규제로 대체되어왔다.

세계 차원의 공공재를 위해 중요한 것으로, 국제적 정책 조정의 필요성에 대한 논의가 누락된 점 또한 심각해 보인다. 미국은 국제적 연합을 구축하지 않으면 국내적 조치만으로는 글로벌 이슈와 관련해 거의 아무런 진척도 이룰 수 없다. 그리고 오늘날 배출량을 다루는 데에서 유일하게 성공적인 제도, 즉 이산화탄소 배출량을 제한하는 유럽 배출권 거래제에 대한 언급이 빠져 있다는 사실도 뜻밖이다.

마지막으로, 그린 뉴딜은 '그린' 정책보다는 주로 평등과 공정성을 증진하는 정책에 관한 것이다. 그린 정책에 대한 우리 분석은 오염이나 교통 혼잡 같은 시장 실패의 중요성을 부각한다. 다시 말해, '그린' 문제는 공공재를 그릇되게 할당하는 것, 혹은 중요한 외부 효과를 효과적으로 다루는 데 실패하는 것을 중심으로 한다. 이는 불평등, 실업, 주택이나 식품 같은 사적재의 불충분성 같은 이슈와는 (더러 관련될 때도 있지만) 분명하게 구별된다. 그린 뉴딜의 포부 가운데 일부는 지구 온난화 억제 같은 '그린' 목표를 직접적으로 지향하지만, 그 대부분은 불평등 완화, 사적재 제공의 개선 같은 그 밖의 문제들과 관련이 있다.

따라서 그린 뉴딜은 폭넓은 정책 포트폴리오에 대해 기술한다. 그중 일부 정책은 '그린' 사회를 촉진하는 것을 목표로 삼지만, 대부분의 정책은 뉴딜 시기에 다룬 것 같은 좀더 광범위한 일련의 이슈를 겨냥한다.

'그린 뉴딜 2019'는 숱한 비판과 의구심의 대상으로 떠오르고 있음에도, 그 지지자들에게는 중대한 정치적 사건이자 성공이었다. 그것은 특히 기후 변화 정책의 목적, 그리고 부정적 영향에 과하게 노출된 집단 혹은 저소득층을 돕는 정책의 필요성을 강조한다. 안타깝게도 그것은 기후 변화 정책—특히 그 목표를 충족시키는 정책—이 탄소세 등을 통한 적극적인 가격 인상 조치를 요구한다는 불편한 진실을 외면해왔다. 이제 그 진실과 마주해야 할 때가 왔다.

4부

사회적·경제적 풍광 전반에 걸친 그린

그린 경제에서의 이윤

이어지는 장들에서는 그린이 경제, 환경, 사회 전반의 다양한 분야에 어떻게 적용될 수 있는지 살펴볼 것이다. 이 장들은 강력한 그린세의 잠재력을 일깨우며, 사회적 목표에 도달하는 데에서 혁신이 얼마나 중요한 역할을 하는지 파헤친다. 이어 개인, 기업, 그리고 투자자를 위한 윤리적 행동에 대해 논의하겠다.

이러한 논의를 관통하는 하나의 주제는 오염, 교통 혼잡, 지구 온난화를 발생시키는 브라운 행동으로 이어지는 왜곡이다. 우리는 또한 개인의 경제적 지위(또는 이윤)와 사회 후생 간의 트레이드오프에 대해 검토해볼 것이다. 왜곡, 특히 기업이나 금융 시장과 관련한 왜곡이 일어나는 것은 상당 부분 이윤이 잘못된 신호를 보내기 때문이다. 이윤 극대화를 추구하는 기업은 더러 해로운 스필오버 효과를 낳는 생산 의사결정에 이르곤 한다. 그 근본 원인은 흔히 기업의 의도가 사악하기 때문이 아니라 가격과 이윤이 그릇된 신호를 보내기 때문이다.

따라서 이어지는 장들을 통해 세금, 혁신, 그리고 윤리적 행동에 대해 고찰하기 전에 사적 시장 경제에서 이윤이 어떤 역할을 담당하는지 살펴볼 필요가 있다. 이 주제는 책 내용과 동떨어져 보일지도 모르지만 실상 그렇지 않다. 이윤은 시장 활동을 밀어주는 주요 원동력이다. 좋은 쪽으로든 나쁜 쪽으로든 말이다. 이 책에서 확인된 최대 악당은 아마도 왜곡된 이윤 동기일 것이다. 이 점을 유념하면서 이윤의 정의, 측정, 왜곡 가능성에 대해 살펴보자.

이윤을 보는 상이한 관점

　이윤은 공적 공간에서 엇갈리게 받아들여진다. 그것은 흔히 소비자와 노동자로부터 비양심적으로 갈취한 결과로 취급되곤 한다. 또는 품귀 현상이 나타나는 시기에 기업이 제품 가격에 바가지를 씌운 결과이거나, 경영진을 배 불리기 위해 스리카드 트릭(three-card monte: 퀸을 포함한 카드 세 장을 보인 다음 교묘한 솜씨로 뒤섞어 엎어놓고 그 퀸을 맞히게 하는 도박. 여기에서는 '야비한 속임수'라는 의미로 쓰였다—옮긴이)을 꾀한 결과로 여겨지기도 한다. 전자 시대이니만큼 페이스북이나 구글은 사람들 모르게, 그리고 흔히 명시적인 허가 없이 그들의 개인 데이터를 판매함으로써, 또는 러시아가 선거에 개입하도록 허용함으로써 막대한 수익을 거둬들였다. 더욱 중요한 것으로 기업은 사적 이익을 공적 이익보다 우선시한다는 혐의를 받고 있다.

　프란치스코 교황은 다음의 글에서 이윤에 대해 신학적 비판을 가했다. "이윤만 따지는 곳에는 생태계의 복잡함, 자연의 리듬, 자연의 흥망

성쇠가 인간의 개입으로 심하게 망가질지도 모른다는 생각이 스며들기 어렵다."[1]

이윤에 대한 또 다른 견해는 '자유기업자본주의' 지지자들이 피력한 것이다. 그들은 흔히 이윤을 혁신과 기업가 정신에 대한 보상으로 간주하곤 한다. 시카고학파(Chicago School)의 경제학자 밀턴 프리드먼(Milton Friedman)은 이윤에 대해 이렇게 설명했다.

> 기업의 세후 이윤은 국민소득의 약 6퍼센트에 해당한다. ……이 작은 이윤은 공장과 기계에 투자하고 새로운 제품과 생산 공정을 개발하고자 하는 동기를 부여한다. 이러한 투자와 혁신이 점점 더 높아지는 임금을 감당할 수 있는 재원을 마련해주었다.[2]

출판업자 스티브 포브스(Steve Forbes)는 이윤에 대해 좀더 간명하게 언급했다. "투자가 없으면 경제 성장도 없다. 자본은 저축과 이윤에서 나온다. 더 무슨 말이 필요한가."[3]

이윤의 경제학

이 모든 비판과 방어는 저마다 일면의 진실을 담고 있다. 하지만 그것들은 시장 경제에서 이윤이 담당하는 경제적 역할에 대해서는 제대로 다루고 있지 못하다. 우리는 사적재의 생산에 주목하면서 효과적인 시장의 '보이지 않는 손 원칙'을 '잘 관리된 사회'의 네 가지 기둥 가운데 하나로 강조했다. '보이지 않는 손 원칙'에 따르면, 이상적인 시장 경제에서는 기업이 그들의 이윤을 극대화하는 행동을 할 경우 사회가 가장 잘살게 되리라고 주장한다. (여기에서 이상적인 시장 경제란 불평등은 내버려두고 사적재 생산이 외부 효과 없이 이루어지는 상태임을 기억하라.)

그 이유는 이렇다. 이윤에 대한 교과서적 정의로부터 시작해보자. **이 윤은 재화와 서비스를 생산하는 데 따른 수입과 비용 간의 차이다.** 이는 이 윤이 소비자에게 부과되는 판매 가격과 노동자 및 기타 생산자에 가해 지는 생산 비용 간의 차이라는 의미다. 기업은 이윤을 늘리기 위해 판 매 가격은 올리고 비용은 낮춘다. 이상적인 시장은 이렇게 함으로써 사 회의 희소 자원으로부터 최대의 소비자 만족을 끌어낸다. 여기서 중요 한 세부 사항은 '이상적인' 시장 경제에서는 달러 수입과 달러 비용이 사회적 가치를 정확하게 반영한다는 점이다.

'보이지 않는 손 원칙'을 적용하면 개인의 윤리와 기업의 행동은 극 도로 단순화된다. 그것은 기업과 개인이 일상적으로 다른 사람들에게 해를 끼칠지 몰라 걱정하지 않은 채 지낼 수 있음을 시사한다. 이상적 인 시장에서는 사회적으로 책임 있는 행동에 필요한 것이라곤 책임 있 는 시장 공동체의 일원으로서 행동하는 것, 즉 열심히 일하고 규칙에 따라 경기에 임하는 것뿐이다.

하지만 우리는 만세삼창으로 시장을 추켜세우기 전에, 다시 말해 '보 이지 않는 손 원칙'으로 단단히 무장하기 전에, 그 단점을 기억할 필요 가 있다. 실제로 경제를 왜곡시키고 심지어 경제에 치명적인 결과를 안 겨주기도 하는 외부 효과라는 게 존재하기 때문이다. 게다가 시장이 창 출한 소득은 더러 극도로 불평등하고 불공정하기도 하다. 따라서 시장 과 이윤의 역할에 대해서는 만세를 세 번이 아니라 한 번만 부르기로 한다.

이윤의 추세

미국 경제의 이윤 추세에 대해 살펴보자. 이를 위해 우리는 경제의 중심이랄 수 있는 비금융 기업 부문을 들여다볼 것이다. 거기에는 제조업, 광업, 통신, 정보, 도소매업, 교통, 그리고 상당수의 서비스가 포함된다. 이들 산업은 경제의 기업 부문 가운데 절반 이상을, 그리고 전체 경제의 5분의 2가량을 차지한다.

　2017년 비금융 기업은 18조 7000억 달러에 달하는 국내 자본(공장·기계·소프트웨어)을 소유했다. 그들은 국내 이윤과 관련 소득으로 세전 1조 6380억 달러, 세후 1조 3830억 달러를 벌어들였다. 국내 비금융 기업 자본의 수익률은 7.4퍼센트였다. 그림 16-1은 1960~2020년의 동향을 드러낸다. 표 16-1은 지난 60년 동안의 수익률을 세율 및 안전한 '재무

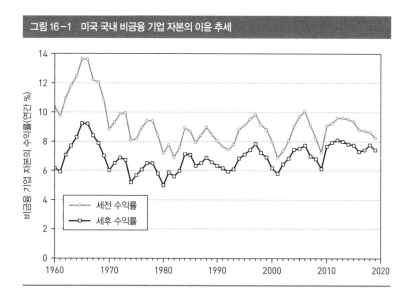

그림 16-1 미국 국내 비금융 기업 자본의 이윤 추세

표 16-1 미국 비금융 기업의 수익성(%)				
	세전 수익률	세후 수익률	평균 세율	재무부 채권의 수익률
1960~1985	9.8	6.8	31	2.2
1986~2019	8.7	7.0	19	2.4

주: 여기서도 다른 곳에서도 이윤은 이자를 포함해 자본에 대한 모든 수익을 아우르는 넓은 의미로 정의한 것임을 밝혀둔다.

부 채권(미국 국채)'의 실질 수익률과 더불어 보여준다.

그림 16-1과 표 16-1에서는 세 가지 점이 두드러진다. 첫 번째, 1960년에서 2019년에 이르는 전 기간 동안 자본에 대한 세후 수익률은 끊임없이 출렁이긴 했지만 대체로 변화가 없었다. 수익성이 높음에도 정부가 데이터를 기록하기 시작한 이래 기업들의 전반적 수익성에는 오직 약간의 변화밖에 일어나지 않았다.

테크놀로지 과두 집단의 이윤 증가는 어떤가? 실제로 그들은 기업 이윤의 극히 일부만을 차지하고 있다. 아마존, 페이스북, 알파벳(구글), 그리고 마이크로소프트 같은 거대 기술 기업 전반이 거두어들인 이윤은 전체 기업 이윤의 12퍼센트에 불과하다. 물론 주식 시장에서는 그보다 큰 몫을 차지하고 있지만 말이다.

두 번째로 흥미로운 특징은 기업 이익에 대한 세율이 그 기간 동안 큰 폭으로 떨어졌다는 점이다. 조사 기간 중 전자인 1960~1985년에 31퍼센트이던 수치가 후자인 1986~2019년에는 19퍼센트로 급락했으며, 실제로 2019년에는 10퍼센트로 최저치를 기록했다. 이러한 하향세는 지난 60년 동안 대폭 감소한 세전 수익률의 변화를 감춰준다.

세 번째 추세는 기업 자본이 안전한 재무부 채권의 실질 금리(즉, 인플레이션을 고려해 교정한 금리)와 비교해볼 때 꽤나 수익성이 높다는 점이다. 1960~2019년에 기업 자본의 수익률은 재무부 채권에 비해 4퍼센트 이상 높았다. 사람들은 일반적으로 이러한 차이가 기업 자본의 위험성(주식 시장의 변동성뿐 아니라 기업 이윤의 불확실성에서 비롯된 위험성)을 보상하는 데 필요한 프리미엄이 반영된 결과라고 믿고 있다.

하지만 대다수 사람에게 가장 놀라운 점은 기업 자본의 수익률이 비록 변동성이 있긴 하지만 지난 60년 동안 거의 추세 변화를 드러내지 않았다는 사실이다.[4]

주주 가치로서 동적 이윤

이윤은 정적 개념으로 1년과 같은 단일 기간 동안의 순이익을 말한다. 하지만 사람들은 일반적으로 시간의 흐름에 따른 이윤 변화, 즉 적절하게 할인된 현재 및 미래의 총이윤에 관심이 있다. 기업은 이를 **주주 가치**(shareholder value, SV)라고 부르는데, 이는 기업의 의사 결정과 '기업의 사회적 책임'의 핵심이다.

주주 가치는 사실상 꽤나 단순하다. 그것은 회사의 보통주를 모두 합한 가치이며, 때로 **시가 총액**(market capitalization, 또는 market cap)이라 부르기도 한다. 예컨대 2020년 가을 애플 주식의 주주 가치는 2조 2150억 달러였다.

가장 간단한 재무 이론에 따르면, 주주 가치는 주주에게 배당이 예상되는 미래의 현금 흐름, 더 정확하게 말하자면 현금 흐름의 현재 가치(배당금과 주식 환매)에 의해 결정된다. 현재 가치는 현재와 미래의 현금 흐름을 취한 뒤 그에 적절한 할인율을 적용한다(13장의 논의 참조).

주주 가치의 수학을 이해하기 위한 목적으로 잠시 옆길로 새는 걸 꽤 넘치 않는 독자들을 위해 한 가지 예를 들어보겠다. ABC사가 1년 동안 100달러의 이윤을 얻고, 그것을 모두 주주에게 나눠준다고 가정하자. 나아가 ABC의 할인율은 연 5퍼센트라고 치자. 그러면 주주 가치(SV)와 현재 가치(present value, PV)는 2000달러가 된다.

$$SV = PV = \frac{이윤_1}{1.05} + \frac{이윤_2}{(1.05)^2} + \frac{이윤_3}{(1.05)^3} + \cdots\cdots$$

$$= \frac{100달러}{1.05} + \frac{100달러}{(1.05)^2} + \frac{100달러}{(1.05)^3} + \cdots\cdots$$

$$= \frac{100달러}{0.05} = 2000달러$$

기업이 이윤을 극대화해야 한다는 개념의 완결판은 이윤의 현재 가치, 즉 주주 가치를 극대화해야 한다는 것이다.

금융 전문가들은 주주 가치에 대한 이 같은 이상적인 견해가 수많은 불안한 가정에 기대고 있음을 발 빠르게 지적한다. 이를테면 주식을 사고파는 사람들은 미래의 현금 흐름을 알지 못한다. 미래의 통화 정책이나 세금 정책에 대해 모르니 할인율에 대해서도 알 도리가 없다. 아마도 신고된 현금 흐름은 기업들이 경영 상태가 좋아 보이도록 하기 위해, 혹은 주가를 끌어올리기 위해 조작한 결과이기 쉽다. 이 모든 우려는 얼마간 타당하다. 다만 주주 가치는 어렴풋이 보이긴 하나, 결국에 가서는 그 기업의 현재 및 미래의 이윤에 의존한다는 기본적인 요지만

큼은 기억해둘 필요가 있다.

시장 경제의 나침반으로서 이윤

이윤은 기업 경영진을 특정한 방향으로 안내하는 나침반 같은 것이다. 이는 그림 16-2로 시각화할 수 있다. 북쪽은 사회적으로 바람직한 재화와 서비스를, 남쪽은 독성 폐기물의 발생 같은 파괴적인 활동을 나타낸다고 가정하자. 따라서 우리는 나침반이 북쪽을 향하고, 우리를 오도하지 않길 바란다. 완벽하게 조정된 나침반의 안내를 받는 경제 탐험의

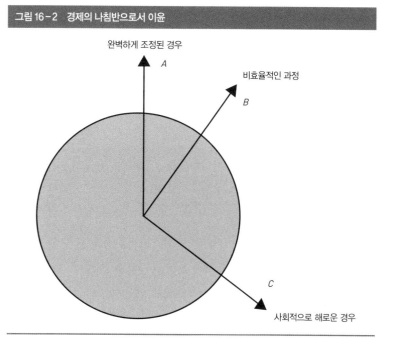

그림 16-2   경제의 나침반으로서 이윤

지도자는 올바른 방향으로 나아간다. 실제로 경제는 가격과 유인이 적절하게 정해진다면 바람직한 방향을 가리킬 것이다.

하지만 경제 나침반이 망가졌거나 눈금이 잘못 그려져 있다고 가정해보자. 이런 일은 가격이 오해의 소지가 있거나 경영진의 유인이 왜곡되어 있기 때문에 빚어진다. 따라서 팀은 그림 16-2의 점 B처럼 잘못된 방향으로 돌진해 비효율적으로 생산할 수도 있다. 또는 극단적인 경우 나침반이 점 C처럼 완전히 잘못된 방향으로 치달아 사회적으로 파괴적인 제품과 생산 공정으로 이어질 가능성도 있다. 따라서 정확한 나침반으로서 이윤은 경제가 올바른 방향으로 나아가도록 이끄는 데 더없이 중요하다.

경제 이윤 나침반의 눈금 재조정

왜 이윤이 경제의 나침반 구실을 하는가? 우선 기업은 살아남기 위해 이윤을 필요로 한다. 더욱이 이윤은 기업 소유주에게 돌아가기 때문에, 그들은 이윤을 극대화하는 데 (또는 동적 이윤 버전에서라면 주주 가치를 극대화하는 데) 관심이 있다. 따라서 기업이 이윤 극대화를 추구하는지라 사회는 이윤이 사회적 가치를 담아내는 믿을 만한 척도임을 보장할 필요가 있다.

눈금이 완벽하게 조정된 시장에서라면, 이윤은 사회적 가치와 사회적 비용 간 차이, 즉 사회적 순가치를 올바르게 측정한다. 사회적 가치는 소비자가 기꺼이 지불하고자 하는 값인 반면, 사회적 비용은 생산자가 얻는 수입이다. 눈금이 잘 조정된 경제에서 이윤을 극대화하는 것은 사회적 순가치를 극대화하는 것과 같다.

하지만 누락된 요소들 탓에 이윤이 왜곡된다고 가정해보자. 예컨대 오염의 진정한 사회적 비용은 단위당 Z달러인데, 오염이 규제되지 않고 '공짜'인지라 한 재화의 사회적 비용에 오염 비용이 포함되지 않을 수 있다. 따라서 그와 같은 이윤 나침반을 따르면 너무 많은 재화를 생산하게 될 것이다. 오염 비용이 배제되어 재화 가격이 Z달러만큼 낮아지기 때문이다.

이윤 나침반의 눈금 재조정 사례

이윤의 눈금 재조정이라는 개념은 난해해 보일 수도 있지만, 효과적인 그린 경제의 운영에 꼭 필요한 요소다. 이윤이 그릇된 신호를 보낸다면 경제라는 기관차는 잘못된 방향으로 폭주하게 된다. 이 점은 기후 변화 정책에서 핵심적인 전기와 이산화탄소 배출의 예를 통해 확인할 수 있다.

표 16-2는 그 점을 잘 보여준다. 첫 번째 칸은 이산화탄소 배출량의 가격이 정해지지 않은 2018년에 석탄 화력 발전소의 운영비를 나타낸다. 수입은 1MWh(1MWh는 1000kWh)당 60달러이고 연료 및 기타 변수의 비용은 1MWh당 32달러이므로 이윤은 1MWh당 28달러다. 이런 계산은 배출 가격이 터무니없이 낮을 때 어째서 석탄 공장이 그 사회적 비용에도 불구하고 내내 가동되는지 보여준다.

두 번째 칸은 탄소에 가격을 부과하면 이윤 셈법이 어떻게 달라지는지를 보여준다. 이산화탄소 배출 가격이 1톤당 100달러가 되면, 1MWh

표 16-2 외부 효과에 대한 가격 부과가 석탄 화력 발전의 이윤에 미치는 효과

수입·비용·이윤	두 가지 상이한 탄소 가격에서 수입·비용·이윤 (달러/1,000kWh)	
	이산화탄소 1톤당 0달러	이산화탄소 1톤당 100달러
수입	60	60
비용		
연료 및 기타 변수	32	32
이산화탄소 배출 비용	0	81
이윤(수입-비용)	28	-52

출처: 비용 추정치는 에너지정보청에서 가져왔으며, 그에 대한 자세한 사항은 19장에서 설명할 예정이다.

당 81달러의 추가 비용이 발생한다. 이럴 경우 이윤은 음수로 전환되며, 1MWh당 −53달러가 된다. 배출량으로 인한 불이익이 이렇게나 높아지면 그 공장은 부득이 문을 닫을 수밖에 없다.

외부 효과가 이윤에 미치는 영향의 정확한 추정치를 얻어내는 것은 복잡하기 이를 데 없는 작업이다. 니컬러스 멀러가 이끈 연구는 환경·경제 데이터를 이용해 대기 오염으로 인한 피해가 진정한 가격과 이윤에 미치는 영향을 추산했다. 몇몇 경우 오염 비용이 지나치게 높아서 진정한 이윤(즉, 제품의 사회적 순가치)은 음의 값으로 추정되었다. 멀러 연구진은 배출 규제가 너무 느슨했기 때문에(은연중에 배출 가격이 너무 낮게 책정되어 있기 때문에) 생산의 사회적 순가치는 7개 산업에서 음수가 된다고 판단했다. 그 산업에는 (표 16-2에 나타난 것과 같은) 석탄 화력 발전소뿐 아니라 채석장, 고체 쓰레기 소각장, 하수 처리 공장, 석유 화력 발전소, 배 정박지, 석유-석탄 제품 제조업도 포함되었다.[5]

이윤 바로잡기에 대한 개괄

가격과 이윤 계산을 바로잡는 것은 기업에 불이익을 안겨주기 위해서가 아니다. 그보다 적절한 신호를 보냄으로써 기업이 그들의 행동을 바꾸도록 돕기 위해서다. 표 16-2에서 본 석탄 화력 발전소의 경우, 높은 탄소 가격이 보내는 음의 이윤 신호는 관리자들이 그 공장을 폐쇄하도록 유도할 것이다. 또한 천연가스나 풍력을 이용해 다른 저탄소 혹은 제로 탄소 발전소를 가동하도록 안내할 것이다. 나아가 투자자와 혁신가에게는 더 나은 새로운 저탄소 발전 기술을 개발하고자 하는 유인을 제공할 것이다. 우리는 이 모든 예를 통해 경제를 올바른 방향으로 이끄는 데에서 이윤이 얼마나 막중한 역할을 하는지 분명하게 알아차릴 수 있다.

또 다른 일련의 문제가 불거지는 것은 기업 경영진이 형편없는 의사결정으로 귀결되는 이윤 동기를 가질 때다. 임원 보수는 흔히 기업의 단기 성과, 특히 기업 주가의 단기적 상승에 토대를 둔다. 이러한 동기는 의사 결정과 관련해 '단기주의(short-termism)'로 이어지기 십상이다.

가령 기업 경영진은 장기적 수익률이 높긴 하지만 올해의 수익이 낮은 투자 프로젝트는 나중으로 미룰 가능성이 있다. 최악의 경우, 예컨대 20장에서 다루게 될 기업 비책임성의 지옥 제9환(ninth circle of hell: 단테의 《신곡》〈지옥편〉에 나오는 9개의 지옥환 중 사탄이 거주하는 가장 밑바닥 단계로 '최악의 단계'를 뜻한다ー옮긴이)의 경우, 기업 경영진은 결국 진실이 드러나서 이윤을 떨어뜨리거나 심지어 그 기업을 망하게 내몬다 할지라도 눈앞의 이윤을 높이고자 생명을 위협하는 제품으로 소비자를 기만할 수도 있다.

따라서 이윤은 경제가 어디로 가야 하는지 보여주는 고속도로 안내판과 같다. '그린' 관리의 목적은 그 안내판이 정확하도록, 경제를 위험한 영역으로 몰아가지 않도록 보장하는 것이다. 이어지는 장들에서는 이 개념을 세금, 혁신, 개인의 윤리, 기업의 책임, 그리고 윤리적 투자 등 여러 영역에 적용해볼 참이다.

그린세

세금은 이미지가 과히 좋지 않다. 반세금 운동에 편승해서 초대 대통령이 된 조지 워싱턴은 "다소간 불편하지도 불쾌하지도 않은 세금을 고안해낼 도리는 없다"고 주장했다.[1] 지미 카터 대통령은 "연방 소득세 제도는 인류의 수치"라고 말했다.[2] 조지 H. W. 부시 대통령은 "내 말을 믿어라, 새로운 세금은 없다"고 열변을 토했다.[3] 가장 부유한 미국인의 거대 상속 재산(estate)에 부과하는 세금에는 '사망세(death tax, 즉 상속세)'라는 이름이 붙었다. 대통령 후보들은 수조 달러가 드는 각종 프로그램과 보조금을 약속하지만, 그 재원이 되어줄 세금에 대해서는 입도 뻥끗하지 않는다.

경제학자들은 세금에 대해 이와는 다른 견해를 피력하고 있다. 즉, 세금은 우리가 공공 서비스에 대해 지불하는 가격인 것이다. 만약 당신이 자녀들을 위한 질 높은 공교육, 만인을 위한 의료, 환경 보호, 개선된 인프라를 원한다면 이들 서비스에 돈을 대줄 세금이 필요하다. 대법

관 올리버 웬델 홈스(Oliver Wendell Holmes)가 언급했다시피 "세금은 문명사회에서 살아가기 위한 대가다".[4]

사람들은 흔히 세금과 공공 서비스는 서로 다른 세계에서 살아간다고 생각한다. 이는 개인적 관점에서는 옳은 말이지만 집단적 관점에서는 옳지 않은 말이다. 산수는 간단하다. 장기적으로 세금은 지출과 동일해야 한다. 좀더 정확하게 말해서 만약 한 나라가 부채에 대해 채무 불이행을 하지 않는다면, 세금의 현재 가치는 지출의 현재 가치와 같아야 한다.

이번 장이 전하는 메시지는 간명하다. 일부 세금은 다른 세금보다 덜 해롭고 아마도 덜 고통스러울 것이다. 게다가 실제로 몇몇 세금은 이로울 수도 있다. 이 점을 명확하게 보여주는 한 가지 방법이 있다. "이로운 세금도 더러 있다. 나쁜 행동에 부과하는 세금이 그러한데, 이것은 좋은 행동에 부과한 세금을 대체해줄 수 있다." 이번 장에서는 그린세의 이면에 깔린 논리를 파헤쳐보고자 한다.

세금 효율성

경제학자들은 1세기 넘는 기간 동안 세금의 효율성에 관심을 기울여왔다. 경제학입문에서는 이 기본적인 분석에 대해 다음과 같이 설명한다. 재화와 서비스에 세금이 부과되면 이는 소비자에게는 가격을 올리고 생산자에게는 가격을 낮춘다. 이 같은 가격 이전은 그 제품의 산출 수준을 감소시키는 경향을 보인다. 예컨대 높은 담뱃세는 흡연을 줄여주는 것으로 밝혀졌다.

만약 세금을 노동이나 자본 같은 투입에 부과하면, 이는 그러한 투입의 세후 소득을 낮추고 그 공급을 감소시키는 경향을 띨 것이다. 반대로 기업은 자사 사업을 세금이 적은 나라, 이른바 아일랜드 같은 '세금 회피처(tax haven)'로 옮기는 경향을 드러낼 터이다. 따라서 세금이나 보조금의 순효과는 투입과 산출의 수준을 과세 활동에서 비과세 활동으로 옮아가게끔 왜곡하는 것이다.

하지만 조세 왜곡은 일률적으로 발생하지 않는다. 특히 국경 개방과 모바일 투자가 특징적인 세상에서는 자본에 대한 과세의 왜곡이 가장 심하다. 한 가지 예로 기업 자본에는 순소득의 50퍼센트 세율로 세금을 부과하지만, 비기업 자본에는 세금을 부과하지 않는다고 가정해보자. 이렇게 되면 결국 기업 자본의 양은 세전 수익률이 비기업 자본에 비해 2배 이상 증가할 때까지 줄어들 것이다. 법인세가 높으면 부동산(과세 특례 때문에 세금이 가볍다)에 대한 투자는 늘어나고, 제조업에 대한 투자(세금 우대 조치가 거의 없어서 세금이 무겁다)는 줄어들 수밖에 없다. 그 결과 주택은 지나치게 넘쳐나고 공장은 지나치게 부족한 경제가 초래된다.

근로 소득에 대한 세금은 왜곡이 덜하다. 연구에 따르면, 사람들은 세금 때문에 세후 임금이 줄어들 경우 근무 시간을 유지하려는 경향을 보인다. 자본과 달리 사람들은 그대로 머무는 경향이 있다. 사람들이 높은 세금에 대응해 미국에서 아일랜드로 이주할 것 같지는 않고, 따라서 임금에 대한 세금의 왜곡 효과는 자본 소득에 대한 세금에서보다 작다.

훨씬 더 왜곡이 작은 것은 **임대료**에 대한 세금이다. 임대료는 공급이 고정되어 있는 토지 및 그와 유사한 품목에 따른 수익이다. 토지는 이동이 전혀 불가능하므로, 그것이 벌어들일 수 있는 거라면 뭐든 마다하지 않을 것이다. 이는 지세가 공급되는 토지에 아무 영향을 미치지 않고, 토지 임대료 세금으로 인한 왜곡도 전혀 없다는 것을 뜻한다. 이 흥미로운 이론은 고액 연봉을 받는 개인들(야구 선수나 재계 거물 같은)의 소득에도 고스란히 적용되어왔다. 이런 고소득층은 본인의 세후 소득이 오르든(지난 20년 동안 그랬던 것처럼) 내리든(억만장자에게 부유세가 부과되는 경우에서처럼), 여느 때와 다름없이 자신의 소임을 다할 것이다.

그린세

환경세는 가장 왜곡이 심한 세금(자본에 대한 세금)에서 가장 왜곡이 덜한 세금(지세)으로 이어지는 스펙트럼상에서 과연 어디쯤에 위치할까? 실제로 환경세는 그 스펙트럼의 바깥에 놓인다. 환경세는 사회가 줄였으면 하고 바라는 활동을 실제로 줄여주기 때문이다. 따라서 예컨대 아황산가스 배출에 부과하는 높은 환경세는 그 배출량의 '생산'을 낮추고 그로 인한 피해를 감소시킬 것이다. 이는 그린세가 이롭다는 것을, 즉 경제적 효율성을 떨어뜨리는 사실상의 다른 모든 세금과 달리 경제적 효율성을 증진시킨다는 것을 뜻한다.

　만약 그린세가 이롭다면, 그 적정 수준은 어느 정도인가? 그린세는 정부 세수를 최대화하는 수준으로 책정해야 하는가, 아니면 필요한 세수 대비 고정 비율로 부과해야 하는가? 여기가 바로 최적의 오염 이론이 등판해야 하는 지점이다. 최적의 오염 저감에 대한 우리 논의에는 오염 가격을 한계 피해와 동일하게 책정하자는 주장이 담겨 있다. 그린세의 경우, 이것은 가장 효율적인 결과란 기업이 제가 일으킨 오염으로 인한 외부 피해에 준하도록 그에 대해 세금을 내야 한다는 의미다. 따라서 예컨대 공중 보건 전문가들이 아황산가스 배출의 사회적 비용을 1톤당 3000달러라고 판단했다 치자. 그러면 그 출발점으로서 아황산가스에 대한 효율적인 세금은 1톤당 3000달러가 될 것이다.

이것은 우리를 그린세의 핵심 요지로 안내한다. 세율이 오염원의 한계 피해에서 정해지면, 그 세금은 재화, 서비스, 저감과 관련해 최선의 자원 할당을 낳을 것이다. 그리고 외부 효과를 내부화할 것이다. 그린세는 왜곡을 일으키지 않는다. 도리어 비효율적인 오염을 낮추므로 왜곡을 **줄여준다**. 황 배출량에 부과한 적정 세금이 산출을 줄이고, 심지어 더러운 석탄 발전소를 폐쇄시킨다고 가정해보자. 이러한 변화는 황 배출량이 공동체에 부과하는 외부 비용을 반영하고, 오염으로 인한 왜곡을 줄이며, 전반적인 후생을 증진한다.

그림 17-1은 기본적인 분석을 잘 보여준다. 수직축은 세율과 세수이고, 수평축은 배출량이다. 정부가 오염원 XO_2에 대해 그 오염의 한계 피해와 동일한 오염세 T를 부과한다고 가정해보자. 점 A에서 보듯 한계 피해와 세율이 1톤당 1달러인 경우를 생각해보면, 세수는 점 A′에서처럼 세율(T)과 세후 오염을 곱한 값이다.

점 C에서는 피해가 더 크다고 가정해보자. 이는 세수 점 C′로 이어질 것이다. 놀라운 결과는 세율과 피해가 더 낮은 점 A에서보다 그 세수가 더 적어진다는 사실이다. 점 A′, 점 B′, 점 C′가 놓여 있는 언덕 모양의 곡선은 〔경제학자 아서 래퍼(Arthur Laffer)의 이름을 따서〕'오염 래퍼 곡선(pollution Laffer curve)'이라고 부른다.

전통적인 세금의 경우, 세수가 줄어들 정도로 세율을 높이는 것—즉, 최대 세수인 점 B′를 넘어서는 것—은 어리석은 재정적 판단이 될 것이다. 왜곡이 클뿐더러 세수를 줄어들게 만들기 때문이다. 그린세의 경우

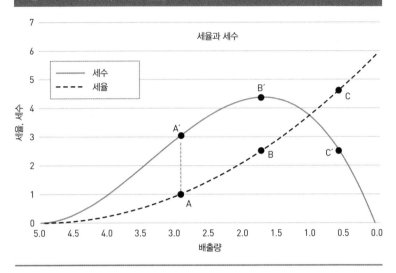

그림 17−1 세금, 피해, 그리고 배출량

세율과 세수

- —— 세수
- - - - 세율

(세율, 세수 / 배출량)

세율 곡선(점선)은 수평축에서는 배출량의 변화를, 수직축에서는 세수의 변화를 낳는다. 언덕 모양의 세수 곡선에 따르면, 세수는 세율이 2.5달러(점 B)일 때 4를 약간 상회하는 최댓값 점 B′를 가지며, 이어 세율이 올라감에 따라 감소한다.

최적의 세금은 세수가 극대화하는 지점을 훌쩍 넘어설 수 있다. 탄소 배출량을 0으로 줄이고자 하는 많은 환경론자의 목표를 생각해보라. (앞 장에서 기술한 온실가스 순배출량 0이라는 그린 뉴딜의 목표를 떠올려보라.) 아마 탄소세를 1톤당 500달러로 하면 그 목표를 달성할 수 있을 것이다. 세율이 500달러면 세수는 0이 될 것이다. 따라서 최적의 그린세에서는 세수가 0이 되는 경우를 볼 수 있다.

그림 17-2는 세율의 함수로서 사회적 순가치, 즉 순편익을 보여준다. 순편익이 최대인 것은 편익 곡선의 상단으로 세율과 한계 편익이 동일한 지점이다. 그린세의 경우, 편익 곡선의 상단은 양의 높이를 지니는 데 반해(세금으로 인한 순이익을 나타낸다), 보통 세금의 경우 편익 곡선은 항

그림 17 - 2 그린세의 경우 순편익은 양의 값

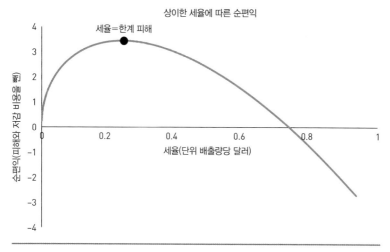

상이한 세율에 따른 순편익

그린세의 경우, 편익이 최적의 세율까지 증가한다는 데 유의하라.

상 음의 높이를 가진다(순왜곡을 나타낸다).

혼잡 통행료: 이론과 실제

가장 흥미로운 그린세 적용 사례는 수년 동안 경제학자들의 총아였던 혼잡 통행료의 개발이었다. 혼잡 통행료를 처음 창안한 것은 컬럼비아 대학의 윌리엄 비크리(William Vickrey, 1914~1996)였다. 그는 뉴욕시의 지하철을 위한 1952년 제안서에서 그 원칙을 내놓았고, 부분적으로 그러한 노력을 인정받아 노벨 경제학상을 수상했다. 〔1996년 영국 케임브리지 대학의 경제학과 교수 제임스 멀리스(James Mirrless)와 공동 수상했다—옮긴이.〕

　여기에서 핵심 개념은 교통 혼잡 외부 효과다. 그 개념을 잘 살펴보기 위해 한 가지 예를 들어보자. 도로가 비어 있을 때 그곳에 최초로 진입한 자동차는 누구의 속도도 늦추지 않는다. 따라서 최초 자동차의 주행이 다른 사람에게 부과하는 비용(외부 비용)은 0이다. 하지만 교통량이 늘어남에 따라 도로에 더해지는 모든 차량은 뒤따르는 차량의 속도를 늦춘다. 내가 도로에 진입하자마자 내 뒤를 따르는 자동차 120대의 이동 소요 시간이 1분씩 늘어난다고 가정해보자. 만약 사람들의 시간 가치가 시간당 10달러라고 치면, 나는 20달러$[120 \times (1/60) \times 10$달러$]$의 외부 비용을 부과한 셈이다. 차량이 늘어나고 그 차들이 더 많은 시간을 기다릴수록 부과되는 외부 비용은 한층 커진다.

비크리의 기본 아이디어는 사람들이 식품·주택·오락 같은 사적재에 비용을 지불하는 것처럼, 공공 자원—수도·전기·가스 같은 공익사업, 도로, 공항, 그리고 기타 부문—에도 비용을 내야 한다는 것이었다. 더군다나 그 가격은 그들의 외부 비용, 즉 다른 사람들에게 부과된 비용을 반영해야 한다. 비크리의 말에 따르면, 그 가격은 교통 혼잡의 수준에 따라 시간이 지나면서 달라져야 하며 모두에게 예외 없이 청구해야 한다. 그는 지금이야 보편화했지만 당시로서는 획기적이던 전자 요금 징수 기술을 생각해내기도 했다.

비크리는 자신의 아이디어가 당시 공공 정책을 수립하는 사람들에게 좋은 평가를 받지 못했다고 시인했다. "사람들은 그것을 세금 인상으로 받아들인다. 내 생각에 그건 거의 본능적인 반응 같다. 하지만 자동차 운전자의 시간을 고려하면 혼잡 통행료는 정말이지 이득이다." 그는 본인의 아이디어가 교통을 줄이자는 게 아니라 시간에 따라 교통량을 좀 더 고르게 분산함으로써 교통량을 늘리자는 취지라고 주장했다.

오늘날 혼잡 통행료는 주로 싱가포르, 밀라노, 런던, 그리고 뉴욕 같은 대도시 지역에서 시행한다. 하지만 대부분의 시스템은 극히 초보적인 단계인 데다 비크리의 접근법을 따르지 않고 있다. 즉, 그저 차량이 도시에 진입하는 데 따른 비용을 지불하는 '코돈 통행료(cordon toll: cordon은 경찰이나 군인 등이 설치한 진입·진출 저지선―옮긴이)'에 불과하다. 예컨대 런던은 월요일에서 금요일까지 오전 7시부터 오후 6시 사이 요금 부과 지역에서 차량을 운행할 경우 1일 11.50파운드(13달러)를 부과한다. 뉴욕도 그와 비슷한 제도를 시행하고 있다. 비크리 모델에 가장 근접한 제도를 실시하는 싱가포르는 수백 군데에 전자 요금소를 설치하고 차량의 형태, 하루 중 시간대, 실시간 교통 혼잡 정도에 따라 저마다 다른 통행료를 부과하는 첨단 시스템을 갖추고 있다.

사람들은 흔히 혼잡 통행료가 효력이 없다고 투덜거리곤 한다. 하지만 신중한 조사들에 따르면, 실제로 교통 혼잡에 대한 가격 부과는 피크 시간대의 교통량을 줄일 뿐 아니라 교통 속도도 높이는 것으로 드러났다. 아마 대중적 지지를 받는 데에서 가장 중요한 점은 그에 따른 세수를 대중교통을 확충하는 데 사용함으로써 교통량과 오염을 줄일 수 있다는 것이리라.

비크리가 제안한 혼잡 통행료는 시대를 수십 년 앞선 것이었다. 중요한 외부 효과를 해결할 수 있는 다른 아이디어들과 마찬가지로 비크리의 아이디어 역시 그런 엘리트와 대중으로부터 인정받기까지 오랜 세월을 기다려야 할지도 모른다. 하지만 점점 더 많은 도시와 정부 기관이 그 제도를 채택하면서, 그리고 사람들이 점차 그 제도에 편안함을 느끼고 그에 따른 이로운 효과를 보게 되면서, 혼잡 통행료는 시간과 에너지 낭비를 줄일 뿐 아니라 중요한 공공 서비스에 투자할 수 있는 세수를 확충하는 이중의 혜택을 안겨주고 있다.

그린세의 잠재력

종래의 세금을 다룬 문헌은 방대한 데 반해 환경세 관련 문헌은 많지 않다. 그린세가 지니는 잠재력의 주요 원천은 무엇일까? 이 분야에서 이루어진 연구를 검토해보면, 많은 영역에서 외부 효과 가격이 낮게 책정되어 있음을 알 수 있다. 하지만 적절한 가격을 추정하는 것은 극도로 어려운 일이라서 우리는 그저 대략적인 추정치만을 가지고 있을 뿐이다.

유용한 주요 영역으로는 외부 효과(예컨대 오염)가 잘 측정된 영역, 생산 공정 가운데 세금을 부과하기에 편리한 지점이 있는 영역, 그리고 세수에 비해 행정 비용이 적은 영역을 꼽을 수 있다. 온실가스(특히 이산화탄소) 배출량, 휘발유 등의 연료, 대기 오염, 그리고 공공 식수의 부족은 특히 유용하다. 이와 관련해서는 방대한 데이터를 보유하고 있으며 환경적 피해가 상당한 미국을 중심으로 유력 용의자들이 존재한다. 그밖의 다른 세금은 과세 표준(tax base)이 상대적으로 작거나 시행하기가 한층 더 까다롭다.

탄소세

가능한 환경세 가운데 가장 중요한 것은 탄소세다. 탄소세는 세금의 기초를 이루는 활동의 가치를 의미하는 **과세 표준**이 크다. 탄소세의 과세 표준이 어마어마한 것은 미국에서 연간 이산화탄소 배출량이 어마어마하기 때문이다. 기후 변화 정책 관련 대처를 다룬 부분에서 좀더 자세히 설명하겠지만, 탄소세는 기후 변화를 늦추기 위한 정책으로서 매력적일 뿐 아니라 탁월한 환경세이기도 하다.

미국의 경우, 탄소세의 총수익에 관해서는 대략적인 추정치가 나와 있다. 2019년에 배출량은 개인 용도로 쓰인 이산화탄소가 약 50억 톤, 그리고 메탄 같은 기타 가스의 이산화탄소 환산량(CO_2-equivalent, 즉 CO_2eq)이 10억 톤이었다. 우리는 미국 정부의 한계 피해 추정치—1톤당 40달러—를 이용할 수 있다. 만약 배출량이 변하지 않는다면 총세수는 60억 톤 곱하기 40달러, 즉 2400억 달러가 될 것이다. 하지만 배출량은 감소할 것으로 예상된다. 이 가격대로라면 배출량은 25퍼센트쯤 줄어들어 연간 45억 톤에 이를 것이다. 결국 연간 1800억 달러를 세수로 거둬들일 수 있는데, 이는 국내총생산의 1퍼센트를 살짝 밑도는 수치이자 2019년 경제 활동에 따른 연방 정부 세수의 8퍼센트에 해당하는 액수다.

만약 정책 입안자가 시간이 지남에 따라 탄소세를 (가령 1톤당 100달러로) 인상하길 원한다면, 그에 따른 세수는 연간 약 4000억 달러로 상승할 것이다. 최대 세수는 약 5000억 달러에 다다를 터이다. 따라서 탄소세는 적잖은 세수 흐름을 창출할 수 있다. 적어도 그 세금이 너무 가혹해서 사실상 모든 배출량과 세수를 완전히 사라지게 만들 때까지는 말이다.

하지만 탄소세가 환경주의자와 재정 전문가의 눈에는 그저 어슴푸레한 빛에 그칠 따름이라는 걸 밝히면서 이 섹션을 마무리하고자 한다. 실제로 오늘날 미국을 위시한 대다수 나라에서 탄소세 세수는 정확히 0이다.

아황산가스 등에 의한 대기 오염

또 다른 잠재적 세수의 원천으로는 종래의 여러 가지 대기 오염 물질을 꼽을 수 있다. 여기에는 아황산가스뿐 아니라 질소화합물, 일산화탄소, 그리고 미세먼지 배출이 포함된다.

오늘날 미국은 오염 허가증을 무상으로 나눠주고 있다. 하지만 재정 전문가들은 그 허가증이 석유나 목재처럼 소중한 공적 재산인지라 그것을 경매에 부쳐야 한다고 제안한다. 아황산가스 경매나 세금으로부터 얻는 잠재적 세수는 그것의 배출량과 거래 가격을 살펴봄으로써 추정할 수 있다. 배출량 허가증을 경매에 부칠 경우, 배출량에 거래 가격을 곱한 값으로서 잠재적 세수를 구할 수 있다. 1994~2007년 암묵적인 평균 세수는 연간 50억 달러였다. 이후 그 값은 큰 폭으로 떨어졌다. 실제 배출량이 규제 한계를 한참 밑돌았고, 따라서 잠재적 세수가 폭락했기 때문이다.

하지만 이러한 수치는 이상적인 것하고는 거리가 멀다. 거래 가격이 한계 피해 추정치보다 훨씬 낮기 때문이다. 한계 피해는 아황산가스 1톤당 약 3000달러로 추정된 데 반해, 1994~2007년 동안 평균 가격은 1톤당 300달러에 그쳤던 것이다. 배출량은 황 가격이 이렇듯 높게 책정되자 이내 대폭 줄어든 것으로 보인다. 오늘날의 배출량에 3000달러라는 가격을 적용하면 총수익은 연간 100억 달러에 육박할 것이다.

여기에서 얻게 되는 교훈은 아황산가스 세금으로부터 얻는 잠재적 세수는 상당하지만, 탄소세로 얻을 수 있는 세수에 비하면 아무것도 아니라는 사실이다.

다른 오염 물질은 좀더 드물기 때문에 그에 대한 데이터는 한층 알아내기가 어렵다. 질소산화물에도 거래 제도를 적용할 수 있다. 그와 관련한 잠재적 세수는 2005~2010년 동안 연간 약 10억 달러였으며, 그 뒤 가격이 급감했다. 가장 비용이 많이 드는 오염 통제는 자동차의 배

기관 배출량 규제로, 이 경우 규제 협력 비용이 2010년 연간 약 260억 달러나 되었다. 만약 규제적 접근을 배출 세금으로 대체했다면, 그에 따른 세수가 연간 수백억 달러 정도 증가했을 것이다. (여기에서의 추정치는 개략적인 것이다.)

교통의 외부 효과와 휘발유세

환경론자들은 자동차에 대해 강한 경멸을 내비친다. 한 연구에 따르면, 자동차의 외부 효과에는 건강에 미치는 피해, 교통 혼잡, 교통사고, 대기 오염, 소음, 기후 변화, 서식지 파편화, 시각적 방해, 자연과 풍광의 훼손, 수질 오염, 토양 오염, 에너지 의존성, 그리고 비만이 포함된다.[5] 이 모두에 따로따로 그린세를 부과하는 것도 가능하겠지만, 아마 그토록 많은 해로운 부작용을 지니는 활동 자체에 과세하는 편이 더 편리할 것이다.

최선의 접근법은 여객마일에 과세하는 방법이다. 하지만 이는 시행하기 까다롭고 개입적으로 비쳐질 수 있다. 따라서 대다수 나라에서는 휘발유와 디젤 같은 연료에 과세하는 데 초점을 맞춘다. 이것들은 분명 이산화탄소 배출량과 관련이 있는 듯하지만, 다른 스필오버와의 관련성은 그보다 미미하다. 여러 연구는 총 외부 효과가 갤런당 1~4달러임을 확인했다. 이는 미국의 유류세를 훌쩍 웃돌고 유럽의 세금에 근접하는 수치다.

자동차 연료세는 세수를 높여줄 가능성이 매우 크다. 현재 미국의 평균 세율은 갤런당 약 0.50달러인데, 이에 따르면 자동차 연료에 대한 세금이 연간 약 800억 달러가 된다. 만약 이 액수가 갤런당 3달러로 늘어난다면 자동차 연료세는 연간 3700억 달러에 이를 것이다.

따라서 탄소세의 경우와 마찬가지로, 휘발유세도 노다지가 될 수 있다. 하지만 휘발유세는 탄소세와 달리 이상적인 그린세가 아니다. 휘발유세는 석유 소비와 관련이 깊은 환경 문제(이를테면 대기 오염)를 줄여줄 것이다. 하지만 다른 이슈들(가령 교통 혼잡이나 비만)은 펌프 가격(pump price: 주유소에 게시되는 소매가격—옮긴이)만 올려서는 효과적으로 해결할 수 없을 듯하다.

희소한 공공 자원의 경매

그린세(또는 좀더 일반적으로 자원에 대한 가격 책정)가 긍정적 영향을 줄 수 있는 다른 잠재 영역도 적지 않다. 가장 확실한 영역—그리고 내가 사실상 하룻밤 사이에 시행할 수도 있는 영역—은 공항에서의 혼잡 통행료다. 만약 당신이 뉴욕의 존 F. 케네디 국제공항, 시카고의 오헤어 국제공항, 혹은 로스앤젤레스 국제공항 같은 붐비는 공항에서 비행기를 이용한 적이 있다면, 항공기들이 이륙을 기다리면서 오랫동안 줄지어 선 상황에 처해봤을 것이다. "승객 여러분, 안녕하십니까? 여러분을 모시고 있는 기장입니다. 우리는 이륙 번호 34번입니다. 따라서 게이트에서 45분 정도 기다려야 할 것 같습니다. 변동 사항이 있으면 계속 말씀드리겠습니다."

이 같은 병폐는 쉽게 해결할 수 있다. 시카고 오헤어 국제공항에서 오후 5시부터 6시까지의 출발 슬롯(slot: 항공기가 공항에서 이착륙하거나 이동하기 위해 배분된 시간. 해당 시간대에 운항을 허가받은 권리를 뜻한다—옮긴이) 60개를 경매에 부치기만 하면 된다. 밀워키(Milwaukee: 위스콘신주의 최대 도시로 시카고에서는 자동차로 1시간 30분 정도 거리에 있다—옮긴이)행의 비경제적인 항공편이나 소형 항공기는 그 시간대의 비행을 피할 테지만, 런던행 초대

형 여객기는 그 수수료를 기꺼이 지불할 것이다. 당신은 밀워키에 가기 위해 시간 낭비 없이 기차를 탈 수도 있지만, 시카고에서 런던까지는 비행기 말고 다른 대안을 찾기 어렵다.

공항이 연간 10억 달러를 벌어들였다고 가정해보자. 그 순효과는 땅 위에서 보내는 시간이 줄어드는 것과 설비를 현대화할 수 있는 공항의 능력이 커지는 것이다. 우리는 이를 인프라 구호비(infrastructure relief fee)라고 부른다.

다른 영역도 환경 자원에 가격을 부과함으로써 이득을 볼 수 있다. 그중 하나는 미국 서부에서 희소한 물이다. 물은 그곳에서 오늘날 금이나 마찬가지인데도[특히 서부를 대표하는 캘리포니아주는 1848~1855년의 골드러시(gold rush) 역사가 말해주듯이 금과 밀접하다—옮긴이], 국가는 가치가 낮은 농산물에 사용하도록 사실상 무상으로 물을 대주고 있다. 희소한 공적 물을 최고가를 제시하는 입찰자에게 경매한다면 물은 가장 가치 있는 용도가 차지하고, 가치가 낮은 용도는 물을 얻지 못하게 되어 결국 그 땅의 쓰임새가 바뀔 것이다.

좀더 일반적으로 풍광을 두루 둘러보면 흥미로운 현상을 관찰할 수 있다. 즉, **사실상 모든 공공 자원에는 가격이 낮게 매겨져 있다.** 이러한 공공 자원에는 대기, 물, 기후, 하층토 광물, 방목권, 그리고 공유지뿐 아니라 착륙 슬롯, 공공 고가도로, 공원, 공적 물 같은 그보다 덜 분명한 항목도 포함된다. 여기에 그린세 원칙을 적용하면 그 용도가 업그레이드되고 세수도 증가할 것이다.

하지만 현실적인 두 번째 문제로서, 이들 공공 자원을 통해 거둬들이는 재정 총수익은 보잘것없을 가능성이 많고, 분명 그에 대한 반발도 거셀 것이다. 우리는 근시안적인 사람들, 혹은 공공 자원을 제 자신

을 위해 '공짜로' 사용하고 싶어 하는 사람들뿐 아니라 세금에 반대하
는 집단을 상대로 싸워야만 공공 자원에 가격을 매기는 능력을 키울 수
있다.

죄악세

중요하지만 환경과는 무관해 보이는 마지막 영역은 '죄악세(sin tax)'—
즉 담배, 총기, 도박, 술 같은 해로운 제품에 부과하는 세금—다. 죄악
세는 (간접흡연, 살인, 재정 파탄, 그리고 도로 사고 같은) 일부 외부 효과를 수반
하기도 하지만, 이에 대한 주된 사회적 논리는 자기 파괴적 행동을 하
지 못하도록 말리자는 것이다.

　오늘날 죄악세는 담배의 경우 상당하고, 술에 대해서는 그보다 덜 하
며, 총기 및 도박과 관련해서는 사실상 존재하지 않는다. 자기 파괴적
행동을 뜯어말리거나 사회적 비용을 반영하기 위해 50퍼센트 세율로
세금을 부과하면 상당한 부가적 세수가 창출될 것이다.

그린세의 가능성 개괄

표 17-1은 현재의 그린세와 그 잠재력에 대한 개략적인 추정치를 보여
준다. 현재 그린세는 약 1440억 달러, 즉 연방 세수의 4퍼센트 정도를
차지하고 있다. 그린세의 주요 확대 영역은 탄소세, 연료세, 그리고 죄
악세다. 우리는 사회적 비용을 반영하는 실현 가능한 비율로 현행 연방
세수의 4분의 1에 가까워지도록 그린세를 인상할 수 있다.

　그린세는 주요 영역에서 이행된다면 상당액의 세수를 조달할 수 있
는 잠재력을 지닌다. 이 세금은 꼭 필요한 정부 활동에 비용을 대도록
도울 뿐 아니라 경제와 사회의 기능을 개선해주는 이점도 있다. 아마

표 17-1 그린세에 따른 미국의 현재 세수와 잠재적 세수 추정치

외부 효과	현재 세수	잠재적 세수
	연간 10억 달러(2018년 달러 기준)	
기후 변화		
이산화탄소	0	159
기타 온실가스	0	36
오존층 파괴	~0	1
아황산가스	0	10
질소산화물	0	5
기타 대기 오염 물질	0	이용 불가
물	0	(20)
교통 혼잡	0	(20)
자동차 연료	80	370
담배	31	60
술	16	50
총기	2	40
도박	14	70
총계	144	801
연방 지출에서 차지하는 비율	**4%**	**24%**

괄호 안의 수치는 비용 추정치에 기초한 결과다.
출처: 현행 그린세에 따른 총수익 수치는 일반적으로 경제분석국과 재무부에서 가져왔다.
주: 괄호 안의 수치는 믿을 만한 추정치를 사용할 수 없는지라 개략적인 결과다.

좀더 중요한 것은 그린세가 관료주의적인 규제 일변도의 접근법을 최
소화하는 한편, 사회로 하여금 (이를테면 공기를 깨끗하게 하거나 기후 변화의
속도를 늦추는 것과 같은) 그린 목표에 도달하도록 도울 수 있다는 점이다.

그린세의 실제

그린세의 실상을 들여다보면 우리는 상이한 부문에 편의적으로 뒤죽박죽 세금이 부과되고 있는 상황과 마주할 것이다. 표 17-2는 각국 주요 부문의 평균 점유율을 보여준다.[6]

여기서는 몇 가지 점이 두드러진다. 첫째, 표 17-2가 말해주듯 대부분의 환경세는 자동차나 자동차 연료 등 도로 교통에 부과된다. 이는 모든 선진국에서 실시하는 환경세의 약 90퍼센트를 차지하며, 미국의 비중은 그보다 훨씬 더 높다. 둘째, 그러나 좀더 자세히 들여다보면, 환경세가 세수 가운데 극히 일부라는 것, 즉 선진국에서 모든 세금의 약 5퍼센트에 불과하다는 것을 알 수 있다.

셋째, 대부분의 환경세는 직접적으로 외부 효과에 과세하는 게 아니기에 순수한 의미의 환경 수수료는 아니다. 이를테면 휘발유세는 휘발유 소비야 줄여주지만 교통과 관련한 수많은 외부 효과에 직접 과세하

부문	OECD 국가의 그린세 점유율, 1995년(%)
교통 연료	64
자동차	26
난방 연료	5
전기	3
쓰레기	1
기타	1

표 17-2 범주별 환경세

이 수치들은 OECD 국가의 주요 그린세 영역을 나타낸다.

출처: OECD, *Environmentally Related Taxes in OECD Countries*, Paris, 2001.

는 게 아니다.

　그렇다면 우리는 지금 어디에 서 있는가? 정부는 이 세금들을 어떻게 사용하고 있는가? 기본적인 조사 결과는 다음과 같다.

탄소세에 대하여

이 책 뒷부분의 기후 변화를 다룬 장들은 한계 피해와 최적의 탄소세가 대략 이산화탄소 1톤당 40달러임을 말해줄 것이다. 세계은행은 주요 국에서 평균 탄소세(또는 탄소 가격)가 1톤당 약 2달러라고 추산한다.[7] 여기에는 탄소 거래 제도의 시장 가격과 명시적 세금 둘 다 포함된다. 미국은 제로 세율로 탄소세를 전혀 부과하지 않고 있다. 따라서 탄소세를 기본적으로 적용하지 않는 셈이다.

아황산가스의 경우

미국 및 일부 국가는 아황산가스 배출량을 제한하기 위해 배출권 거래제를 실시한다. 거래 가격은 (1990년 이후) 초기 몇 년 동안 상당했지만, 최근 몇 년 사이 급락했다. 실제 가격은 추정된 한계 피해를 훨씬 밑돈다. 마지막으로, 허용량을 경매에 부치는 게 아니라 기업에 거저 지급하기 때문에 세수가 걷히지 않는다. 따라서 주요 오염 물질인 아황산가스는 그린 과세 대상이 아니다.

오존층을 파괴하는 화학 물질

얼마 안 되는 진정한 그린세 가운데 하나는 미국이 오존층을 파괴하는 화학 물질 염화불화탄소(chlorofluorocarbon, 일명 프레온가스)에 부과하는 세금이다. 이는 그 제품의 오존 파괴 잠재력에 비례해 부과되고 있다. 이 세금은 진정성 있는 그린 설계를 지녔지만 세율이 사회적 한계 비용보다 훨씬 낮다.

그린세가 불평등에 미치는 영향

그린세에 대한 기본적인 우려는 그것이 역진적이라는 점, 다시 말해 상대적으로 가난한 가구에 더 많은 영향을 끼친다는 점이다. 그린세가 역진적인 이유는 저소득 가구가 그들 소득의 더 많은 비율을 에너지 및 기타 환경적으로 민감한 재화와 서비스에 소비하고 있기 때문이다. 그린 정책이 분배에 미치는 영향에 대해서는 오염 통제를 다룬 4장에서 좀더 전반적으로 다룬 바 있다.

   그린세가 역진적 경향을 띠는 것은 틀림없지만, 재정 전문가들은 그에 대해 간단한 해결책을 제시한다. 그 역진성을 상쇄하도록 저소득 가구에 부분적으로 세수를 환급해주면 된다는 것이다. 길버트 멧캐프(Gilbert Metcalf)는 탁월한 연구를 통해 소득 집단 전반에서 중립이 되는 패키지를 결정하고자 그린세와 리베이트(rebate, 환급)의 가능한 조합을 찾아냈다. 그는 만약 급여세나 개인 소득세의 인하를 통해 저소득 가구에 재원을 환급해준다면 그린세가 소득 분배에 미치는 영향은 미미하리라는 것을 확인했다.[8]

그린 과세에 대한 결론

그린세는 그린 사고가 어떻게 국가의 건강과 번영을 증진시킬 수 있는지 보여주는 가장 분명한 사례 중 하나다. 각국은 그린세 개혁을 통해 환경을 개선함과 동시에 세수를 올리는 일석이조의 효과를 거둘 수 있다.

하지만 각국은 좀처럼 그린 과세의 유망함을 알아차리지 못했으며, 이 막강한 일련의 새로운 세금을 대체로 도외시해왔다. 휘발유세(가치가 있는 것은 분명하지만 환경 목표와는 그저 간접적으로만 관련되어 있다)를 제외하면 기본적으로 그린세라고 할 만한 게 없다. 가장 유용한 환경세 한 가지를 꼽으라면 단연 탄소세다. 탄소세는 핵심 환경 목표를 곧바로 겨냥하며, 측정하기도 집행하기도 쉬울뿐더러 대규모 세수를 확보할 수 있는 가능성을 지녔다. 종래의 대기 오염 물질, 교통 혼잡, 물, 그 밖의 자원에 대한 세금 같은 기타 사례도 유용하긴 하지만, 그것들은 탄소세보다 복잡한 데다 세수에도 그만 못한 결과를 가져온다.

요약하자면 그린세는 최근 몇 년간 나온 것 중 가장 유망한 혁신 가운데 하나다. 소중한 공공 서비스가 가능하도록 비용을 지불해주고 우리의 환경 목표를 효율적으로 충족시키며 왜곡이 없다는 세 가지 특징을 두루 겸비한 환경 정책의 최고봉이다. 이렇게까지 열렬하게 지지할 수 있는 정책은 찾아보기 어렵다.

그린 혁신의 이중적 외부 효과

배의 선체는 동식물이 서식하기에 좋은 비옥한 장소다. 파울링(fouling: 배 밑바닥 따위에 달라붙는 부착물—옮긴이)이라고 부르는 이 성가신 현상을 해결하는 데에는 연간 약 30억 달러의 비용이 든다. 전통적으로 파울링을 억제하기 위해 사용해온 주요 화합물은 산화트리뷰틸 주석(tributyltin oxide, TBTO) 같은 유기 주석 항오염제였다. 이것들은 효과적이긴 하지만 상당 기간 잔류함으로써 환경에 축적되어 조개류에 피해를 안겨준다.

해양 당국은 유기 주석 기반 물질을 금지하고자 애써왔다. 이러한 규제 위협에 대응해 롬 앤드 하스사(Rohm and Haas Company)는 유기 주석 화합물을 대신해줄 환경적으로 안전한 대안을 모색한 끝에 마침내 빨리 분해되고 기본적으로 생물 축적을 일으키지 않는 시나인(Sea-Nine)을 개발했다. 그 회사는 1996년 이 새로운 제품을 개발한 공로로 미국 환경보호국으로부터 '그린화학 챌린지 대통령상(Presidential Green Chemistry Challenge Award)'을 수상했다.[1]

시나인은 본래 환경친화적으로 설계되었다. 논점을 좀더 확장해보면, 우리는 미래의 환경적 도전에 대응하기 위해 기술적 변화가 필요하다는 것을 알고 있다. 환경적 혁신으로 안내하는 동기와 복잡한 과정을 보여주는 예는 파울링 말고도 많다.

코로나19 팬데믹을 또 다른 예로 삼아보자. 이와 관련해 가장 중요한 혁신은 안전하고 효과적인 일련의 백신이었다. 1년 앞서 효과적인 백신을 확보하면 그야말로 수조 달러의 이득을 거둘 수 있다. 백신 개발에 성공한 사람들은 돈방석에 올라앉을 가능성이 높다. 아마 단숨에 수십억 달러를 거머쥘 수도 있다. 하지만 실제로 그 액수는 백신이 낳는 사회적 편익의 극히 일부에 지나지 않는다. 사회적 수익률과 개인적 수익률 간의 이 같은 차이는 효과적인 혁신을 가로막는 심각한 장애물이다. 앞으로 살펴보겠지만, 실제로 그 차이는 '통상적인' 경제를 위한 혁신의 경우보다 '그린' 혁신의 경우 더욱 크다.

또 한 가지 환경적 혁신은 발전소에서 발생하는 아황산가스 오염과 관련이 있었다. 그린 정치를 다룬 장에서 살펴보았듯 미국의 경우 그 부문에서 발생하는 배출량은 급격하게 줄어들었다. 이 같은 감소는 에너지 보존뿐 아니라 청정한 석탄의 사용, 석탄을 천연가스로 대체한 조치, 굴뚝에서 나오는 황의 세척 처리, 경제 유인을 통한 유해 발전소 폐쇄 등 숱한 요인이 가세한 결과였다. 이 모든 것은 기술적·제도적 혁신을 기반으로 구축되었으며, 황 배출에 대한 규제 또는 높은 규제 가격의 부과를 통해 추진되었다.

교통 혼잡을 줄이는 것은 혼잡 통행료와 전자 요금 징수 같은 새로운 도구로 성취할 수 있다. 말똥 무더기가 도시 거리를 어지럽히던 과거를 떠올린다면, 우리는 자동차 도입이 그 오물을 제거하는 데 결정적으로 기여했음을 똑똑히 알아차릴 수 있다.

아마도 가장 중대한 도전은 온실가스 배출량을 줄여야 할 필요성일 것이다. 그린 뉴딜이 제안한 대로 이어지는 몇십 년 동안 배출량을 0으로 줄여야 할 필요성 말이다. 이 목표에 도달하려면 에너지 기술이 극적으로 변화해야 한다.

따라서 더 길게 보아 우리는 그린 정신을 실행하는 데 중추 역할을 담당할 기술 변화에 기대를 걸 것이다. 이 장에서는 이중적 외부 효과라는 핵심 현안을 포함해 그 도전에 대해 논의하려 한다.[2]

새로운 제품에 구현된 그린 설계

몇 년 전 나는 예일 대학의 한 교수 회의에 참석해 새로 제안된 강좌들을 살펴보고 있었다. 강좌 목록에 '그린화학'이 들어 있었다. 그런 과목은 한 번도 들어본 일이 없었다. 대체 무슨 과목일까?

조금 더 읽어보고서야 이 질문에 대해 그린화학 창시자들이 기술해 놓은 답을 알아낼 수 있었다.[3]

> 그린화학은 2개의 주요 부분으로 이루어져 있다. 첫째, 이 과목은 효율적
> 인 자원 활용과 그에 따른 폐기물의 최소화를 다룬다. 둘째, 생태계의 건
> 강, 화학 제품의 제조·사용·처리·재활용과 관련한 안전 이슈를 다룬다.
> 그 기저를 이루는 원리는 '설계에 의한 환경친화(benign by design: 원문은
> 운을 맞춘 재치 있는 표현이지만 옮기는 과정에서 그 묘미를 살리지 못했다—옮긴
> 이)'이다. 이는 폐기물 복원(waste remediation)이나 사후 처리 해법(end-of-

pipe solution)과 반대되는 것으로, 폐기물의 최소화를 통한 오염 예방을 강조한다.

'설계에 의한 환경친화' 원리는 독성을 줄이는 한편 기능을 유지하는 새로운 제품의 설계 등 그린 원칙을 촉진하는 데에서 혁신이 얼마나 중요한지를 똑똑히 보여준다. 우리는 그린 설계를 성공적으로 적용한 시나인의 사례를 통해 그것을 확인했다.

하지만 그린 혁신의 발목을 잡는 거센 역풍에 주목해볼 필요가 있다. 환경 재화와 서비스를 위한 연구, 개발, 혁신은 **이중적 외부 효과**라고 부르는 특수한 도전에 직면해 있다. 그 이유는 청정 생산의 가치가 저평가되어 있기 때문이기도 하고, 혁신의 결과로 그 주역인 개인이 차지하는 이익이 대중이 누리는 이익보다 적은 탓이기도 하다.

여기서 중요한 점을 따져보자. 첫 번째 외부 효과는 재화와 서비스의 사회적 비용이 그에 따른 개인적 비용과 다를 때 발생한다. 대기 오염 문제를 예로 들어보자. 만약 인도나 중국의 대도시를 여행한다면, 당신은 아마도 위태로운 대기 오염을 경험할 가능성이 높다. 공중 보건 전문가들은 이 두 나라에서 대기 오염 탓에 수백만 명이 조기 사망한다고 추정한다. 대기 오염은 일반적으로 석탄 화력 발전으로 인한 오염 물질 배출을 거의 규제하지 않기 때문에 발생한다. 전기를 생산하고 소비하는 이들은 그 발전 기술이 건강에 끼치는 피해에 비용을 지불하지 않는다. 석탄 연소에 따른 시장 가격이 실제 사회적 비용보다 낮다는 얘기다.

비슷한 외부 효과는 기후 변화에서도 나타난다. 우리가 직간접적으로 행하는 사실상 모든 일에는 에너지가 쓰인다. 그런데 그 에너지가 화석 연료를 연소하는 데에서 나올 경우 이산화탄소가 대기 중으로 배출된다. 다시 한번 말하거니와 에너지 소비로 이득을 보는 사람은 그 배출이 부과한 현재와 미래의 비용 전부를 지불하지 않는다. 따라서 저평가된 오염이 첫 번째 외부 효과다. 이에 대해서는 이 책의 다른 장들에서 철저히 파헤쳤으며, 환경 현안을 연구하는 학자들은 이를 분명히 이해하고 있다.

〔그린 재화와 서비스의 연구·개발·설계(research, development, and design, RD&D)를 포함하는〕 두 번째 외부 효과는 좀더 미묘하며 신지식의 속성과 관련성을 띤다. 새로운 디자인과 혁신은 **긍정적** 외부 효과를 수반하는 공공재로 알려져 있다. 공공재는 두 가지 조건을 충족하는 재화다. 첫째, 재화와 서비스를 또 하나의 개인에게 제공하는 데 따른 비용이 거의 0에 가깝다(**비경합성**). 둘째, 개인이 그 재화와 서비스를 누리지 못하도록 배제하는 것은 불가능하거나 비용이 많이 든다(**비배제성**, 또는 **비전유성**(inappropriability)〕. 이 두 개념은 멋대가리 없는 말이긴 하지만 신지식의 중요한 특징이다.

모든 신기술은 이러한 두 가지 특징을 띤다. 첫째, 신기술은 비경합성을 드러낸다. 어느 기업이 새로운 설계를 사용한다고 해서 다른 기업이 그걸 사용하지 말라는 법은 없기 때문이다. 둘째, 일단 어떤 기술이 개발 및 공개되면 다른 기업이 그걸 사용하지 못하도록 막는 게 극도로 어렵다는 점에서 신기술은 비배제성을 드러낸다.

지식이 전통적 재화와 가장 크게 다른 점은 비경합성이다. 전통적 재화는 경합성을 띤다. 내가 빵 한 조각을 먹으면 다른 어느 누구도 그것을 먹을 수 없기 때문이다. 반면 아이디어는 비경합성을 드러낸다. 누구나 동시에 그걸 사용할 수 있어서다. 빵은 부족하지만 현존하는 아이디어는 그렇지 않다. 아이디어는 사용한다고 해서 고갈되지 않는다. 실제로 (백신 접종이나 스마트폰 같은) 신기술은 반복적으로 사용하면 흔히 좀더 이용하기 쉽고 가치가 한층 커진다.[4]

비경합성의 중요한 예는 백신 접종 개념이다. 오늘날 백신을 의학적으로 사용하게 된 것은 우두 물질(cowpox material)을 이용해 천연두에 대한 면역을 만들어낸 에드워드 제너(Edward Jenner) 덕분이다. 일단 백신 접종에 대한 아이디어를 생각해내고 그걸 이해하게 되자 그 아이디어는 수백만 명의 생명을 구하는 데 되풀이해서 쓰일 수 있었다. 인류 역사상 가장 치명적 병원균인 천연두는 백신 접종에 힘입어 근절되었다. 내가 이 글을 쓰고 있는 2021년, 전 세계 사람들은 전 국민 대상 코로나19 백신 접종 결과를 애타게 기다리고 있다. 여러 가지 코로나19 백신은 과거의 발견, 과학, 그리고 성공하거나 실패한 백신들에 기반을 두고 개발되었다. 코로나19 백신을 개발하려는 극한 경쟁에 뛰어든 이들은 누구나 그와 같은 과거의 아이디어를 이용할 수 있다.

그뿐만 아니라 아이디어는 비경합성을 띤다는 바로 그 이유 때문에 결국에 가서는 비배제성을 드러낸다. 실제로 귀중한 새로운 설계는 즉각적 확산을 가로막는 실질적, 법적 장애물에 부딪힌다. 따라서 한동안 발명가들이 적어도 부분적으로는 다른 사람을 배제할 수 있다. 하지만 시간이 흐르면서 귀중한 아이디어는 결국 전 세계로 새어나가게 마련이다.

기술 유출을 막기 위한 시도의 일례는 산업화 초기에 기계 기술의 수출을 제한하려 한 영국에서 찾아볼 수 있다. 영국은 1780년대에서 1824년까지 섬유 기계의 수출을 금지하고 섬유 노동자가 영국제도를 떠나지 못하도록 막는 조치를 시행했다. 위반 시에는 평균 연봉의 약

10배에 달하는 벌금형이나 10년 이하의 징역형에 처했다. 하지만 이 같은 가혹한 조치마저 효과를 발휘하지 못했다. 사람들은 영국을 떠나면서 기계를 분해해 몰래 밀반출했다. 결국 기계 설계도는 해외에서 점점 더 이용 가능해졌다. 한 연구는 이렇게 글을 맺었다.

> 따라서 이 초기 산업화 시기에 영국의 금지법은 기술 정보가 사람에 의해서든 기계에 의해서든 해외로 퍼지는 흐름을 저지하는 데 확실히 실패했다. 법이 그리는 모종의 보호를 집행하고 감시하려면, 여론이 도저히 참아내지 못하고 내부의 사회경제적 조건이 지지할 수 없는 가혹한 조치가 필요했다.[5]

비경합성과 비배제성은 혁신적인 외부 효과의 특징이다. 하지만 이는 이로운 외부 효과의 한 가지 예다. 발명가는 신지식으로 인한 이득 전부를 제 스스로를 위해서만 전유할 수 없다. 즉, 그들은 다른 사람이 그 신지식을 이용함으로써 얻는 가치 전체에 대해 비용을 지불하도록 강제할 도리가 없다. 이 같은 가치 전체에 대한 비전유성 때문에 혁신의 사적 수익률은 대체로 사회적 수익률을 한참 밑돈다. 그 결과 혁신은 사회 전반에 요구되는 최적의 수준보다 덜 이루어진다.

표 18-1은 에드윈 맨스필드(Edwin Mansfield)와 공저자들이 17가지 혁신의 사회적 수익률과 개인적 수익률을 살펴보기 위해 실시한 중요 연구의 결과를 담고 있다. 맨 아랫줄에서 보듯 그들은 **사회적 수익률이 개인적 수익률의 2배가 넘는다**고 추산한다.

그 밖의 연구에 따르면, 둘 간 차이는 미미한 혁신보다 중대한 혁신의 경우, 자잘한 개선보다 좀더 근원적인 발명의 경우, 그리고 경쟁자

표 18-1　혁신에 따른 사회적 수익률과 개인적 수익률

혁신	수익률(%)	
	사회적 수익률	개인적 수익률
주요 금속 혁신	17	18
기계 도구 혁신	83	35
통제 시스템의 구성 요소	29	7
건축 자재	96	9
드릴 자재	54	16
제도(製圖) 혁신	92	47
종이 혁신	82	42
실 혁신	307	27
출입문 제어 혁신	27	37
새로운 전자 제품	음수	음수
화학 제품 혁신	71	9
화학 공정 혁신	32	25
화학 공정 혁신	13	4
주요 화학 공정 혁신	56[a]	31
주택 청소 장비	209	214
얼룩 제거기	116	4
설거지 용액	45	46
중앙값	**56**	**25**

주요 혁신을 다룬 이 연구는 혁신가들이 사회적 수익률의 절반조차 가져가지 못한다는 것을 보여준다.

출처: Edwin Mansfield, John Rapoport, Anthony Romeo, Samuel Wagner, and George Beardsley, "Social and Private Rates of Return from Industrial Innovations," *Quarterly Journal of Economics* 91, no. 2 (1977): 221~240.

들이 쉽게 모방할 수 있는 혁신의 경우 더 크다. 이 같은 결과, 즉 창의적 활동에 따른 사회적 수익률과 개인적 수익률의 간극이 크게 벌어지는 현상은 수십 건의 연구에서 되풀이되는 중요한 경제학적 발견이다.

혁신의 이중적 외부 효과

이중적 외부 효과는 비전유성과 환경적 외부 효과가 어떻게 그린 혁신의 수익성을 크게 떨어뜨리는지 잘 보여준다. 여기에서의 논의는 구체적으로 **시장 지향적** 혁신, 즉 주로 이윤과 시장 유인에 반응하는 부문의 지식 창출에 적용된다.

우리는 표 18-1의 수치를 이용해서 이 이슈에 대해 설명할 수 있다. 표에 열거된 혁신의 경우, 평균 개인적 수익률은 연간 25퍼센트였다. 논의를 단순화하기 위해 이것이 종류를 막론한 모든 투자의 평균 수익률이라고 가정하자. 이윤 극대화를 추구하는 기업은 수익성이 높은 투자에 뛰어들 테니 말이다. (여기와 이하에서 논의하는 수익률은 늘 세금, 보조금, 과잉 할인율, 위험, 불확실성을 고려해 교정을 거쳤다고 가정한 결과다.)

하지만 평균 사회적 수익률은 연간 56퍼센트로 개인적 수익률을 크게 상회했다. 이런 차이가 발생한 까닭은 모방자들이 그 시장을 일부 잠식하면서, 또는 가격이 하락해 소비자가 그 혁신으로 이득을 보면서, 혁신가들의 수익성이 떨어졌기 때문이다.

다음으로, 그린 혁신에 대해 살펴보자. 아마도 연료를 절약하는 새로운 터번 설계가 여기에 속할 것이다. 그린 혁신의 경우 개인적 수익

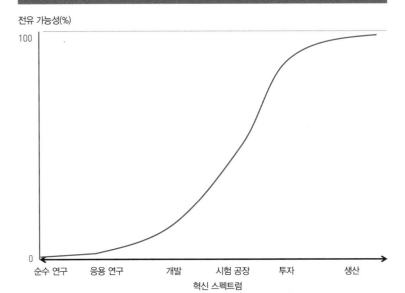

그림 18-1   혁신 스펙트럼과 전유 가능성

전유 가능성(%)

100

0

순수 연구   응용 연구   개발   시험 공장   투자   생산

혁신 스펙트럼

전유 가능성. 즉 혁신가가 자기 노력의 편익을 모두 가져가는 능력은 순수 연구의 경우 0퍼센트에 가깝고 생산의 경우 100퍼센트에 육박한다.

률은 25퍼센트이지만, 이익의 일부가 그 혁신가에서 상실되므로 사회적 수익률은 50퍼센트다. 그러나 그린 혁신은 온실가스 배출과 기타 오염 물질을 줄여주므로 그에 따른 이득이 훨씬 더 커진다. 이렇게 사회적 이득은 늘어나지만 혁신가가 그걸 차지할 수는 없다. 이산화탄소와 기타 배출량에 대해 가격을 매기지 않거나 낮게 책정하기 때문이다. 환경적 개선의 가치까지 더한다면 총 사회적 수익률은 아마 100퍼센트일 것이다. 이중적 외부 효과는 사회적 수익률과 개인적 수익률의 차이를 25퍼센트에서 75퍼센트까지 벌려놓았다.

그림 18-1은 혁신 활동에 따른 이득의 전유 가능성이 활동 유형

에 따라 어떻게 다른지를 도식화해 보여준다. 가로축은 **혁신 스펙트럼**(innovation spectrum)이다. 즉, 순수 연구에서 응용 연구, 개발 등을 거쳐 생산에 이르는 각 활동이 어디에 위치하는지 보여주는 질적 변수다. 세로축은 각 활동에 따른 이익의 전유 가능성―즉, 기업이 모든 가치를 거둬들이는 활동을 수행하는 능력―을 나타낸다.

순수 연구는 전유 가능성이 이례적일 정도로 낮은데, 이는 즉각적 편익이 거의 없는 데다 일반적으로 그 결과를 특허에 의해 보장받을 수 없기 때문이다. 비전유성을 보여주는 한 가지 예는 중력이나 DNA 같은 자연 법칙의 발견이다. 그 스펙트럼의 반대편 극단에는 신발이나 양말 등을 제조하는 생산이 놓여 있다. 이런 유의 활동은 외부 효과가 거의 없으며 전유 가능성이 100퍼센트에 가깝다. 기타 유형의 혁신적 활동은 그 둘 사이 어디쯤엔가 자리한다.

우리는 유사한 그래프를 이용해 여러 가지 활동 유형에 따른 사회적 수익률과 개인적 수익률을 나타낼 수 있다. 그림 18-2 하단의 가로줄은 개인적 수익률을 보여주는데, 이는 상이한 종류의 지식 및 자본 투자 전반에서 시장 경쟁에 의해 동일해지는 경향을 띤다.

그림 18-2 상단의 하향 경사 곡선은 '통상적' 부문들에 대한 투자의 사회적 수익률을 나타낸다. 이들 부문에서 생산되는 제품은 환경적 외부 효과의 지배를 받지 않는다. 이 경우 그림의 오른쪽으로 향하면서 사회적 수익률은 개인적 수익률에 수렴한다. 스필오버가 줄어들고 전유 가능성이 높아지기 때문이다. 그와 정반대편에 놓인 순수(기초) 연구는 전유 가능성이 낮은지라 사회적 수익률과 개인적 수익률 간의 차이가 크다.

그림 18-3은 환경적 외부 효과가 그린 혁신에 대한 동기를 어떻게

그림 18-2　상이한 활동 유형에 따른 사회적 수익률과 개인적 수익률

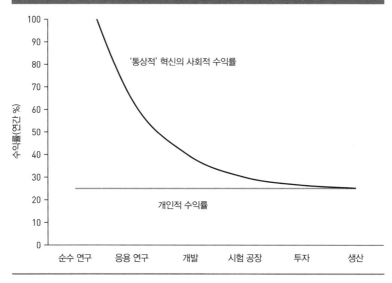

수익률(연간 %)

'통상적' 혁신의 사회적 수익률

개인적 수익률

순수 연구　응용 연구　개발　시험 공장　투자　생산

사회적 수익률과 개인적 수익률 간 차이는 전유 가능성 정도에 따라 저마다 달라진다. 스펙트럼의 한쪽 끝인 순수 연구 부문에서 연구자들은 자신이 행한 발견의 시장 가치 가운데 극히 일부분만을 제 몫으로 챙긴다.

변화시키는지 보여준다. 여기에서도 수행된 혁신에 따른 개인적 수익률이 하단의 가로선으로 표시되어 있다. '그린' 혁신의 경우, 사회적 수익률은 개인적 수익률보다 높음과 **동시에** '통상적' 부문의 사회적 수익률보다도 높다. 그린 혁신의 사회적 수익률이 대단히 높은 까닭은 환경외부 효과가 지식 외부 효과에 더해져 개인적 수익률과 사회적 수익률 간의 간극이 한층 벌어지기 때문이다.

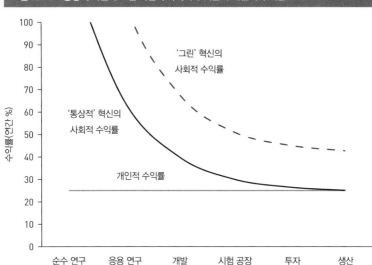

그림 18-3 통상적 혁신과 그린 혁신의 사회적 수익률과 개인적 수익률

'통상적' 혁신보다 '그린' 혁신에서 사회적 수익률과 개인적 수익률 사이의 간극이 훨씬 더 큰 것은 그린 혁신이 비전유성과 환경 이익의 저평가라는 이중적 외부 효과의 지배를 받기 때문이다.

그린 정책이 그린 혁신 동기에 미치는 영향

그린 정책과 관련해서 가장 놀라운 점 가운데 하나는 그것이 그린 혁신을 추구하고자 하는 동기에 미치는 영향이다. 스필오버를 바로잡는데 중요한 정책 제안이 '가격을 올바르게 책정하는 것'임을 떠올려보라. 이는 주로 활동의 사회적 비용이 시장 가격과 같아지도록 그 외부효과에 가격을 부과하는 것이다. 지구 온난화의 경우 적절한 정책은 온실가스 배출량이 야기한 피해에 준해 그 배출량의 비용을 책정하는 조치다.

정부가 외부 효과에 가격을 매기는 정책을 시행한다고 가정해보자.

그림 18-4 공공 정책 실시 후 사회적 수익률과 개인적 수익률

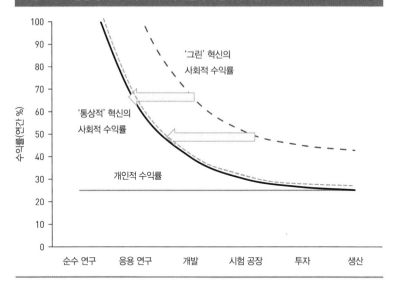

정부 조치가 오염이나 기타 스필오버의 가격을 그 사회적 비용에 걸맞게 매김으로써 외부 효과를 내부화하면, 그러한 교정 조치는 그린 혁신의 한 가지 외부 효과를 제거해준다. 이제 '그린' 혁신은 혁신 활동의 수익률을 완전히 차지하거나 전유할 수 없다는 점에서 '통상적' 혁신과 동일한 문제를 공유한다.

그 결과 외부 효과가 바로잡히면 그린 혁신과 관련해서는 더 이상 이중적 외부 효과가 존재하지 않고, 단지 하나의 외부 효과—즉, 모든 부문의 혁신가가 경험하는 지식 외부 효과—만 남을 것이다.

그림 18-4는 이 점을 잘 보여준다. 정부 규제에 의해 환경 외부 효과를 내부화했다고 치자. 환경 외부 효과가 제거되면 그린 혁신의 사회적 수익성을 나타내는 점선이 왼쪽으로 이동한다.

'그린' 부문과 '통상적' 부문 양자의 혁신에 따른 사회적 수익률과 개인적 수익률 간에는 여전히 간극이 남아 있을 것이다. 하지만 그 크기는 이제 부문보다는 혁신적 활동의 규모와 특성에 따라 결정된다. 예컨대 시험 공장(pilot plant: 대규모 생산 공장 건설에 착수하기 전 공정·설계·조작 따위의 자료를 얻기 위한 소규모 시험 설비—옮긴이)이나 '그린' 테크놀로지를 위한 순수(기초) 연구에서의 스필오버는 상당할 수도 있지만, 기계나 컴퓨터 또는 다른 '통상적' 산업에서의 스필오버와 다를 바 없어질 것이다.

이번 장의 중심 메시지는 그린 연구·개발·설계, 즉 RD&D가 오염 외부 효과와 혁신 외부 효과, 이렇게 두 가지 외부 효과에 의해 영향을 받고 있다는 것이다. 적절한 오염 교정 조치는 이 두 가지 가운데 전자를 해소해주며, 혁신 외부 효과만 남겨놓는다.

저탄소 경제를 위한 혁신

그린 혁신 이슈를 살펴보기 위해 이 장 나머지 부분에서는 저탄소 경제로의 전환을 꾀하는 과제에 대해 논의할 것이다. 이것은 오늘날 기후 정책의 핵심적 목표 가운데 하나다. 본격적인 논의는 이후 장들을 위해 남겨두고, 일단 여기서는 혁신 이슈를 몇 가지 추려보려 한다.

- 첫 번째는 세계 경제의 탈탄소화 과제다. 이는 그저 타자기를 컴퓨터로, 또는 에디슨 전구를 새로운 LED 전구로 대체하는 것 같은 일상적인 문제인가, 아니면 그보다 좀더 까다롭고 비용이 많이 드는 문제인가?
- 두 번째는 테크놀로지와 관련한 문제다. 오늘날 경제는 주로 석유와 석탄 같은 화석 연료가 이끌어간다. 현행 경제의 화석 연료를 대체할 기술은 무엇인가? 저탄소 세상에서는 어떤 연료가 우리의 비행기를 날게 만들고, 우리의 학교에 난방을 해줄까? 원자력, 태양력, 풍력, 그리고 기

타 저탄소 연료가 발전에서 맡은 역할은 무엇인가? 이 모두는 전 세계 엔지니어와 과학자의 관심을 끌어모으는 흥미로운 주제다.

- 경제학이 제기하는 세 번째 질문은 미묘하지만 앞의 두 가지 못지않게 중요하다. 우리는 어떻게 기업으로 하여금 새로운 테크놀로지를 발명하고 개발하고 상업화하도록 이끌 것인가? 그리고 어떻게 이 새로운 테크놀로지를 구매하고 사용하도록 소비자를 설득할 수 있을까? 태양력 온수기나 탄소를 먹는 나무에 관한 번득이는 아이디어를 떠올리는 것만으로는 충분치 않다. 기업이 그러한 테크놀로지를 개발하는 데 수십억 달러를 투자하기 위해서는, 그것을 생산하고 판매함으로써 수익을 거둘 수 있다는 확신이 서야 한다. 새로운 저탄소 테크놀로지의 발명, 생산, 구매 연쇄 고리를 가동시키는 메커니즘은 무엇인가?

저탄소 경제가 제기하는 도전

경제의 탈탄소화라는 첫 번째 문제에서부터 시작해보자. 수많은 국가에서 기후 정책의 목표 가운데 하나는 지구 온난화를 섭씨 2도 이내로 제한하는 것이다. 계산에 따르면 이를 달성하기 위해서는 이산화탄소와 기타 온실가스의 전 세계 순배출량을 대략 2050년까지 0으로 끌어내려야 한다. 하지만 지금의 세계는 그 목표에 도달할 수 있는 상황과는 거리가 멀다. 실제로 전 세계 이산화탄소 배출량은 최근 몇 년 동안 줄어드는 게 아니라 오히려 늘어났다. 오늘날 세계는 필요 에너지의 80퍼센트를 화석 연료에 기대고 있으며, 그 상당 부분은 주택과 발전소 같은 연수(年數)가 긴 자본에 쓰인다. 이런 마당에 2050년까지 순배출량 0에 도달하겠다는 것은 과연 실현 가능한 도전인가?

한마디로 그 답은 거의 가능성이 없다는 것과 실행 불가능하다는 것 사이 어디쯤엔가 놓여 있다. 우리는 향후 30년 동안 세계 자본 스톡의 상당 부분을 교체해야 한다. 그에 따른 경제적 파급력에 대해서는 여러 연구가 추정치를 내놓았다. 에너지 모델링 포럼(Energy Modeling Forum)이 이끈 중요한 연구는 여러 모델에서 나온 섭씨 2도 목표의 비용과 상이한 기술적 가정을 검토했다. 그 비용(2010년까지 할인된 손실의 현재 가치)은 가장 낙관적인 기술적 가정에 기초한 추정치 40조 달러에서 가장 비관적인 기술적 가정에 토대를 둔 추정치 500조 달러까지 천차만별이다.[6] 기타 연구들이 시사하는 바에 따르면, 섭씨 2도 목표 달성은 오로지 세계 정책의 과감한 변화와 더없이 급속한 기술 변화라는 있을 법하지 않은 조합을 통해서만 실현 가능하다.

유망한 테크놀로지

저탄소 경제 달성에 요구되는 엄청난 전환 규모를 감안할 때, 유망한 저탄소 에너지원은 무엇일까? 이 주제는 과학자와 엔지니어들의 주요 연구 분야인지라 우리는 그것을 그저 수박 겉핥기식으로 개괄할 도리밖에 없다. 하지만 다음의 몇 가지 사항은 그 전환의 성격을 잘 설명해준다.[7]

미국에서 상이한 종류의 발전(전력 생산)에 따른 현재 비용 및 미래 비용은 논의를 시작하기에 좋은 주제다. 표 18-2는 미국 최고의 에너지 데이터 출처인 에너지정보청의 추정치를 보여준다.[8] 이는 현재와 미래

표 18-2   대안적 탄소 가격을 도입할 경우의 발전 비용 추정치

발전소 유형	설비 비용(달러/1,000kWh)		
	CO_2 1톤당 0달러	CO_2 1톤당 40달러	CO_2 1톤당 200달러
기존			
태양 PV	12	12	12
육상 풍력 발전	16	16	16
전통적 석탄	26	58	187
전통적 CC	37	51	105
현재			
전통적 CC	46	60	114
육상 풍력 발전	56	56	56
태양 PV	60	60	60
전통적 석탄	75	107	236
미래			
첨단 CC	41	55	109
CCS를 결합한 첨단 CC	68	69	75
첨단 원자력	77	77	77
CCS2를 30% 결합한 석탄	104	130	232
CCS2를 90% 결합한 석탄	127	132	151
현재의 평균 비용	41	NA	NA

CC: 복합 발전 사이클

PV: 광 발전(PV는 photovoltaic의 약자. 빛 에너지를 전기 에너지로 변환시켜주는 기술을 말한다―옮긴이)

CCS: 탄소 포집과 저장

NA: 해당 없음(이산화탄소 가격이 0달러이므로)

이 표는 탄소 가격이 서로 다를 때 상이한 종류의 발전 비용 추정치를 보여준다. 첫 번째 목록은 현재의 발전 시설을 나타낸다. 두 번째 목록은 새로운 설비가 현재의 가용 기술을 사용하는 경우다. 세 번째 목록은 다가오는 미래에 이용할 가능성이 큰 테크놀로지 관련 추정치를 담고 있다.

출처: 균등화 발전 비용(levelized costs of electricity: 발전기가 생산한 전력의 단위당 단가를 산출한 것. 발전 설비 수명 기간 동안 발생한 설치 비용 및 운영 비용 총액을 해당 설비가 생산하는 총전력으로 나눈 값―옮긴이) 추정치는 미국 에너지정보청에서 가져왔다. 탄소 가격에서 비롯된 비용은 저자가 추가했다.

의 테크놀로지 비용을 1000kWh당(즉, 1MWh당) 달러로 나타낸다. 수치를 적은 세 칸은 세 가지 상이한 탄소 가격(즉, 탄소세)에서의 발전 비용을 담고 있다. 첫 번째 칸은 미국과 대다수 나라에서 볼 수 있듯 이산화탄소 1톤당 현재 가격이 0달러일 때(이는 아무런 기후 정책을 실시하지 않는다는 의미다)의 비용이다. 두 번째와 세 번째 칸은 탄소 가격이 낮을 때와 높을 때의 영향력을 보여준다. 낮은 쪽인 두 번째 칸에서 탄소 가격은 미국 정부가 권고한 이산화탄소 1톤당 40달러인 데 반해, 높은 쪽인 세 번째 칸에서는 탄소 가격이 공격적인 배출 저감에 걸맞은 이산화탄소 1톤당 200달러다.

발전 유형은 세 가지 범주로 나눌 수 있다.

- 첫째, 상위 목록은 현행 발전소를 위한 것이다. 이 경우 자본 비용은 과거에 이미 치른 것이므로, 연료 비용과 기타 현재의 비용이 유일한 비용이다.
- 둘째, 중위 목록은 현재의 가용 기술을 나타낸다.
- 셋째, 하위 목록은 개발 중인 기술이다. 일부는 개발 중이고〔예를 들면 아래에서 설명할 **첨단 복합 발전 사이클**(advanced combined cycle)〕, 일부는 개발하고 시험하는 데 더 많은 세월이 필요할 것이다(예를 들면 첨단 원자력 발전).
- 마지막 줄에는 현재 전기의 평균 비용이 1000kWh당 41달러라고 기록되어 있다.

첫 번째 목록의 경우, 즉 아무런 기후 정책도 실시하지 않는(이산화탄소 1톤당 탄소 가격이 0달러인) 가장 경제적인 현행 기술에 대해 살펴보자.

여기에 드러난 네 가지 기술 모두 현재의 평균 비용 41달러에 비추어볼 때 경제적이다.

두 번째 새로운 발전소와 현행 기술의 경우, 처음의 세 가지는 충분히 경제적이지만 전통적인 석탄은 규제 비용 때문에 더 이상 경제적이지 않다. 주도적 기술은 복합 발전 사이클(천연가스)과 육상 풍력 발전(onshore wind)이다. 실제로 이 둘은 지난 10년간 가장 빠르게 성장한 에너지원이다.

다음으로, 세 번째 칸을 살펴보자. 여기에 쓰인 수치는 강력한 기후 정책을 실시하고 탄소 가격이 이산화탄소 1톤당 200달러일 경우의 비용이다. 현재 분별력 있는 유일한 저탄소 기술은 재생 가능한 풍력과 태양력이다. 석탄과 천연가스 비용은 탄소 가격을 포함할 경우 오늘날의 3~5배에 달한다. 하지만 장기적 공급 제한뿐 아니라 기술적 이슈(부하 곡선(load curve) 같은) 면에서 재생 에너지에는 심각한 제약이 따른다. 현행 전력 구조를 재생 에너지로 대체하는 것은 엄청난 과업일 거라는 사실에 유의할 필요가 있다. 2018년 전체의 약 10퍼센트인 데에서 볼 수 있듯 재생 가능 전기가 전체 발전에서 차지하는 비중은 여전히 미미하기 때문이다.

미래 기술에 대해 살펴보면, 두 가지가 무대에 등장할 수 있을 것이다. 하나는 '탄소 포집과 격리/저장(carbon capture and sequestration/storage, CCS: CCS는 탄소 포집과 격리(sequestration), 또는 탄소 포집과 저장(storage)의 약어로 혼용해 쓰이며, 이 책에서도 그렇다—옮긴이)' 기술을 결합한 복합 발전 사이클(천연가스), 다른 하나는 첨단 원자력 발전(advanced nuclear power)이다. 이 두 가지 미래 기술은 현재보다 2배 많은 비용이 들 테지만, 원칙적으로 경제 전반의 생산 수준을 끌어올릴 수 있다. 그러나 여전히 대규모로 사용할 채비를 갖추기까지는 갈 길이 멀다. 오늘날 '탄소 포집과 저장' 기술을 사용한 첨단 복합 발전 사이클이나 첨단 원자력 발전을 갖춘 대규모 발전소는 단 한 곳도 없다. 따라서 현실적으로 이들을 대규모로 도입하기까지는 수십 년이 걸릴 것이다.

표 18-2는 꼼꼼하게 따져볼 만한 가치가 있다. 전력 부문에서 제로 탄소 경제로 이전하기 위해 반드시 극복해야 하는 주요 난제를 보여주기 때문이다. 주된 결론은 이렇다. 첫째, 제로 탄소 미래에 에너지를 생산하는 데 드는 비용은 오늘날보다 큰 폭으로 늘어날 것이다. 둘째, 국가는 제로 배출량에 도달하려면 전력 자본 스톡의 상당 부분을 교체할 필요가 있다. 셋째, 장기적으로 가장 좋은 해결책은 비용이 많이 드는 데다 각국의 규제 제도와 경제 제도에 커다란 부담을 안겨줄 새로운 기술 개발을 요청할 것이다.

하지만 이 모든 추정치는 주의 깊게 살펴보아야 한다. 우리는 미래를 확실하게 내다볼 수 없으며, 기술은 무수한 영역에서 급속하게 발전하고 있다. 따라서 새로운 가능성에 적절히 대응해야 한다. 한층 더 중요한 점은 기초과학과 응용과학을 장려하고, 시장이 혁신가와 투자자에게 새로운 저탄소 기술을 발견하고 도입할 수 있는 적절한 동기를 제공하도록 보장하는 일이다. 이 사안은 혁신을 촉진하는 정부 정책에 대해 살펴볼 이번 장의 마지막 섹션으로 이어진다.

저탄소 혁신의 촉진

에너지 및 환경에 대한 의사 결정은 대부분 민간 기업과 소비자가 가격, 이윤, 소득, 습관에 근거해 내린 것이다. 정부는 규제, 보조금, 세금을 통해 그 의사 결정에 입김을 불어넣는다. 하지만 중요한 에너지 의사 결정은 시장의 수요와 공급이라는 맥락에서 이루어진다.

에너지 및 환경에 대한 의사 결정을 생각할 때, 우리는 대체로 신형 자동차, 새로운 가전제품, 혹은 주택이나 공장의 개조 따위를 떠올린다. 이 모든 것은 **기존의 설계와 기술** 내에서 이루어진다. 하지만 앞 섹션에서 살펴보았다시피, 장기적 차원에서 그린 경제로 이동하는 데에는 **아직 개발되지 않은 새로운 기술**에 관한 중요한 의사 결정이 포함된다. 이를테면 급격한 탈탄소화는 종전과는 판이한 '탄소 포집과 저장', 즉 CCS 등을 포함하는 상당한 발전 기술의 변화를 요구한다.

기술 변화는 어떻게 이루어지는가? 이에 대해서는 흔히 개인의 탁월성과 집요함, 경제적 유인, 기업의 구조, 그리고 시장의 수요가 복잡하게 상호 작용한 결과라고 답할 수 있다.

가령 태양력(solar power)은 인류의 위대한 발명품이 굽이굽이 거쳐 온 지난한 역사를 보여주는 대표적인 예다. 이야기는 1839년에 시작된다. 1839년은 프랑스의 젊은 물리학자 에드몽 베크렐(Edmond Becquerel: 1820~1891 — 옮긴이)이 전해전지(electrolytic cell)로 실험을 하던 중 광전(光電) 효과를 우연히 발견한 해다. 광전 효과의 기저를 이루는 메커니즘을 규명한 것은 1905년 알베르트 아인슈타인이었고, 그는 그 공로를 인정받아 1921년 노벨 물리학상을 수상했다.

광전지는 베크렐이 발견한 이후 최초의 중요한 실용적 응용이 이루어지기까지 100년 이상 기다려야 했다. '벨 전화 연구소(Bell Telephone Labs)' 소속 과학자들이 1950년대 중반 태양전지를 개발했고, 각국 정부들은 우주 위성과 외딴 장소에서 사용할 수 있는 태양력의 잠재력을 깨

그림 18-5 약 반세기 동안 급속도로 하락한 태양력 가격

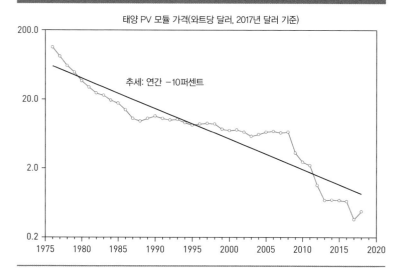

태양 PV 모듈 가격(와트당 달러, 2017년 달러 기준)

추세: 연간 −10퍼센트

출처: National Renewable Energy Laboratory.

닫고 태양전지에 관심을 기울이기 시작했다.

그때부터 꽃피기 시작한 태양력 기술은 우주 위성에, 수많은 소규모 주택에, 그리고 대규모 태양열 발전소에 적용되었다. 효율성[태양 에너지 단위당 조도(sunlight) 에너지]은 최초 태양전지의 경우 4퍼센트이던 것이 적용 수준이 최고조에 달한 오늘날에는 2020년 현재 47퍼센트로 껑충 뛰었다. 최초의 태양전지가 등장한 이래 비용은 몰라보게 낮아졌다. PV 모듈 가격의 추세를 담은 그림 18-5를 보면 그것이 1976년 이래 해마다 10퍼센트씩 떨어졌음을 알 수 있다. 표 18-2에서 보았듯 태양 PV 발전은 심지어 탄소 가격이 높지 않은 상태에서도 오늘날 가장 경제적인 연료와 비교했을 때 경쟁력이 있다.

그린 혁신의 이중적 외부 효과 문제로 다시 돌아가 보자. 저탄소 기

술에 대한 투자가 위축된 것은 혁신에 따른 개인적 수익률이 사회적 수익률보다 낮기 때문이며, 개인적 수익률이 더욱 침체되는 것은 탄소의 시장 가격이 그것의 실제 사회적 비용을 밑도는 탓이다.

저탄소 기술에 대한 논의를 통해 우리는 저탄소 세계, 또는 제로 탄소 세계는 CCS 같은 새로운 기술을 요청할 거라고 짐작할 수 있다. 그렇다면 CCS란 정확히 무엇을 말하는가? 이어지는 기술은 매사추세츠 공과대학에 몸담은 일군의 공학자와 경제학자들이 신중하게 실시한 연구에 토대를 둔 것이다. 기본적인 아이디어는 간단하다. CCS는 연소 시에 이산화탄소를 포집한 다음 일정한 장소로 운송해 저장하는 기술이다. 이에 따르면 이산화탄소는 그 장소에 수백 년 동안 머물고, 따라서 대기에 유입되지 않는다.

우리는 석탄을 예로 들 것이다. 가장 풍부한 화석 연료인 데다 CCS 기술을 대규모로 사용할 수 있는 가장 유력한 후보이기 때문이다. 엔지니어들은 천연가스에 CCS 기술을 활용하는 것이 오늘날 미국의 천연가스 가격 아래에서는 더 저렴할 것으로 생각한다. 어쨌거나 천연가스의 경우에도 석탄과 관련해 개략적으로 설명한 기본 원칙은 크게 다를 바 없다.

우리는 석탄을 순수 탄소라고 가정함으로써 논의를 단순화할 수 있다. 그런 다음 기본적인 과정을 화학 작용으로 표현하면 아래와 같다.

탄소 + 산소 → 열에너지 + 이산화탄소

따라서 연소는 원하는 산출(전력 생산에 사용할 수 있는 열)과 원하지 않는 부산물(즉, 이산화탄소)을 낳는다.

이 대목에서 대기 중으로 들어가기 전에 이산화탄소 분자를 포집하는 게 요체다. 오늘날 이산화탄소 분리는 석유와 천연가스 분야에서 이뤄지고 있다. 하지만 현존 기법은 소규모로 시도될 따름이며, 대규모 석탄 화력 발전에서는 아직 이용할 채비가 되어 있지 않다.

한 가지 유망한 기술은 이산화탄소 포집과 결합한 '석탄 가스화 복합 발전(integrated gasification combined cycle, IGCC)'이다. 이 과정은 석탄을 분쇄해 기체화하는 것으로 시작한다. 수소와 일산화탄소를 생성하고 일산화탄소를 더 반응시켜 고농도의 이산화탄소와 수소를 만들어낸 다음, 용제로 이산화탄소를 분리해 압축하고 최종적으로 배에 실어 저장하기 위해서다. 이 모든 과정은 복잡하게 들리고 실제로 그렇기도 하다. 하지만 석탄으로 전기를 생산하는 오늘날의 기술보다 훨씬 더 복잡한 것은 아니다.

CCS에서 주요 이슈는 비용과 저장이다. CCS가 전력 비용에 끼치는 영향은 표 18-2의 세 번째 기술 목록에 드러나 있다. 복합 발전 사이클의 비용은 CCS를 결합할 경우, 1000kWh당 41달러에서 68달러로 63퍼센트가량 상승한다.

이 과정에서 고비용 부분은 이산화탄소 포집이지만, 그보다 더 논쟁적인 것으로 떠오를 소지가 있는 부분은 운송과 저장이다. 한 가지 문제는 순전히 저장할 물질의 규모다. 가장 두드러지는 저장 장소는 고갈된 유전이나 천연가스전 같은 다공성 지하 암석층이다. 또 한 가지 이슈는 누출 위험성이다. 이는 그 프로젝트의 가치를 떨어뜨릴 뿐 아니라(이산화탄소가 대기 중으로 유출될 것이므로), 건강이나 안전상의 문제를 제기할 소지도 있다. 내가 가장 선호하는 선택지는 중력을 이용해 심해에 저장하는 방법이다. 이산화탄소는 만약 심해에 묻어둔다면 물보다 무거

우므로 거기에 수 세기 동안 그대로 남아 있을 것이다.

현재 CCS 앞에는 수많은 암초가 가로놓여 있다. 이 기술이 눈에 띄는 기여라고 할 만한 수준에 이르려면 매년 이산화탄소 수백억 톤을 제거해야 하지만, 현재는 연간 겨우 2500만 톤만 없애고 있는 실정이다. 따라서 차후에는 그 규모를 지금보다 1000배 가까이 확장해야 한다. 더군다나 지하 저장이 이뤄낼 성과에 대해서는 여전히 충분한 데이터가 나와 있지 않으며, 그 기술을 수용하도록 학계와 대중을 확실하게 설득하려면 광범위한 경험이 필요하다. 사람들은 이산화탄소가 대규모로 새어나와 뜻하지 않은 피해를 안길지 모른다며 두려워하고 있다.

다른 많은 대규모 자본 집약적 기술과 마찬가지로 CCS도 악순환의 늪에 빠져 있다. 기업은 CCS에 대규모로 투자하지 않을 텐데, 그 이유는 그런 추세를 강화하는 요인들의 악순환 때문이다. 즉, 그 기술에 투자하는 것은 재정적으로 위험하고 대중적 호응도 낮다. 또한 대대적 활용을 가로막는 커다란 규제적 장애물에 직면해 있으며, 대규모로 CCS 기술을 구현해본 경험도 일천하다. 다른 대규모의 새로운 에너지 제도에서와 마찬가지로 이 악순환에서 벗어나는 것이야말로 공공 정책의 커다란 딜레마다.

여기서 중요한 점은 외부 효과 가격이 혁신 동기에 미치는 영향과 관련이 있다. 일단 이산화탄소를 1톤당 100달러 비용으로 제거할 수 있다고 가정해보자. 만약 이산화탄소 가격이 0달러라면, CCS 공장은 손해를 볼 것이다. 만약 이산화탄소 가격이 영원히 0이 될 거라고 믿는다면, 이윤을 추구하는 그 어떤 기업도 그와 같은 과정에 투자하지 않을 것이다.

그러나 한 회사가 각국이 야심 찬 지구 온난화 정책—표 18-2의 마지막 칸에서 볼 수 있듯 몇 년 안에 탄소 가격을 1톤당 200달러로 인상하리라 예상되는 정책―을 시행할 거라 믿는다고 치자. 그 가격이라면 기업은 CCS 공장을 가동하는 게 수익성 있으리라고 추정할 것이다. 그 회사는 1톤당 100달러 비용으로 이산화탄소를 생산하고, 실제로 그를 정부에 1톤당 200달러에 팔 것이다. 기업은 여러 가지 접근법을 고려하면서 신중하게 일을 추진하겠지만, 그 기술에 투자하고자 하는 경제적 이유를 찾아낼 것이다. 이 같은 논리가 태양력, 풍력, 지열, 원자력에 대한 투자에도 적용될 터이다. 실제로 같은 논리는 그린 혁신에도 더욱 폭넓게 해당된다.

이번 장의 논의는 세 가지 중요한 결론으로 귀결된다. 첫째, 그린 혁신은 이중적 외부 효과에 시달린다는 것이다. 그린 재화와 서비스(이를테면 온실가스 배출량을 낮추거나 배출된 온실가스를 빠르게 분해하는 것과 관련한)의 생산은 수익률이 높지 않다. 그뿐만 아니라 연구에 따른 사회적 수익률과 개인적 수익률의 간극이 크므로 새롭고 개선된 그린 제품과 생산 공정을 설계하는 혁신 활동에 뛰어들고자 하는 동기도 움츠러들어 있다.

둘째, 오늘날 마주하는 그린 도전 대다수는 과학적이든 공학적이든, 또는 제도적이든 커다란 기술 변화를 요청한다. 우리는 제로 탄소 전력 부문을 위한 여러 잠재적 기술을 살펴보면서 이 점을 확인했다. 하지만 그 부문에서는 중요한 대규모 기술이 아직껏 본격적으로 이용 가능한 단계에 이르지 못한 상태다.

셋째, 그린 목표 충족을 향한 진척은 이윤 지향적인 기업의 혁신에 의존하고, 기업은 혁신 활동을 수익성 있게 만들어주는 적절한 유인을 가져야 한다. 이를 가장 잘 이루는 방법은 (오염에 가격을 부과하는 것처럼) 주요 외부 효과를 확실하게 내부화하는 것이다. 이를테면 탄소 가격은 저탄소 기술에 대한 투자를 통해 분명하고도 확실한 재정적 이득을 기대할 만큼 충분히 높아야 한다. 탄소 가격이 높지 않으면 혁신가나 기업은 저탄소 기술에 투자하려는 동기를 지니지 않을 것이다. 따라서 외부 효과에 대한 해결책을 보장하는 것은 장차 '좀더 그린한(Greener)' 새로운 기술을 촉진하는 추가 이득을 안겨준다.

우리는 이러한 문제를 좀더 넓은 맥락에서 조망해볼 수 있다. 국가는 기후 변화에 관한 전문적인 예측치를 내놓을 줄 아는 최고의 기후 과학자들을 보유하고 있을 수도 있다. 또한 고효율의 이산화탄소 파이프라인에 대해 연구하는 최고 수준의 재료과학자들을 거느리고 있을지도 모른다. 그런가 하면 이 모든 투자에 자금을 대줄 새로운 금융 파생상품을 개발할 빼어난 금융 귀재들을 두고 있을 가능성도 있다. 하지만 만약 탄소 가격이 0이라면 유망하지만 고비용인 저탄소 기술을 개발하고자 하는 계획안은 이윤 지향적인 기업의 이사회에 올라가기도 전에 모조리 휴지 조각이 되고 말 것이다.

그린 세계에서 개인의 윤리

그린 운동에서는 규범적 요소가 큰 부분을 차지한다. "당신은 탄소 발자국을 최소화해야 한다. 우리는 중요한 서식지와 종을 보존해야 한다. 나는 우리 손자 손녀를 위해 자연 세계를 보호해야 한다고 믿는다. 모두가 책임 있는 주택 소유자이자 투자자여야 한다."

이런 규범은 이 책이 다루는 많은 이슈, 특히 기업과 투자자의 책임에 관한 이슈를 뒷받침해준다. 윤리적 차원을 감안할 때, 우리는 먼저 뒤로 한 발 물러서서 이렇게 물어보아야 한다. "그린 윤리의 본질은 무엇인가? 그것의 중요한 가정과 수칙은 무엇인가? 우리는 다른 상이한 영역에 그것을 어떻게 적용할 수 있는가?" 이런 질문을 본격적으로 다루는 게 이번 장의 목적이다.

윤리학은 한참 거슬러 올라가서 《성경》과 아리스토텔레스, 오랜 계보를 지닌 가톨릭교회의 사상가들, 그리고 계몽주의 시대와 현대의 주요 철학자들에 그 뿌리를 두고 있는 방대한 분야다. 가장 일반적인 의미에서 윤리학은 옳거나 그른 행동에 대한 체계적 개념화와 관련이 있다. 윤리학은 또한 보편적 원칙("해를 끼치지 말라")을 포함하며, 낙태·인권·전쟁 같은 구체적인 분야에 해당된다. 우리는 이 논의를 주로 경제적, 정치적, 환경적 관심에 적용되는 것으로서의 윤리학으로 국한하고 다른 중요한 이슈 상당수는 제쳐둘 생각이다.[1]

윤리적 연방주의

윤리학에 대한 일부 저술은 개인의 '올바른 행동'에 대해 다루는 반면, 또 다른 저술들은 공공 정책에 관심을 기울인다. 좀더 자세히 들여다보면, 특히 시장 행동 같은 분야에서 윤리학은 복잡해진다. 상이한 수준에서 올바른 행동, 즉 **윤리적 연방주의**(ethical federalism)라고 부르는 시스템을 포함하기 때문이다. 앞에서 그린연방주의로 소개한 이 개념은 윤리적 의무란 정부, 민간 기관, 개인 간 윤리적 상호 작용을 수반한다고 본다. 실제로 한 수준에서 윤리적 규범은 다른 수준들이 얼마나 잘 수행되고 있는지에 따라 달라질 수 있다.

개인의 윤리는 모든 윤리적 구조의 토대를 이룬다. 즉, 개인의 윤리란 개인으로서 우리가 다른 사람을 어떻게 대해야 하는지에 관한 규범이다. 중간 수준에는 기업이나 대학 같은 민간 기관의 윤리가 놓여 있다. 가장 높은 수준에는 국가의 윤리―정부는 '잘 관리된 사회'를 촉진하기 위해 법과 규제를 어떻게 제정하고 집행해야 하는가?―가 자리한다. 윤리와 관련한 핵심 문제는 이 모든 것이 서로 얽히고설켜 있다는 점이다. 개인의 윤리는 사람들이 (아마도 스웨덴 같은) 잘 통치되는 나라에서 살아가느냐, 아니면 (나치 독일 같은) 지독한 폭정에 시달리느냐에 따라 달라질 수 있기 때문이다.

이 책의 논의는 주로 제도와 개인 수준의 윤리를 다룬다. 하지만 논의의 편의를 위해서는 정부의 윤리적 제도도 고찰해볼 필요가 있다. 이를 다루기 쉽도록 우리가 '잘 관리된 사회'에서 살아가고 있다고 가정하자.[2] (4장을 참조하라.) '잘 관리된 사회'는 그 구성원의 복지를 증진하기 위해 설계되었으며, 네 가지 중요한 기둥을 갖추고 있음을 떠올려보라. 이 네 가지에는 사람들이 공정하고 효율적으로 상호 작용할 수 있도록 재산권과 계약을 정의하는 법률, 사람들이 사적재의 거래에 참여할 수 있는 효과적인 시장, 중요한 외부 효과를 바로잡고 공공재를 제공해주는 법률·규제·지출·세금, 그리고 소득·부·권력의 공정한 분배를 보장하도록 돕는 교정세(corrective tax: 자원 분배의 왜곡이 존재할 때 이를 바로잡기 위해 부과하는 세금─옮긴이)의 부과와 교정적 지출이 포함된다.

윤리적 행동: 부정적·긍정적·중립적

우리는 대개 매일 다른 사람들과 중첩적으로 상호 작용한다. 그중 일부 상호 작용은 (신발 한 켤레를 사는 경우처럼) 시장에서 이루어지지만, 또 다른 상호 작용은 (도로에서 운전을 하는 것처럼) 좀더 직접적인 성격을 띤다.

우리는 자기 행동의 윤리적 위상을 어떻게 판단할 수 있을까? 여기에서 취하는 접근법은 우리 행동이 낳는 외부 효과에 기반을 둔 '결과론적' 기준이다. 이러한 접근법 아래에서 **모종의 행동은 다른 사람의 후생을 증진하면 윤리적으로 긍정적이며, 다른 사람의 후생에 해를 끼치면 윤리**

적으로 부정적이고, 다른 사람에게 아무 영향도 주지 않으면 윤리적으로 중립적이다. 다른 사람에게 혼재된 영향을 안겨주는 일부 행동은 윤리적으로 모호하지만, 그런 문제는 일단 논외로 하겠다.

먼저 이러한 정의를 우리가 일상적으로 행하는 시장 거래에 적용해볼 수 있다. 현대 경제학의 주요 결실 가운데 하나는 경쟁적 시장의 효율성을 뜻하는 '보이지 않는 손 원칙'이다. 이는 애덤 스미스의 《국부론》에 설득력 있게 표현되어 있다. "우리가 저녁 식사를 할 수 있는 것은 정육점 주인, 양조장 주인, 빵 가게 주인의 자비심 덕분이 아니라 자기 이익을 챙기려는 그들의 관심 덕분이다."

'보이지 않는 손 원칙'의 이면에는 잘 기능하는 시장 경제에서 기업의 이윤 추구와 소비자의 만족 추구는 효율적인 자원 할당으로 이어진다는 생각이 깔려 있다. 내가 재화와 서비스를 사고팔 때, 이 행동은 일반적으로 나와 거래하는 타인의 경제적 후생을 증진한다. **'보이지 않는 손 원칙'이란 잘 규제된 사회에서 이루어지는 개인의 시장 거래가 일반적으로 다른 사람들의 후생을 증진하거나 그에 아무 영향을 미치지 않기 때문에 윤리적으로 긍정적이거나 중립적이라는 뜻이다.**

'보이지 않는 손 원칙'을 적용하면 개인의 윤리와 기업의 행동은 극도로 단순화된다. 이것은 기업과 개인이 일상적으로 다른 사람들에게 해를 끼치면 어쩌나 걱정하지 않은 채 지낼 수 있음을 시사한다. 이상적인 시장에서 사회적으로 책임 있는 행동에 필요한 것이라곤 책임 있는 시장 공동체의 일원으로서 행동하는 것, 즉 돈을 벌고 지불하되 훔치거나 편법을 쓰지 않는 것뿐이다.

거의 인식되지 않는 '보이지 않는 손'의 또 한 가지 측면을 덧붙이자면, 그것은 바로 윤리적 행동을 위한 정보 효율성이다. 우리가 자신의 행동이 윤리적으로 긍정적이거나 중립적이라고 확신하기 위해서 꼭 정육점 주인, 양조장 주인, 빵 가게 주인에 대해 뭔가 알아야 하는 것은 아니다. 잘 굴러가는 가격 시스템은 윤리적으로 행동하기 위해 산더미 같은 정보를 수집해야 할 필요성을 줄여준다. 이 점은 특히 우리의 외부 효과를 어떻게 다루어야 할지 고려할 때 중요해진다.

나는 지금 언급하고 있는 '보이지 않는 손 원칙'의 '절반이나 찬(half-full: '낙관적인'—옮긴이)' 측면을 강조함으로써 이 섹션을 마무리하고자 한다. 경제학자들은 조건(qualification)을 분석하고 예외(exception)를 지적하고자 수많은 책을 집필해왔다. 우리의 목적과 관련해서 중요한 조건은 부정적 외부 효과의 존재다. 기타 중요한 문제가 불거지는 것은 불확실성, 소득 분배의 불공정성, 거시경제적 왜곡, 그리고 개인의 비합리성 탓이다. 나는 이런 조건들에 대해서는 다루지 않을 작정인데, 그러는 까닭은 그 조건들이 무시해도 좋은 것이라서가 아니다. 다만 규제받는 경제에서 시장 거래가 지닌 중요한 윤리적 함의에 집중하기 위해서다.

'잘 관리된 사회'와 개인의 윤리

우리는 애덤 스미스의 이상적 세계에서 출발했지만, 이제 '보이지 않는 손'의 실패로 얼룩진 현실적 세계로 옮아가려 한다. 이 책은 브라운 현상과 그린 정책에 대해 다룬다. 실제로 사람들은 부정적 외부 효과를 통해 더러 생명을, 또는 심지어 사회를 위협하는 방식으로 서로 충돌하고 있다. 상호 작용이 실제적 충돌이든 가상의 부딪침이든 사회는 오염, 지구 온난화, 전쟁 같은 외부 효과의 피해를 낮추는 방안을 고심해야 한다.

앞에서 언급한 바와 같이 '잘 관리된 사회'를 위한 지배 구조의 요구 사항 가운데에는 주된 외부 효과를 분석하고 규제할 필요성이 담겨 있다. 자동차 운전을 예로 들어보자. '잘 관리된 사회'는 행동을 좌우하는 책임법, 제한 속도, 신호등, 교통 범칙금을 포함하는 다중적인 법률과 관습을 통해 자동차로 인한 외부 효과를 다룬다.

'잘 관리된 사회'의 윤리적 연방주의가 관여하는 지점이 바로 여기다. 개인은 정부 규제가 그 외부 효과를 내부화하는 한 운전을 윤리적으로 중립적인 행동으로 간주한다. 교통 법규를 따르고 조심스레 운전해야 하지만, 모든 정지 표지판의 윤리를 따질 필요는 없는 것이다. 나는 교통공학 전문가가 아니므로, 어디에 정지 표지판을 설치해야 하는지에 대한 판단은 그들에게 맡긴다. 그들에 대해 사후에 이러쿵저러쿵 비판할 수는 있지만, 그러는 데 따른 정보적·법률적 부담이 꽤나 큰지라, 일반적으로 그 부담을 사회의 교통법 테두리 안에 둔다. 다른 많은 잘 규제된 외부 효과도 운전과 마찬가지다.

오염의 예로 넘어가 보자. '잘 관리된 사회'는 오염으로 인한 외부 효과를 내부화하도록 요구한다. 이는 규제나 오염세 또는 책임을 통해 가능하며, 최선의 접근법이 무엇이냐는 기술적 요인에 의해 결정된다. 중요한 예가 이산화탄소 배출이 야기한 기후 변화다. 경제학자들은 기후 변화를 늦추는 가장 효과적인 방법은 이산화탄소 배출의 사회적 비용을 충분히 반영한 탄소 가격을 부과하는 것이라고 믿는다.

따라서 나는 여기서 탄소 배출을 예로 들어 중요한 윤리적 측면에 대해 언급하려고 한다. 각국이 배출의 사회적 비용을 개략적으로 반영한 보편적 탄소세를 부과했다고 가정해보자. 그 결과 모든 제품에 그들의

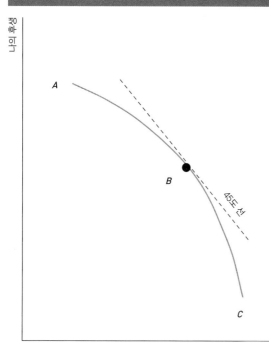

그림 19-1 나의 후생과 타인의 후생

나의 후생

A

B

45도 선

C

타인의 후생

곡선 ABC는 '잘 관리된 사회'에서 이루어지는 나의 후생과 타인의 후생 간 트레이드오프를 보여준다. 시장 균형을 나타내는 점 B에서 나의 후생과 타인의 후생은 같아진다.

탄소 발자국을 반영한 탄소 요금이 포함되었다. 탄소 요금의 존재는 개인적 탄소 발자국에 대한 우리의 우려를 잠재울 수 있다. 탄소에 적절한 가격을 매긴다면 우리는 저마다의 개인적 탄소 배출이 윤리적으로 중립적 지대에 놓여 있다고 확신한 채 나날의 일상을 이어갈 수 있다. 우리는 신발이나 빵을 사는 일과 동일한 방식으로 탄소 배출권을 구매할 것이다.

그림 19-1은 빵 같은 사적재의 경우든 정확하게 가격을 부과한 외부

효과의 경우든, 나의 후생과 타인의 후생 간 트레이드오프를 보여준다. 달러나 재화 묶음 같은 어떤 공통적인 측정 항목과 관련해 가로축은 타인의 경제 후생을, 세로축은 나의 경제 후생을 가리킨다. 만약 내가 한 단위만큼 배출량을 감축하면, 나의 손실은 다른 사람의 이득과 정확히 일치할 터이다. 이것이 효율적 오염 규제가 가져오는 중요한 결과다.

'잘 관리된 사회'로부터의 일탈: 규제되지 않는 외부 효과

경제 세계가 이렇게 단순하다면, 그리고 우리가 정부와 시장이 힘을 합쳐 경제를 효율적이고 공정하게 꾸려가는 '잘 관리된 사회'에서 살아간다면 오죽이나 좋겠는가? 하지만 안타깝게도 우리는 현실을 똑바로 직시해야 하고, 어떤 사회도 '잘 관리된 사회'를 위한 조건 모두를 완벽하게 갖출 수는 없다는 사실을 인정해야 한다.

사실 도덕철학은 우리 행동이 타인에게 이롭거나 해로운 영향을 미칠 수 있는 상황을 대단히 상세하게 다룬다. 앞에서 개괄한 대로 경제 윤리학은 우리가 스스로의 활동에 따른 비용 전부를 지불해야 한다고 주장한다. 그렇게 하지 못하면 우리는 보상받지 못한(uncompensated) 피해를 다른 사람에게 안겨줄 것이다. 이것이 바로 비윤리적 행동에 대한 우리의 경제적 정의다.

규제받지 않는 해로운 외부 효과에 따른 도덕적 원칙은 이 같은 윤리적 관점에서 비롯된다. 즉, 당신은 다른 사람에게 해를 입혀서는 안 되며, 만약 그랬다면 그에 대해 보상해야 한다는 것이다. 예컨대 당신은 이웃의 자동차를 망가뜨려서는 안 되며, 만약 그랬다면 그 손해를 배상해야 한다.

파손된 자동차는 법률이 윤리적 의무를 내부화한 예다. 당신은 그 피해를 변상할 의무가 있다. 하지만 그 밖의 수많은 경우에서는 피해자에게 지불할 아무런 의무도 없는 대가 큰 스필오버가 수반된다. 흥미로운 예가 교통 혼잡이다. 꽉 막힌 뉴욕의 고속도로에서 운전하고 있을 때, 나는 보통 내 시간이 헛되이 낭비되고 있다는 사실에 화를 낸다. 하지만 나 역시 그 교통 혼잡의 일부이고, 따라서 다른 사람들이 시간을 허비하도록 내몰고 있다는 사실은 간과하기 일쑤다. 남들의 시간을 허비하도록 만든 데 대해 나를 처벌하는 장치가 없으므로 다른 운전자들은 그에 대해 보상받지 못한다.

교통이 혼잡한 세상에서 나의 윤리적 의무는 무엇일까? 운전을 때려치우고 그냥 집에 들어앉아 있어야 하는가? 아니면 인적 드문 이면 도로로 돌아가느라 시간을 잡아먹어야 하는가? 내가 알기로 이는 윤리학자들이 건드리지 않는 어려운 문제다.

반면 윤리학자들은 기후 변화에 대해서는 광범위하게 논의해왔다. 당신이 자동차를 운전할 때 기후 변화에 기여하고 있다는 것, 그리고 그로 인한 피해에 한몫하고 있다는 것에는 거의 의심의 여지가 없다.

규제받지 않는 외부 효과에서 개인의 윤리적 의무는 무엇인가? 나는 중요하고도 놀라운 답변을 내놓고자 한다. **시민으로서 우리의 중요한 윤리적 의무는 스필오버를 교정하는 법률을 촉구하는 것이다.** 가령 우리는 독성 폐기물에 대한 현행 규정의 집행을 보장하기 위해, 또는 기후 변화를 늦춰줄 법안을 통과시키기 위해 힘써야 한다. 이 원칙은 책임 있는 업계에 종사하는 기업의 경영진이나 이사들에게도 똑같이 적용된다. 예컨대 자동차 기업과 에너지 기업은 효과적인 법률을 통과시키기 위해 입법부를 설득하는 정치적 과정에 힘을 실어주어야 한다.

외부 효과 윤리는 적극적인 시민 정신의 영역을 넘어서느니만큼 더 없이 모호하다. 행동의 효과성이 제도적 구조와 기술에 달려 있으니 말이다. 관련한 딜레마와 잠재적 해결책 몇 가지에 대해 살펴보자.

무후회 정책

한 가지 흥미로운 결과는 경제학에서 나온다. 아울러 그것은 우리의 해로운 스필오버나 발자국(탄소 발자국, 교통 혼잡 발자국, 소음 발자국 등등)을 어떻게 관리할지 따져보는 데 도움을 줄 수 있다. 나는 이것을 무후회(No-Regret) 정책이라고 부른다. **규제받지 않는 외부 효과의 경우, 우리 발자국의 작은 감축이 자신에게는 아주 작은 영향을 미치지만 다른 사람에게 가는 피해는 대폭 줄여준다.** 다시 말해 당신은 작은 조치를 취함으로써, 자신의 스필오버를 아마도 크게 줄일 수 있을 것이다. 그런가 하면 본인에게는 거의 영향이 없기에 어떠한 후회도 남지 않는다.

여기서 에어컨을 예로 기본적인 추론을 해보겠다. 당신이 집 안 온도가 화씨 70도(약 섭씨 21도)인 상태를 좋아해서 온도 설정을 거기에 맞춰놓는다고 가정하자. 하지만 돌이켜보면 당신은 화씨 70도와 71도의 차이를 거의 분간할 수 없다. 따라서 온도 설정을 화씨 71도로 올린다. 당신의 후생 손실은 알아차릴 수 없으리만치 미미하다. 하지만 이 작은 변화가 당신의 연료 사용에는 상당한 영향을 끼친다. 일반 가정이 전기 사용량을 10퍼센트 줄이면, 그 가정의 탄소 발자국과 오염 발자국은 크게 줄어든다.

그림 19-2　세 가지 경우(무조치, 무후회, 완전한 이타주의)의 발자국 감소 영향

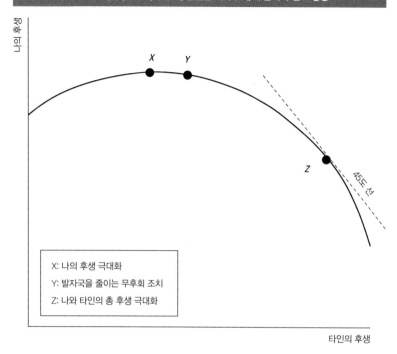

X: 나의 후생 극대화

Y: 발자국을 줄이는 무후회 조치

Z: 나와 타인의 총 후생 극대화

그림 19-2는 타인에게 미치는 외부 효과에 대처하는 세 가지 상이한 입장을 보여준다. 그림 19-1에서처럼, 가로축과 세로축은 각각 어떤 공통 측정 항목에서 드러난 타인의 후생과 나의 후생 측정치를 나타낸다. 만약 한 개인이 제 자신의 후생을 극대화하고 타인에게 미치는 효과는 무시한다면, 그는 후생의 꼭대기인 점 X에 도달할 것이다. 점 Y에서 보듯 약간의 희생은 역시나 같은 꼭대기에 자리하지만, 타인에게는 큰 효과를 발휘하되 본인에게는 단지 작은 영향만 끼친다. 이 같은 중요한 결과가 나타나는 것은 후생 언덕의 꼭대기에서는 기울기가 거의 0에 가깝기 때문이다. 따라서 작은 변화는 개인 자신의 후생에는 영향이 미

미하지만, 특히 중요한 외부 효과의 경우 타인의 후생에는 커다란 영향을 끼칠 수 있다.

만약 그 개인이 순수한 이타주의자이고 모두의 평균적인 후생을 극대화하는 데 관심이 있다면, 그 결과는 자신의 후생을 대거 나눠주는 점 Z로 이어질 것이다. 점 Z에서 그 개인이 희생한 모든 복지 단위는 타인의 후생에 정확히 한 단위를 추가하는 결과를 낳는다. 여기서 중요한 점은 주된 외부 효과의 경우, 작은 이타주의 행동이 그 자신에게는 미미한 영향을 끼치지만 모두의 후생에는 적잖은 영향을 줄 수 있다는 것이다.

이 논지를 분명하게 보여주는 예를 하나 들어보자. 당신은 텅텅 빈 고속도로에서 운전하다가 오도 가도 못하게 발이 묶인 노부부를 만났다. 그들은 자동차가 고장 났고 휴대폰도 먹통이 되었노라고 호소한다. 당신은 그곳으로 와서 노부부를 데려가라고 그들의 친구에게 전화를 걸어줄 수 있겠는가? 사실상 비용이 거의 들지 않는 이 같은 친절 행위를 요구받았을 때 당신은 기꺼이 그들을 궁지에서 구해줄 테고, 아마 그보다 더한 일도 할 것이다. 여러 실험은 사람들이 흔히 이런 유의 작은 희생을 마다하지 않는다는 걸 보여준다. 따라서 X에서 Y로 옮아가는 단계는 대다수 사람에게 이치에 닿는 행동이다.

하지만 대화가 꼬이면서 그 노부부가 당신한테 자동차가 두 대 있으니 당신의 차를 자신들에게 내줘야 한다고 우기는 상황을 가정해보자. 그들은 당신을 태워서 당신이 그날 일을 계속하도록 집에 데려다주고, 자동차가 두 대 있는 당신의 행운을 나눠가질 수 있다. 이 시나리오는 대다수 사람에게 호소력을 띨 것 같지 않으며, X에서 Z로 이동하는 것은 가능하지 않은 행동이다. 따라서 무후회 접근법에 기댄 환경 윤리의 핵심 결론은 이와 같다.

당신은 자신의 외부 효과 발자국을 줄이는 작은 조치를 취함으로써, 모두의 후생을 실질적으로 개선하고 자신의 외부 효과가 타인에게 미치는 영향은 줄일 수 있다.

외부 효과와 관련한 윤리: 기후 변화의 경우

대기 오염이나 기후 변화 같은 주요 외부 효과는 강력한 법률적, 규제적 조치 없이는 해결할 수 없다. 하지만 윤리는 법률을 넘어선다. 개별적 인간, 혹은 기업으로서 우리가 지녀야 할 윤리적 의무는 무엇인가? 우리는 앞 섹션에서 기술한 대로 자신의 영향력을 줄이기 위해 낮은 비용의 무후회 조치를 취해야 하는가? 만약 그렇다면 얼마나 낮은 비용이어야 하는가?

이 질문을 사려 깊게 다룬 사람은 옥스퍼드 대학의 도덕철학자이자 경제학자 존 브룸(John Broome)이다. 그가 내린 결론은 여러분이 '탄소중립'을 지키기 위해 개인적 조치를 취해야 한다는 것이다. 나는 이 섹션에서 브룸이 펼친 주장의 장단점을 살펴볼 참이다.[3]

브룸은 정의의 원칙이란 타인에게 해를 끼치지 않는 것이라고, 만약 당신이 해를 끼쳤다면 피해 입은 이들에게 보상해야 한다고 주장한다. 브룸이 밝힌 정의의 의무는 상식뿐 아니라 영미법과도 일맥상통한다. 브룸은 보상〔compensation, 또는 그가 지칭한 이른바 원상회복(restitution)〕을 위한 요소에 다음과 같은 일곱 가지 조건을 단다. 1. 당신이 누군가에게 피해를 입힌다. 2. 당신이 그 행동에 책임이 있다. 3. 피해는 심각하다. 4. 그 행동은 우연이 아니다. 5. 그 행동이 당신에게는 이득이 된다.
6. 상호 호혜적 편익은 없다. 7. 원상회복을 위한 조치가 저렴하다.

브룸의 주장에 따르면 온실가스 배출의 경우는 이 일곱 가지 조건에 모두 맞아떨어진다. 더군다나 그가 보기에 원상회복은 배출량을 완전히 상쇄하고 그에 따라 제로 탄소 발자국에 도달함으로써 달성할 수 있다. 브룸에 의하면 구체적인 상쇄 행동에는 에너지 보존, 나무 키우기, 상업 기업으로부터 오프셋(offset: '상쇄'라고도 하며, 일상생활이나 경제 활동에서 배출할 수밖에 없는 온실가스를 줄이려고 노력하거나 그와 관련해 투자하는 모든 활동을 일컫는다—옮긴이) 구매하기 등이 있다.

여기에 한 가지 예가 있다. 내가 뉴헤이븐에서 보스턴까지 약 270마일(약 435킬로미터)을 자동차를 타고 갔다 오기로 결정했다고 치자. 나는 탄소 발자국 계산기를 써서 그에 따른 배출량이 대략 이산화탄소 200파운드(약 0.1톤)라는 것을 알아낸다. 나는 테라패스(Terrapass) 같은 인기 있는 오프셋 프로그램에서 1톤당 10달러에 오프셋을 구매할 수 있는데, 이렇게 하면 내 여행 경비는 대략 1달러가 추가된다. 만약 테라패스가 (아래에서 논의한 대로) 효과적이라면, 그들에게 오프셋을 구매하는 일은 원상회복처럼 보일 것이다.

하지만 우리는 윤리학자로서 좀더 깊이 파고들 필요가 있다. 브룸의 주장은 얼마나 설득력이 있을까? 우선 일곱 가지 조건 모두를 충족시키는 일은 마치 올림픽 허들을 넘는 것처럼 보인다. 그가 말한 원상회복 계획을 지닌 문제는 효과성과 관련이 있다. 당신이 (예컨대 유럽연합처럼) 배출 한도가 정해져 있는 어느 지역에서 에너지를 보존하기로 마음먹는다고 치자. 배출량에 한도가 정해져 있으면, 당신의 에너지 보존 노력은 배출량이나 피해에 아무런 영향을 주지 않는다. 도리어 당신이 자신의 배출량을 제한하면 타인의 배출량은 당신의 감축량을 상쇄할 만큼 늘어날 것이다. 따라서 전체 배출량은 달라지지 않는다.

이와 같은 예는 지나치게 기술·관료적인 것처럼 보일지도 모른다. 그러나 이는 많은 외부 효과에서 불거지는 심오한 문제를 반영한다. 대부분의 경우 개인적 행동의 효과성은 외부 효과의 세밀한 기술적 구조에 따라 달라진다. 브룸이 주장한 오프셋 사례를 통해, 나는 당신의 오프셋이 어떻게 배출량 한도가 정해진 지역에서 차후 피해에 아무런 영향도 안겨주지 않는지 밝혔다. 하지만 만약 미국에서처럼 배출량 한도가 정해져 있지 않다면, 실제로 오프셋은 배출량을 줄이고 차후 피해를 낮춰줄 것이다.

브룸이 간과한 또 한 가지 주제는 비용 편익 문제다. 그가 제시한 일곱 가지 조건 가운데 하나는 원상회복이 '저렴하다'는 것이다. 이는 무후회 정책이 표준이라는 의미일까? 아니면 나를 파산하게 만들지 않을 조치를 취해야 한다는 뜻일까?

당신의 탄소 발자국을 줄이는 법

오늘날 대다수 사람들은 지구 온난화를 우려하고 있으며, 자신의 탄소 배출량을 줄이기 위해 개인적으로 노력하고 싶어 할 것이다. 그뿐만 아니라 다양한 프로그램과 제안에도 관심을 기울여왔다. 그렇다면 그들이 해야 할 일은 무엇일까? 탄소 오프셋과 관련한 딜레마는 규제되지 않는 스필오버를 다룰 때 직면할 이슈를 잘 보여준다.[4]

첫 번째 가능성은 동굴에서 사는 것이다. 물론 이는 모든 사람이 솔

깃하다고 느끼거나 실행 가능하다고 여기지는 않기에 최상의 제안이 아니다. 두 번째이자 좀더 진지한 접근법은 우리의 개인적 탄소 배출량을 줄이는 것이다. 여기에는 에너지 효율적인 자동차나 장비를 구입하는 것, 에너지 효율적인 전구를 쓰는 것, 가능한 한 재생 가능 에너지원을 사용하는 것, 그리고 단열재 등을 활용해서 추운 기후로부터 주택을 보온하는 것 따위가 포함된다. 하지만 제아무리 부지런한 사람도 탄소 발자국을 0으로까지 낮출 수는 없다.

따라서 문제는 오프셋 이후 당신의 총배출량이 작거나 0이 되도록 어딘가 다른 곳에서 탄소 배출량을 줄여주는 '오프셋'을 구매할 것인지 여부다. 어느 기업이 아마존에 나무를 심고 그 나무들이 이산화탄소 1톤을 흡수하는 경우가 한 가지 예다. 당신이 그 오프셋을 구매한다면 효과적으로 배출량을 1톤만큼 줄일 수 있다.

여기까지는 문제가 없다. 하지만 당신은 배출량이 실제로 줄어드는지 대체 어떻게 알 수 있는가? 당신은 그 기업이 건전하며 실제로 나무를 심고 있다는 것, 누군가 해당 대지가 어디인지 확인해줄 수 있다는 것, 그리고 나무들이 앞으로도 계속 거기에서 성장하리라는 것을 확신해야 한다. 이는 어려워 보이지만 감당 가능하기는 하다.

그러나 가장 다루기 힘든 대목은 배출량이 '추가로' 감소하고 있는지 보장하는 일이다. 아마도 땅 주인은 어쨌거나 나무를 심으려고 했을 것이다. 아니면 나무를 이웃한 땅에 심은 다음 당신의 지역으로 그저 옮겨 심었을 수도 있다.

오프셋과 관련한 이 모든 측면을 입증하고자 시도한 그룹들이 있다. 하지만 다수의 경제학자는 배출량을 제한하지 않는 세계에서 오프셋으로 추가적 효과를 보장하는 일은 사실상 불가능하다며 난색을 표한다.

우리는 오프셋의 효과성을 측정하는 더 나은 방법을 고안하는 데 높은 우선순위를 두어야 한다.[5]

외부 효과를 해결하는 개인적 행동에 대한 우리 결론은 다음과 같다. 무후회 접근법이 제안한 것과 같은 개인적 행동은 저렴하고 효과적이다. 하지만 이는 본질적으로 소규모이고, 따라서 중대한 문제에 적절한 해결책이 되어줄 것 같지 않다. 그것은 또한 조직되어 있지 않으며, 결국 상이한 개인과 기업을 위한 서로 다른 행동 수준으로 귀결될 터라 효율적이지도 않다. 위의 핵심 사항으로 돌아가 보면, 이러한 노력은 정부가 추진하는 강력한 집단적 행동의 대체물이 될 수 없다.

그린 윤리의 정보 관련 부담

대부분의 윤리적 결정은 단순한 이슈들과 관련되며, 새로운 정보를 거의 필요로 하지 않는다. 《구약성서》의 계명에는 도둑질하지 말라, 살인하지 말라, 간음하지 말라 등이 포함되어 있다. 이러한 행동은 알아먹기 쉽다. 오늘날 우리는 이렇게 물을 가능성이 있다. "당신은 주차된 차를 들이받았는가?" "은행을 털었는가?" "누군가의 머리를 납 파이프로 내려쳤는가?" 이와 관련해서는 윤리와 법률이 간단하다. 반면 지점 은행에서 총과 빈 가방을 든 채 비디오에 찍혔을 경우는 그렇지 않다.

그린 윤리와 관련한 비개인적 행동은 한층 더 복잡하다. 교통 혼잡에 가세하는 데 따른 윤리는 무엇인가? 대기 오염을 추가하는 것, 또는 육류를 섭취하는 것과 관련한 윤리는 무엇인가? 이들의 경우, 행동과 결과 사이의 관련성은 더 멀다.

기후 변화는 그에 따른 윤리가 심각한 정보 결손 부담을 떠안고 있는 중요한 예다. 나는 위에서 소개한 계산을 해보기 전에는 보스턴 여행에 따른 나의 이산화탄소 배출량이 어느 정도인지 알지 못했다. 마찬가지로 나의 탄소 발자국 총량에 대해서도 확신하지 못했다. 오프셋 기업 카본펀드(Carbonfund)는 자사 웹사이트를 통해 우리 가족의 발자국이 연간 24미터톤임을 내게 알려준다. 하지만 그 기업은 나의 소득, 항공기 여행 기록, 우리 집의 크기에 대해서는 묻지 않는다. 따라서 그 견적은 쓸모없을뿐더러 그저 오프셋을 판매하기 위해 설계된 것일 따름이다.

　하지만 우리가 탄소 오프셋을 구매함으로써 우리의 탄소 발자국을 상쇄하기로 결정한다고 가정해보자. 우리는 오프셋 기업들이 실제로 배출량을 줄여주는지 여부를 알고 싶어 할 수도 있다. 나는 테라패스의 예로 돌아가서 그 회사의 웹사이트를 훑어보았다. 그들의 포트폴리오 가운데 한 부분은 풍력이다. 그 회사는 오클라호마주 뎀프시리지(Dempsey Ridge)에 들어선 풍력 발전 단지 빅 스마일 윈드 팜(Big Smile Wind Farm)의 일부를 소유하고 있다. 문제는 오클라호마주가 그 주의 발전 가운데 15퍼센트를 풍력 같은 재생 가능 에너지원으로 생산하도록 권고하는 자발적 재생 가능 포트폴리오 기준을 적용하고 있다는 점이다. 빅 스마일 윈드 팜은 이 목표에 부합하는 자격을 갖추었을 것이다. 다만 우리가 우려하는 점은 빅 스마일 윈드 팜에서 생산한 전력이 또 다른 풍력 발전 단지가 만든 전력을 그저 대체하는 데 그치는 사태다. 만약 그렇게 된다면 배출량에는 하등 변화가 없을 것이다. 하지만 오클라호마주의 기준이 현재로서는 '자발적인(voluntary)' 것인지라 배출량은 늘어나기 십상이다. 많은 주에서 그렇듯이 강제적인(mandatory) 기준을 마련한다면 배출량이 감소할지도 모르지만 말이다.

그린 윤리의 진전

다음은 이번 장의 논의를 신중하게 요약한 내용이다. 도덕철학자들이 펼쳐나간 이 분야의 미묘하고도 심오한 논의를 모두 담아낼 수는 없겠지만. 그보다 아래 내용은 바쁘긴 하나 책임감 있는 시민들의 일상적 활동에 따른 딜레마를 간추려보려는 시도다.

첫째, 만약 우리가 결과주의적인 그린 정신 개념 틀을 취한다면 '잘 관리된 사회'에서의 시장 거래는 윤리적으로 중립적이거나 긍정적일 터이다. 이 결론은 일상적인 시장 거래 윤리를 극도로 단순화한 것이다.

둘째, 주된 환경 윤리 딜레마는 법률이나 관습에 의해 내부화하지 않은 해로운 외부 효과를 띠는 활동과 관련이 있다. 이러한 효과가 바로 시장 실패이며, 거기에서는 내가 나 자신의 활동에 지불하는 가격이 그에 따른 사회적 비용보다 현저히 낮다.

셋째, 중요한 개인 및 기관의 책임이란 외부 효과를 바로잡기 위한 집단적 행동에 뛰어드는 것이다. 집단적 행동이 조직되지 않은 개인적 행동보다 한층 더 효과적이기 때문이다. 이러한 집단적 행동은 과학자와 기업이 믿을 만한 정보를 제공하거나, 더 나은 반오염 법률을 개발하거나, 사회 보장 제도를 비롯한 여타 사회적 메커니즘을 구축하는 식으로 이루어질 수 있다.

넷째, 특별하면서도 유용한 사례는 무후회 정책이다. 우리가 규제받지 않는 외부 효과와 마주칠 때, 우리 외부 효과 발자국의 적은 저감은 자신에게 미치는 영향은 미미하지만 타인에게 미치는 피해는 크게 줄일 수 있다. 그러나 이런 조치는 필연적으로 소박해서 강력한 집단적 행동의 대체물이 되기란 어렵다.

주목할 만한 마지막 사항으로, 우리는 (탄소 배출량 감소처럼) 외부 효과를 줄이기 위한 개인적 조치가 종종 효과적인 행동을 방해하는 제도적·기술적·정보적 요인으로 인해 꼬이곤 한다는 사실을 확인했다. 정보 부족은 개인이 자신의 스필오버 행동을 다루는 가장 효율적인 방식이 무엇인지 판단하는 일을 어렵게 만든다.

그린 기업과 '기업의 사회적 책임'

현대의 주요 발전 가운데 하나는 '환경·사회·기업 지배 구조(environ-
mental, social, and corporate governance: 기업이나 비즈니스에 대한 투자의 지속
가능성과 그것이 사회에 미치는 영향을 측정하는 세 가지 핵심 요소—옮긴이)', 일명
ESG다. 이 활동은 '기업의 사회적 책임', 사회적으로 책임 있는 투자,
그리고 지속 가능한 금융 등 여러 이름으로 통한다. 하지만 이 책에서
는 현재 널리 쓰이는 ESG라는 표현을 사용하고자 한다.

ESG는 한 기업의 사회적 영향을 말해주는 세 가지 주요 척도를 지칭
한다. 그것은 그린 철학을 기업 세계에 투영한 결과다. 기본 아이디어는
기업이 그저 강철을 구매하고 자동차를 생산하고 회사 오너를 배불리기
위해 필사적으로 투쟁하는 돈 버는 기계에 그치는 게 아니라는 것이다.
그렇다기보다 기업을 점점 더 모종의 법적, 경제적, 윤리적 의무를 지
닌 사회의 일원으로서 간주한다. ESG는 그저 법률을 준수하는 수준을
넘어선다. 그것은 자발적인 행동을 통해 기업이 법적 정신, 윤리적 기

준, 국가 차원이나 전 세계 차원의 비즈니스 규범을 준수하도록 감시하고 보장한다. 더군다나 ESG는 기업의 핵심 목표인 이윤이 이따금 오도된 지침일 수 있으므로 교정이 필요하다는 점 또한 인식하고 있다.

이번 장은 기업 자체의 활동과 관련한 '기업의 사회적 책임'에 대해 다룬다. 이어지는 21장은 사회적으로 책임 있는 투자의 역할에 대해, 즉 그린의 관점에서 금융 투자를 어떻게 바라볼지 논의한다.

'기업의 사회적 책임'

ESG는 지난 반세기 동안 개발된 중요한 개념이다. 기본 아이디어는 기업이 강력한 경제적·정치적 실체이며, 민주주의 사회에서 계속 지지를 얻을 요량이면 자신의 광범위한 영향력을 인식할 필요가 있다는 것이다. 기업 경영에 대해서 우리는 흔히 세 가지 상이한 접근법을 강조하곤 한다. 바로 주주의 관점, 이해관계자의 관점, 그리고 사회의 관점이다.[1]

첫째, **주주의 관점**(shareholder view)에서 기업의 유일한 책임은 이윤을 극대화하는 것, 좀더 일반적으로 주주 가치를 극대화하는 것이다. 이 관점은 일부 금융 세력 및 경제 세력 사이에서 영향력을 발휘하며, 그에 대해서는 다음 섹션에서 본격적으로 다룰 참이다.

둘째, **이해관계자의 관점**(stakeholder view)은 주주에서 이해관계자로 옮아감으로써 첫 번째 관점을 좀더 확장한 것이다. 이해관계자는 기업의 활동에 크게 영향받는 이들을 지칭한다. 거기에는 주주·직원·고객 같은 내부 이해관계자, 그리고 지역 사회 같은 외부 이해관계자가 포함된다. 따라서 이 관점은 기업이 주주 가치와 그것이 다른 이해관계자들에게 미치는 영향 사이에서 균형을 잡아야 한다고 주장한다.

셋째, **사회의 관점**(societal view)은 좀더 넓은 사회에 놓인 기업의 위상을 강조한다. 이는 주로 이해관계자의 범위를 전체 사회까지 포함하는 것으로 확대한다는 점에서 이해관계자의 관점과 대비된다. 따라서 이 접근법은 기업을 주로 시민으로 간주한다.

'기업의 사회적 책임'에 대한 정의는 오너의 경제적 이익이라는 협의의 것에서부터 사회 전체의 후생이라는 광의의 것에 이르기까지 다양하다. 기업의 책임을 지지하는 이들 대부분은 기업이 최소한의 것 이상의 일을 떠안아야 한다고 외친다. 하지만 기업의 의무가 그로부터 가장 크게 영향받는 이해관계자들에게 국한되어야 하는지, 좀더 폭넓게 대중의 이익으로까지 확대되어야 하는지, 아니면 둘 다여야 하는지는 여전히 분분한 논쟁거리다.

사회적 책임으로서 이윤 극대화

위의 개요를 바탕으로 밀턴 프리드먼이 분명하게 설명해놓은, 기업의 책임에 대한 극단적 견해부터 살펴보자.

프리드먼의 주장에 따르면, 전통적인 의미에서 본 '기업의 사회적 책임'은 실제로는 무책임과 다를 바 없다. 그는 흔히 자유시장근본주의자로 의심을 사고 있지만, 우리는 그가 실제로 했던 말을 파헤쳐볼 필요가 있다. "유일한 '기업의 사회적 책임'은 경기 규칙을 준수하는 한에서, 즉 속임수와 편법을 쓰지 않으며 공개적이고 자유로운 경쟁에 참여하는 한에서, 자원을 사용하고 기업의 이윤을 증대하고자 고안한 활동에 전념하는 것뿐이다."[2]

프리드먼의 견해는 경영대학원에서 널리 가르치는 **가치 극대화**(value maximization) 전략으로 공식화되었다. 가치 극대화를 지지한 가장 영향력 있는 인물은 하버드 경영대학원의 마이클 젠슨(Michael Jensen)이다. 그의 표현에 따르면, 가치를 극대화하려면 경영자는 기업의 장기적 시장 가치 전반을 증대할 목적으로 모든 의사 결정을 내려야 한다. 총가치란 자기 자본(equity: 기업의 소유 지분), 부채, 그리고 기타 청구권을 포함해 그 기업에 대한 모든 금융 청구권(financial claims)의 가치를 합한 값이다.[3]

젠슨의 주장은 프리드먼의 주장과 유사하지만 거기에 몇 가지 묘안을 곁들였다. 그는 프리드먼이 제시한 이윤의 사회적 역할로부터 논의를 시작한다. "경제학과 금융의 200년 역사를 돌아보면, 한 경제에 속한 모든 기업이 기업 가치 전체를 극대화할 때 사회 후생이 극대화한다는 것을 알 수 있다."[4] 젠슨은 '이해관계자'의 이해를 포함하는 수준으로까지 기업의 행동을 확장하는 데 극력 반대한다. 그는 경영의 목표로 삼기에는 이해관계자 개념이 지나치게 모호하다고 주장한다. 그 개념이 경영진에게 과도한 신중함을 요구함으로써 그들이 가장 좋아하는 프로젝트에 투자하지 못하게끔 방해하고, 정당한 소유주로부터 온 자금을 유용하지 못하도록 막는다는 이유에서다.

이러한 시카고학파의 입장에는 좀더 폭넓은 ESG 지지자들이 이의를 제기하는 몇 가지 암묵적 가정이 깔려 있다. 실제로 '보이지 않는 손 원칙'에 필요한 조건이 충족될 가능성은 낮다. 가장 심각한 실패는 구글이나 페이스북 등의 시장 지배력, 공해 같은 외부 효과, 그리고 소득과 부의 불평등이다. 기타 중요한 문제는 시장(특히 미래를 위한 시장)의 부재,

불확실성, 거시경제의 왜곡, 그리고 개인의 비합리적 의사 결정 탓에 빚어질 것이다.[5]

우리는 프리드먼의 견해가 경제학 교과서들이 가정하는 완벽하게 경쟁적이며 원자화한 법인(凡人)에게는 적합할 거라고 여길 수도 있다. 그들은 이익을 예의 주시해야 하고 그러지 않으면 파산할 것이다. 하지만 오늘날의 기업은 풍경 전반에 찍힌 작은 점에 그치는 존재가 아니다. 그들은 자사를 경영하는 데에서 상당한 재량권을 발휘한다. 그뿐만 아니라 세계화와 규제 완화 추세의 강화로 각국 정부는 기업 활동에 대한 통제를 줄여왔다. ESG 운동은 기업의 자율성 증대에 따른 반작용으로 해석될 수도 있으며, 기업에 자사를 더욱 잘 운영하도록 촉구한다. 기업이 고려해야 하는 광의의 목표 가운데에는 환경 영향, 노동 관행, 교육 관행, 투명한 보고, 적절한 투자 수익률 등이 포함된다.

프리드먼은 기업의 책임이 '경기 규칙 준수'를 요구한다고 주장한다. 그가 말하는 규칙이란 정확히 무엇일까? 또한 그가 지칭하는 경기란 정확히 무엇일까? 규칙을 준수한다는 것은 그저 법률의 자구를 곧이곧대로 따르고 감옥에 가지 않는 걸 의미할 따름인가, 아니면 법률로 성문화되어 있지 않은 외부 효과에 관한 관심까지 아우르는가? 그리고 기업은 공장 폐쇄로 인해 노동자와 지역 사회에 안겨준 심각한 피해 같은 화폐적 외부 효과는 무시해도 좋은가? 실제로 몇 가지 중요한 외부 효과(이를테면 이산화탄소 배출 같은)는 미국에서 내부화되지 않고 있다. 더군다나 기업은 자사의 이윤에 영향을 끼치는 분야에서 여론과 과학적 연구에 입김을 불어넣고, 정치적 활동에 참여하는 광범위한 재량권을 쥐고 있다. 따라서 경기의 규칙을 준수한다는 지침은 유용하게 쓰이기에는 지나치게 모호하다.[6]

프리드먼의 이론을 넘어서서 상장 기업한테는 이윤 극대화가 **요구된다**고 주장하는 이들도 있다. 이와 관련한 법적 제약은 어떤 것일까? 미국에서는 일반적으로 아마존이나 제너럴 모터스 같은 상장 기업 이사들이 자사의 최대 이익을 위해 행동해야 한다고들 말한다. 그러나 이는 오로지 이윤 극대화만을 추구해야 한다는 의미가 아니다. 미국 대법원은 그 점을 다음과 같이 분명히 밝혔다.

> 영리 기업의 핵심 목적이 돈을 버는 것임은 자명한 사실이지만, 현대 법인법은 영리 기업으로 하여금 다른 모든 것을 희생하면서 이윤을 추구하도록 요구하지 않으며, 실제로 많은 기업이 그렇게 하지 않는다. 영리 기업은 오너의 승인 아래 수많은 자비로운 대의명분에 지지를 보낸다. 그리고 오너들이 동의하는 한 법이 요구하는 선을 넘어서는 고비용의 오염 억제 조치 및 에너지 보존 조치를 취할 수 있다.[7]

어쨌거나 가치 극대화의 한 가지 측면은 강조할 만하다. 바로 단기 목적에 집중하는 **단기주의**에서 벗어나고자 하는 목표다. 분기별 수익이나 주당 순이익 같은 근시안적 목표에 치중하고자 하는 유혹은 언제든 생기게 마련이다. 흔히 경영진의 동기는 이처럼 단기 요인에 토대를 두고 있는지라 그들이 근시안적 결정을 내리도록 내몬다. 젠슨을 비롯한 다른 학자들은 **계몽된 가치 극대화**(enlightened value maximization)란 경영자로 하여금 이해관계자의 역할을 좀더 장기적 차원에서 창의적으로 생각하도록 장려하지만 여전히 그 기업의 시장 가치 극대화를 목표로 한다고 강조한다.

ESG와 법적 불완전성

정부가 온갖 사회적 질병을 일일이 규제할 수는 없다. 어쩌면 규제 비용이 그 질병으로 인한 피해보다 더 클지도 모르기 때문이다. 또는 많은 경우 사적 이해를 지닌 사람들이 공적 이해를 대표하는 사람들보다 정치적 영향력이 한층 크기 때문이기도 할 것이다. 정치 체제에서 다음 번 선거의 승리 같은 단기 목표는 미래를 제대로 다루지 못한다. 또한 현실적으로 입법부가 필요한 법률을 모두 제정하기에는 시간적 제약이 따른다.

법률이 모든 시장 실패나 사회 실패를 아우를 수 없기에 그 결과는 **법적 불완전성**(legal incompleteness)으로 이어진다. 이는 법률이 일어날지도 모를 만일의 사태를 모조리 포괄하지는 못하는 상황을 의미한다. 윌리엄 랜디스(William Landes)와 리처드 포스너(Richard Posner)는 그에 대해 이렇게 설명한다.[8]

> 인간 예지력의 한계, 언어의 모호성, 그리고 입법 심의에 소요되는 고비용이 어우러진 결과 대다수 법률은 더없이 불완전한 형태로 제정될 것이다. 따라서 수많은 영역의 불확실성이 법정에서 다툴 사안으로 남는다.

법적 불완전성에 대처하는 전략에는 두 가지가 있다. 하나는 법적 구조를 좀더 완전하게 만들기 위해 부족분을 메우는 것이다. 이 전략은 집단적 행동이 가장 중요하고 시비 논란이 가장 적은 영역들에 초점을 맞출 것이다. 예를 들어 1세기 전만 해도 입법부가 확실하게 예견하지 못했던 사이버 범죄와 사생활 침해의 급속한 증가를 고려할 때, 이러한 영역의 법적 체제를 손보는 것은 높은 우선순위를 차지하는 일이다. 그와 유사하게, 지구 온난화를 다루기 위해서는 전체 위계상에서 국가적·국제적 차원의 집단적 행동이 요청된다.

하지만 우리는 많은 영역에서 법률이 불완전한 상태로 남아 있을 개연성을 인식해야 한다. ESG는 법적 불완전성이 남겨놓은 공백을 메우는 데에서 중요한 역할을 맡는다.

크리스토퍼 스톤(Christopher Stone)은 참으로 멋진 책 《법이 끝나는 곳: 기업 행동에 대한 사회적 통제(Where the Law Ends: The Social Control of Corporate Behavior)》에서 법적 불완전성이 제기하는 이슈를 분석했다.[9] 그린 사고와 상당히 흡사한 정신에 입각한 것으로, 그는 시장의 '보이지 않는 손'이 기업을 사회적으로 바람직한 영역에 묶어두는 데 실패할 때 법률이 드러내는 한계로부터 논의를 시작한다. 민주주의 사회에서, 만약 정치적 행위자 대다수가 현행법이 기업 활동을 제한하는 데 부적절하다고 믿는다면, 그들은 좀더 엄격한 법률을 통과시킬 수 있다. 하지만 그런 정책을 다룬 여러 장에서 강조했다시피, 민주주의 역시 불완전하다. 즉, 정부가 느리고 반동적이며 전체를 대표하지 못하는 경우도 왕왕 있는 것이다. 세계화 시대에 일국 정부는 세계 시장에 대한 권한이 제한적이다. 스톤의 주장에 따르면, **법률은 사회를 완벽하게 안내하지 못하고 안내할 수도 없기에, 기업은 사회적 목적과 불완전한 법적 체제 사이의 간극을 메우기 위해 재편될 필요가 있다.**

따라서 ESG에 대해 스톤이 취하는 관점의 출발점은 기업을 법률 체제의 공백을 해소할 수 있도록 재구성해야 한다는 것이다. 정부는 예컨대, 지구 온난화를 늦추기 위해 이상적으로 이산화탄소 배출에 세금을 부과하거나 한도를 정해야 한다. 그런데 정부가 그와 같은 일에 실패하면 배출량 제한 정책을 실시하는 것은 이제 기업의 사회적 역할로 넘어간다.

시장이 비효율적이고 정부가 행동에 나서지 않을 때 기업이 그 공백을 메워야 한다는 스톤의 견해를 우리가 받아들인다고 치자. 그의 견해는 우리를 어디로 안내하는가? 사회적 책임에서 비롯된 아이디어는 명쾌하게 정리하기 어려울 정도로 무척이나 다양한 잠재적 활동을 포괄한다. ESG는 이 방대한 영역 내에서 어느 곳에 적합할까? 기업은 얼마를 지출해야 하는가? 기업은 홈에서 가까운 곳에 머물러야 할까, 아니면 도움이 절실한 지역으로 옮겨가야 할까? 이해관계자에는 어떤 것들이 있고, 그중 가장 중요한 것은 무엇인가?

마지막으로 우리는 기업에 ESG 제약을 부과할 때마다 시장의 비효율성과 기업의 비효율성을 견주어볼 필요가 있다. 이것을 구체화하기 위해 ESG가 당신이 선호하는 재화와 서비스에 미치는 잠재적 영향을 생각해보라. 당신은 기업이 혁신을 늦추는 비용을 감수하면서까지 그들 자원의 더 많은 몫을 ESG에 쏟아붓도록 요구하겠는가? ESG는 스마트폰의 품질을 개선하는 것, 와이파이 서비스의 속도를 높이는 것, 또는 좀더 효과적인 백신을 도입하는 것보다 더 중요한가? ESG의 과업은 경제가 계속해서 양질의 재화와 서비스를 생산하되, 그 과정에 수반되는 스필오버를 줄이도록 보장하는 것이다.

따라서 여기에서 우리는 ESG가 개입해야 하는 것은 시장과 정부 둘 다가 중요한 사적·공적 재화와 서비스를 효율적으로 제공하는 데 실패한 지점이라는 사실을 분명하게 확인할 수 있다.

외부 효과를 다루기 위한 기업의 책임

ESG와 관련해서는 가능한 타깃이 수없이 많겠지만, 나는 알맞은 ESG 활동을 식별할 수 있는 한 가지 방법으로서 외부 효과에 초점을 맞추고자 한다. 외부 효과는 어떤 활동의 비용이 다른 사람에게 흘러 들어가는데(spill over), 그들에게 그 피해에 대해 어떤 보상도 이루어지지 않을 때 발생한다는 사실을 기억하라.

4장에서 논의한 대로 외부 효과는 두 가지 형태를 띤다. 바로 기술적 외부 효과와 화폐적 외부 효과다. 이 책에서, 그리고 실제로 경제학에서 이루어지는 논의는 대부분 기술적 외부 효과에 관한 것이다. 상호 작용이 시장 **밖에서** 이루어지는 오염 같은 스필오버다.

그와는 다른 일련의 스필오버는 화폐적 외부 효과로, 시장을 **거쳐서** 간접적으로 발생한다. 화폐적 스필오버가 일어나는 경우는 경제 활동이 다른 사람의 소득과 물가에 영향을 미칠 때다.

화폐적 외부 효과는 예컨대 어느 기업이 메인주의 목재 공장을 폐쇄하고, 캐나다에서 더 저렴한 목재를 사들이는 경우에 빚어진다. 그와 비슷한 의사 결정은 주택 건설 비용을 낮추고 수백만 명의 생활 수준을 개선할 수 있다. 하지만 공장 폐쇄는 많은 해당 노동자의 일자리를 사라지게 만들고, 그들의 소득을 큰 폭으로 떨어뜨린다. 이러한 상호 작용은 오염이나 교통 혼잡의 경우처럼 시장 **밖에서** 이루어지는 게 아니라 시장을 **거쳐서** 일어나고, 따라서 화폐적 외부 효과라고 부른다.

ESG는 이 두 종류의 외부 효과 모두를 타깃으로 삼을 수 있다. 정치과정이 피해 입은 사람들을 제대로 보호하지도 그들에게 보상을 해주지도 못하는지라 기업이 개입해야 할 수도 있기 때문이다. 사회적 보호의 부족은 과학적 불확실성, 또는 정치적 장애물, 또는 국제 차원의 무임승차, 또는 취약한 사회 안전망 탓일 수 있다.

ESG는 기술적 불확실성이 존재하는 상황에서 특히 중요해진다. DDT, 석면, 아황산가스, 이산화탄소, 저준위 방사선, 그리고 오존층 파괴 화학 물질은 얼마나 해로운가? 이런 물질을 포함하거나 배출하는 제품을 생산하는 기업은 흔히 그에 따른 영향에 법적으로 책임이 있다. 또한 그 효과에 대해 가장 잘 알거나 가장 잘 인지하고 있어야 한다.

따라서 이렇게 요약할 수 있다. 즉, 기업이 자사가 속한 지역 사회를 합법적으로 오염시키거나 노동 관행 및 공장 폐쇄를 통해 자사 직원들한테 해를 끼칠 경우, 이야말로 ESG가 가장 자연스럽게 이슈화하는 분야다. 따라서 우리가 이 책에서 선호하는 수정된 ESG의 정의는 다음과 같다.

'환경·사회·기업 지배 구조', 즉 ESG는 기업이 야기한 기술적 외부 효과 또는 화폐적 외부 효과의 완화를 수반한다. 가장 관련이 깊은 것은 고용인과 지역 사회 같은 이해관계자에게 미치는 영향이다. 이는 특히 사회적으로 심대한 영향을 끼치는 외부 효과로서, 그에 대해서는 기업이 전문화한 특권적 지식을 갖추고 있다.

ESG와 이윤 사이의 트레이드오프

ESG에서 핵심 이슈는 사회적으로 책임 있는 행동과 이윤 사이의 갈등 가능성이다. 일부 전략은 사회에 편익을 안겨주고 이윤도 증대시키는 **윈윈**(win-win, 즉 WW) 행동이다. 멀리 내다보는 기업은 일부 ESG 활동이 실상 장기적으로 수익성 있다는 사실을 이해할 수도 있다. 아마 그 ESG 활동은 기업의 명성을 키워주고 매출을 높이거나 비용을 낮출 것이다. 책임 있는 기업의 임원이라면 누구도 단기 수익은 줄지만 장기 수익은 느는 윈윈 활동에 반대하지 않을 것이다. 이 같은 기업 활동이 **계몽된 이윤 극대화**(enlightened profit maximization)로서, 거기에서는 ESG가 정교하고도 수익성 있는 비즈니스 관행으로 자리 잡는다. 이럴 경우 아무런 실질적인 트레이드오프도 없다.

ESG에서 대부분의 딜레마는 '윈루즈(win-lose, 즉 WL)' 행동과 관련이 있다. 이는 비소유주들의 경제 후생 또는 사회 후생은 증대시키지만 이윤과 주주 가치는 떨어뜨리는 행동이다. 배출량을 요구 수준보다 더 많이 낮추거나, 국내 공장을 좀더 오랫동안 가동하거나, 경쟁 기준 이상으로 노동 조건을 개선하는 기업은 자사의 장기적 최종 결산 결과에 타격을 입힐 소지가 있다. 따라서 이는 WL 상황이다.

그림 20-1은 이 점을 잘 보여준다. 이것은 ESG (또는 그린) 활동의 네 가지 상이한 수준에 따른 주주 가치, 즉 이윤을 나타낸다. 점 A에서는 ESG가 0이다. 기업이 만일 이런 식으로 처신한다면, 사회적으로도 재정적으로도 무책임한 짓이다. 실제로 점 A가 수익을 증진시키는 여러 ESG 활동(예컨대 직원의 건강을 개선하거나 그린 제품 라벨을 붙이는 활동 등)을 투입하는 점 B보다 수익성이 더 떨어지기 때문이다.

점 B로의 이동은 그 기업의 이해관계자 가치에 이로운 WW 활동을 통해 이루어진다. 이러한 활동은 고객을 끌어들이고 보이콧을 물리치며 자본 비용을 낮추고 훌륭한 홍보 효과를 낳는다. 점 A와 점 B 사이에 있는 WW 활동에 반대하기란 어렵다. 실제로 만약 누군가가 지역의 오

그림 20-1　기업의 책임과 관련한 네 가지 전략

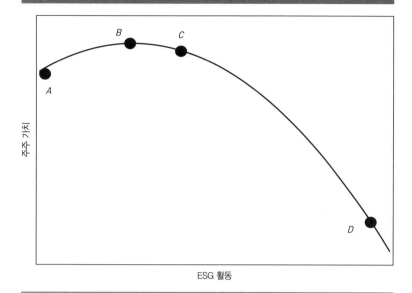

염 억제나 인력 양성이 수익성 있다고 프리드먼을 설득했다면, 그는 필경 그러한 ESG 활동을 지지했을 것이다.

점 B를 약간 지나쳐 점 C로 이동한 WL 범주의 ESG 활동에 대해 생각해보자. 아마도 도시의 오염을 규제에 명시한 수치 이하로 낮추려면 상당한 비용이 들 것이다. 하지만 그런 조치는 그 도시에 거주하는 노동자와 그 가족의 공공 의료를 촉진할 터이다. 기업은 책임 있는 시민으로서 '계몽된 이기심(enlightened self-interest)'을 뛰어넘어 점 C로 이동할 것이다. 바로 공적 편익이 이윤의 손실을 상쇄하는 지점이다. 주주들의 연간 수익률은 다소 하락한다.

하지만 점 C는 무후회 정책을 잘 보여주는 지점이기도 하다. 아마도 기업은 배출량을 요구 수준보다 약간 더 줄이거나, 수익이 약간밖에 안

나는 공장을 계속 열어두거나, 직원을 위한 주간 어린이집을 운영하거나, 근로자 저축에 대한 인센티브를 곁들인 연금 계획을 수립할 것이다. 이들 각각은 수익을 다소 깎아먹을지 몰라도 이해관계자들의 후생에는 상당 정도 기여할 수 있다.

우리는 또한 점 D의 경우처럼, ESG로 인해 곡선이 급강하하는 상황을 그려볼 수 있다. 아마도 기업은 망해가는 사업을 사들이거나 화성으로 떠날 결정을 내릴 것이다. 이러한 행동은 그 회사를 수익성 없는 영역으로 몰아넣는다. 회사의 중역이나 이해관계자 가운데 이런 전략을 두둔할 사람은 거의 없을 것이다. 그 전략을 밀어붙이면 사업을 곧 접어야 할 테니 말이다.

수익성 없는 ESG를 위한 원칙

기업은 수익성 없는 WL 활동에 관여해야 하는가? ESG 문헌에서는 이 주제에 대한 의견이 분분하다. ESG가 이윤을 낮추느냐는 질문에 대해, ESG 지지자들은 그것이 왜 실제로 수익성이 없지 않으며, 따라서 WW 행동으로 분류할 수 있는지 그 근거를 이것저것 주워섬길 것이다. 하지만 일부 ESG 활동은 진짜로 WL 범주에 속하며 기업의 이윤을 떨어뜨린다. 그렇다면 우리는 WL 행동에 어떤 원칙을 세울 수 있을까?

관련 문헌은 명확한 지침을 거의 내놓고 있지 않지만, 나는 다음의 세 가지를 제안하고자 한다. ESG를 위한 첫 번째 지침은 활동이 비록 **사적**(private) 비용-이윤 테스트에서는 탈락한다 할지라도 필히 **사회적**(social) 비용 편익 테스트는 통과해야 한다는 것이다. 따라서 만약 기업이 100달러의 사회적 피해를 야기하는 오염 외부 효과를 가진다면, 그 기업은 그만큼의 오염을 줄이기 위해 최대 100달러를 지출하는 조치에 나서야 한다. 그러나 100달러의 사회적 피해를 줄이기 위해 기업의 (그리고 사회의) 자원 200달러를 지출하는 것은 사리에 닿지 않는 일이다. 이 첫 번째 지침은 분명 사회적으로 책임 있는 활동 목록에서 많은 걸 배제할 것이다.

하지만 숱한 프로젝트가 사회적 비용 편익 테스트를 통과할 수 있으리라는 것은 의심할 나위가 없다. 여기에는 아프리카의 교육에 대한 보조금 지급, 혹은 가난한 동네의 병원 건립 등이 포함될 것이다. 그렇다면 기업은 가능한 일련의 ESG 프로젝트 사이에서 어떤 선택을 해야 할까? 나머지 두 가지 지침이 이 질문을 앞둔 기업에 도움을 줄 수 있다.

두 번째 지침은 기업이 정보적으로나 경제적으로 비교 우위를 지니는 분야에 자사 자원을 집중해야 한다는 것이다. 예컨대 기업은 흔히 자사 제품이나 생산 공정에 수반되는 위험과 관련한 전문 지식을 보유하고 있다. 그들은 자신의 활동을 연구함으로써 해악을 판단하고 그에 대한 예방 조치를 취할 수 있다. 이런 경로를 밟은 기업의 사례로 듀폰 (Du Pont)을 들 수 있다. 이 회사는 오존층을 파괴하는 염화불화탄소(프레온가스)의 대체품 도입을 밀어붙였다. 듀폰의 행동은 아마도 자사의 최종 결산 결과에는 다소 손해를 안겨주었겠지만, 염화불화탄소의 단계적 철수를 한층 더 성공적으로 이끌었다. 그러나 기업이 그와 정반대 경향성을 띠는 것은 너무나 흔한 일이다. 자동차 기업은 나중에 더없이 성공적인 것으로 판명된 새로운 기술(차량에 장착하는 에어백이 한 가지 예다)을 도입하는 데 마냥 굼떴다. 정보를 제공하지 않은 데 따른 피해와 관련해 가장 심각한 사례는 페이스북이었다. 이 회사는 조직적으로 자사가 보유한 고객 정보를 이용해 이익을 챙겼고, 자신의 활동에 대해 거짓말을 늘어놓았으며, 나쁜 사람들이 선거에 개입하고 대중의 태도에 악영향을 끼치도록 방조했다.

세 번째 지침은 주로 이해관계자에게 이로운 ESG 활동에 집중하되 그중 사회적 비용 편익 비율이 높은 프로젝트를 선택해야 한다는 것이다. 기업 노동자를 위한 의료 프로그램이나 어린이집 등을 그 예로 들 수 있을 것이다. 기업은 노동자의 경제적·사회적 조건을 개선하기 위해 그들과의 암묵적 계약에 대한 수정을 고려해야 할지도 모른다. 어떤 기업은 특히 수익이 조금밖에 안 나는 공장을 폐쇄하는 조치를 달가워하지 않을 수도 있다. 이 같은 이해관계자 접근법은 기업을 이윤 낳는 기계가 아니라 하나의 작은 사회로 보는 것이다. 기업은 사회의 적극적 참여자여야 하며 특히 노동자, 지역 사회, 그리고 미래 고객에게 관심을 기울여야 한다.

이 세 가지 지침은 기업이 자사의 사업과 자사가 위치한 지역 사회에 대해서는 잘 알고 있지만, 공적 이익을 위해 어떤 역할을 할지 결정하는 데 필요한 전문 지식은 거의 없다는 인식에 기초한다. 그들의 전문 영역은 그들이 누비는 시장이다. 자동차 회사는 에어백 설계하는 법, 그리고 배출량을 효율적으로 낮추는 법에 대해 알고 있다. 하지만 그 회사의 중역들은 공공 의료, 비용 편익 분석, 그리고 대안적 의료 및 안전 규정의 상대적 가치에 대해서는 대체로 아는 바가 없다. 이로써 우리는 ESG에 각 기업이 지닌 특수한 전문 지식이나 책임 분야를 포함해야 한다는 사실을 확인할 수 있다.

기업 비책임성의 지옥 제9환

경영대학원과 학술적 글쓰기는 대부분 기업의 책임에 초점을 맞춘다. 이것을 해라 저것을 해라, 이것을 평가하라 저것을 보고하라……. 반대로 나는 기업의 **비책임성**(irresponsibility)에 주목하는 대안적 접근법을 다루면서 이 장을 마무리하겠다. 널리 쓰이는 한 가지 평가는 'KLD 사회 평가 데이터베이스(KLD Social Ratings Database)'다. 여기에는 (유해 폐기물 방출 같은) 환경 이슈, (경영진에 대한 과도한 보상 같은) 기업의 지배 구조, 그리고 (알코올, 담배, 화석 연료 등) 시비 논란이 분분한 부문의 생산 등 무책임한 행동 범주가 담겨 있다. 수많은 ESG 성과 측정에서와 마찬가지로, 이러한 데이터를 가지고 전반적인 지표를 만들어내는 쉬운 방법이란 없다.

가장 악질적인 기업의 위법 행위로는 자사의 제품이나 생산 공정에 대해 오해의 소지가 있거나 사기성이 농후한 정보를 흘리는 작태를 꼽을 수 있다. 이것이 대중에게 위험한 까닭은 그 기업이 대중을 파악할 수 있는 독보적인 위치에 놓여 있기 때문이다. 이런 유의 사기는 단순한 도둑질보다 더 나쁘다. 지식과 정보를 가장 많이 보유한 자들이 그것을 미끼로 대중을 호도하기 때문이다.

단테는 《신곡(The Divine Comedy)》 〈지옥편(Inferno)〉을 쓸 때, 지옥의 제9환을 맨 밑바닥으로 묘사했다. 거기는 반역자들이 사는 곳이며, 주인이 손님을 배신하는 곳이다.

놈의 사악한 생각 때문에,
놈을 믿고 있던 내가 수인(囚人)이 되어

죽음으로 내몰렸다.

(〈지옥편〉, 제33곡)

제9환에 속한 기업의 경우도 마찬가지다. 손님인 우리를 전시장으로 안내하는 사악한 기업을 믿는 우리는 사실 '수인'이나 마찬가지다. 이들 기업은 자사가 생산하는 위험 제품에 대해 잘 알고 있으면서도 그 정보를 감추기에 급급하며, 자신들의 얄팍한 상업적 이익을 키우기 위해 과학을 부인함으로써 손님을 사지로 내몬다.

비교적 최근이라 할 수 있는 2015년 9월에 벌어진 끔찍한 예가 폭스바겐(Volkswagen)의 이른바 디젤게이트(Dieselgate)다. 이 회사는 자사가 생산하는 디젤 자동차의 배기가스를 숨기고 그 결과를 날조했을 뿐 아니라, 그렇게 하기 위한 장비를 설계하기까지 했다. 이른바 '클린(clean)' 디젤 엔진의 생산에 드는 비용을 절감할 요량으로 그런 짓을 저지른 것이다. 그 결과 얼마나 많은 사람이 숨졌을까? 그리고 얼마나 많은 이가 폭스바겐 차량은 그린이라 믿으면서 그걸 구매했을까? 이러한 질문에 대한 답은 아직 나오지 않은 상태이지만, 그런 행동은 불법일 뿐 아니라 기업 비책임성의 제9환에 속하는 것이기도 하다.

다음은 지옥 제9환에 기거하는 기업들의 예다.

- 배기가스 검사 결과를 조작하기 위한 장비를 설계한 폭스바겐.
- 흡연의 치명적 본색을 보여주는 연구 결과를 은폐한 필립모리스(Phillip Morris).
- 기후 변화 과학을 억압하고 기후부인론자들에게 자금을 대준 엑손모빌(ExxonMobil).

- 석면의 위험을 진즉부터 알고 있었으면서도 소송을 통해 진실이 밝혀지기까지 수년 동안 한사코 발뺌한 존스맨빌(Johns Manville).
- 옥시콘틴(OxyContin)의 중독성을 제대로 밝히지 않은 퍼듀 파마.
- 개인 정보를 잘못 처리하고, 다른 나라에 불화의 씨앗을 뿌린 러시아인을 포함해 전 세계 판매업자들에게 그 정보를 팔아넘긴 페이스북.

자신이 다니는 대학의 투자 정책에 영향을 미치려 애쓰는 학생들은 이 같은 최악의 무책임한 행동을 체계적으로 찾아내고 평가하는 식으로 기여할 것이다.

장을 마치며

기업의 책임을 다룬 문헌을 훑어보면, 여러 주제와 관점이 혼란스럽게 뒤섞여 있음을 깨닫게 된다. 하지만 한 발 물러서서 풍경 전체를 조망해보면, 다음과 같은 핵심적인 결론 네 가지를 얻을 수 있다.

첫 번째는 ESG와 관련해 논의는 무성하지만 합의는 거의 이루어지지 않고 있다는 점이다. 기본적인 ESG 측정 항목도 없고, 상이한 척도를 종합해서 하나의 전반적인 측정 항목을 마련할 수 있는 용인된 방법도 없다. 기업은 흔히 높은 ESG 점수를 받지만(혹은 받았다고 주장하지만), 그들의 공식 보고서는 수박 겉핥기식이기 일쑤이며, 따라서 개인들은 기업의 실적에 대해 스스로 판단을 내릴 수 없다. 더군다나 ESG를 평가하는 기업 다수가 그 평가 시스템을 공개하지 않고, 따라서 우리는 ESG 점수가 실제로 무엇을 나타내는지 판단할 재간이 없다. 한마디로 실제 ESG 측정치는 자욱한 안개에 싸여 있다.

두 번째 강조점은 기업이 (이 책에서 논의한 사실상 모든 영역에 만연한) 단기주의를 피해야 한다는 것이다. 즉, 기업이 장기적 차원에서 수익성과 주주 가치를 개선시키는 것이 무엇인지 넓고 길게 볼 수 있는 구조를 갖춰야 한다는 얘기다. 여기에는 단기 수익성에 초점을 맞추지 않도록 경영진에게 동기를 부여하는 조치가 포함된다. 기업은 그들이 몸담은 지역 사회뿐 아니라 자사 기업 문화에 대해 폭넓은 관점을 취하라는 조언을 받는다. 직원의 삶을 개선하고 자사 제품에 대한 신뢰를 키우기 위해 자원을 쏟아붓는 것은 현명한 장기 투자일 수 있다.

세 번째는 무후회 원칙을 기억해야 한다는 것이다. 기업은 외부 효과를 바로잡는 일을 도울 때, 이윤에 그리 큰 영향을 미치지 않고도 이해관계자와 사회에 적잖이 기여할 수 있다. 무후회 원칙은 기업이 자사 행동을 최적화하는 분야에 두루 적용되며, 따라서 최적에서 조금만 벗어나도 내부에는 작은 영향을, 외부에는 큰 영향을 안겨줄 수 있다.

추가적으로, ESG에 쏟아붓는 자원을 측정하는 훌륭한 척도를 마련하고 홍보 관련 지출을 분리하는 것은 기업 성과를 살펴보는 이들에게 유용하다. 호감을 사기 위해 퍼붓는 기업의 사회적 지출에 대해서는 시종 회의적인 시선을 보내야 한다. 당신이 뉴욕의 링컨센터 옆을 걸어간다면 '데이비드 H. 코크 극장(David H. Koch Theater)'이 눈에 띌 것이다. 예술에 대한 지지는 코크 형제로 하여금 환경 규제를 약화시킨 데 따른 비판을 피해가도록 도와줄지도 모른다. 하지만 그것은 환경을 정화하거나 환경 기준을 충족하는 데에는 거의 아무런 도움도 되지 않는다.

네 번째, 기업은 오늘날과 같이 기술적으로 복잡한 경제에서 자사 제품이나 생산 공정의 잠재적 위험에 대해 정확한 정보를 제공하는 데에서 특별히 중요한 역할을 담당한다. 거기가 바로 기업이 심화된 지식을 갖춘 지점이기 때문이다. 기업은 고객에게 정직해야 할 책임, 위험을 감추거나 정부 규제 기관을 속이지 말아야 할 책임이 있다. 최악의 기업은 뻔히 알면서도 해롭거나 결함 있는 제품을 판매함으로써 사람들을 위험에 빠뜨린다. 이런 기업은 가장 강력한 제재를 받아 마땅하다.

그린 금융

우리는 지금껏 행동 강령과 외부 모니터링을 통해 기업이 사회적으로 책임 있게 행동하도록 보장하는 일이 어렵다는 걸 확인했다. 이에 대한 흥미로운 대안은 상장 기업 **오너들**이 자기 기업에 사회적으로 책임 있는 행동을 하도록 요구하는 것이다. 이는 앞 장에서 논의한 '환경·사회·기업 지배 구조', 즉 ESG 원칙을 적용한 또 한 가지 예다. ESG는 더러 사회적으로 책임 있는 투자, 또는 윤리적 투자라는 이름으로 통하지만, 다른 영역들이 ESG와 결합하는 경우도 점차 늘고 있다.

금융을 위한 ESG란 무엇인가? 간단히 말해, 의사 결정에 ESG의 요소를 포함하는 금융 투자다. ESG는 기업이 그린 지향적 행동을 하게끔 유도하는 데에서 강력한 도구가 될 수 있다. 오너들이 기업의 결정을 좌우하는 법적 권한을 쥐고 있기 때문이다. 피리 부는 사람에게 돈을 낸 자가 곡목을 정한다는 속담이 있다. 요컨대 돈을 어떻게 쓸지 결정할 권한은 그 돈을 내는 사람에게 있다.

ESG는 최근 몇 년 사이 빠르게 증가해왔다. 어느 조사에 따르면, 2018년에 전문적으로 관리하는 미국 자산의 약 25퍼센트(12조 달러)가 투자에 ESG 기준을 적용한 것으로 밝혀졌다.[1] 주요 관심 분야는 기후 변화, 담배, 분쟁 위험, 인권, 그리고 투명성이었다.

좀더 친근한 예로, 대학은 그들이 받은 기부금을 사회적으로 책임 있는 기업에 투자하라는 권고를 받아왔다. 과거에 어떤 대학은 남아프리카공화국에서 사업을 하지 말라(그 나라 특유의 악명 높은 인종 차별 정책에 반기를 드는 뜻에서─옮긴이)고 기업들에 촉구했고, 또 어떤 대학은 담배 관련 주식을 처분했다. 오늘날 강경한 운동은 대학들이 지구 온난화에 기여한다는 이유로, 화석 연료를 생산하거나 유통시키는 기업의 주식을 처분하는 행위를 지지하기도 한다.

그린 투자 촉구 운동은 사회적으로 책임 있는 기업을 위해 수많은 문제를 제기한다. '기업의 사회적 책임'이란 무엇인가? 우리는 그것을 어떻게 정의하고 측정할 수 있는가? 그것은 주로 장기적인 수익성을 보장하고 단기주의를 피하는 노력과 관련이 있는가? 기업의 의사 결정으로 인한 외부 효과(이를테면 기후 변화)를 포함하도록 설계되어 있는가? 그린 투자는 투자자에게 불이익을 안겨주는가? 아마도 가장 중요한 질문일 텐데, 그것은 과연 효과적일 수 있는가?

사회적으로 책임 있는 투자란?

ESG 금융은 앞 장에서 분석한 '기업의 사회적 책임'의 정의와 대단히 흡사하다. 하지만 한 가지 중요한 차이점이 있다. 바로 '기업의 사회적 책임'은 주로 **어떻게 생산하는지**에 집중하는 반면, 그런 금융은 특히 기업이 **무엇을 생산하는지**에 주목한다는 점이다.

한 가지 예를 들어보자. 오늘날 엑손모빌은 화석 연료를 생산하고 판매한다. 분석가들은 책임 있는 기업으로서 엑손모빌이 공정한 노동 관행에 관심을 기울이는지, 자사 제품과 그것이 환경에 미치는 영향을 투명하게 공개하는지, 그리고 자사의 탄소 발자국과 관련해 야심 찬 목표를 세워두고 있는지 여부에 대해 질문한다. 당신은 엑손모빌이 지난 몇 년간 다양한 분야에서 사회적으로 책임 있는 최고 기업으로서 여러 가지 상을 수상했다는 사실을 알면 좋은 인상을 받을지도 모른다.

하지만 금융과 관련해 엑손모빌은 수많은 윤리적 투자 지지자들로부터 집중 공격을 받고 있다. 석유와 천연가스를 생산 및 판매하며, 따라서 기후 변화에 기여하기 때문이다. 이런 식으로 배제되는 또 다른 일군의 기업은 총기류, 담배, 알코올, 그리고 군사용 무기를 생산하는 기업이다. 이들은 '사악한 기업(sinful firm)'이라고 부를 수 있는데, 이는 그들이 사악한 방식으로 행동해서가 아니라(그들은 실제로 엑손모빌처럼 법을 준수하는 모범적인 기업일 것이다), 해로운 효과를 낳는 제품을 생산하고 판매하기 때문이다.

사회적으로 책임 있는 기업이 되어야 하는 까닭: 계몽된 이윤

투자자들은 사회적으로 책임 있는 기업과 동일한 딜레마 및 트레이드오프에 직면한다. 한 가지 목표는 장기적 이익에 따라 행동하는 오너를 둔 기업을 선택하는 것이다. 이러한 목표는 기업이 사회적 추세를 고려하면서 주주 가치를 극대화하도록 요구한다. ESG의 임무에 대한 대표적 진술은 거대 연금 및 자금 관리 회사인 미국교사보험연금협회(Teachers Insurance and Annuity Association of America, TIAA)가 채택한 것으로 다음과 같다.

> 자본 제공자인 장기 투자자들은 시장이 악화일로를 걷고 자산 가치가 떨어지면 가장 큰 손실을 입는다. 따라서 이들이 자신의 영향력을 이용해 기업이 훌륭한 지배 구조를 갖추도록, 그리고 시장이 효과적으로 작동하도록 촉구하는 것은 무척이나 중요하다. 당사의 참가자와 고객은 우리가 그들의 저축을 잘 관리하고 그들에게 재정적인 안전을 제공하는 데 도움이 되길 기대한다.[2]

위의 진술은 그저 장기적인 금융 수익률에 관한 것일 뿐 이타심에 대한 언급도 투자의 외부 효과에 대한 관심도 담고 있지 않다.

투자 산업의 또 다른 거인은 3000억 달러 넘는 자산을 운용하고 있는 '캘리포니아 공적연금제도(California public pension system)', 일명 캘퍼스(CalPERS)다. 최근 이 기업은 자사 자금 관리자들에게 앞으로 전략 계획에 ESG 목표를 포함하도록 요구받을 거라고 말했다. 다음은 캘퍼스가 2015년 프레젠테이션에서 투자 관리자들에게 설명한 내용이다.

> 캘퍼스는 오랜 기간에 걸쳐 서서히 부상하고 있지만 기업 또는 포트폴리오 수익률에 중대한 영향을 미칠 소지가 있는 위험 요인(가령 기후 변화나 천연자원의 가용성)을 고려해야 한다.[3]

이 글을 주의 깊게 읽어보면, 기후 변화를 분석에 포함해야 하는 이유는 그것이 포트폴리오의 수익률에 영향을 미치기 때문이지, 기업의 행동이 기후 변화를 일으키기 때문은 아님을 알 수 있다. 따라서 이 같은 분석은 자사의 ESG 전략에서 장기적인 수익성 추구가 정당하다는 걸 분명히 해준다.

사회적으로 책임 있는 기업이 되어야 하는 까닭: 공적 목적

방금 살펴본 두 거대 연금 기금(TIAA와 캘퍼스)은 금융 수익률에 초점을 맞추는 데 반해, 그 밖의 윤리적 투자자는 그들 투자의 공적 영향력에 관심을 기울인다.

좀더 광범위한 사회적 목표를 지닌 ESG를 살펴보기 위해 우선 개인 투자자부터 시작해보자. 기업과 달리 개인은 그들의 이타적 목표와 관련해 아무런 법적·경제적 제약도 받지 않으며, 주주들의 저항에 직면할 일도 없다. 만약 피터 싱어 같은 급진적 공리주의자가 자신이 가진 돈을 탈탈 털어서 전 지구인의 한계 만족을 평등화하는 데 쓴다 해도 그건 어디까지나 그의 돈이다. 반면 자유지상주의적 철학자 로버트 노직(Robert Nozick)이 자신은 다른 사람들을 도울 의무가 없다고 맞설 경우, 누구도 그에게 연금을 그린 펀드에 투자해야 한다고 강요할 수 없다. 따라서 개인은 법적 제약 아래 그들 자신의 투자 철학을 궁리해낼 수 있다.

기업은 그보다 더 엄격한 제약을 받으면서 운영된다. 과거에는 기업이 자선 기부를 해도 좋은지 명확하지 않았으나, 오늘날에는 법적으로 기업이 무한정 자선 기부를 할 수 있도록 명시되어 있다. 하지만 기업은 자사의 헌장, 이사와 오너들을 무시해서는 안 된다. 따라서 주주 가치를 약간 낮추는 조치(이를테면 수익의 1퍼센트를 지역 사회 활동에 할애하는 조치)는 취할 수 있지만, 만약 수익의 99퍼센트를 거저 나눠준다면 오너들이 가만히 있지 않을 게 뻔하다.

대다수 투자 회사의 ESG 정책은 대체로 불분명하며, 투자자에게 거의 아무런 정보나 지침도 제공하지 않는다. 우리는 앞서 TIAA와 캘퍼스의 진술에 담긴 전형적인 수사(修辭)를 보았다. 당신은 기업이 사회 정의를 촉진하기 위해 수익률에서 어느 정도 불이익을 감수할 수 있는지에 대한 딱 부러진 진술을 거의 찾아보기 어려울 것이다.

예일 대학의 윤리적 투자 정책

대부분의 재무 관리자는 그들의 ESG 목표를 두루뭉술하게 진술하지만, 내가 몸담은 예일 대학은 그 ESG 접근법에 대해 비교적 명확하게 밝히고 있다. 나는 이 논의와 관련해 예일 대학의 투자 철학에 의존해볼 생각이다. 내가 내부 사정에 익숙한 데다 예일 대학은 이미 그 목표를 분명하게 표현해놓았기 때문이다.

예일 대학이 추진하는 정책의 골자는 걸출한 로스쿨 교수 존 사이먼(John Simon)과 2명의 동료가 함께 작성한 혁신적인 보고서에 담겨 있다. 그 지침에는 두 가지 핵심 전제가 있다. 첫 번째는 "경제 수익률의 극대화는 대학 기부금 증권의 선정과 보유에서 독점적인 기준이 될 것"이라는 전제다.

두 번째는 대학이 사회적 목적을 위해 자체 포트폴리오에 따른 **수익을 희생하는** 협소한 경우도 있다는 전제다.[4] 대학은 만약 기업이 "사회적 피해"를 야기한다면, 즉 "소비자, 직원, 혹은 타인에게 파괴적인 영향을 안겨주는" 활동을 저지른다면, 주주의 결단을 통해 투자 회수(divestment, 주식 매각) 조치를 취할 것이다. 중요한 점으로, 그와 같은 예로는 특히 "기본적인 자유, 건강, 안전의 박탈로부터 개인을 보호하기 위한 목적으로 제정된 국내법 및 국제법의 집행을 위반하고 좌절시키는 활동"을 꼽을 수 있다.

따라서 투자 포트폴리오에서 배제되는 기준에는 두 가지가 있다. 첫째는 사회적 피해를 일으킬 수 있는 투자(다시 말해, 모종의 외부 효과)일 경우이며, 둘째는 개인을 보호하는 국내법과 국제법을 침해하거나 방해하는 활동일 경우다. 이 중 두 번째 제약은 비윤리적 행동이 아니라 불법적 행동에 협소하게 초점을 맞추는지라 ESG 지침에서는 이례적이다.

수년 동안 예일 대학은 남아프리카공화국의 인종 차별 정책, 즉 아파르트헤이트(apartheid)에 맞서는 조치를 취해왔다. 게다가 남수단(South Sudan)에서 사업을 벌이는 석유 및 천연가스 회사뿐 아니라 담배 회사에 반대하는 조치에도 뛰어들었다. 그 대학은 기후 변화에 관해서는 신중한 조치를 취하면서, 배출량을 공개하고 기후 변화가 투자 성과에 미치는 위험을 분석하도록 장려했다. 이런 조치가 미치는 영향이 제한적임을 감안할 때, 예일 대학의 기부금 수익률(그 어떤 주요 대학들보다 더 높은 장기적 수익률이다)이 타격을 입을 가능성은 거의 없는 것 같다.

예일 대학의 규칙에서 드러난 이례적인 측면은 합법적 오염과 기타 광범위한 외부 효과에 대한 입장이다. 만약 그 외부 효과가 오직 단 하나의 기업이 저지른 잘못이라면, 그에 대해서는 제재하기가 쉽다. 하지만 존 사이먼 등의 보고서는 '산업 전반에 걸친(industry-wide)' 외부 효과와 관련해 단일 기업이 홀로 제재나 주식 회수의 대상으로 떠오를 경우, 그 기업은 비교 열위에 놓이게 될 거라고 우려한다. 이런 분야에서는 정부가 공격용 소총을 금지하거나 배출량을 제한하는 것 같은 조치를 취할 필요가 있다.

정부의 조치가 요구되는 '산업 전반에 걸친' 오염의 경우, 대학은 자신의 활동을 "적절한 정부 기관으로부터 필요한 조치를 강구하도록 회사 경영진과 소통하는 것"으로만 한정할 것이다. 이러한 규칙은 개별 화석 연료 기업들에 대한 투자 배제는 고려하지 않지만, 강력한 정부 정책을 촉구하기 위해 노력하도록 그 기업들에 요청한다.

예일 대학의 지침이 화석 연료, 총기, 담배를 **합법적으로** 생산하는 기업으로부터의 투자 회수를 바라는 상당수 재학생, 그리고 실제로 다른 대학들의 입장과 구별되는 것이 바로 이 지점, 즉 '산업 전반에 걸친' 사회적 피해와 관련한 지점이다.

사회적으로 책임 있는 투자의 실제

우리는 가장 중요한 ESG 기금을 몇 가지 살펴봄으로써 그들의 철학을 이해할 수 있다. 첫 번째로 최대 규모의 ESG 펀드 가운데 하나는 뱅가드 소셜 인덱스 펀드(Vanguard's Social Index Fund: 이하 뱅가드—옮긴이)다. 그 회사가 견지하는 투자 철학은 다음과 같다.

뱅가드는 (1) 환경적 영향, (2) 인권, (3) 보건과 안전, 혹은 (4) 노동 기준 및 그와 관련해 (5) 시비 논란이 분분하거나 침해를 저지르는 기업, 또는 다양성 기준을 충족하지 못하는 기업을 배제한다. (1) 무기, (2) 담배, (3) 도박, (4) 알코올, (5) 성인 오락, 혹은 (6) 원자력과 관련된 기업 역시 제외한다.

뱅가드가 불법적 활동뿐 아니라 합법적 활동도 표적으로 삼는다는 사실에 유의하라. 왜 어떤 부문은 포함하고 어떤 부문은 배제하는지는 명확하지 않다. 그들은 석유, 자동차, 화학 물질을 생산하거나 은행 서비스를 제공하는 기업, 그리고 못마땅할 수도 있는 몇몇 부문은 지지한다. 그런가 하면 전반적인 온실가스 배출량을 줄여줌에도 어째서 원자력 생산업체에는 불이익을 주는지 그 이유가 궁금한 이들도 있을 것이다.

두 번째 중요한 예는 'TIAA-CREF 소셜 초이스 이쿼티(TIAA-CREF's Social Choice Equity: 이하 TIAA—옮긴이)' 펀드다. 다음은 그 펀드가 내놓은 설명이다.

> TIAA의 투자는 특정 ESG 기준의 지배를 받는다. ……모든 기업은 이 펀드에 속할 자격을 갖추려면 반드시 최소 ESG 성과 기준을 충족하거나 초과해야 한다. 평가 과정은 동종 업체 대비 ESG 성과에서 두각을 나타내는 기업을 우대한다.

"알코올, 담배, 군사용 무기, 총기, 원자력, 도박 상품을 생산 및 판매하는" 기업은 불이익을 받긴 해도 자동적으로 배제되는 것은 아니다. 그들은 "최소 ESG 성과 기준"이 정확히 무엇을 의미하는지에 대해서는 설명하고 있지 않다.

그린 포트폴리오의 실제

우리는 여러 그린 펀드의 실제 포트폴리오를 살펴봄으로써 수사에서 행동으로 넘어갈 수 있다. 최대 ESG 포트폴리오에 속하는 두 가지는 그 기준에 대해 앞서 소개한 뱅가드와 TIAA이다. 이 두 그린 포트폴리오의 보유 자산을 미국 전체 시장의 표준 인덱스 펀드(index fund: '지표재'라고 옮기기도 하며, 주가지수에 가까운 이윤 배당이 돌아가도록 짜인 펀드—옮긴이)와 비교해보자.[5] 표 21-1은 시장 포트폴리오 상위 20대 기업(최대 시가총액을 보유한 기업)의 지분, 그리고 중요한 두 가지 ESG 펀드가 차지하고 있는 그 20개 기업의 지분을 보여준다.

몇 가지 중요한 사항이 두드러진다. 첫째, 개별 주식은 전체 시장의 상당 부분을 누락하기 때문에 일반적으로 그린 포트폴리오에서 더 비중 있게 여겨진다. 예컨대 전체 시장에서 3.86퍼센트인 마이크로소프트는 뱅가드에서 5.77퍼센트로 비중이 커진다.

둘째, 그러한 선택이 아리송해 보일 수도 있다. 아마존과 페이스북을 예로 들어보자. 두 기업 다 ESG 점수는 평균이다. 하지만 TIAA는 아마존은 포함하고 페이스북은 배제하는데, 뱅가드는 그 반대다. 엑손모빌은 화석 연료를 생산하는지라 ESG 점수가 낮지만, 그럼에도 2019년까지는 ESG 점수가 높았다. 이유는 알 길이 없지만 은행 및 신용카드 회사를 TIAA에서는 배제한 데 반해 뱅가드에서는 포함했다. 월트 디즈니가 TIAA에서 빠진 사실은 TIAA 주주들을 의아하게 만들지도 모른다.[6]

이 간단한 조사를 통해 엿볼 수 있는 흥미로운 결과는 배제가 자의적인 듯 보이며 투자 기금 관리자의 취향에 좌우된다는 것이다. 재정적 관점에서 상위 기업의 상당 부분을 배제하면 다각화 정도와 수익률이

표 21-1 시장 펀드에서 최대 기업들의 지분 및 TIAA와 뱅가드의 지분 비교

기업	전체 시장(%)	TIAA(%)	뱅가드(%)
마이크로소프트	3.86	4.10	5.77
애플	3.56	4.00	5.98
아마존	2.63	2.40	
페이스북	1.62		2.44
버크셔 해서웨이	1.42		
JP 모건 체이스	1.34		2.11
알파벳	2.64	3.00	4.04
존슨 & 존슨	1.23		1.87
프록터 & 갬블사	1.10	1.50	1.64
비자	1.09		1.65
엑손모빌사	1.01		
AT&T	0.99		
뱅크오브아메리카	0.92		1.40
홈디포	0.90	1.30	1.37
인텔사	0.88	1.30	1.33
버라이즌	0.88	1.30	
마스터카드	0.88		1.32
월트 디즈니	0.82		1.21
유나이티드헬스	0.81	1.00	1.27
머크	0.78	1.20	1.19

출처: 포트폴리오 각각의 보유 자산은 2019년 11월 현재 TIAA와 뱅가드 웹사이트에서 가져왔다.

낮아질 수 있다. 앞 장과 이 장에서 거듭 확인한 것처럼, 배제의 자의적 성격으로 보아 기업의 ESG 성과를 체계적으로 측정하는 방법은 따로 없는 듯하다.

그린 포트폴리오의 비용

일부 윤리적인 제안은 절대적이지만, 우리는 대다수 사안에서 비용과 편익을 저울질해야 한다. 대부분의 투자자는 특정 기업이나 부문을 배제하는 데 비용이 얼마나 드는지 따져볼 것이다.

오늘날 투자와 관련한 기본적인 조언은 증권 포트폴리오를 다각화하라는 것이다. 예컨대 전형적인 인덱스 펀드는 '스탠더드 앤드 푸어 500(S&P 500)'에 오른 500개 대기업을 보유하고 있을 것이다. 그것은 기업에 관해 결정할 사람을 필요로 하지 않으므로 '수동적인' 펀드다. 이는 펀드의 운영 비용을 낮춘다.

또한 폭넓은 포트폴리오는 다각화를 지향하므로 단 한 개 기업의 악재에 휘둘릴 위험을 줄여준다. 예컨대 만약 당신이 페이스북의 주식을 보유하고 있다면, S&P 500의 갑절이 넘는 변동성을 지녔을 것이다.

따라서 그린 포트폴리오 보유에는 두 가지 비용이 따른다. 첫째, 배제 결정을 내릴 누군가를 고용할 필요가 있고, 둘째, 어떤 기업이나 부문을 배제하면 그에 따라 다양성이 덜해진다. 간단한 예를 통해 그린 투자의 비용을 설명해보겠다.[7]

표 21-2는 평균적인 ESG 펀드, 그리고 TIAA 및 뱅가드 그린 펀드와 관련해 포트폴리오를 제한할 경우, 연간 수익률이 어떻게 달라지는지를

표 21−2 그린 펀드의 수익률			
포트폴리오	수익률(%)	비용(%)	순수익(%)
시장	6.00	0.04	5.96
뱅가드	5.93	0.18	5.75
TIAA	5.81	0.22	5.59
평균적인 ESG	5.80	0.93	4.87

주: 이는 두 가지 그린 펀드와 평균적인 ESG 펀드에서 포트폴리오를 제한할 경우, 연간 수익률이 어떻게 달라지는지를 보여준다. 마지막 칸은 수익률의 불이익이 상당할 수 있음을 시사한다.

보여준다.[8] 첫 칸은 (위험을 고려해 교정한) 예상 수익률을 나타낸다. TIAA 펀드는 다각화 정도가 덜하므로 예상 수익률이 약간 낮다. 대다수 펀드의 경우, 수익률의 불이익은 연간 0.1~0.2퍼센트 사이로 크지 않을 가능성이 높다.

하지만 두 번째 칸에서 보는 바와 같이, 주요 비용은 높은 '총 보수 비용 비율(total expense ratio: 펀드에서 투자를 위해 지속적이고 반복적으로 지급되는 제반 비용이 펀드의 순자산에서 차지하는 비중—옮긴이)'이다. 총손실은 뱅가드와 TIAA의 경우 연간 약 0.3퍼센트에 그치지만, 평균적인 ESG 펀드의 경우에는 그보다 훨씬 더 크다. 당신은 만약 신중하지 않다면 아마 본인의 6퍼센트 수익률 가운데 1퍼센트를 잃게 될 것이다.

이러한 결과는 ESG 배제가 수익률에 미치는 영향을 잘 보여준다. ESG 펀드의 실제 수익률을 살펴본 연구들은 다양한 결과를 내놓는다. 그 이유는 수많은 연구가 사후 수익률(ex post return), 즉 역사적 수익률(historical return)을 살펴보는데, 이는 순전히 무작위적이고 일회적인 요소를 포함하기 때문이다. 그린 펀드는 손실이 일반적으로 표 21-2에 나타난 소액보다 큰데, 그 이유는 명확하지 않다. 실적 부진은 그린 펀드

운용자들이 형편없는 투자 선택을 한 탓일 수도 있다.

더불어 일부 연구는 개별 주식을 배제하는 데 따른 영향을 살펴보는데, 단 한 개 주식의 영향은 실제로 미미하다. 이를테면 '포실 프리 대학(Fossil Free University: 기후 위기의 원인을 모색하려는 전 세계 기후 정의 청소년 활동가들을 위한 12주 훈련 과정-옮긴이)' 옹호자들은 그와 동일한 분석을 하고, 엑손모빌의 배제가 500개 대기업의 포트폴리오 수익률에 미치는 영향을 계산할 수 있다. 표 21-2에서 쓰인 계산은 예상 수익률이 6,000퍼센트에서 5,997퍼센트로 줄어들 거라고 말해줄 텐데, 이는 분명 무시할 만한 수준이다. 수익률의 불이익이 이토록 낮은 까닭은 엑손모빌이 그 포트폴리오에서 차지하는 비중이 작기 때문이다. 그와 반대로 만약 그 펀드가 에너지 기업, 은행, 자동차 기업, (수도·전기·가스 같은) 공익 사업체, 중국 같은 미심쩍은 나라에 진출해 있는 기업, 화학 회사 등을 배제한다면, 수익률의 불이익은 한층 더 커질 것이다.

그린 투자자를 위한 투자 전략

그린 투자를 위한 교훈은 무엇일까? 다음은 그와 관련해 두드러진 사항들이다.

첫째, 당신이 그린 투자에 관심이 있든 없든, 늘 장기적인 안목을 견지하는 기업에 주목하라. 경영진이 제 잇속만 차리거나 근시안적인 기업은 피하라.

둘째, 우리는 무후회 원칙을 그린 금융에도 적용해볼 수 있다. 포트폴리오가 애초부터 최적화되어 있다면, 거기에서 작은 부분을 배제한다

해도 수익률에는 무시할 만한 영향밖에 주지 않는다. 따라서 만약 펀드가 오직 몇 개의 기업이나 하나의 작은 부문만을 배제한다면, 그 펀드의 장기적인 수익률 불이익은 극히 미미할 것이다.

셋째, 자신의 포트폴리오에 그런 색채를 가미하기로 결정했다면, 타깃을 신중하게 선택하라. 가장 깨끗한 투자를 하려 한다면 본인의 수익률에서 상당 정도의 불이익을 감수해야 할 가능성이 있다. 이는 당신이 그 펀드가 실제로 보유하고 있는 것을 살펴봐야 한다는 의미다. 만약 배제가 광범위하거나 이해하기 어렵거나 당신의 철학에 부합하지 않는다면, 다른 곳을 알아보는 편이 나을 것이다.

마지막으로, 비용에 세심한 주의를 기울여라. 신중을 기하지 않으면 비용이 당신의 수익을 몽땅 집어삼킬 소지도 있기 때문이다. 최악의 펀드 가운데 하나는 연간 '총 보수 비용 비율'이 2.1퍼센트인 '펀드X 지속 가능 영향(FundX Sustainable Impact)'이다. 일부 펀드는 심지어 판매 수수료까지 덧붙인다. 당신에게는 '총 보수 비용 비율'이 약 0.20퍼센트이고 판매 수수료가 붙지 않는 뱅가드가 훨씬 더 제격일 것이다.

5부

글로벌 그린

그린 행성?

지금껏 논의한 그린의 면모 대부분은 개인적, 지역적, 국가적 차원에 속한 것이었다. 하지만 가장 다루기 힘들고 위험한 몇몇 외부 효과는 전 세계적, 즉 글로벌 차원이다. 우리는 전 지구적으로 중요한 문제인 팬데믹에 대해 이미 11장에서 다룬 바 있다. 이어지는 두 장은 지구 온난화로 대표되는 글로벌 그린에 대해 살펴볼 것이다.

글로벌 외부 효과로서 기후 변화

기후 변화는 전 지구적이기에 특히나 풀기 까다로운 외부 효과다. 지구 온난화와 오존층 파괴, 코로나19, 금융 위기, 사이버 전쟁, 핵 확산 등 오늘날 인류가 직면한 수많은 주요 사안들도 그와 유사하게 사실상 전 지구적이며, 시장과 일국 정부의 통제 둘 다에 굴하지 않는다. 그 영향이 전 세계에 불가분하게 확산되는 전 지구적인 외부 효과는 어제오늘의 일이 아니지만, 급속한 기술 변화와 세계화 과정 때문에 그 중요성이 점차 커지고 있다.[1]

지구 온난화는 모든 외부 효과 가운데서도 단연 최강이다. 너무나 많은 활동과 관련되기 때문이다. 지구 온난화는 수십 년 동안, 아니 심지어 수백 년 동안 지구 행성 전반에 영향을 끼치고 있지만, 개별적으로 행동하는 우리 중 누구도(심지어 어떤 국가도) 그 변화 속도를 늦추기 위해 할 수 있는 일이 별로 없다.

세계적인 외부 효과는 오랫동안 일국 정부에 도전을 가해왔다. 과거 몇백 년 동안 각국은 종교 분쟁, 군대의 약탈, 천연두를 비롯한 팬데믹의 확산 같은 문제에 고루 시달려왔다. 하지만 오늘날에도 코로나19 팬데믹에서 보듯이 과거에 인류를 괴롭히던 전 지구적 난제는 여전히 사라지지 않고 있다. 게다가 지구 온난화뿐 아니라 핵 확산 위협, 마약 밀매, 그리고 세계적 금융 위기 등 새로운 도전들이 가세했다.

좀더 찬찬히 따져보면 각국이 전 세계 차원의 경제적 외부 효과를 다루기 위한 협상에서 거둔 성공은 극히 제한적이었음을 알 수 있다. 성공 사례는 국제 무역 분쟁의 처리(오늘날에는 주로 세계무역기구를 통해서), 오존층을 파괴하는 염화불화탄소의 사용을 제한한 의정서, 이 두 가지가 고작이다. 환경 협약의 경제적 측면에 관한 연구를 개척한 것은 컬럼비아 대학의 경제학자 스콧 바렛(Scott Barrett)이다. 그를 위시한 학자들이 앞의 두 사례를 성공적이었다고 믿는 까닭은 편익이 비용을 훌쩍 웃돌고, 국가 간 협력을 촉진하는 효과적인 기구들이 창설되었기 때문이다.[2]

지배 구조(governance)는 전 세계적 외부 효과를 다루는 데에서 핵심적 사안이다. 효과적인 관리를 위해서는 주요국 간 일치된 행동이 필요하기 때문이다. 하지만 현행 국제법 아래에서는 대다수 국가가 세계적 외부 효과의 관리 책임을 분담하도록 다른 나라들에 요구할 만한 법적 장치가 없다. 게다가 협력적으로 행동하도록 각국을 설득하는 게 중요할 때 무력 같은 법률 외적인 방법을 권장하는 것은 곤란하다.

여기에서 강조할 점은 전 지구 차원의 환경적 관심사가 대기 오염이나 수질 오염 같은 일국 차원의 환경적 관심사와는 판이한 지배 구조 문제를 제기한다는 것이다. 국내적 공공재의 경우, 문제는 주로 국가의 정치 제도를 국가의 집중화한 사적 이익보다 산발적인 공적 이익에 반응하도록 이끄는 것과 관련이 있다. 반면 국제적 공공재의 경우에는 개별 국가가 그들의 행동이 낳는 편익 가운데 극히 일부만을 누리는 탓에 문제가 발생한다. 다시 말해, 심지어 국익만 따지는 식으로 처신하지는 않는 가장 민주적인 국가라 할지라도 그 편익 대부분이 딴 나라들로 흘러 들어간다면 최소한의 조치만 취하려 들 것이다. 각국이 효과적인 정책을 실시하도록 보장하는 방법은 오직 **협력적인 다국적 정책**을 설계하고 실행하고 집행하는 길뿐이다. 이 장에서는 기후 변화의 과학적·경제적 배경에 대해 논의하고, 이어지는 23장에서는 전 지구적 외부 효과를 관리하고자 하는 동기의 부족을 해결하는 세계적 장치〔내가 기후 클럽(climate club) 또는 기후 협약(climate compact)이라고 부르는 것〕에 대해 살펴보겠다.

달라지는 기후 변화 과학

당신이 신문을 읽거나 라디오를 듣거나 트위터를 본다면, 거의 틀림없이 지구 온난화와 관련한 내용을 접할 것이다. 다음은 다양한 출처에서 뽑은 예다.

> "지난 10년은 기록을 시작한 이래 가장 따뜻했다."
> "지구 온난화 개념은 미국 제조업의 경쟁력을 떨어뜨리기 위해 중국인이 꾸며냈다."
> "북극곰이 100년 내로 종적을 감출 수도 있다."
> "그린란드의 빙상이 기록적인 속도로 녹아내리고 있다."

분명 지구 온난화는 오늘날 점점 더 주목을 끌고 있다. 그리고 그만큼이나 분명한 것으로, 사람들은 지구 온난화가 사실인지, 중요한지, 그리고 인간 사회에 어떤 의미를 띠는지에 대해 의견 일치를 보지 못하고 있다. 관심 있는 시민들은 이와 같이 충돌하는 이야기로부터 어떤 결론을 얻어야 하는가? 만약 지구 온난화가 사실이라는 답을 얻는다면, 그것은 얼마나 중요한가? 지구 온난화에 대한 우리의 관심은 집요한 불평등, 팬데믹, 핵 확산 등 우리가 직면한 또 다른 사안들과 비교했을 때 어느 정도의 우선순위를 차지해야 하는가?

한마디로 답하면, 지구 온난화는 인류와 자연 세계에 대한 주된 위협이다. 그것은 그린 정책에 대한 궁극적인 도전으로서 지구 행성을 브라운 행성으로 바꿔놓겠다고 으름장을 놓고 있다.

나는 기후 변화가 거대한 도박판과 같다는 비유를 들곤 했다. 이 비유를 통해 내가 하려는 말은 경제 성장이 기후와 지구 시스템에 의도치 않더라도 위험한 변화를 수반하고 있다는 것이다. 이러한 변화는 예측 불가능하고 아마도 위험천만한 결과로 이어질 것이다. 우리는 기후라는 주사위를 굴리고 있는데, 그 결과는 놀라움을 자아낼 테고 그중 일부는 위험할 수도 있다. 이 장과 다음 장에서 내가 전하고 싶은 메시지는 우리가 기후라는 주사위를 내려놓고 도박판에서 빠져나올 수 있다는 것이다.

지구 온난화는 우리 시대의 본질적 의미를 규정하는 이슈 가운데 하나다. 그것은 팬데믹, 경기 침체와 더불어 미래의 인간과 자연 풍광을 주조할 힘으로 꼽히고 있다. 또한 지구 온난화는 복잡다단한 주제다. 그것은 기초적인 기후과학에서부터 생태학, 경제학 등 여러 학문에 걸쳐 있으며, 심지어 정치학과 국제관계학까지도 아우른다.

기후에 관한 기본 사항

이 책에서 고작 몇 장을 할애해 기후 변화와 관련한 폭넓은 영역을 모두 포괄하는 것은 무리다. 그보다 여기에서의 논의는 주요 관련 이슈를 부각하고, 기후 변화가 왜 지구를 위협하는지 설명하고, 이것이 어떻게 이 책에서 다루는 전반적인 그린 철학과 연관되는지 보여주기 위한 것이다.[3]

기후 변화를 이해하기 위한 출발점은 지구과학이다. 기후과학은 역동적인 분야이지만, 그 기본 요소는 지난 세기 지구과학자들에 의해 개발된 이래 비교적 잘 정립되어 있다. 지구 온난화의 궁극적 원인은 석탄·석유·천연가스 같은 화석 연료(즉, 탄소 기반 연료)의 연소로, 그 결과가 이산화탄소 배출이다. 이산화탄소 등의 가스를 온실가스라고 부른다. 그것은 대기 중에 축적되어 오랫동안 잔류한다.

높은 대기 중 온실가스 농도는 육지와 바다 표면의 온난화로 이어진다. 이 초기 온난화는 대기, 바다, 빙상에서의 되먹임 효과(feedback effect)로 더욱 증폭된다. 그 결과가 바로 기온의 변화, 그리고 극한 기온, 강수 패턴, 폭풍우 발생 위치와 빈도, 적설 지대, 강물 유출, 물 가용성, 빙상 등의 변화다. 이 모든 요소는 기후에 민감한 생물 및 인간의 활동에 지대한 영향을 끼친다.

얼음 없는 환경에서부터 눈덩이 지구에 이르기까지 다채로웠던 과거 기후는 자연적 원천이 빚어낸 결과였다. 하지만 오늘날의 기후 변화는 점점 더 인간 활동에 의해 일어난다. 지구 온난화의 주요 동력은 화석 연료 연소에 따른 이산화탄소 배출이다. 대기 중 이산화탄소 농도는 1750년에 280ppm이던 것이 오늘날에는 410ppm을 넘는 수준으로까지 치솟았다. 기후 모델들은 만약 화석 연료 사용을 줄이는 강제 조치를 취하지 않을 경우, 이산화탄소 농도가 2100년경 700~900ppm에 도달할 거라고 전망한다. 모델들에 의하면, 이는 2100년 즈음 지구 전체의 평균 기온이 섭씨 3~5도 상승하고, 그 이후로도 상당 수준의 온난화가 뒤따르는 결과로 이어질 것이다. 따라서 이산화탄소 배출량을 과감하게 억제하는 강력한 노력을 기울이지 않는다면, 우리는 대기 중 이산화탄소 배출량이 계속 축적되고, 그로 인해 지구 온난화가 초래될 거라고 예상할 수 있다.

이 모든 것이 그저 제가 선호하는 프로젝트의 돈줄을 따내려는 과학자들의 망상에 불과할까? 이 같은 냉소적이고 잘못된 시각은 이 분야에서 악전고투하는 역량 있는 이들을 욕되게 할 뿐만 아니라 그들이 제시해온 강력한 증거를 간과한 결과다. 그림 22-1은 이와 관련된 한 가지 중요한 증거를 보여준다. 지난 80만 년 동안의 대기 중 이산화탄소

그림 22-1　얼음 코어 및 역사 기록에서 얻은 2020년까지 이산화탄소 농도

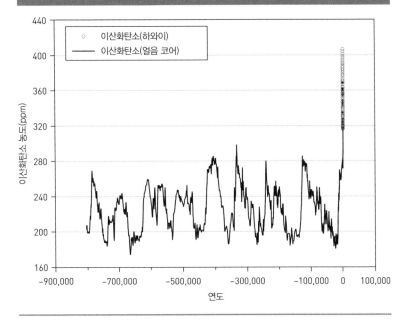

좀더 긴 실선은 남극 거대 빙상의 얼음 코어에서 얻은 것이다. 1957년부터 시작된 점은 하와이에서 얻은 계측 기록이다.

농도를 나타내는 자료다. 우리는 이를 통해 빙하기와의 연관성에 따라 그 농도가 오르내리는 것을 확인할 수 있다. 이산화탄소 배출량이 빙하기에는 (아마도 심해로 유입되기 때문에) 급감한 반면 따뜻한 시기에는 상승했다. 그 농도는 약 170ppm이라는 낮은 수준을 유지하는 경우에서 전(前) 산업 시대에 약 280ppm이라는 높은 수준을 기록하는 경우까지 다양했다. 가장 최근의 빙하기 동안, 지구 전체 기온은 오늘날보다 섭씨 5도가량 낮았으며, 대기 중 이산화탄소 농도는 그 최저점이 180ppm이었다.

그러다가 1750년 무렵 인간이 숲을 개간하고 화석 연료를 태우기 시

작하면서 이산화탄소 농도가 치솟았다. 그 수치는 1950년경 80만 년에 걸친 모든 기록을 뛰어넘었으며, 2020년에는 410ppm을 기록했다. 탄소 순환 모델들은 이산화탄소의 수치 상승은 산업 배출이 낳은 결과이고, 지난 세기 배출량의 절반가량이 대기 중에 남아 있으며, 향후 1세기 넘게 그 상태를 유지할 수 있다고 예측한다.

대기 중에 축적되는 이산화탄소는 다른 온실가스와 마찬가지로 기온 상승과 그에 수반되는 여러 기후 효과들로 이어진다. 지구의 전체 기온은 지난 세기 동안 섭씨 1도 넘게 상승했다. 기후 모델들은 만약 계속해서 배출량 저감이 이루어지지 않는다면 전 지구 차원의 기온이 이번 세기말에 추가로 섭씨 2~4도 상승할 거라고 말한다. 북극 같은 일부 지역에서는 온도 상승 폭이 한층 더 클 것이다. 하지만 기온은 그 영향의 작은 일부에 불과하며, 우리는 그 영향 대부분을 제대로 이해하지 못하고 있다. 거기에는 북미 대륙 중부 지역의 건조화, 좀더 극심해지는 폭풍우, 점차 작아지는 빙하와 적설 지대, 한층 잦아지는 들불, 그리고 몬순 패턴의 변화가 포함된다.

그림 22-2는 남극의 얼음 코어에서 얻은 80만 년의 전 지구적 기온 데이터(그림 22-1) 가운데 50만 년 전만 따로 떼어 재구성한 것이다. 여기서는 현재(2000년-옮긴이) 기온을 섭씨 0도로 하여 기준점으로 삼는다. 맨 오른쪽에 치솟아 있는 원으로 이루어진 선은 기후 변화를 늦추는 정책을 아무것도 시행하지 않을 경우 미래의 기온 상승 예측치다. 만약 지구 온난화를 끝내 제지하지 않는다면, 미래 기후는 머잖아 지난 50만 년 동안의 역사에서 경험한 최대치를 가뿐하게 뛰어넘을 것이다.

기온 상승은 기후 변화가 야기하는 영향에서 가장 중요한 관심사가 아니다. 더욱 중요한 것은 기후 변화가 폭풍우, 거대 빙상, 그리고 몬

그림 22-2   지난 50만 년 동안의 세계적 기온 변화 추정치(실선)와 향후 2세기 동안의 모델 예측치(원)

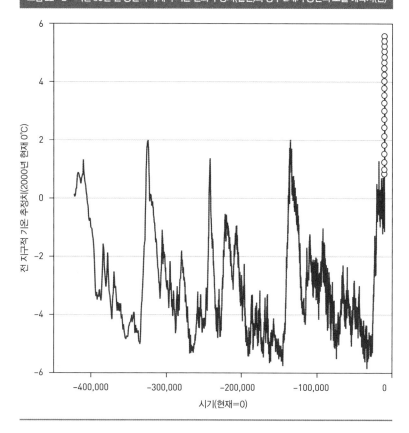

순 체계와 관련해 인간 및 자연 시스템에 가하는 영향이다. 기후 변화의 영향을 분석하는 데에서 핵심적인 개념은 시스템을 관리할 수 있는지 여부다. 고소득 국가의 비농업 부문은 꽤나 잘 관리되고 있으며, 이런 특성은 이 부문들이 적어도 몇십 년 동안은 비교적 저렴한 비용으로 기후 변화에 적응하도록 허용할 것이다.

하지만 많은 인간 및 자연 시스템은 관리하지 않거나 관리할 수 없으며 미래의 기후 변화에 극도로 취약하다. 몇몇 부문이나 일부 국가는 기후 변화로 인해 이득을 누릴지도 모르지만, 대다수 국가는 기후에 민감한 물리적 체계와 긴밀히 연관된 부문에서 상당한 위기를 겪을 가능성이 있다. 잠재적 피해는 아마 열대 아프리카, 라틴아메리카, 연안 공동체, 그리고 인도 아대륙 등 저소득 지역과 열대 지역에 대거 집중될 것이다. 취약한 시스템으로는 천수농경(rain-fed agriculture: 농작물에 필요한 물을 하늘에서 내리는 빗물에만 의존하는 농업—옮긴이), 계절성 적설 지대, 해수면 상승의 영향을 받는 연안 공동체, 강물 유출, 그리고 자연 생태계를 꼽을 수 있다. 이들 지역은 심각한 타격을 입을 공산이 크다.

과학자들은 특히 지구 시스템의 **티핑 포인트**(tipping point)를 우려하고 있다. 이는 시스템이 임계점을 넘어서면서 느닷없거나 돌이키기 힘든 변화를 겪는 과정을 지칭한다. 대부분의 지구 시스템은 대단히 큰 규모로 작동하므로 인간이 현존 기술을 동원해 효과적으로 관리할 수 없다. 전 지구 차원에서 중요한 네 가지 티핑 포인트는 (그린란드와 남극 대륙 같은) 거대 빙상의 급격한 용융, 멕시코 만류 같은 해양 순환의 대규모 변화, 영구 동토의 용융, 그리고 몬순 패턴의 대대적 변화다. 이들 티핑 포인트가 특하나 위태로운 것은 한 번 촉발되면 여간해서는 되돌릴 수 없기 때문이다.

최상의 증거들은 기후 변화의 영향이 비선형적이고 누적적일 거라고 말해준다. 이를테면 처음 섭씨 1~2도의 온난화는 농업에 파괴적이거나 막대한 영향을 끼칠 것 같지 않다. 특히 온난화가 점진적이고 농부들이 이용 가능한 기술에 힘입어 그 변화에 적응할 수 있다면 말이다. 하지만 지구 온난화가 섭씨 3도 또는 4도를 넘어 기온, 강우량, 물 가용성의 변화가 한데 어우러지면 농업 시스템은 분명 돌이킬 수 없는 곤란을 겪을 것이다.

기후부인론자

중요한 환경 이슈를 다루는 과학과 경제학은 격렬한 논쟁의 대상으로, 때로 환경 문제를 일으킨 사람들, 그리고 저감 정책에 부정적인 영향을 받는 이해집단은 그걸 부인하곤 한다. 레이첼 카슨이 DDT를 비롯한 여러 살충제의 위험을 세상에 경고했을 때, 거대 화학사들이 그녀를 공적 1호로 지목한 사실을 우리는 알고 있다. 그와 마찬가지로 에너지 기업, 특히 화석 연료를 생산하고 판매하는 기업은 강력한 기후 정책이 수립되면 그들의 수익이 위협받으리라는 것을 간파하고 있다. 가장 해로운 집단은 이데올로기나 선거 운동에 미치는 영향 때문에 그린 정책을 반대하는 정치인들이다. 기업은 돈을 가지고 있지만, 정치인은 표결권과 권력을 쥐고 있다.

나는 수십 년 동안 기후과학을 연구해왔고, 그것이 견고하고 설득력 있다는 걸 알게 되었다. 하지만 회의주의자도 존재한다. 기후과학 이슈에 대해 오해하고 있는 이들도 적지 않다. 소수의 영향력 있는 정치인은 주류 기후과학의 타당성에 회의의 씨앗을 뿌린다. 영향을 받는 산업들은 과학을 깎아내리고, 온난화 속도를 늦추기 위한 정책의 비용을 과장한다. 다음은 논쟁적인 대화의 예다.

> **도널드 트럼프 대통령:** "지구 온난화 개념은 미국 제조업의 경쟁력을 떨어뜨리기 위해 중국인이 꾸며냈다."

미국 상원의원 제임스 인호프(James Inhofe)가 쓴 책의 제목: 《가장 거대한 사기: 지구 온난화라는 음모가 어떻게 당신의 미래를 위협하는가(The Greatest Hoax: How the Global Warming Conspiracy Threatens Your Future)》.

윌리엄 해퍼(William Happer) 박사: "나는 이산화탄소가 늘어나는 것이 세상에 이롭다고, 세상은 지난 수천만 년 동안 이산화탄소 부족에 시달려왔다고 믿는다."

블라디미르 푸틴 러시아 대통령의 핵심 고문: "이산화탄소 배출과 기후 변화 사이에는 그 어떤 관련성도 확립된 바 없다."

목록은 끝없이 열거할 수 있다. 웃기는 이야기라며 그저 흘려버릴 수도 있겠지만, 이런 주장은 여론에 적지 않은 영향을 미친다는 점에서 문제가 된다. 타당성을 검증하기 위해 그 내용을 따져볼 필요가 있다.

언론은 '공정성'을 원하고, 따라서 과격한 생각을 이미 확립된 이론과 싸움 붙임으로써 '균형을 맞추려' 든다. 기후 변화가 여기에 잘 들어맞는 경우다. 우리는 오늘날 소수의 강경한 반대파 과학자 집단이 존재한다는 사실을 알고 있다. 그들은 기후과학에 대한 합의는 근거가 부족하다고, 온난화를 늦추기 위한 정책은 정당하지 않다고 강변한다.

이러한 반대 의견이 어떻게 전파되는지 설명하기 위해 '16명의 과학자'가 2012년 '지구 온난화에 대해 당황할 필요 없다(No Need to Panic about Global Warming)'라는 제목으로 〈월 스트리트 저널〉에 발표한 기사를 예로 들어보겠다. 이 반대파 과학자들은 일반적으로 그 분야에서 활약하는 연구자는 아니지만 영향력이 상당하다. 과학이라는 외피를 쓰고 있으며, 흔히 다른 분야에서 중요한 기여를 해왔기 때문이다. 그들의 기사는 표준적인 비판을 다수 담고 있어 살펴볼 필요가 있다.

그 기사의 기본 메시지는 지구는 따뜻해지고 있지 않다는 것과 이산화탄소는 해롭지 않다는 것이다. 나는 그들의 전형적인 반대 의견인 이 두 가지 주장을 분석해보려 한다.

> 1. 반대파들의 첫 번째 주장은 지구 온난화가 사실이 아니라는 것이다. 16명의 과학자는 이렇게 썼다. "아마도 가장 불편한 진실은 지금까지 10년 남짓한 기간 동안 지구 온난화가 일어나지 않았다는 것이다."

우리는 지나치게 지엽적인 부분에서 길을 잃어서는 안 된다. 오늘 중시가 하락했다고 해서 반드시 전반적인 하락세라는 뜻은 아니기 때문이다. 실제 기온 측정 기록을 살펴보면 유용하다. 우리가 가진 최선의 측정치는 지구의 평균 기온이 1900년 이후 섭씨 1.3도 상승했으며, 그 추세가 1980년 이후 줄곧 가팔라지고 있음을 보여준다.

더군다나 기후과학자들은 인간이 기후 변화를 야기했다는 증거를 찾아내기 위해 전 지구의 평균 기온을 훌쩍 넘어서까지 나아갔다. 그들은 인간이 지구 온난화의 주원인임을 보여주는 여러 가지 지표를 발견했다. 여기에는 첫째, 빙하와 빙상의 용융, 둘째, 해양의 열 보유량, 강수 패턴, 대기 중 습도, 강물 유출의 변화, 셋째, 성층권 냉각, 넷째, 북극 해빙의 축소 등이 포함된다. 오직 지구의 기온 추세에만 골몰하는 이들은 마치 목격자의 진술서만 들여다보고 지문이나 DNA 기반 증거는 흘려버리는 수사관이나 다를 바 없다. 하지만 반대론자들은 계속해서 낡은 기법과 데이터를 사용해 그들의 주장을 되뇐다.

2. 반대론자들의 가장 해괴한 주장 가운데 하나가 바로 이 두 번째다. "실제로 이산화탄소는 오염 물질이 아니다." 이게 대체 무슨 소리인가? 추측하건대 그것은 아마 우리가 마주치기 쉬운 농도의 범위에서라면 이산화탄소가 그 자체로 인간이나 다른 유기체에게 유독하지 않으며, 실제로 이산화탄소 농도가 높으면 이로울 수도 있다는 뜻이리라.

하지만 이는 미국의 법률이나 표준경제학이 보는 오염의 의미와는 다르다. 미국의 대기오염방지법은 대기 오염 물질에 대해 "외기로 배출 또는 유입되는 모든 물리적, 화학적, 생물학적, 방사능적 물질을 포함한 대기 오염 물질 또는 그러한 물질들의 조합"이라고 정의한다. 대법원은 2007년 판결에서 그 문제에 대해 이런 결정을 내렸다.

> 이산화탄소, 메탄, 질소산화물, 그리고 염화불화탄소는 의심할 나위 없이 "외기에 배출되는 …… 물리적·화학적…… 물질이다". ……온실가스는 대기오염방지법이 말하는 '대기 오염 물질'에 대한 넓은 의미의 정의에 딱 들어맞는다.[4]

경제학에서 오염 물질은 일종의 부정적 외부 효과다. 무고한 옆 사람에게 피해를 안겨주는 경제 활동의 부산물 말이다. 여기에서 문제는 이산화탄소와 기타 온실가스의 배출이 심각한 피해를 일으키는가 사소한 피해를 낳는가, 지금 피해를 입히는가 미래에 피해를 안기는가이다. 이산화탄소 농도 상승과 그에 따른 지구 시스템 변화의 영향을 다룬 거의 모든 연구는 순(純)피해가 있다고, 그 피해는 크다고, 게다가 온난화가 섭씨 1도를 넘어서면 그 피해는 급증한다고 결론 내렸다. 한마디로 이산화탄소는 경제 활동으로 인해 발생한 해로운 부산물이라는 점에서 명백한 오염 물질이다.

그 밖에도 반대론자들의 주장은 우스꽝스러운 것(지구 온난화는 미국 제조업의 경쟁력을 떨어뜨리기 위해 중국인이 꾸며낸 거짓말이다)에서 종잡을 수 없는 것(구름이 파괴적인 온난화로부터 지구를 지켜줄 것이다)에 이르기까지 다채롭다.

기후 변화 경제학

우리는 이제 과학에서 경제학으로 옮아간다. 경제학자들은 기후 변화를 늦추기 위한 전략에 집중해왔다. 가장 유망한 전략은 **저감**, 즉 이산화탄소와 그 밖의 온실가스 배출량을 줄이는 것이다. 안타깝게도 이 접근법에는 거액의 돈이 든다. 여러 연구는 효율적인 방법으로 저감 정책을 수행한다 하더라도 국제적 기후 목표에 도달하려면 전 세계 소득의 2~6퍼센트(오늘날의 소득 수준으로 환산하면 연간 2조~6조 달러)에 달하는 비용이 필요할 거라고 말한다. 그 비용을 극적으로 낮춰줄 몇 가지 기적적인 기술 혁신을 도모할 수 있으리라고 상상해보는 것도 가능하다. 하지만 전문가들은 그런 혁신이 가까운 미래에 일어날 거라고는 보지 않는다. 신기술은 (특히 발전소, 구조물, 도로, 공항, 공장 같은 자본에 대대적으로 투자한 에너지 체제의 경우) 개발하고 사용하기까지 수십 년이 걸린다.[5]

기후 변화 경제학은 간단하다. 우리가 화석 연료를 태우면 의도치 않게 대기 중으로 이산화탄소가 방출되며, 이는 방금 언급한 해로운 결과로 이어진다. 이 책의 다른 곳에서 설명한 것처럼 이런 과정이 외부 효과이며, 이는 배출을 일으킨 자들은 지불하지 않고 피해자들은 보상받지 못하기 때문에 발생한다. 경제학에서 얻을 수 있는 한 가지 중요한 교훈은 규제받지 않는 시장은 광범위하고도 유해한 여러 외부 효과를 효율적으로 다룰 수 없다는 것이다. 규제받지 않는 시장은 이산화탄소 배출의 외부적 피해에 제로 가격을 부과하기 때문에(즉, 어떤 가격도 부과하지 않기 때문에) 지나치게 많은 이산화탄소를 만들어낼 것이다.

경제학은 기후 변화 정책과 관련해 가장 중요한 진실을 알려준다. 이 진실은 매우 중요해서 누차 언급할 필요가 있다. 바로 어떤 정책이든 효율적이기 위해서는 이산화탄소와 기타 온실가스 배출의 시장 가격을 높여야 한다는 것이다. 배출에 대한 가격 부과는 시장에서 외부 효과를 과소평가하는 데 따른 시정 조치다. 가격은 허용 배출량에 대해 거래 가능 허가증을 부과하는 규제적 조치(배출권 거래제), 그리고 탄소 배출에 세금을 부과하는 조치(탄소세)를 통해 인상할 수 있다.

경제사에서 배울 수 있는 가장 핵심적인 교훈은 인센티브의 위력이다. 지가(地價)를 예로 들어보자. 사람들은 맨해튼섬처럼 땅이 희소하고 지가가 높은 곳에서는 집을 더 작게 짓고 고층 건물을 세운다. 반대로 뉴멕시코주 남부처럼 지가가 낮은 곳에서는 땅값을 거의 걱정하지 않고 집이며 헛간을 널찍널찍 짓는다.

우리는 지금의 주제에 이를 적용해 기후 변화를 늦추려면 인센티브를 어떻게 활용해야 하는지 질문해볼 수 있다. 여기서 인센티브는 모두가 지금과 같은 화석 연료 중심의 소비에서 저탄소 활동으로 옮아가도록 안내하는 것이어야 한다. 이런 변화를 꾀하려면 수백만 개의 기업과 수십억 명이 수조 달러를 지출하도록 하는 조치가 필요하다.

그 같은 전환을 유도하는 가장 효과적인 인센티브는 탄소에 높은 가격을 매기는 것이다. 탄소 가격 인상은 네 가지 목표를 달성하게끔 도와줄 것이다. 첫째, 어떤 재화와 서비스가 탄소 집약적인 것인지, 따라서 뭘 아껴 써야 할지에 대해 **소비자**에게 신호를 보낸다. 둘째, 어떤 투입이 탄소 집약적인지(가령 석탄이나 석유), 또는 저탄소적인지(예컨대 천연가스나 풍력)에 대한 데이터를 **생산자**에게 제공함으로써 기업이 저탄소 기술로 옮아가도록 유도한다. 셋째, **투자자**, **혁신가**, **투자 은행가**에게 새로운 저탄소 제품 및 생산 공정을 위해 발명·투자·개발·상품화하도록 시장 인센티브를 제공한다. 넷째, 탄소 가격은 이 모든 작업의 착수에 필요한 **정보의 양**을 줄여준다.

경제학자들은 기후 변화 정책이 안고 있는 중요한 문제를 폭넓게 연구해왔다. 각국은 이산화탄소와 기타 온실가스 배출량을 얼마나 큰 폭으로 줄여야 하는가? 개략적인 배출량 감소 일정은 어떻게 잡아야 하는가? 저감을 어떻게 산업 부문별로, 각 나라별로 분배해야 하는가? 세금·시장 기반의 배출량 한계, 규제, 보조금 가운데 어떤 정책적 도구가 가장 효과적인가? 이와 관련해 밝혀진 몇 가지 연구 결과는 다음과 같다.

기후사(climate history)나 생태학적 원칙에 입각해 기후 목표를 주요 목표로 설정하는 것은 솔깃한 일이다. 일반적인 목표는 세계 차원의 기온 상승을 섭씨 2도 이내로 제한하자는 것이다. 좀더 최근에 과학자들은 만약 우리가 수많은 생물학적 과정을 보호하고 위험한 티핑 포인트를 피할 생각이라면 상한선을 섭씨 1.5도로 낮춰야 한다고 주장하고 있다. 하지만 이 같은 원대한 포부는 오늘날의 배출 추세와 강경한 정책을 취하는 데 한량없이 굼뜬 현실을 감안할 때 실현 가능해 보이지 않는다.

경제학자들은 흔히 비용과 편익을 저울질해 목표를 정하는 이른바 비용 편익 분석 접근법을 지지하곤 한다. 기후 변화 및 그 영향과 관련한 기제는 더없이 복잡해서 경제학자와 과학자들은 추세를 예측하고 정책을 평가하고 비용과 편익을 계산하기 위해 컴퓨터를 사용하는 통합 평가 모델(integrated assessment model)을 개발했다. 다음은 그에 따른 몇 가지 중요한 결론이다.[6]

- 배출을 늦추는 정책은 가능한 한 빨리 도입해야 한다.
- 두 번째 놀라운 결론은 조화로운 기후 정책의 중요성이다. 이는 모든 곳에서 배출 저감의 한계 비용 평준화를 요구한다. 시장 맥락에서 그것은 탄소 가격이 모든 부문과 모든 나라에서 동일해야 한다는 의미다.
- 효과적인 정책은 될수록 **참여율**이 높아야 한다. 즉, 가급적이면 가장 많은 국가와 부문이 합류해야 한다는 얘기다. 무임승차는 뜯어말려야 한다.
- 마지막으로, 효과적인 정책은 시간이 지남에 따라 차츰차츰 엄격해지는 식으로 추진해야 한다. 이것은 사람들에게는 새로운 고탄소 가격 세계에 적응할 수 있는 시간적 말미를 주고, 기업들한테는 미래 투자를 위한 경제 환경에 대해 신호를 제공하고, 탄소 배출의 고삐를 점진적으로 단단히 옥죄기 위해서다.

대다수 전문가는 빠른 정책 도입, 특정 연도에 모든 용도에서 탄소 가격(즉, 한계 비용) 평준화, 될수록 높은 참여율, 점진적으로 엄격해지는 정책 추진, 이 네 가지 주요 원칙에 동의한다. 다만 정책의 엄격함에 대해서는 의견이 다소 엇갈린다. 내가 작업해온 모델들은 현재의 탄소 가격이 이산화탄소 1톤당 40달러 선이고 시간이 흐름에 따라 더 오를 거라고 시사한다. 이런 정책은 궁극적인 온난화가 산업화 이전 수준보다 약 섭씨 3도 높은 상황으로 귀결될 것이다.

하지만 온도 변화를 섭씨 2도 이내로 제한하는 가장 야심적인 정책은 훨씬 더 높은 탄소 가격을, 즉 가까운 시일 내에 이산화탄소 1톤당 약 200달러를 요구할 것이다. 그러나 저마다 다른 기온 궤적, 참여율, 할인율에 따라 탄소 가격은 모두 제각각일 터이다. 비용이 낮고 참여율이 높고 미래의 경제적 영향에 대한 할인율이 높으면 낮은 가격이 적절할 것이다. 반대로 높은 비용, 낮은 참여율, 낮은 할인율에는 높은 가격이 적용될 것이다.

하지만 목표가 온도 상승 폭 섭씨 2도 이내 유지든, 섭씨 3도 이내 유지든, 섭씨 4도 이내 유지든 우리는 현실을 직시해야 하고, 세계는 그러한 목표에 도달하는 것과는 거리가 먼 상태임을 깨달아야 한다. 그 어떤 주요국에서도, 세계 전반을 위해서도 효과적인 정책은 도입되지 않았다. 현재의 탄소 가격 이산화탄소 1톤당 40달러라는 목표와 비교해볼 때, 전 세계적으로 실제 탄소 가격은 2020년 현재 그 20분의 1인 1톤당 2달러에 불과하다. 미국과 그 밖의 대다수 국가에서 탄소 가격은 사실상 0에 가까운지라, 전 세계 차원의 열망과 현실 사이에는 커다란 괴리가 가로놓여 있다.

그렇다면 (예컨대 오염, 공중 보건, 수질을 개선하기 위한) **많은 국내적 환경** 정책과 비교해볼 때, 기후 변화에 관한 글로벌 정책은 어째서 그토록 비효율적일까? 교토 의정서나 파리 협정 같은 역사적 합의는 왜 배출량 추세에 영향을 미치지 못했을까? 세계적 공공재와 관련해 불거지는 여러 어려움과 그에 대한 해결 가능성은 다음 장에서 논의하겠다.

지구 보호를 위한 기후 협약

기후 변화는 **전 지구적 외부 효과**이기 때문에 궁극적인 '그린' 도전이다. 앞서 논의한 대로, 전 지구적 외부 효과는 그것을 효율적이고 실질적으로 다루기 위한 정치적·경제적 기제가 부실하거나 부재하다는 점에서 여느 경제 활동과는 다르다. 차차 보게 되겠지만, 그 결과로 기후 변화를 늦추기 위한 조치가 눈곱만큼밖에 취해지지 않았다. 이번 장에서는 민족주의(nationalism: 또는 국가주의—옮긴이)와 무임승차로 인한 만만찮은 장애물을 극복할 수 있는 나의 급진적인 제안, 즉 기후 협약 또는 기후 클럽을 다시 소개하고 발전시켜나가고자 한다.

무임승차 현상

지구 온난화를 줄이는 데에서 진척이 더딘 중요한 이유는 각국이 자국의 국내 복지를 추구하는 경향을 띠기 때문이다. 트럼프 재직 기간 동안 전개된 '미국우선주의' 정책에서 그런 점이 두드러졌지만, 다른 나라들도 그와 유사한 경향성을 드러낸다. 그렇다고 해도 행동이 국경 너머까지 스필오버되지 않을 때는 크게 문제 될 게 없다. 각국이 보호무역주의적 관세나 규제 완화를 위해 로비를 펼치는 협소한 이해 집단의 정책을 채택하기보다 자국 시민의 이익을 우선시하기만 한다면 말이다.

그러나 다른 나라를 희생시키면서 국익 극대화를 꾀하는 민족주의적 정책—더러 **근린 궁핍화 정책**(beggar thy neighbor policy)이라고 부르기도 한다—은 전 지구적 문제를 해결하는 데에는 형편없는 방법이다. 관세, 대양(大洋) 어업, 전쟁, 기후 변화와 관련한 비협력적이고 민족주의적인 정책은 모두가 더 못살게 되는 결과로 이어진다.

일부 경기는 각국이 올림픽에서 겨룰 때와 같은 제로섬(zero-sum) 게임이다. 국가 간 전쟁 같은 또 다른 경기는 네거티브섬(negative-sum) 게임이다. 하지만 수많은 전 지구적 이슈는 협력 게임이다. 각국이 민족주의적 정책을 자제하고 협력적 정책을 추구한다면, 각국의 소득이나 후생의 합계가 커지는 것이다. 가장 중요한 협력 사례는 전쟁 사망률의 급락으로 이어진 조약과 동맹이다(그림 14-1 참조). 그린 정치를 다룬 장들에서 언급한 또 한 가지 두드러진 사례는 대다수 국가에서 출현한 저관세 제도다(그림 14-4 참조). 모든 나라는 무역 장애물을 제거함으로써 자국의 생활 수준이 향상되는 결실을 맛보았다.

성공적인 결과 한쪽에는 일련의 세계적 실패도 버티고 있다. 각국은 핵 확산, 해양에서의 남획, 우주 쓰레기 투척, 팬데믹 등을 막는 데 실패했다. 이런 숱한 실패에서 우리는 무임승차 현상을 엿볼 수 있다.

집단적 안보(collective security)는 무임승차의 대상이 되기 쉬운 중요한 국가적 관심사다. 몇몇 국가―특히 우호적이고 평화로운 이웃 나라들에 둘러싸인 국가―는 불가피하게 비폭력적인 분쟁 해결을 보장하는 국제적 노력에 거의 기여하지 않는다. 예컨대 북대서양조약기구, 즉 NATO는 70년 동안 그 회원국을 외침(外侵)으로부터 성공적으로 보호해왔다. 각국은 군사적 준비라는 공통 어젠다를 위해 자국의 국내 자원을 지출하는 식으로 동참한다. 하지만 이 같은 성공적인 구조 속에서 많은 소규모 국가는 그 기구의 최대 회원국, 즉 미국의 활동에 슬그머니 숟가락을 얹는다. 따라서 미국은 2016년 NATO 전체 비용의 72퍼센트인 6640억 달러를 지출했다. 많은 국가가 그들의 GDP 가운데 오직 작은 일부만을 국방비로 쓴다. 국방비가 GDP의 0.5퍼센트에도 못 미치는 2억 달러에 불과한 룩셈부르크는 그 극단적인 예다. 다자 협상에 거의 이바지하지 않는 국가들은 다른 나라의 고비용 투자에 스리슬쩍 무임승차하는 셈이다.

무임승차는 세계 차원의 외부 효과를 해결하는 데 커다란 걸림돌이며, 기후 변화 대처에 실패하도록 만든 첫째가는 원인이기도 하다. 그어떤 단일 국가도 자국의 이산화탄소 배출을 급격하게 줄이려는 동기를 가지고 있지 않다. 더군다나 합의를 했다면 각국은 그에 참가하지 않으려는 강력한 동기를 지닌다. 만약 피치 못하게 합의에 참여했다면, 각국은 야심 찬 목적을 외면하려는 추가적인 동기를 갖게 된다. 게임 이론에서 그 결과는 **비협동적 무임승차 균형**(noncooperative free-riding equilibrium)이다. 강력한 기후 변화 정책을 채택하는 나라가 거의 없는, 현재의 국제적 정책 환경과 대단히 흡사한 상황이다. 각국은 핏대를 세워가며 목소리를 높이지만 막상 그 어떤 구체적인 행동에도 나서지 않는 것이다.

기후 변화의 경우에는 그 밖의 다른 요소들이 강력한 국제적 합의를 방해한다. 현재 세대는 기후 변화 처리 비용을 미래 세대에 떠넘김으로써 무임승차하고자 하는 경향성을 드러낸다. 이처럼 세대 간 무임승차가 발생하는 까닭은 오늘 실시한 고비용 배출 저감의 편익 대부분을 몇십 년 뒤의 미래 세대가 누리기 때문이다.

따라서 전 세계적 기후 변화 정책은 두 가지 차원의 무임승차에 의해 방해받는다. 하나는 각국이 다른 나라의 노력에 어물쩍 편승하기를 원한다는 것이고, 다른 하나는 현재 세대가 비용 지불 행위를 미래 세대로 떠넘기려는 유혹에 굴복한다는 것이다.

이 같은 이중적 무임승차는 기후과학과 경제적 비용에 대한 분석을 호도함으로써 물을 흐리는 이해 집단들에 의해 한층 악화한다. 반대론자들은 기본적인 과학을 지지하는 강력한 증거는 무시한 채 이례 현상과 해결되지 않은 과학적 질문들만 한껏 부각시킨다. 과학적 우려가 갈수록 커지는 와중임에도 이데올로기적 분열이 과열된 미국에서는 효과적인 정책을 가로막는 장벽이 유독 높았다. 기후 변화 정책에 반대하는 주장을 (내 말로 바꾸어) 맛보기용으로 정리해보면 다음과 같다.

반대론자들은 지구가 따뜻해지고 있다는 사실을 부인한다. 그 주장이 먹혀들지 않으면, 온난화가 자연적 이유 때문이라고 주장한다. 백번 양보해서 설사 지구가 따뜻해지고 있다손 쳐도, 그것은 인간에게 좋다고 알려져 있다고 우긴다. 추운 지역은 너무 많고, 이산화탄소는 농업에 비료로 쓰일 수 있기 때문이다. 그들은 비록 피해가 있을지라도 배출을 줄이면 경제가 피해를 입을 거라고 외친다. 또 다른 문제로 그런 정책은 생산비를 올리고 수출에 타격을 준다며 난색을 표시한다. 기타 등등.

짧은 국제적 기후 협약 역사

여기까지의 논의는 기후 변화의 과학과 경제학, 그리고 강력한 국제적 합의를 무력화하는 무임승차 현상에 집중했다. 이제 기후 변화에 대한 국제 협상의 실제 역사로 넘어가겠다.

기후 변화의 위험은 1994년 비준된 '유엔기후변화협약(UNFCCC)'에서 인정되었다. 그 조약은 "최종 목표는 …… 인간이 기후 시스템에 개입하는 위험을 막아줄 수 있는 수준으로 대기 중 온실가스 농도를 안정화하는 것"이라고 명시했다.

'유엔기후변화협약'을 이행하기 위한 첫 번째 조치는 1997년 교토 의정서에서 이루어졌다. 고소득 국가는 자국의 배출량을 2008~2012년 예산 기간 동안 1990년 수준보다 5퍼센트 낮추는 데 합의했다. (이에 의하면 국가마다 목표량이 달라진다.) 교토 의정서에 따라 요구 사항 보고 같은 중요한 제도적 특징이 수립되었다. 또한 교토 의정서는 상이한 온실가스의 상대적 중요성을 추산하는 방법도 도입했다. 의정서의 가장 중요한 혁신은 국가 간 조정을 위해 채택한 정책 수단인 국제 차원의 배출권 거래제였다(황 배출을 위한 배출권 거래제를 다룬 14장의 논의 참조).

교토 의정서는 상이한 나라들의 정책을 효과적으로 조율하는 국제적 기반을 구축하기 위한 야심 찬 시도였다. 하지만 각국은 여기에서 경제적 이점을 발견하지 못했다. 미국은 일찌감치 발을 뺐다. 교토 의정서는 중간 소득 국가나 개발도상국에서 그 어떤 새로운 참가도 이끌어내지 못했다. 그 결과 교토 의정서에 따른 배출량 커버 수준은 크게 줄어들었다. 그뿐만 아니라 비참가국, 특히 중국 같은 개발도상국에서는 배출량이 더욱 빠른 속도로 증가했다. 교토 의정서에 참가한 국가들은 1990년 전 세계 이산화탄소 배출량의 3분의 2를 차지했지만, 그 수치는 2012년에 거의 5분의 1로 곤두박질쳤다. 교토 의정서는 2012년 12월 31일 조용히 숨을 거두었고, 애도하는 이도 거의 없었다. 교토 의정서는 배출 규정이 너무 허접하게 설계되어 있어 어느 나라도 가입에 관심을 보이지 않는 클럽이라는 게 드러났다.

교토 의정서의 뒤를 이은 것이 2015년의 파리 협정이다. 이 협의는 기후 변화를 전(前) 산업 시대 대비 섭씨 2도 상승으로 제한하는 것을 목표로 삼았다. 파리 협정은 모든 국가로 하여금 "국가적으로 결정된 기여"를 통해 최선의 노력을 다하도록 요구한다.

예컨대 중국은 자국의 2030년 탄소 집약도를 2005년 수준 대비 60~65퍼센트 감축하겠다고 발표했다. 이는 탄소 집약도를 연간 1.7~2.0퍼센트씩 감축해야 한다는 의미다. 오바마 행정부가 이끄는 미국은 2025년에 자국의 온실가스 배출을 2005년 수준 대비 26~28퍼센트 줄이기로 약속했다. 트럼프 행정부가 미국은 파리 협정에서 탈퇴한다고 선언했을 때(실제로 탈퇴가 이루어진 것은 2020년 11월이다), 이 모든 조치들은 약화되었다. (트럼프 대통령은 취임하고 약 7개월 만인 2017년 6월 1일 파리 협정에서 탈퇴할 거라고 발표했으나, 그 즉시 탈퇴가 이루어진 것은 아니다. 발표하고 3년 뒤에야 탈퇴할 수 있다는 단서 조항 때문이다. 이에 따라 미국은 2020년 11월 4일에야 정식으로 유엔에 탈퇴를 통보했다—옮긴이.)

중요한 점은 파리 협정하의 국내 정책이 **비조정적**(uncoordinated)이고 **자발적**(voluntary)이라는 것이다. 비조정적이라는 것은 뭔가를 시행하더라도 결국 기후 변화를 섭씨 2도 이내로 제한하는 정책으로 모아지지 않는다는 뜻이다. 아울러 각국은 최선의 노력을 다하기로 합의했지만 만약 탈퇴하거나 자국의 의무를 충족하지 못한다 해도 아무런 불이익이 없다.

따라서 세계는 계속 기후 변화의 위험은 인정하면서도 그걸 줄이거나 멈추는 데 필요한 정책은 채택하지 않고 있다. 이것이 정확히 1990년대의 첫 국제적 합의에 따른 상황이었다. 또한 이런 상황은 최초의 조약에 서명한 때보다 대기 중 이산화탄소가 4000억 톤 더 많아지고 세계가 더 더워졌다는 사실만 빼면 지금도 하등 달라진 게 없다.

기후 정책의 효과

국제적 합의가 이루어진 지 사반세기가 넘은 지금, 우리는 한 발 물러서서 과거의 합의들이 얼마나 실효성 있는 것으로 드러났는지 따져보아야 한다. 우리는 참여도, 포괄 범위, 목표, 일정표를 분석해볼 수 있다. 하지만 제대로 된 답은 그 결과에서, 특히 생산의 **탄소 집약도**(위에서 언급한 중국의 목표)에서 찾아야 한다. 이는 산출 대비 이산화탄소 배출 비율의 경향성을 측정한다. 예컨대 2010년에 미국은 이산화탄소를 57억 톤 배출했고, 실질 GDP는 14조 8000억 달러였다. 이는 탄소 집약도가 GDP 1000달러당 이산화탄소 0.386톤이라는 의미다. 2015년에는 탄소 집약도가 연간 평균 3.1퍼센트 비율의 탈탄소화에 힘입어 0.328톤으로 감소했다.

탄소 집약도는 세 가지 주요 기제를 통해 달라질 수 있다. 첫째, 연료 혼합에서의 변화(석탄을 풍력으로 대체하는 것), 둘째, 산출 혼합에서의 변화(고탄소 운전 대신 통신 같은 저탄소 소비), 셋째, 에너지 효율에서의 변화(연료 효율이 좀더 높은 자동차)다. 기후 정책은 이들 기제 각각에 영향을 미

표 23-1 세계 경제의 탈탄소화			
기간	세계(%)	중국(%)	중국을 제외한 세계(%)
1980~1990	-1.9	-3.9	-2.1
1990~2000	-2.2	-5.6	-2.1
2000~2010	-0.8	-0.6	-1.6
2010~2017	-2.0	-4.7	-1.7
1980~2017	-1.7	-3.6	-1.9

칠 수 있다.

만약 정책이 효과적이라면 탄소 집약도 추세는 가령 '유엔기후변화
협약'이나 교토 의정서 이후 급격하게 감소했어야 옳다. 표 23-1은 지
난 40년 동안의 탈탄소화 비율을 나타낸다. 세계, 중국, 그리고 '중국
을 제외한 세계'를 살펴보는 것이 유용한 까닭은 중국이 워낙 막강한
원인 제공자였기 때문이다. 이 시기 동안 탈탄소화 비율은 세계가 연간
1.7퍼센트였고, 중국은 그보다 훨씬 더 높은 3.6퍼센트였으며, 중국을
제외한 세계는 1.9퍼센트를 기록했다.

표 23-1의 마지막 칸에 주목하라. 보다시피 세계의 탈탄소화 비율은
근본적으로 아무런 개선도 이뤄지지 않았다. 실제로 탈탄소화 추세는
지난 20년 동안 그 전 20년 동안보다 약간 더 느려졌다. 그림 23-1은
그러한 추세와 중국을 제외한 세계의 연간 데이터를 보여준다. 3개의
역사적인 해('유엔기후변화협약'이 체결된 1994년, 교토 의정서가 체결된 1997년, 그
리고 파리 협정이 체결된 2015년)에조차 그 추세에는 아무런 단절이 없다. 그
추세가 왜 그렇게 한결같은지 말하기는 어렵지만, 어쨌거나 확연하게
눈에 띄는 변화는 없다.

그림 23-1 1980~2017년의 탈탄소화 추세

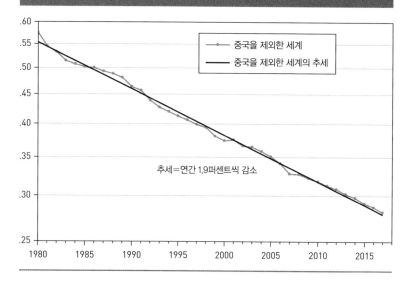

추세=연간 1.9퍼센트씩 감소

- 중국을 제외한 세계
- 중국을 제외한 세계의 추세

배출량 추세가 이토록 한결같은 이유 중 하나는 열의가 신통치 않기 때문이다. 그 추세와 관련해 미국과 중국의 경우를 살펴보자. 중국의 열의는 실제로 최근 추세에도 미치지 못한다. 중국은 지금과 같은 연간 4퍼센트의 탈탄소화 추세라면 2030년에 자국의 목표에 도달할 것이다. 따라서 자국의 현재 경로를 계속 이어가기만 하면 된다. 미국의 경우, 목표는 그보다 다소 야무지다. 미국의 탈탄소화율 목표치는 연간 3.4퍼센트를 가리키고 있지만, 지난 10년 동안의 실제 탈탄소화율은 연간 2.8퍼센트에 그쳤다.

좀더 중요한 문제는 지금의 탈탄소화율이 야심 찬 기온 목표치에 도달하는 궤도와 어떻게 다른가 하는 것이다. 그림 23-2는 DICE 기후경제학 모델을 이용한 탄소 집약도의 과거 경로와 네 가지 미래 경로를 보여준다.[1] 기준선은 현재 추세의 연장선으로, 2100년까지 온난화가 섭

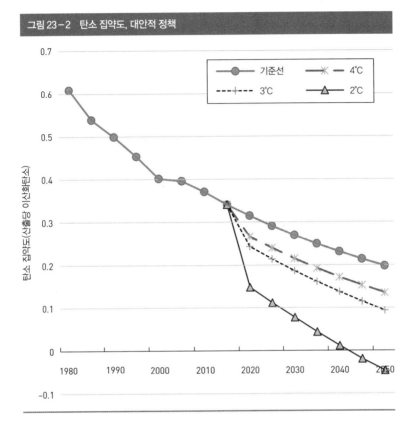

그림 23-2   탄소 집약도, 대안적 정책

씨 4도 이상 추가되고 그 이후 더욱 상승하는 결과로 이어진다.

그 밖의 세 경로는 세 가지 상이한 기온 한계와 연관된 탈탄소화율을 나타낸다. 세계가 (사실상 거의 아무런 기후 정책도 실시하지 않던 상황에서 출발해) 정책을 도입함에 따라 2020년경 곧바로 탄소 집약도가 급감한다는 데 유의하라. 한 가지 예로, 현재의 섭씨 2도 목표는 향후 20년 동안 연간 (지금의 2퍼센트가 아니라) 약 10퍼센트의 탈탄소화를 요구한다. 훨씬 더 벅찬 것으로, 섭씨 2도 제한은 세기 중반까지 이산화탄소 배출량을 0이 되도록 요구한다.

여기에서 우리가 알아차릴 수 있는 것은 지금껏 취해온 정책들이 국제적 목표치를 충족하도록 기후 변화를 늦추는 요구 수준에 턱없이 못미친다는 사실이다.

무임승차 극복을 위한 기후 협약

기후 변화를 늦추는 국제 체제가 무엇이든—즉, 부활한 교토 의정서적 접근이든 업데이트한 파리 협정이든—그것은 다른 나라들의 노력에 은근슬쩍 무임승차하는 국가들의 경향성에 맞서야 한다. 국가들은 고결하고 야심 찬 목표를 선언하고 나서는 언제 그랬냐는 듯 그 목표를 나 몰라라 하며 예전처럼 자기 볼일을 보려는 강한 동기를 가진다. 그리고 자국의 경제적 이익이 국제적 합의와 충돌할 때면, 회피하고 진의를 숨기고 탈퇴하고자 하는 유혹에 휘둘린다.

무임승차는 한 당사자가 비용에 대한 기여 없이 공공재의 편익을 누릴 때 발생한다. 국제적 기후 변화 정책의 경우, 각국은 고비용의 국내 저감 없이 다른 나라의 배출 저감에 기대려는 유인을 가진다. 교토 의정서가 실패하고 효과적인 후속 체제 구축이 어려웠던 것은 무임승차 탓이 크다.

캐나다는 흥미로운 사례다. 그 나라는 초반에 교토 의정서에 열의를 보였다. 배출량을 6퍼센트 감축하겠다고 서명했으며 조약을 비준한 것이다. 하지만 앨버타주(Alberta: 캐나다 서부 주—옮긴이)의 오일 샌드(oil sand: 원유를 함유한 다공성 사암—옮긴이) 생산량 급증에 따라 캐나다의 에너지 시장은 이어지는 몇 해 동안 급변했다. 2009년 캐나다의 배출량은

1990년보다 17퍼센트나 높아져 교토 의정서 목표치를 훌쩍 상회했다. 마침내 2011년 12월 캐나다는 교토 의정서를 탈퇴했다. 환경주의자들에게 잠시 욕을 얻어먹은 것 빼고는 아무런 불이익도 없었다. 캐나다의 경험은 교토 의정서와 후속 합의들에 심각한 결함이 있음을 똑똑히 보여준다. 즉, 그 합의들은 아무런 집행 기제를 담고 있지 않은 이빨 빠진 호랑이 조약에 불과했던 것이다. 따지고 보면 참여는 자발적이었다. 파리 협정도 유사한 결과를 낳을 것이다.

교토 의정서의 실패에 비추어 국제 공조는 결국 실패하게끔 되어 있다고 결론 내리기 쉽다. 하지만 이는 잘못된 결론이다. 잠재적 무임승차라는 장애물에도 불구하고 각국은 국제적 합의를 통해 실제로 많은 초국가적 갈등과 스필오버를 극복해왔다. 국가들이 합의를 이루는 것은 참여국 간의 공동 작전을 통해 스필오버의 영향을 고려할 수 있기 때문이다. 이러한 합의는 아래에서 설명할 일종의 '국가 간 협약'이다.[2]

한 가지 특별히 흥미로운 사례는 그린 정치를 다룬 장에서 이미 소상하게 기술한 바 있는 자유롭고 개방적인 무역 체제의 발달이다. 그것의 성공에서 중요한 부분은 세계무역기구가 각국이 권리와 의무를 갖는 클럽 구조를 띠고 있다는 것, 가장 중요한 의무 가운데 하나가 낮은 관세라는 것이다. 이를 비롯한 여러 경우에서 무임승차 경향성은 조약이라는 기제를 통해 극복되어왔다.

그렇다면 클럽, 혹은 협약이란 무엇인가? 우리 대부분은 어떤 클럽에 속해 있지만 좀처럼 그 클럽의 구조에 대해서는 생각하지 않는다. 클럽은 공유 재화와 서비스를 생산하는 데 드는 비용을 분담함으로써 상호 편익을 얻는 자발적인 집단이다. 성공적인 클럽에서 얻는 이득이 충분히 크기 때문에, 회원들은 멤버십에 따른 편익을 누리기 위해 기꺼이 회비를 납부하고 클럽의 규칙을 준수한다.

성공적인 클럽 혹은 협약의 주요 조건은 다음과 같다. 공유할 수 있는 공공재 유형의 자원(군사 동맹의 혜택을 누리든, 전 세계의 저가 상품을 향유하든), 회비를 포함해 회원 모두에게 이익이 되는 협력 체제, 회원에게는 비교적 낮은 비용을 부담시키면서 비회원은 배제하거나 처벌할 수 있는 규칙, 아무도 탈퇴하고 싶어 하지 않는다는 의미에서 안정적인 멤버십.

그렇다면 기후 협약이라는 아이디어는 어떤 것인가? 그 골자는 **만약 각국이 지금과 같은 자발적인 모델이 아니라 클럽이나 협약 모델을 채택한다면 국제적 기후 합의에서 진척을 볼 수 있다**는 것이다. 기후 협약은 조화로운 배출 저감에 착수하겠다는 참가국들의 합의이지만, 각국이 자국의 의무를 충족하지 못하면 불이익을 받는다. 여기서 제안한 협약은 그 합의의 핵심 조항인 **국제적 목표 탄소 가격**에 집중한다. 가령 참가국들은 각국이 이산화탄소 1톤당 40달러라는 최소 국내 탄소 가격 부과 정책을 시행하는 데 동의할 것이다.

기후 협약의 한 가지 중요한 특색은 (파리 협정이나 교토 의정서에서와 같은) 배출량 감축보다 목표 탄소 가격을 중심으로 정책을 짠다는 것이다. 배출량보다 가격에 집중하는 까닭은 비용과 편익의 구조 때문이다. 하지만 좀더 중요하고 특이한 이유는 두 가지 접근법의 차원성(dimensionality)과 관련이 있다.

이 점을 심도 있게 탐구한 것은 하버드 대학의 걸출한 경제학자 마틴 와이츠먼이다. 그는 일련의 양적 제한보다 단일한 탄소 가격을 협상하는 편이 왜곡도 덜하고 한결 용이하다는 걸 보여주었다. 이는 증명하기는 까다롭지만 직관적으로 이해할 수 있다. 가격에 대해 투표할 때, 각국은 간단히 그들 최선의 선택에 근접한 가격을 협상할 수 있다. 따라서 미국은 다른 모든 나라들도 참여하리라고 가정하면서 1톤당 40달러에 근접한 가격에 표를 던질 수 있다. 모든 가격에 대해 각국은 '예, 아니요' 선택을 하고, 아마도 50퍼센트나 75퍼센트를 득표한 가격이 선정될 것이다.[3]

반면 배출량을 기준으로 삼으면 투표가 한층 더 복잡해진다. 전 지구 차원의 총액뿐 아니라 국가별 상한선도 정해야 한다. 따라서 미국은 전 지구 차원의 총액은 낮고 국가별 상한선은 높은 안에 투표하는 경향성을 드러낼 것이다. 다른 나라들도 마찬가지다. 다른 국가들을 희생시키면서 자국의 이익을 도모하기 위해 안간힘 쓰는 각국의 실랑이가 끝없이 이어질 것이다. 이러한 단일 변수(통일된 가격)와 수많은 변수(국가의 수만큼 많은 상한선) 간의 차이야말로 배출량 제약이 그토록 어려운 가장 큰 이유다.

협약 메커니즘의 핵심 부분이자 오늘날의 온갖 제안과 근본적으로 다른 부분은 비참가국이 불이익을 받는다는 점이다. 다양한 불이익을 고려할 수 있지만, 가장 간단하고 효과적인 것은 협약 지역에서 수입하는 비참가국 제품에 동일 비율의 관세를 부과하는 조치다. 기후 협약은 인센티브 구조를 통해, 자국의 이익에 따라 행동하는 국가들이 그 협약에 가입하기로 결정하고 야심 찬 배출량 감축 조치를 단행하게끔 하는 전략적 상황을 만들어낸다. 인센티브와 전략의 특성에 대한 이해를 돕기 위해, 국제 환경 조약에 게임 이론을 적용해 논의를 진행해보자.

이론과 역사를 살펴보면, (비용은 지역적으로 발생하지만 편익은 널리 확산하는) 협상에 각국이 참여하도록 유도하기 위해서는 비참가국에 대한 모종의 제재 형태가 필요하다는 걸 알 수 있다. 제재란 참가국 정부가 통상적인 무역 관계나 금융 관계로부터 철수하거나 또는 철수하겠다고 으름장을 놓는 것을 말한다. 여기에서 분석하는 기후 협약 제재의 핵심적인 측면은 그러한 제재가 부과자에게는 이익이 되고 대상자에게는 해가 된다는 것이다. 이러한 형태는 제재가 대상자뿐 아니라 부과자에까지 비용을 안겨주어 인센티브 호환(incentive compatibility: 협상 상대방이 합의 정신에 부합하는 방식으로 행동하도록 인센티브를 제공하는 것―옮긴이) 문제를 일으키는 많은 경우와 대비된다.

기후 협약의 효과를 분석하고 그것을 제재 없는 합의와 비교하는 문헌은 드물다. 그러한 문헌들의 결론이 시사하는 바에 따르면, 무역 제재를 활용하는 잘 설계된(well-designed) 협약은 강력한 저감을 요구하는 그 협약에 가입하고자 하는 잘 연계된(well-aligned) 동기를 각국에 제공한다.

하지만 국제 공동체의 현주소는 (위의 그림 23-1과 23-2에서와 같이) 불길한 기후 변화 행진을 늦춰줄 기후 협약이나 모종의 질서를 채택하는 것과는 거리가 멀다. 걸림돌로는 무지, 반(反)환경 이해 집단과 그들의 정치적 기여에 따른 민주주의의 왜곡, 자국의 이해에만 골몰하는 각국의 무임승차, 그리고 미래 이익을 과잉 할인하는 근시안적 사고 등을 꼽을 수 있다.

기후 변화와 그것이 야기하는 끔찍한 결과는 그린 세계의 최대 위협으로 우리에게 벅찬 과제를 안겨준다. 지구 온난화는 비용 1조 달러의 해법을 요구하는 문제로서 가슴과 머리와 표를 얻기 위한 싸움이 치열할 전망이다.

오늘날에 적합한 네 가지 조치

만약 기후 변화가 궁극적인 '그린' 난제라면, 세계의 걱정하는 시민들은 지금 당장 무슨 일에 뛰어들 수 있을까? 나는 여기에서 주목해야 할 네 가지 구체적인 항목을 강조하고자 한다.

첫째, 전 세계 사람들은 지구 온난화가 인류와 자연계에 미치는 영향의 심각성을 이해하고 받아들여야 한다. 과학자들은 과학과 생태학에서 경제학과 국제 관계에 이르는 모든 측면에 관해 집중적인 연구를 부단히 이어가야 한다. 이 이슈를 이해하는 이들은 거리낌 없이 나서서 그릇되고 극단적인 논리를 펼치는 반대론자들을 비판해야 한다. 몇 가지 부정적인 결과를 발견했다고, 이런저런 이유에서 적절한 조치를 취하기까지 수십 년을 기다려야 한다고 강변하는 반대론자들의 준동에 경각심을 품어야 한다.

둘째, 국가들은 이산화탄소 및 기타 온실가스 배출량의 가격을 인상하는 정책을 실시해야 한다. 이러한 조치는 필시 저항에 부딪히겠지만, 배출량을 억제하고 혁신과 저탄소 테크놀로지의 채택을 촉진하며 제지받지 않는 온난화의 위협으로부터 우리 지구를 보호하는 데 반드시 필요한 요소다.

셋째, 우리는 행동이 지역적이거나 국내적 차원에 그치는 게 아니라 세계적 차원이 되도록 확실히 할 필요가 있다. 정치는 지역적일 수 있고, 온난화를 늦추려는 강력한 조치에 반대하는 것은 국가주의적인 태도에서 비롯될 수도 있다. 하지만 기후 변화를 늦추려면 세계 차원의 조정된 행동이 필요하다. 효과적인 조정을 위한 최선의 선택은 기후 협약이다. 비참가국에게 불이익을 안겨주는 기제와 더불어 배출량을 줄이기 위한 강력한 조치에 헌신하는 국가 연합체 말이다. 이는 급진적이고 참신한 제안이지만, 공적 어젠다를 다룬 다른 어떤 청사진도 이처럼 강력한 국제적 행동을 약속하고 있지는 못하다.

넷째, 에너지 부문의 급속한 기술 변화가 저탄소 경제로의 전환에서 핵심적임은 두말할 나위가 없다. 오늘날의 저탄소 기술은 탄소 배출량에 대해 경제적으로 상당한 불이익을 부과하지 않으면 결코 화석 연료를 대체할 수 없다. 근본적으로 새롭고도 경제적인 저탄소 개술을 개발하기 위해서는 높은 탄소 가격에 대한 유인과 더불어 과학과 기술에 대한 상당 수준의 공적인 지원이 필요하다. 신기술은 저탄소 경제로의 전환을 가속화하고, 기후 목표 달성에 따른 비용을 낮춰준다. 따라서 각국 정부와 민간 부문은 저탄소, 제로 탄소, 심지어 마이너스 탄소 기술에 깊이 파고들어야 한다.

대중적 수용성의 향상, 적절한 가격 책정, 조정된 행동, 신기술, 이 모든 것은 다른 주요 영역에서와 마찬가지로 글로벌 그린에서도 꼭 필요한 조건이다.

6부

비판과 최종 성찰

그린회의주의자

이 책에서는 숱한 영역에 걸친 그린 사고의 풍경을 살펴보았다. 요약의 성격을 띠는 마지막 장으로 넘어가기 전에, 반대 의견을 가진 이들에 대해 논의해보면 도움이 될 것이다. 어떤 이들은 이 책의 그린 제안이 너무 소심한 것이라고 여길지도 모른다. 또 다른 사람들은 그린 사고는 길을 잘못 든 것이라거나 우리 경제를 망가뜨릴 거라고 성토한다.

그림 24-1은 견해의 다양성을 잘 보여준다. 맨 왼쪽에는 '딥 그린(deep Green)' 운동이 자리 잡고 있다. 이 접근법은 생물 중심적 가치와 환경적 가치를 대단히 중시하며, 인간의 선호에 대한 비중은 그보다 덜하다. 맨 오른쪽은 자신의 이익을 사회 후생보다 더 앞세우는 의혹에 찬 장사꾼들이 포진해 있는 '머크 브라운(muck Brown: 그린의 극단인 'deep Green(짙은 그린)'의 상대어로 '짙은 브라운'이라는 의미—옮긴이)'이다.

오른쪽 중간으로 이동하면 특히 시카고학파의 보수주의적 경제학자 밀턴 프리드먼이 대표하는 자유시장환경주의를 볼 수 있다. 이 접근법

그림 24-1 그린의 스펙트럼

| 딥 그린 | 그린 정신 | 자유 시장 | 머크 브라운 |

에는 공공재의 가치와 경제를 효율적으로 규제하는 정부의 능력에 대한 회의주의가 깔려 있다.

마지막으로 우리는 그린 정신에 이르게 되는데, 이 책이 철저하게 대변하고 있는 게 바로 이 접근법이다. 지금껏 논의한 대로, 그린 운동은 사회의 법규, 규정, 그리고 가치를 그린의 방향으로 이끌어갈 필요가 있다고, 또한 인간의 필요와 욕구를 중심에 두되 다른 가치들도 함께 아울러야 한다고 주장한다. 우리는 머크 브라운과 딥 그린에 대해서도 간략하게 건드리겠지만, 주로는 자유시장환경주의의 기여에 주력할 것이다.

머크 브라운

이 스펙트럼의 맨 오른쪽에는 머크 브라운이 있다. 이 집단은 너그럽게 말해 '동기화한 회의주의자(incentivized skeptic)'라고 부를 수 있는 이들로 가득 차 있다. 즉, 이들은 그린 사고와 관련한 과학, 경제학, 또는 윤리학을 회의적인 시선으로 바라보려는 경제적·정치적 동기를 지닌 개인이나 기업이다.

예컨대 만약 어느 회사가 대기를 오염시키며 막대한 수익을 거둬들이거나 그렇게 하는 데에서 법을 위반할 경우, 그들은 제약을 가하는 규제에 반대 주장을 펼치려는 강력한 동기를 가진다. 더불어 제 행동을 뒷받침하기 위해 과격한 아이디어를 동원하거나 의욕이 과한 학자들을 고용할지도 모른다. 이들 집단은 저감에 돈을 쏟아붓는 것보다 정치적 지지를 사는 쪽이 싸게 먹힌다고 판단할 수도 있다.

한 가지 두드러진 사례는 코크 형제와 그들이 이끄는 기업의 활동이다. 코크 인더스트리스(Koch Industries)는 환경에 심대한 영향을 끼치고 2017년 수익이 약 1150억 달러에 이르는 회사들을 거느린 민간 기업이다. 공공청렴센터(Center for Public Integrity)의 보고에 따르면, 코크의 지주 회사 가운데 하나인 조지아-퍼시픽(Georgia-Pacific)은 다이옥신에 관한 미국 환경보호국의 결정에 타격을 입고 있다. 그들은 "코크가 자사의 최종 결산 결과에 영향을 끼칠 수 있는 여러 유독성 부산물— 하나같이 암과 관련 있는 것으로 밝혀진 다이옥신·석면·포름알데히드 등—에 대한 연방의 엄격한 규제를 누그러뜨리거나 중단시키기 위해 다양한 규제 절차에 개입했다"고 썼다.[1] 그린피스(Greenpeace)에 의하면 "코크가문재단(Koch Family Foundations)은 1997년부터 2018년까지 기후 변화의 과학과 정책 해법을 공격해온 90개 집단에 직접 돈을 대주기 위해 1억 4555만 5197달러를 쏟아부었다".[2]

때로는 정당이 환경 정책에 대한 머크 브라운식 반대와 제휴하기도 한다. 이런 일은 1980년 이후 미국에서 특히 공화당과 관련해 일어났다. 부분적으로 그러한 반대는 느슨한 환경 규제를 통해 이득을 보는 부유한 기부자들의 자금 지원에서 비롯된다. 게다가 공화당은 점점 더 작은 정부와 연방 권한의 제한을 표방하며 싸워왔는데, 공화당 지지자 입장에서 볼 때 환경 정책은 적극적인 정부를 필요로 한다. 가장 우려스러운 점은 강력한 환경 정책에 대한 반대를 이들 정책의 토대가 되는 기초 과학에 대한 공격으로 둔갑시키는 냉소적인 태도다. 우리는 기후 과학을 '거짓말'이라고, 심지어 그 출처와 책임이 '중국인에게 있다'고 주장거나, 코로나19를 독감이 아님에도 '쿵 플루〔Kung Flu: 쿵푸(Kung-Fu)와 독감(Flu)의 합성어로 코로나19가 중국에서 기원했다는 뉘앙스를 풍기는 용어─옮긴이〕'라고 딱지 붙이는 정치인들의 황당한 주장을 목도하고 있다.

기업의 책임에 대한 앞의 논의에서 나는 이 범주에 속한 활동이 기업 '비책임성의 지옥 제9환'으로 전락하곤 한다고 주장했다. 그러한 활동에서 기업 또는 그에 협력하는 개인은 특화된 전문 지식을 갖춘 자기네 영역에서 대중을 기만한다. 언론에 대서특필된 최근 사례는 자사가 제작한 디젤 자동차의 배기량을 잘못 읽게 하는 소프트웨어를 장착하는 식으로 정교한 사기 계획을 세운 폭스바겐이다. '동기화한 회의주의자'의 주장을 비판하는 것은 중요한 활동이지만, 이는 다음 기회로 넘기겠다. 대신 이 장은 '진지한 그린회의주의자'에 주목하는 게 목적이다.

딥 그린

스펙트럼 맨 왼쪽에는 딥 그린이 있다. 이쪽 극단에는 자연의 보존에 최우선순위를 두어야 한다고, 인간의 가치가 경제와 정치에서 지나치게 과대평가되었다고 믿는 환경주의자와 과학자들이 버티고 있다. 나는 도덕성 측면에서는 딥 그린 접근법과 머크 브라운 접근법이 천지 차이라는 점을 분명히 지적하고자 한다. 하지만 두 접근법 모두 경쟁하는 목적들 사이에서 균형을 이룰 필요성을 인식하기보다 단일 가치─그것이

사적 이윤이든 자연의 중요성이든―를 한껏 추켜올리는 편향성을 드러낸다.

딥 그린은 다양한 집단과 철학을 아우른다. 가장 흥미로운 것으로는 심층생태학, 아나키즘적 원시주의(anarcho-primitivism), 그리고 생태 저항 단체를 꼽을 수 있다.

심층생태학에 대해서는 앞의 장들에서 광범위하게 논의했다. 그 골자는 모든 형태의 생명체가 양도할 수 없는 권리를 지니며, 인간은 존립이나 지구 자원의 사용에서 그 어떤 우월한 권리도 갖고 있지 않다는 것이다. 이 접근법은 일반적으로 인간 인구와 산업 활동은 과도하며, 따라서 비인간 생명체들이 번창할 수 있도록 축소할 필요가 있다고 주장한다. 심층생태학의 주요 수칙은 비인간 개체 수를 늘릴 것, 황무지와 생물 다양성의 보존을 강화할 것, 지구에 발자국을 조금만 남길 것(또는 전혀 남기지 않을 것)이다. 심층생태학은 특히 극단적인 버전의 경우, 지구를 재구성하기 위한 가장 급진적인 제안 가운데 하나다. 더군다나 이는 핵심적인 그린 운동의 일부분과 일맥상통한다. 하지만 현재에도 가까운 미래에도, 선거를 제 쪽으로 유리하게 몰아갈 수 있는 (인간과 동물의) 표는 쥐고 있지 못하다.

또 다른 운동 분파는 **아나키즘적 원시주의**다. 이 운동은 "생명은 야생과 나란히 간다. 가장 생명력 넘치는 존재가 가장 야생적이다"라고 찬미한 헨리 데이비드 소로(Henry David Thoreau)의 저술에서 보는 것과 같은 농업낭만주의에 그 뿌리를 두고 있다. 오늘날의 환경에서 아나키즘적 원시주의는 현대 문명과 거리를 둔다. 다음은 그 요소를 상당수 정확히 담아낸 신러다이트(neo-Luddite) 커크패트릭 세일(Kirkpatrick Sale)의 말이다.[3]

인간중심주의, 그리고 그 정신을 표방하는 휴머니즘과 유일신교는 생물중심주의 원칙에 반대해야만 하는 서구 문명의 지배 원리다. ······글로벌리즘, 그리고 그것의 경제적·군사적 표현은 로컬리즘 전략과 대척점을 이루어야만 하는 서구 문명의 안내 전략이다. ······지구의 약탈과 파괴 위에 구축된 산업자본주의 경제는 생태적이고 지속 가능한 경제 관례와 맞서야만 하는 서구 문명의 생산적·분배적 견인차다.

비판론자들이 이 모든 착취적이고 악화일로인 시스템을 해체하고 나면 인류 문명과 관련해서는 남아나는 게 거의 없을 것이다.

　그뿐만 아니라 딥 그린에는 자신들의 대의명분을 기세 좋게 밀어붙이기 위해 시위와 시민 불복종을 이용하거나 심지어 폭력도 불사하는 **활동가들**이 포진해 있다. 이들 단체로는 그린피스, 동물을 인도적으로 대우하는 사람들(PETA), 어스 퍼스트!(Earth First!)를 들 수 있다. 그중에는 아마도 그린피스가 가장 잘 알려져 있을 것이다. 이 단체는 기후 변화, 독성 폐기물, 유전자 조작 유기체(genetically modified organism, GMO), 핵무기, 원자력, 종과 생태계의 보존, 그리고 포경(捕鯨)에 관한 보고서를 발행한다. 그린피스는 오염 유발자와 충돌할 때면 신문 머리기사를 장식하기도 한다. 일례로 그 단체는 북극에서의 석유 시추에 항의하기 위해 러시아 시추선에 승선하려 했다. 러시아인들은 그린피스의 선박을 나포하고, 선원들을 해적으로 체포했다. 이 사건은 비록 시추 패턴을 변화시키는 데에는 거의 기여하지 못했지만, 격렬한 시비 논란을 불러일으켰으며, 결국 그린피스에 한층 더 우호적인 여론을 조성했다.

프리드먼과 자유지상주의적 전통

그린 정신에 가장 많은 영향을 주는 비평가는 밀턴 프리드먼(1912~2006)인데, 그는 이른바 **자유시장환경주의**를 지지하는 설득력 있는 인물이다. 그의 기본 신조는 자유 시장이 생활 수준을 향상시키는 데 중요할 뿐만 아니라 본질적으로 '친환경적'이라는 것이다.

프리드먼이 진행한 연구의 핵심 전제는 자유와 자유 시장의 관계다.[4]

> 역사적 증거는 정치적 자유와 자유 시장의 관계에 대해 한목소리를 낸다. 나는 상당 수준의 정치적 자유로 특징지어지는 한편, 대다수 경제 활동을 조직하기 위해 자유 시장에 필적하는 뭔가를 이용하지 않은 시대와 사회의 예를 알지 못한다.

프리드먼은 시장 거래를 특징짓는 만장일치의 이점을 강조했으며, 정부의 행동에 요구되는 강압을 비판했다. 하지만 그는 아나키스트는 아니었다. 프리드먼은 정글의 혼란이 아니라 제한된 정부에 찬성 의견을 내놓았다. 그는 정부의 행동 논리를 다음과 같이 명료하게 표현했다.

> 분명 효과적인 시장 시스템이 불가능한 문제도 얼마간 존재한다. 나는 이만큼의 국방 서비스를 원하고 당신은 저만큼의 국방 서비스를 원한다고 해서 각각의 사람이 필요한 만큼의 국방 서비스를 제공할 수는 없다. 우리는 이처럼 '불가분의 문제(indivisible matter)'와 관련해서는 토론하고 논쟁하고 투표할 수 있다. 하지만 결정을 내리고 나면 그에 따라야 한다. 시장을 통한 개인적 행동에 전적으로 의존할 수 없게끔 만드는 것이 바로 그와 같은

'불가분의 문제'들의 존재다. 개인과 국가를 강압으로부터 보호하는 게 가장 기본이 되는 문제들 말이다.

프리드먼이 국방 서비스 말고 정부 행동이 필요하다고 믿은 그 밖의 영역에는 (1) 법률 제도와 재산권의 개발 및 집행, (2) 화폐 제도의 운영, (3) 자연 독점(natural monopoly: 지세 등 자연물과 관련한 천연자원 독점—옮긴이)의 통제, (4) 근린 효과(neighborhood effect)에 대한 대처 따위가 있다. 이 가운데 외부 효과에 대한 대처와 일맥상통하는 마지막 조항을 조금 더 살펴보자.

프리드먼은 근린 효과를 인정하며, 그에 대해 "제삼자가 비용을 청구하거나 제삼자에게 보상하는 게 불가능한 행동이 그 제삼자에게 미치는 영향"이라고 정의한다. 이는 외부 효과에 대한 우리의 정의와 대단히 흡사하다. 더군다나 프리드먼이 국방 서비스에 대한 논의에서 언급한 '불가분의 문제'는 이른바 공공재와 유사하다.

프리드먼은 국립공원 사례를 들면서 근린 효과에 적절히 대처하는 데 관한 자신의 견해를 밝힌다. 그는 "근린 효과로 옐로스톤 국립공원이나 그랜드 캐니언 같은 국립공원에 대해 설명할 수는 없다"고 주장했다. "만약 대중이 기꺼이 비용을 지불할 만큼 이런 유의 행동을 원한다면, 민간 기업이 그런 공원을 제공하고자 하는 동기를 가질 것이다. ……나 자신은 이 영역에서 정부 활동을 정당화해줄 그 어떤 중요한 독점 효과나 근린 효과도 생각해낼 수 없다."

이와 같은 프리드먼의 견해는 지나치게 협소하다. 공원이나 그와 유사한 환경 자산의 비전유성을 간과하기 때문이다. 우리가 말하는 비전유성은 개인 소유자가 쉽사리 차지할 수 없는 활동을 의미한다. 프리드먼의 주장에 따르면, 국립공원은 본질적으로 놀이공원과 다를 바 없다. 다시 말해, 국립공원의 서비스는 오직 방문객에게 편익을 제공할 뿐이고, 개인 소유자는 그 편익에 대해 통행세를 효율적으로 징수할 수 있다는 것이다. 이런 논리대로라면, 광산 회사나 개발업자는 더 가치 있다고 판단할 경우 옐로스톤 국립공원을 매입한 다음 일반인의 방문을 차단하고 거대한 노천 광산을 운영해 우라늄을 추출할 수 있어야 한다.

국립공원에 대한 프리드먼의 논리는 국립공원을 비롯한 기타 국가의 보고(寶庫)에 대한 오늘날의 환경적 사고와 배치된다. 인간에게는 수많은 장소가 소중하다. 예술가에게는 베네치아가, 자연주의자에게는 옐로스톤 국립공원이, 나와 내 가족에게는 뉴멕시코주의 허미츠 피크(Hermit's Peak)가 그렇다. 유엔교육과학문화기구, 일명 유네스코(UNESCO)의 산하 기관 세계유산협약(World Heritage Convention)은 주요 보물을 등재하기 위한 체계적인 절차를 갖추고 있다. 유네스코에 따르면, 이 장소들은 "값을 매길 수 없고 대체 불가능한 (각국만의 것이 아닌) 인류 전체의 자산이다". 현재 그 목록에는 세계적으로 종교적, 생태적, 건축적 기념물 등 1092개의 유적지가 포함되어 있다. 옐로스톤 국립공원, 그랜드 캐니언을 비롯해 모두 24개가 거기에 속해 있다. (허미츠 피크는 아직 그 목록에 올라 있지 않다.)

세계문화유산의 선정 기준은 그저 따뜻한 감정이나 화려한 풍경이 아니다. 선정 기준에는 최고 수준의 자연현상 또는 빼어난 자연적 아름다움이나 미적 중요도를 지닌 장소인가, 인류의 창의적 천재성을 담은 걸작인가, 문화적 전통 및 문명을 보여주는 독특하거나 최소한 이례적인 증거를 지녔는가, 건물·건축 또는 기술적 앙상블의 탁월한 예인가 등이 포함된다. 그들이 보기에(그리고 대다수 미국인이 보기에) 옐로스톤 국립공원과 그랜드 캐니언은 이러한 기준을 충족한다.

공공재로서 옐로스톤 국립공원

근린 효과에 대한 프리드먼의 접근법은 무엇이 잘못되었을까? 경제학 언어를 써서 말하자면, 그의 접근법은 사적재라기보다 공공재인 스필오버를 무시하고 있다. 공공재의 핵심 특징이 비경합성(그 서비스를 사람들에게 추가로 확장하는 데 드는 비용이 0이다)과 비배제성(사람들이 그것을 누리지 못하도록 배제하기란 불가능하다)이라는 사실을 기억하라.

우리는 등대를 공공재의 예로 든 바 있는데, 옐로스톤 국립공원도 그와 마찬가지로 공공재로서 속성을 두루 띤다. 세계유산센터(World Heritage Center)의 기준에 따르면, 그 공원의 중요한 특성은 이러하다. 그곳은 세계적으로 유명한 지열 관련 특징의 절반을 지니고 있으며, 세계에서 가장 많은 간헐천을 보유한 장소다. 또한 지구 북반부 온대 지역에 원형을 간직한 얼마 남지 않은 거대 생태계 가운데 하나다. 그런가 하면 희귀종과 멸종 위기종이 번성하는 독특한 야생 생태계를 갖고 있다. 이러한 편익은 전 세계로까지, 그리고 미래로까지 널리 퍼져나가지만, 그 편익이 공원 방문자들이 지불하는 입장료에 반영되는 것 같지는 않다.

옐로스톤 국립공원은 공공 자산으로 관리하기 때문에 이 같은 독특한 특징을 보존할 수 있고, 양질의 환경을 보장받을 수 있으며, 사람들이 멀리서도 그것을 향유할 수 있다. 이런 가치들은 측정하기가 극도로 어렵지만, 공원을 민간 개발업자한테 넘기지 않고 공공의 손에 맡겨둘 만큼 꽤나 크다고 추산하는 게 타당하다.

오염세에 대한 프리드먼의 견해

말년에 아내 로즈 프리드먼(Rose Friedman)과 공동 집필한 저술에서 밀턴 프리드먼은 오염 문제를 좀더 진지하게 다루었다. 프리드먼 부부는 오염이 때로 위험하지만 규제가 지나치게 엄격하고 형편없이 설계될 수도 있다는 것을 인식했다. 그들은 이렇게 썼다. "대다수 경제학자가 오염을 억제하는 데에서 구체적인 규제나 감독 같은 현행 방법보다 훨씬 더 나은 방법은 오염 물질 배출 요금을 부과하는 식의 시장 질서를 도입하는 것이라는 데 동의한다." 탄소세 같은 오염 물질 배출 요금제의 이점은 투명하며 효율적으로 운영된다는 것이다. 그러나 오염 물질 배출 요금제가 시장 접근 방식에 대해 좋은 말을 하긴 해도 그걸 지지하지는 않는다는 점에 유의하라.

자유 시장을 지지하는 도덕적 주장

자유시장환경주의자들은 혁신이 지니는 '그린' 속성에 대해 흥미로운 관찰 결과를 내놓는다. 기본적인 아이디어는 시장의 힘이 생활 수준을 꾸준히 개선하리라는 것이다. 그들이 보기에, 기술 변화는 본질적으로 '친환경적'이다. 환경적 영향을 줄이는 것은 민간 기업에 비용 대비 편익이 높은 일이기 때문이다. 프리드먼 부부가 《선택할 자유(Free to Choose)》에서 말했다.

> 만약 우리가 수사(修辭)가 아니라 현실을 본다면, 100년 전에 비해 오늘날 공기는 일반적으로 훨씬 더 깨끗해졌고 물은 더욱 안전해졌다. 그리고 후진국보다 선진국에서 공기는 더 깨끗하고 물은 더 안전하다. 산업화는 새로운 문제를 야기했지만, 그와 더불어 종전의 문제들을 해결하는 수단을 제공하기도 했다. 자동차의 발달은 한 가지 형태의 오염을 더해주었지만, 대체로 훨씬 덜 매력적인 오염 형태에 종지부를 찍었다.[5]

우리는 (많은 환경주의자가 몹시도 혐오하는) 자동차를 예로 들어 환경 개선에서 기술 변화가 담당하는 역할을 보여줄 수 있다. 19세기 말에 주요 도시들은 말이 배설한 오물로 진창을 이루었다. 당시 뉴욕에서는 주요 운송 수단으로 말 10만 마리가 도로를 누비고 다녔다. 그들은 매일 300만 파운드의 똥과 1만 갤런의 오줌을 쏟아내며 도시를 더럽혔다. 매년 처분해야 하는 말 시체도 2만 5000마리에 달했다.

자동차의 발명과 대중화가 주요 도시 운송 수단인 말을 몰아냈다. 당시의 공중 보건 전문가들은 자동차를 건강과 후생의 구세주로 여겼는데, 정말이지 그들의 판단이 옳았다. 도시들은 때로 말이 도로에 진입하는 것을 금지했으며, 오늘날 말은 주로 뉴욕 센트럴파크의 낭만을 장식하는 마차로서 명맥을 유지하고 있다. 자유 시장의 관점에서 볼 때, 자동차라는 신기술은 전적으로 헨리 포드(Henry Ford)를 비롯한 수백 명의 기업가가 지닌 이윤 동기에 의해 추진되었다. 이는 성장이 친환경적이라는 자유 시장적 주장을 단적으로 보여준다.

10장에서 상세히 논의한 조명의 역사는 기술이 어떻게 생활 수준을 향상시킬 뿐 아니라 환경을 개선할 수 있는지 잘 말해준다. 덮개 없는 불부터 오일 램프에 이르는 거의 모든 인류 역사에서 에너지 효율은 연간 0.005퍼센트라는 한없이 느린 속도로 개선되어왔다. 그러던 중 조명의 에너지 효율은 특히 전깃불에 힘입어 12년마다 2배씩 극적으로 향상했다. 인류는 신기술의 도움으로 고래를 보존할 수 있었을 뿐 아니라 화석 연료에 따른 오염을 꾸준히 줄일 수 있었다. 1970년에서 2018년까지 빛 단위당 조명을 위한 전기의 오염은 매년 7퍼센트 넘게 감소했다.

　　이 밖에도 환경 개선 사례는 무한정 열거할 수 있다. 돌아보면 두 가지 분명한 결론이 도드라진다. 첫째, 지식에 대한 대중의 지지와 민간 시장이 생활 수준 향상, 그리고 많은 경우 환경적 효율성의 강력한 엔진이었다는 자유시장환경주의자들의 주장은 옳다. 말·자동차·조명·전자제품 등이 그 예다.

　　둘째, 하지만 규제받지 않는 시장이 모든 걸 제대로 해결해준 것은 아니었다. 자유 시장은 조명에 쓰이는 고래기름을 줄여주었지만 다른 한편 조명을 위한 전기를 도입했다. 그 전기는 석탄을 연소함으로써 생산되는데, 그 과정에서 황 오염이 수반되었다. 14장의 황 정치 섹션에서 기술했듯이 배출된 아황산가스는 현대의 가장 해로운 오염 물질 가운데 하나였다. 아황산가스 배출은 1970년까지는 거의 규제받지 않았고, 그때 이후 점차 배출이 엄격하게 제한되기 시작했다.

　　그림 24-2는 GDP 단위당 아황산가스 배출 측정치의 추세를 보여준다. 초기에 배출량은 감소했다. 주로 전력 생산의 효율성과 석탄에서 다른 에너지원으로의 전환에 기댄 결과였다. 1970년부터 시작된 규제의 시기에 배출량은 한층 더 가파르게 감소했다. 탈황률은 1970년 이전

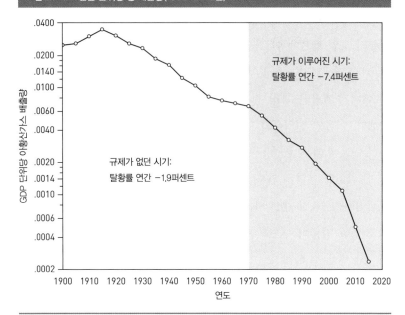

규제가 이루어진 시기:
탈황률 연간 −7.4퍼센트

규제가 없던 시기:
탈황률 연간 −1.9퍼센트

GDP 단위당 이황산가스 배출량

연도

의 연간 −1.9퍼센트에서 1970년 이후의 연간 −7.4퍼센트로 대폭 개선
되었다. 따라서 자유 시장은 처음에는 하늘을 더럽히다가 청정하게 만
드는 데 도움을 주었지만, 규제는 그보다 훨씬 더 크게 기여했다.[6]

　물론 규제가 비용 없이 이루어지는 것은 아니다. 정부는 1975년부터
1994년까지 저감 비용에 대한 광범위한 데이터를 수집해왔다. 그 기간
동안 오염 저감 비용은 평균 GDP의 1.7퍼센트였고, 그 비율에 큰 변동
은 없었다.

　어쨌거나 규제가 경제를 망치지 않았다는 점만큼은 분명하다. 더군다
나 그린 GDP에 대한 논의는 우리의 경제 계정이 건강상의 이익을 적
절하게 다룬다면 환경 규제가 올바르게 측정된 산출의 성장을 둔화시

키는 게 아니라 오히려 촉진한다는 것을 보여주었다.

규제의 골디락스 법칙

우리는 어떻게 자유 시장 지지자들의 통찰력과 규제 역사의 현실을 조화시킬 수 있을까? 골디락스 법칙을 적용하면 된다. 규제는 너무 뜨겁지도 너무 차갑지도 않고 딱 알맞아야 한다. 다시 말해, 무규제와 매우 가혹한 규제 사이에서 적절한 균형을 찾아야 한다는 얘기다.

그림 24-3은 탄소세를 예로 들면서 규제가 **실질 소득**(즉, 외부 효과의 유해성을 고려해 교정한 소득)에 미치는 영향을 보여준다. **측정 소득**(measured income)은 재래식 GDP로, 오염 저감의 비용은 포함하되 그 편익은 포함하지 않는다. 반면 **실질 소득**은 저감 비용과 피해 둘 다를 포함한다. 그뿐만 아니라 2개의 작은 동그라미는 두 가지 소득 척도 모두를 극대화하는 탄소세의 수준을 나타낸다.

'회피된 피해'를 배제하는 표준 GDP 같은 측정 소득은 세금이 0이고 저감 조치가 전무할 때 극대화한다. 실질 소득은 탄소 가격이 1톤당 40달러라는 최적 세율일 때 최댓값에 이른다. 따라서 올바로 측정할 경우 실질 소득은 적절한 환경 정책을 시행할 때, 즉 환경 정책이 골디락스 수준일 때, 최댓값에 이른다는 것을 알 수 있다.

그러므로 자유시장환경주의자들이 제시하는 유용한 메시지는 그린의 열정을 과용하지 말라는 것이다. 규제는 너무 차가울 수 있지만 너무 뜨거울 수도 있으며, 너무 뜨거울 경우 진취적 정신을 갉아먹는다. 오염을 일으키는 자동차를 금지하고 말 배설물 더미를 치울 일군의 청소

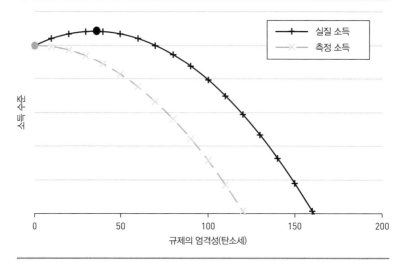

그림 24-3 규제가 실질 소득에 미치는 영향

환경에 적용한 골디락스 법칙은 통제가 아무 일도 하지 않는 것과 너무 많은 일을 하는 것 사이에서 행복한 중용을 찾아야 한다는 게 골자다. 전통적인 측정 소득은 아무런 저감 조치도 없을 때 극대화하지만, 실질 소득은 한계 편익과 한계 피해가 동일한 골디락스 지점에서 극대화한다는 사실에 유의하라.

부를 고용하는 것보다 자동차 개발을 허용하는 편이 낫다. 하지만 가벼운(light) 규제적 발자국을 받아들임으로써 혁신적 기상이 날개를 펼치도록 돕고, 프리드먼이 강조한 것처럼 시장의 도구를 최대로 활용하는 편이 그보다 훨씬 더 나을 것이다.

규제에 대한 시카고학파의 견해

시장 옹호자들은 환경 운동을 두 가지 측면에서 공격한다. 첫 번째는 환경 악화의 피해에 대한 회의주의다. 회의주의자들은 기후 변화의 추세는 인정할지 모르지만, 그 영향이 과학자들의 주장처럼 그렇게나 심각한지에 대해서는 의문을 제기한다. 일부는 심지어 이산화탄소가 농업 생산을 증대시키는 비료 구실을 하기 때문에 이산화탄소 수준의 상승은 이로울 거라고 주장하기까지 한다. 하지만 최근 연구는 피해 효과에 대한 회의주의적 견해를 지지하지 않는다. 우리는 그에 세심한 주의를 기울여야 한다.

그린에 대한 공격에서 두 번째 측면은 **정부 실패**에 대한 강조다. 정부 실패는 정부가 에너지 보조금 지급 같은 비효율적인 결과로 이어지는 정책을 추진할 때 발생할 수 있다. 정부 실패는 또한 이익 집단들이 공적 이익보다 사적 이익을 촉진하는 개입을 위해 성공적으로 로비 활동을 펼칠 때 일어나기도 한다.

규제에 대한 시카고학파의 접근은 특히 (항공사, 트럭 운송, 그리고 발전 같은 산업에서 경쟁을 제한하는 규정 같은) 경제적 규제에 상당한 입김을 불어넣었다. 예컨대 많은 경제 연구는 경제적 규제가 흔히 가격을 높게 유지시킨다는 것을 보여주었다. 수년 동안 트럭 운송 기업과 항공사들은 가격을 인하하거나 신규 시장에 진입하기 전 허락을 받아야 했다.

정부 실패는 환경 규제에도 해당하는가? 대답은 '그렇다'이지만 다른 방식으로 그렇다. 환경 규제의 정부 실패를 검토한 데이비드 앤트호프(David Anthoff)와 로버트 한(Robert Hahn)은 규제를 대폭 개선할 수 있는 지점들을 찾아냈다.[7] 다음이 몇 가지 중요한 예다.

- **배출량 제한에 따른 세수 손실**: 정부는 일반적으로 하나의 산업에 속한 현존 기업들에 공짜로 허가증을 발행함으로써 오염을 제한한다. 두 가지 중요한 사례가 미국의 아황산가스와 유럽의 이산화탄소였다. 업계에 공

짜 허가증을 제공하면 정치적 저항은 누그러뜨릴 수 있을지 몰라도, 그 린세에 관해 다룬 장(17장)에서 설명한 대로 소중한 세수가 줄고 조세 제도의 효율성도 떨어진다. 이런 접근법은 또한 현행 기업 및 현재 기술 과 관련해 잠금 효과(lock-in effect: 새로운 재화나 서비스가 나와도 전환 비 용 때문에 계속 기존 것을 사용하게 되는 효과—옮긴이)를 낳는 경향이 있다.

- **형편없는 분석**: 환경 규제 분석의 중요한 기준은 비용 편익 분석이다. 이 분석은 골디락스 법칙을 충족하는 데 필요한 것으로, 한계 비용과 한계 피해가 균형을 이루도록 보장한다. 비용 편익 분석이 제대로 이루어지 지 않는 것은 더러 법적 제한 때문이기도 하지만, 그보다 더 흔하게는 행정가들이 비용과 편익에 정면으로 대처하기를 꺼리는 경향 탓이다. 그 결과 환경 규제는 너무 엄격하거나 너무 느슨한 것들이 뒤섞인 잡탕 이 되었다.

- **공공 자원의 희소성 무시하기**: 세 번째 이슈는 많은 공공 자원이 실제로는 희소함에도 사람들이 그것을 그저 공짜라고 여기기 때문에 발생한다. 이와 관련한 중요한 예에는 청정한 공기와 깨끗한 물 같은 좀더 분명한 것들뿐 아니라 화석 지하수(fossil underground water: 1만여 년 전 마지막 빙하기가 끝날 무렵 엄청난 양의 얼음이 지하로 녹아들어 생긴 심층 지하수—옮 긴이), 도로, 그리고 공항 같은 것도 포함된다. 도로의 교통 혼잡에 가격 을 매기는 것은 사람들이 막히는 도로에서 허비하는 시간을 줄이고 국 가의 노후 인프라를 수리하는 데 드는 세수를 확보할 수 있는 중요한 조치다.

- **글로벌 공공재**: 또 한 가지 광범위한 실패는 기후 변화 같은 글로벌 공공 재에서 비롯된다. 이 경우 개별 국가들이 다른 나라의 노력에 무임승차하 려는 유혹은 전 지구적 저감 수준이 턱없이 낮아지는 결과로 이어진다.

이것들은 어째서 환경 규제가 그린 목표를 충족하기에 불완전한 도구인지 보여주는 숱한 예들 가운데 일부일 뿐이다. 그 시사점은 우리가 노력을 그만두어야 한다는 게 아니다. 그보다 그린 목표를 냉철하게 분석하고 그걸 달성하는 방법에 세심한 주의를 기울여야 한다는 것이다.

탄소세에 대한 자유 시장의 옹호론

가벼운 규제 발자국의 가장 좋은 예는 기후 변화를 늦추기 위한 정책에서 찾아볼 수 있다. 글로벌 그린에 대한 분석은 기후 변화의 위협에 대해 논의했다. 자유시장환경주의자들은 기후 변화 정책을 어떻게 생각할까? 다음은 가상의 환경 지향적 보수주의자가 이 문제에 대해 생각하는 방식이다.[8]

보수주의자로서 나는 효율적이고 공정하며 개인의 자유를 최대한도로 보장하는 정치 및 경제 체제를 원한다. 하지만 다른 한편 나의 자녀와 손자 손녀에게 더 나은 세계를 남겨주길 바란다. 거대 석유 회사나 거대 기업의 무책임성을 옹호할 마음은 추호도 없다. 그리고 누구도 다른 사람을 희생해가면서 지구를 파괴하도록 허락해도 좋다고는 결코 생각하지 않는다. 나는 이런 견해를 보수주의적인 미국 대통령 로널드 레이건이 잘 표현했다고 본다.

우리가 지난 몇십 년을 거치며 얻은 가장 중요한 교훈은 아마도 환경 보존이 당파적 과제가 아니라 상식이라는 점일 것이다. 우리의 신체적 건강, 사회적 행복, 그리고 경제적 웰빙은 오직 우리 모두가 천연자원을 지키는 사려 깊고 효과적인 청지기로서 참여할 때에만 유지될 수 있다.[9]

따라서 보수주의자의 안경을 쓴 나는 과학적 분석을 읽는 것으로 시작한다. 열린 마음으로 과학을 검토하고 나서 나는 기후 변화의 과학을 지지하는 증거가 설득력 있다는 결론에 이른다. 가정과 반론과 조건은 수없이 많다. 하지만 전 세계의 무수한 과학자들이 엄청난 거짓말을 위해 음모를 꾸미고 있다거나 기후 변화는 중국인이 자국의 제조업을 살리기 위해 꾸며낸 모략이라는 발상은 너무 어리석지 않은가?

이어서 나는 영향에 대해 다룬 문헌을 살펴본다. 우리가 급변하는 미래 사회의 기후에 관해 불확실한 예측을 하고 있는지라 관련 증거는 한층 더 모호하다. 하지만 나는 그러한 예상들이 매우 불안한 내용이라고 생각한다. 해안가에 매력적인 집을 소유한 나는 바닷물이 그것을 휩쓸어갈 가능성이 있다는 보도를 접할 수도 있다. 또한 수백만 명의 강제 이주에 대한 기사를 읽으면서 그것이 내가 사는 도시·주·국가에까지 파급 효과를 안겨줄지 궁금해한다. 나는 기후 변화가 내가 손자손녀들의 손을 잡고 방문하기를 바라는 수많은 세계의 자연적 경이를 망가뜨리고 있다는 글을 읽는다.

마지막으로, 나는 정책 입안자에게 기대를 걸어본다. 그것을 시장에 넘기는 건 어떤가? 하지만 나는 우리가 탄소 배출에 대해 아무런 제약도 가하지 않는 순수한 '자유 시장' 해법에는 결단코 기댈 수 없음을 이내 깨닫는다. 지구 온난화를 늦추기 위해서는 모종의 정부 개입이 필요하다.

환경 활동가들은 이산화탄소 배출 허가증 할당을 정하고, 그것을 자격 있는 이들에게 나눠주는 '배출권 거래제' 접근법을 선호하는 것처럼 보인다. 그들은 분명 자동차, 발전소, 가전제품, 그리고 전구에 규제를 부과하고 있다. 내가 가장 좋아하는 보수적인 토크쇼 호스트 가운데 한 명은 이를 '전구사회주의(light-bulb socialism)'라고 쏘아붙이는데, 그 웃기는 말이 일견 맞는 것 같기도 하다. 많은 환경론자와 정부가 지지하는 현행 접근법은 무거운(heavy) 규제 발자국을 가지며 전혀 효과적이지 않다.

이 대목에서 경제학자들은 뭐라고 말할까? 당연히 나의 영웅 밀턴 프리드먼으로부터 시작해보자. 그는 오염 물질 배출 요금제를 지지한다. 많은 경제학자가 '탄소세' 비슷한 어떤 것을 옹호한다. 그것은 이산화탄소 및 기타 온실가스의 배출에 세금을 부과한다. 이는 이산화탄소 배출의 사회적 비용을 충당하기 위해 그 가격을 올리고자 하는 목표를 달성해줄 것이다.

보수주의적인 경제학자들은 어떻게 생각할까? 나는 보수주의 경제학자 마틴 펠드스타인(Martin Feldstein: 로널드 레이건의 수석경제학자), 마이클 보스킨(Michael Boskin: 조지 H. W. 부시의 수석경제학자), 그레고리 맨큐(Gregory Mankiw: 조지 W. 부시의 수석경제학자), 케빈 해싯(Kevin Hassett: 트럼프 대통령의 경제자문위원회 위원장), 아서 래퍼(오염 래퍼 곡선으로 유명한 경제학자), 그리고 게리 베커(Gary Becker: 노벨 경제학상을 수상한 시카고학파 경제학자)의 저술을 살펴본다. 그런데 그들은 하나같이 지구 온난화를 늦추는 가장 효율적인 접근법으로 탄소세를 꼽는다.

그들이 말하는 요지는 화석 연료를 연소하는 자들이 경제적 보조금을 누리고 있다는 것이다. 즉, 실제로 그들은 글로벌 공유 자산을 먹어치우고 있지만 제가 먹는 것에 대해 비용을 지불하지 않는다. 탄소세는 탄소 연료 사용에 대한 암묵적 보조금을 바로잡아주기에 경제적 효율성을 증진시킨다.

나의 결론은 탄소세가 우리의 아름다운 행성을 보존하는 데 관심이 있지만 시장 기반 인센티브와 최소한의 정부 개입을 통해 그렇게 하기를 원하는 진정한 자유시장보수주의자들에게 이상적인 정책이라는 것이다. 탄소

세 및 그와 유사한 시장 기반 정책은 그린 지지자와 자유시장환경주의 지지자가 합의하는 접근법이다.

이것이 자유시장환경주의자의 생각이다.

그린회의주의자에 대한 요약

우리는 그린회의주의자들의 견해를 어떻게 요약할 수 있을까? 먼저 그들은 수많은 상이한 견해를 가진다. 일부는 그저 자신의 이윤과 사적 이익을 옹호한다. 아마도 석탄 회사를 소유하고 있거나 오염 산업에 종사하기 때문일 것이다. 우리는 그들의 입장을 인정할 수는 있지만 사익과 공익을 혼동해서는 안 된다.

그뿐만 아니라 우리는 자유 시장 철학의 타당성을 인식할 필요가 있다. 경제사를 보면 혁신과 기술 변화가 일반적으로 '친환경적'이었음을 알 수 있다. 신기술은 에너지를 덜 사용하고, 에너지를 덜 사용하면 대체로 오염이 적게 발생하기 때문이다.

산업혁명 이후 대부분 기간 동안 오염에 대해서는 거의 혹은 전혀 규제가 이루어지지 않았다. 그러던 각국 정부는 1970년 이후 (온실가스를 제외한) 대부분의 주요 오염 물질에 대한 통제를 점차 강화해왔다. 미국의 경우, 오염 통제 비용은 GDP의 2퍼센트를 약간 밑돌았다. 우리는 면밀한 분석을 통해 편익이 비용보다 많았음을, 따라서 실질 소득과 성장은 통제에 의해 감소한 게 아니라 도리어 증가했음을 확인할 수 있다.[10]

따라서 심지어 가장 열렬한 환경주의자라 할지라도 자유시장환경주의의 주장을 진지하게 받아들여야 한다. 효과적인 환경 정책은 진지한 과학, 비용과 편익의 세심한 균형, 그리고 정책 시행을 위한 효과적인 메커니즘의 설계 등을 요구한다. 중앙 계획 경제의 역사는 열정이 지나친 중앙의 통제는 바람직하지 않은 결과로 이어진다는 것을 실질적으로 보여주었다. 반면 기후 변화 정책의 실패는 무대책이라는 그 정반대 극단의 위험을 노출한다. 환경주의와 시장 지향은 탄소세, 공공 자원 경매, 그리고 지휘-통제식 권한의 역할 최소화 같은 효율적인 정책에서 손을 맞잡는다.

그린의 정신, 그 여정을 마치며

그린 행성을 둘러본 여정이 드디어 마무리되었다. 이 항해는 우리 인간이 어떻게 우리 자신, 다른 종들, 그리고 자연 생태계와 상호 작용하는지 잘 보여주었다. 그 상호 작용은 놀라운 경제적 진보를 이룩했지만, 다른 한편 그 과정에서 원치 않은 충돌과 감염을 수반하기도 했다.

과거 최초의 유럽 정착민이 내 고향 코네티컷주에 도착했을 때, 그들에게 가장 큰 난관은 자연적 요소들에 대처하는 일이었다. 삶은 농경지를 위해 나무를 벌목하고, 혹독한 겨울을 따뜻하게 나고, 끔찍한 질병과 싸워야 하는 숙제들로 가득 차 있었다. 이웃은 보호를 위해 필요했다.

우리의 대륙과 세계가 인간, 공장, 도로, 오염으로 북적이자 이제 우리 이웃은 우리를 보호해주기만 하는 게 아니라 우리한테 피해를 안겨주기에 이르렀다. 브라운이 그린을 몰아내고 있는 것이다. 우리는 오염, 폐기물, 교통 혼잡, 쓰레기, 종의 소실, 남획, 그리고 (가장 불길한 것으로) 기후 변화 속에서 그 사실을 확인하고 있다.

이는 복잡한 세계에서 발생할 수 있는 심각한 문제들로, 만약 무시할 경우 걷잡을 수 없는 지경에 빠져들지도 모른다. 우리가 가진 최선의 추정치에 따르면, 기술 발전과 국제 무역이 안겨준 이득은 오염이나 기타 외부 효과로 인한 피해를 능가했다. 하지만 그러한 상승 추세를 계속 이어가도록 보장해주는 정치나 시장의 철칙이 따로 있는 것은 아니다.

이 책은 사회 구성원들의 웰빙을 증진하기 위해 설계된 **잘 관리된 사회의 목표**를 분석하고 그것의 윤리적 관점을 살펴본다. '잘 관리된 사회'는 첫째, 사람들이 공정하고 효율적으로 상호 작용할 수 있도록 재산권과 계약을 정의해주는 법률, 둘째, 사적재의 교환에 관여하는 효과적인 시장, 셋째, 중요한 외부 효과를 바로잡고 공공재를 제공하는 법률·규정·지출·세금, 넷째, 경제 후생을 분배하는 데에서 적절한 평등을 보장하도록 돕는 교정적 과세와 지출, 이렇게 네 가지 기둥 위에 구축된다.

바람직하지 않은 경제 성장의 부작용을 다루기 위해서는 시장과 정부의 적절한 역할을 인식해야 한다. 우리의 모든 사회적 문제를 해결할 수 없기는 정부도 시장도 매한가지다. 시장은 그 자체만으로는 효과적으로 기후 변화를 억제할 수 없다. 정부도 그 자체로 빵이나 석유를 효과적으로 분배할 수 없다. 시장과 정부 간에 올바른 균형점을 찾아내는 것은 경제 정책과 환경 정책에서 가장 골치 아픈 이슈 가운데 하나다. 정부도 시장도 생활 수준을 향상시키는 것과 오염을 억제하는 것 간의 균형을 유지하는 데 결정적 역할을 한다.

이 책의 그런 논의에서 핵심 주제는 **효율성**의 역할이다. 효율성은 경제학자의 주된 관심사로, 사람들의 욕구와 필요를 만족시키기 위해 사회의 자원을 가장 효과적으로 사용하는 것을 의미한다. 우리는 (예컨대 생명을 구하는 백신을 제공하는 데에서) 적절하게 작동하는 시장의 효과성을 틈만 나면 추켜세우곤 하지만, 오염이나 전염병 같은 부정적 외부 효과의 존재에서처럼 시장이 실패하는 상황도 존재함을 인식하고 있다. 부정적 외부 효과를 지니는 활동은 이익을 누리는 자들이 피해자에게 보상하지 않는 의도치 않은 스필오버로 이어진다.

부정적 외부 효과의 경우, 규제받지 않는 시장은 자원을 잘못 할당함으로써 너무 많은 브라운과 너무 적은 그린을 낳는다. 우리는 외부 효과가 상대적으로 크지 않은 몇몇 영역에서라면 그냥 결과를 참아내는 편을 택한다. 이를테면 교통 혼잡은 사람들이 연간 수백만 시간을 허비하도록 만든다. 경제학자들은 교통 혼잡에 가격을 부과하는 기발한 제도를 고안해냈지만, 대다수 나라는 그 제도를 시행하기보다 그저 투덜거리면서 견디기로 결정했다. 석탄 연소로 인한 치명적 대기 오염 같은 또 다른 영역의 경우, 각국은 최악의 위험을 줄이기 위한 조치를 취해왔다.

그린 사고에서 가장 핵심적 원칙 가운데 하나는 **지속 가능성**에 대한 강조다. 경제를 위한 지속 가능한 경로는 모든 미래 세대에 최소한 이전 세대만큼의 풍요를 누릴 수 있는 선택지를 허용하는 것이다. 하지만 우리는 재화와 서비스, 그리고 향유 등 모든 차원에서 동일한 풍요를 누리겠다고 고집하지는 않는다. 경제학의 핵심적 접근은 소비 대체성(consumption substitutability)을 강조하는 것이다. 소비 대체성이란 소비자가 품귀 현상을 보이는 재화 대신 저가의 재화로 갈아탐으로써 자신의 욕구를 충족하도록 허락하는 것이다. 지속 가능성의 맥락에서 이는 우리가 기본적으로 식량, 주거, 의료 등등을 어떻게 생산할 것이냐보다 그것들 저마다에서 사람들이 어떤 생활 수준을 누리느냐에 더 많은 관심을 기울여야 한다는 의미다. 일례로 어떤 재화를 재활용하느냐 여부보다 그것이 유용한 생을 마칠 즈음 무해한 물질로 재빨리 분해될 수 있느냐 여부가 더 중요하다. 독특하고 대체 불가능한 자산으로서 옐로스톤 국립공원 같은 예외가 있긴 하지만, 자원은 일반적으로 존재 그 자체보다는 쓰임새에 의해 가치가 결정된다.

지속 가능성 개념의 중요한 응용 분야가 바로 그린 국민 계정이다. 국내총생산 같은 표준 경제 계정은 대체로 오염이 건강에 미치는 피해 같은 외부 효과의 영향을 누락한다. 이러한 외부 효과가 낳는 경제적 영향을 포함하면 산출 **수준**에 상당한 차이가 생길 수 있다. 기존 연구를 이용한 한 가지 추정치는 그 누락을 교정하려면 미국의 산출에서 약 10퍼센트를 차감해야 할 거라고 시사한다.

하지만, 그리고 역설적으로, 외부 효과를 바로잡으면 실질 산출의 **성장률**은 오히려 상승하는 경향을 보인다. 적어도 미국에서 지난 반세기의 경험은 그랬다. 이는 대다수 오염 물질의 배출량이 경제 전반 대비 감소해왔기 때문이다. 따라서 환경 규제가 경제 성장에 미치는 영향에 대해 볼멘소리를 늘어놓는 이들은 사실상 실제적 영향이 아니라 측정 방법을 불평하고 있는 셈이다.

그린 정책과 가장 관련이 깊은 것은 오염이나 교통 혼잡의 퇴치다. 하지만 감염병 역시 그와 비슷하게 경제 활동과 세계화에 따른 해로운 외부 효과의 징후를 드러낸다. 감염병은 정부가 주도하는 치료법과 백신 같은 상이한 도구를 필요로 하지만, 여전히 교정해야 할 해로운 스필오버의 한 가지 예다.

그뿐만 아니라 팬데믹은 '두꺼운 꼬리를 가진(fat-tailed: 값들의 분포가 평균 근처에서 두껍고 평균에서 멀어질수록 얇아지는 정규 분포 형태가 아니라, 꼬리 쪽으로 갈수록 두꺼워지는 분포─옮긴이)' 재앙이라는 치명적 징후의 하나다. 즉, 발생 확률은 낮지만 결과는 심각한 사건을 일으키는 현상이다. 이런 꼬리 사건이 유독 심각한 것은 다름 아니라 드물게 발생하기 때문이다. 우리는 그 빈도와 심각성을 정확히 측정할 도리가 없으며, 이는 다시 그 사건들이 등장할 때 그것을 알아차리기 힘들도록 만든다. 당연히 미리 그에 대비하는 일 역시 어려워진다.

외부 효과를 바로잡으려면 비용이 많이 든다는 사실을 인식해야 한다는 점도 짚고 넘어가야겠다. 적어도 그 같은 교정은 다른 급박한 관심사에 짓눌려 가뜩이나 모자란 정부와 기업 관리자들의 시간을 요구한다. 경제적 관점에서 보면, 대부분의 개입은 갖가지 지휘-통제적 규제 절차(이것은 하되 저것은 하지 말라)를 통해 이루어진다. 규제는 준수 비용(가령 오염 통제 장치를 설치하는 데 드는 비용)을 수반하는데, 완벽하게 효율적으로 (또는 상당히 효율적으로) 설계하기 어려운지라 과도한 비용을 발생시키기도 한다. 지나친 규제 비용은 정부가 어떤 브라운 문제는 통제하고 어떤 것은 내버려둘지 선택해야 한다는 주장을 뒷받침해준다. 정책에 이용 가능한 가장 효율적인 도구를 써야 한다는 점도 마찬가지로 중요하다.

환경 정책의 설계에서 새롭게 드러나는 희망적 추세는 외부 효과를 통제하기 위해 **시장 메커니즘**, 특히 오염세를 활용하는 것이다. 시장 메커니즘은 아황산가스 같은 종래의 대기 오염을 줄이는 데 더없이 효과적이라는 게 입증되었다. 많은 경제학자는 기후 변화를 늦추기 위한 최선의 단일 도구는 이산화탄소 배출량을 제한하는 방법이자 저탄소 혁신을 위한 인센티브를 제공하는 방법으로서 (이를테면 탄소세를 통해) 높은 탄소 가격을 부과하는 것이라고 믿는다.

뒤이은 일련의 이슈는 (행동경제학의 주제인) **결함 있는 의사 결정**의 역효과와 관련이 있다. 사람들이 가장 흔히 저지르는 잘못은 생애 주기상의 비용을 무시하고 초기 비용에만 초점을 맞추는 것이다. 우리는 이런 사태를 에너지 사용과 관련한 의사 결정에서 가장 생생하게 볼 수 있다. 즉, 연료 사용은 너무 많고 에너지 절약을 위한 초기 비용 자본은 너무 적은 의사 결정에서 말이다. 초기 비용 편향은 초기 비용은 지나치게 강조하고 장기 비용은 무시하는 경향이 있는 과잉 할인율 이슈와 상관성을 띤다. 다수의 행동주의적 이례 현상(특히 과잉 할인율)은 부정적인 환경적 결과를 낳는다. 그린 프로젝트는 흔히 사전적 자본 비용(정량보다 많은)과 미래의 환경 편익(정량보다 적은)을 수반하는 것이기 때문이다. 행동주의적 이슈는 외부 효과와는 다른 접근법을, 즉 때로는 더 나은 정보를, 때로는 규제를, 때로는 신기술을 필요로 한다.

또한 우리는 정치, 혁신, 기업의 책임, 투자 같은 주요 영역에 대한 **그린 사고 적용**과 관련한 내용도 살펴보았다. 이들 영역 모두에서 핵심 딜레마는 의사 결정자에게 가는 편익과 좀더 폭넓은 사회적 목표 간의 트레이드오프를 둘러싸고 발생한다. 이 지점에서 반드시 기억해야 할 사항은 의사 결정권자는 단기주의를 피하고, 무엇이 장기적 결과─그것이 이윤이든 수익이든 혹은 사회 후생이든─를 개선할지에 대해 폭넓은 시각을 가져야 한다는 것이다. 아울러 각 기관은 그들만의 고유한 전문 지식을 갖추고 있으며 그 안에 중요한 책임성이 자리한다. 기업, 대학, 투자자, 그리고 정부는 그들의 전문 지식을 적용해야 하며, 기업의 경우 자사의 제품과 생산 공정의 안전에 대해 투명하고 편견 없는 정보를 제공하도록 보장해야 한다.

그린 조치를 취하는 데에서 가장 중요한 개념 가운데 하나는 **무후회**

원칙이다. 우리 행동이 해로운 스필오버를 일으킬 때, 우리의 외부 효과 발자국을 약간 축소하면 우리 자신의 후생에는 극히 미미한 영향밖에 안 가지만 다른 사람들에게 미치는 피해는 대폭 줄일 수 있다. 다시 말해, 우리는 소박한 조치를 취함으로써 자신에게는 거의 아무 영향이 없는지라 그 어떤 후회도 경험하지 않은 채 우리의 스필오버를 상당 폭 줄일 수 있다. 이 원칙은 탄소, 오염, 교통 혼잡의 발자국 감소 같은 분야에도 유용하게 적용할 수 있다.

그린 원칙을 적용하는 데에서 딜레마를 겪지 않는 분야 중 하나가 **환경세**다. 그린세는 오염 같은 부정적 외부 효과를 내부화하기 위해 재정 수단을 사용한다. 환경세는 최근에 도입된 것 가운데 가장 유망한 혁신 가운데 하나다. 공공 정책의 이상형인 그린세는 세 가지 특징을 지닌다. 첫째, 귀중한 공공 서비스에 돈을 지불하고, 둘째, 환경 목표를 효율적으로 충족하며, 셋째, 왜곡이 없다. 가장 가능성 많은 분야는 탄소세와 휘발유세이며, 알코올·담배·총기·도박에 대한 죄악세도 그와 밀접한 관련을 지닌다. 이러한 접근법의 방침은 "좋은 것이 아니라 나쁜 것에 과세한다"는 것이다. 이 간단명료한 원칙은 이해하기 쉽고 직관적이며 올바르다.

우리는 오늘날의 경제가 직면한 수많은 난제를 살펴보면서, 해결책이 흔히 기술 변화를 요구한다는 것을 확인한다. 한 가지 역사적 예는 사람이나 물건을 실어 나르는 과정에서 산더미처럼 쌓이는 말 배설물을 깨끗하게 치운 것은 청소부가 아니라 자동차였다는 사실이다. 좀더 최근에, 아황산가스 배출은 제도적·기술적 혁신뿐 아니라 경제적 인센티브를 활용한 결과 급격하게 줄어들었다. 저탄소 세계로의 전환은 우리의 화석 연료 의존적 기술을 대체해줄 기술 발전에 달려 있다.

앞의 논의에서 우리는 그린 혁신 활동이 강한 역풍에 휩싸일 수 있음을 강조했다. **환경 재화와 서비스를 위한 혁신은 이른바 이중적 외부 효과에 따른 특별한 과제를 안고 있다.** 그린 생산은 가격이 턱없이 낮을 뿐 아니라 혁신에 따른 사적 수익률이 공적 수익률보다 적다. 따라서 첫 번째 외부 효과는 오염의 사적 비용과 사회적 비용 간 차이다. 하지만 혁신에 따른 사회적 수익률과 사적 수익률 간 차이는 그보다 더 크다. 이 두 가지가 한데 어우러지면 사실상 이윤을 추구하는 기업이 환경친화적 혁신을 추구하고자 하는 동기를 사라지게 만들 수 있다. 오염 외부 효과를 바로잡는 것은 중요한 조치이며, 오염과 외부 효과에서 비롯된 차이를 해결해준다. 하지만 여전히 혁신에 따른 차이는 손대지 못한 채 남겨둔다. 오염 외부 효과를 내부화하는 가장 시급한 이유는 그린 혁신의 이중적 외부 효과를 본격적으로 다루어야 하기 때문이다.

마지막 영역은 글로벌 환경 이슈, 즉 **글로벌 공공재**다. 전 세계적 위협은 수없이 많지만, 그중 기후 변화가 가장 궁극적인 그린 과제다. 글로벌 그린을 다룬 22장과 23장은 세 가지 핵심적인 결론을 담고 있다.

첫째, 전 세계 시민은 지구 온난화가 인류와 자연 세계에 미치는 영향의 심각성을 이해하고 받아들여야 한다. 사람들은 부정적 결과를 찾아내거나 적절한 조치를 취하기까지 수십 년을 기다려야 하는 근거를 늘어놓는 반대주의자들의 날조된 주장에 경각심을 품어야 한다.

둘째, 각국은 이산화탄소 및 기타 온실가스 배출량의 가격을 높이는 정책을 수립해야 한다. 전문가들은 탄소 가격 부과의 중요성을 인식하고 있지만 정작 전 세계적 차원에서는 사실상 거의 아무런 진척도 이루어지지 않았다. 우리는 행동이 전 세계적 차원에서 전개되도록 보장할 필요가 있다. 정치는 지역적일 수 있지만, 그리고 온난화를 늦추기 위한 강력한 조치에 대한 반대도 국가주의적인 태도에서 비롯될 수 있지만, 기후 변화를 저지하기 위해서는 반드시 조정된 전 세계 차원의 행동이 필요하다.

셋째, 효과적인 조정을 위한 최선의 희망은 기후 협약이다. 비참가국한테 불이익을 안겨주는 메커니즘에 따라 배출량을 줄이기 위해 강력한 조치를 약속하는 국가들의 연합체가 그것이다.

나는 우리의 그린 목표 달성 속도가 너무 느려터져서 실망스럽냐는 질문을 더러 받곤 한다. 진보 정권의 노력은 오염을 지지하고 부패에 절은 보수 정권 구성원들의 방해로 좌절되었다. 오바마 행정부는 강력한 기후 변화 정책을 펼치기 위해 안간힘을 썼지만, 트럼프 행정부는 모든 진보의 싹을 짓밟고 기후 변화는 자국 제조업을 키우기 위해 중국인이 꾸며낸 것이라고 선언했다. 다시 역사의 바통을 이어받은 바이든 행정부는 환경, 경제, 공공 의료 등 숱한 전선에서 위기에 봉착해 있다.

오늘날의 국가 지도자들이 터무니없이 무지하고 타락해 있을 때, 우리는 냉소에 빠지기 쉽다. 개인에게는 하찮을지도 모를 행동이 사회에는 지구를 위협하는 결과로 이어질 수 있다. 역사학자 바버라 터크먼(Barbara Tuchman)은 그런 징후를 아래와 같이 정확하게 기술했다.[1]

자기기만의 원천인 우둔함은 정부에서 더없이 중요한 역할을 하는 요소다. 그것은 그 어떤 반대 신호도 무시하거나 거부하면서 편견에 사로잡힌 채 상황을 판단하는 형태를 띤다. 또한 사실을 근거로 판단하는 게 아니라 희망에 따라 행동한다. 그것은 모든 군주 가운데 가장 우둔한 에스파냐의 펠리페 2세(Felipe II)에 대한 어느 역사가의 다음 진술에 잘 요약되어 있다. "자신의 정책 실패에 대한 그 어떤 경험도, 기본적으로 훌륭한 정책이라는 그의 믿음을 결코 꺾을 수는 없었다."

이전 시대에 경험한 흡연 위험성 부인이나 이라크 전쟁 발발처럼, 오늘날에 보는 기후 변화 부인과 무역 전쟁 도발은 우리 행성과 그곳 거주민을 위태롭게 하는 우둔함의 예다.

우리는 그런 미래의 위협에 대처하는 스스로의 능력을 낙관할 수도 비관할 수도 있다. 한편으로, 우리가 지도 없는 바다를 항해하면서 수많은 자원을 고갈시키고, 비가역적인 방식으로 환경을 변화시키고, 우리의 지구 시스템이며 미래 기후와 도박을 벌이는 것은 어김없는 사실이다. 인간은 걸핏하면 싸우려 들고 분쟁 상대에게 보복하는 데 기막히게 효과적인 무기를 고안해냈다.

다른 한편으로, 우리의 과학적 지식과 능력은 과거보다 한층 더 강력해졌다. 게다가 점차 커지는 그린 정신은 경제 성장에 따른 치명적 스필오버를 극복할 수 있는 정책에 대한 과학적 기반과 대중적 지지를 제공한다.

싸우거나 오염을 일으키는 인간의 경향성과 추론하고 계산할 수 있는 인간의 능력이 맞붙은 경기에서 과연 어느 편이 승리를 거둘까? 평결은 아직 나오지 않았다. 하지만 지적 정직성과 장기적 시각으로 무장한 채 미래와 마주할 수 있다면, 우리는 끝내 그린 지구의 꿈을 실현할 수 있는 도구와 자원을 손에 쥘 것이다.

주

02 그린의 역사

1. 기포드 핀콧의 인용문 출처는 그의 책 *A Primer of Forestry*, U.S. Department of Agriculture, Division of Forestry, Bulletin No. 24, vol. 2 (Washington, DC: Government Printing Office, 1903~1905)이다.

2. John Muir, *A Thousand-Mile Walk to the Gulf* (Boston: Houghton Mifflin, 1916), http://vault.sierraclub.org/john_muir_exhibit/writings/a_thousand_mile_walk_to_the_gulf. 악어에 대한 인용문 출처는 John Muir, *John of the Mountains: The Unpublished Journals of John Muir*, ed. Linnie Marsh Wolfe (Madison: University of Wisconsin Press, 1979)이다. John Muir and Michael P. Branch, *John Muir's Last Journey: South to the Amazon and East to Africa: Unpublished Journals and Selected Correspondence*, vol. 52 (Washington, DC: Island Press/Shearwater Books, 2001), https://catalog.hathitrust.org/Record/004179556.

3. 생물중심주의와 심층생태학에 관한 두 가지 중요한 저술은 Bill Devall and George Sessions, *Deep Ecology*(Salt Lake City: G. M. Smith, 1985)와 Paul Taylor, *Respect for Nature: A Theory of Environmental Ethics*, Studies in Moral, Political, and Legal Philosophy (Princeton, NJ: Princeton University Press, 1986)이다.

4. 생물중심주의 철학을 지지한 주도적 인물은 《자연에 대한 존중》을 쓴 폴 테일러다. 이는 Arne Næss, "The Shallow and the Deep, Long-Range Ecology Movement.

A Summary," *Inquiry* 16, no. 1~4 (January 1, 1973): 95~100, doi:10.1080/00201747308601682에 착안해 **심층생태학**이라 부르기도 한다. 사회적 선호에 동물을 포함시킨 역사는 제러미 벤덤과 존 스튜어트 밀이 지지한 공리주의 철학의 창립 시기까지 거슬러 올라간다.

5. Taylor, *Respect for Nature*, 13.

6. Muir, *A Thousand-Mile Walk to the Gulf*, 98, 139.

7. Garrett Hardin, "The Tragedy of the Commons," *Science* 162, no. 3859 (December 13, 1968): 1243~1248, doi:10.1126/science.162.3859.1243.

8. Ibid., 1244.

9. Ibid., 1248.

10. Ibid., 1244.

11. Rachel Carson, "Undersea," *The Atlantic Monthly*, September 1937, 322.

12. Rachel Carson, *Silent Spring*, ed. Lois Darling and Louis Darling (Boston: Houghton Mifflin, 1962), https://archive.org/stream/fp_Silent_Spring-Rachel_Carson-1962/Silent_Spring-Rachel_Carson-1962_djvu.txt.

13. Carson, "Undersea," 266.

14. 레이첼 카슨이 케네디 행정부의 환경 정책을 촉발하는 데에서 맡은 역할과 관련한 흥미로운 역사를 살펴보려면 Douglas Brinkley, "Rachel Carson and JFK, an Environmental Tag Team," *Audubon*, May/June 2012를 참조하라.

15. Daniel C. Esty, *A Better Planet: 40 Big Ideas for a Sustainable Future*(New Haven, CT: Yale University Press, 2019).

16. Esty, *Better Planet*, essay 7.

17. John Maynard Keynes, *The General Theory of Employment, Interest and Money*(New York: Harcourt, Brace, 1936), 383~384.

03 그린 사회의 원칙

1. 좋은 사회와 관련한 경제적 개념은 많은 저술에서 다루었다. 현재의 논의와 가장 관련 깊은 예는 Francis Bator, "The Anatomy of Market Failure," *Quarterly Journal of Economics*72, no. 3 (August 1958): 351~379이다.

2. '잘 정돈된 사회'에 대한 논의는 *A Theory of Justice* (Cambridge, MA: Harvard University Press, 1965); "Justice as Fairness: Political Not Metaphysical," *Philosophy and Public Affairs*14, no. 3 (1985): 223~251과 "Reply to Alexander and Musgrave," *Quarterly Journal of Economics*88, no. 4 (1974): 633-655, doi:10.2307/1881827을 비롯해 존 롤스의 여러 저작에서 가져왔다.

04 그린 효율성

1. '효율성'에 대한 정의와 '보이지 않는 손 원칙'에 대한 논의는 Paul Samuelson and William Nordhaus, *Economics*, 19th ed. (Boston: McGraw-Hill Irwin, 2010)에 크게 의존했다.

2. Adam Smith, *An Inquiry into the Nature and Causes of the Wealth of Nations*, vol. 2 (London: W. Strahan and T. Cadell, 1776), 35.

3. 이 중요한 저작은 애초에 *Wealth and Welfare* (London: Macmillan, 1912)로 출판되었다가 *The Economics of Welfare* (London: Macmillan, 1920)로 개정되었다. 네 차례의 개정을 거친 이 책의 1932년도 최종판은 https://www.econlib.org/library/NPDBooks/Pigou/pgEW.html에서 확인할 수 있다.
   피구의 생애와 그가 살던 시절을 담은 훌륭한 전기 Ian Kumekawa, *The First Serious Optimist: A. C. Pigou and the Birth of Welfare Economics* (Princeton, NJ: Princeton University Press, 2017)를 참조하라.

4. 이 섹션에 실린 피구의 인용문은 그가 쓴 책 *Economics of Welfare*, part 2, chap. 9, sect. 3에서 가져왔으며, 명료함을 살리기 위해 약간 간추렸다.

5. Francis M. Bator, "The Simple Analytics of Welfare Maximization," *American Economic Review* 47, no. 1 (1957): 22~59.

6. 사적재와 공공재에 대한 구분, 네트워크의 처리, 등대에 대한 논의는 Samuelson and Nordhaus, *Economics*에서 따왔다.

7. 일자리 상실이 경제에 미치는 영향에 대한 연구는 Steven J. Davis and Till von Wachter, "Recessions and the Costs of Job Loss," *Brookings Papers on Economic Activity*, no. 2 (2011): pp. 1~73을 참고했다.

05 외부 효과의 규제

1. 만약 당신이 경제학을 공부한 적이 있다면 한계(marginal)라는 용어를 수없이 접했을 것이다. 그에 대해 여기에서 간단히 설명해보겠다. 당신은 정원에서 토마토를 재배할 수 있는데, 일단 토마토를 심고 나면 당신에게 주된 비용은 시간이다. 당신이 10시간을 사용하면 토마토를 10개, 11시간을 들이면 토마토를 12개, 12시간을 투자하면 토마토를 13개 얻는다고, 그런데 13시간을 쓸 경우 유용한 모든 것이 이미 다 이루어졌기 때문에 여전히 토마토를 13개 수확한다고 가정해보자. '한계 토마토 산출(marginal tomato output, MTO)'은 추가 시간당 토마토 증가분으로 정의된다. 따라서 MTO는 10시간에서 11시간 사이는 토마토 2개, 11시간에서 12시간 사이는 토마토 1개, 12시간에서 13시간 사이는 토마토 0개가 된다. 만약 자신의 시간에 대한 가치를 시간당 토마토 0.5개로 둔다면 당신은 12시간까지는 일을 할 것이다. 그 마지막 1시간의 MTO가 토마토 1개인데, 이는 (당신의 시간에 대한 가치인) 시간당 토마토 0.5보다 크기 때문이다. 하지만 13시간까지 일하는 것은 사리에 닿지 않을 것이다. 한계 산출이 0이 되기 때문이다. 경제학의 기본 아이디어는 한계 편익(여기에서는 토마토)이 적어도 한계 비용(여기에서는 노동)보다는 커야 한다는 것이다. 오염 억제의 경우, 기본적 아이디어란 한계 편익(건강 개선)이 최소한 한계 비용(노동, 자본, 그리고 기타 투입)만큼은 커야 한다는 것이다.

2. 표 5-1은 최적의 오염에 근접한 수준에 이르는 과감한 조치를 보여준다. 우리는 그 지점을 전후해서는 좀더 미세한 눈금에 따라(즉, 오염 수준 301톤, 300톤, 299톤) 결과를 제시했다. 마지막 칸에서 보듯이 순편익은 최대 순편익에서 거의 변하지 않았다. 이는 완만한 언덕 꼭대기에서는 당신이 어느 방향으로 몇 발짝 움직이든 고도가 약간 달라질 뿐인 이치와 유사하다.

06 그린연방주의

1. George W. Downs and David M. Rocke, "Conflict, Agency, and Gambling for Resurrection: The Principal-Agent Problem Goes to War," *American Journal of Political Science* 38, no. 2 (1994): 362~380, doi:10.2307/2111408.

07 그린 공정성

1. 공정성 및 정의와 관련해서는 Michael J. Sandel, *Liberalism and the Limits of Justice*, 2nd ed. (Cambridge: Cambridge University Press, 1998), 그리고 Amartya Sen, *The Idea of Justice* (Cambridge, MA: Belknap Press of Harvard University Press, 2009)를 참조하라.

2. James J. Heckman, *Giving Kids a Fair Chance*, Boston Review Books (Cambridge, MA: MIT Press, 2013).

3. 휘발유세의 영향 범위에 대한 연구는 Antonio M. Bento, Lawrence H. Goulder, Emeric Henry, Mark R. Jacobsen, and Roger H. von Haefen, "Distributional and Efficiency Impacts of Gasoline Taxes: An Econometrically Based Multimarket Study," *American Economic Review* 95, no. 2 (2005): 282~287, doi:10. 1257/000282805774670536을 참고했다.

4. U.S. Environmental Protection Agency, *The Benefits and Costs of the Clean Air Act, 1970 to 1990, Prepared for U.S. Congress by U.S. Environmental Protection Agency* (October 1997), https://www.epa.gov/sites/production/files/ 2017-09/documents/ee-0295_all.pdf.

5. Michael Ash and T. Robert Fetter, "Who Lives on the Wrong Side of the Environmental Tracks? Evidence from the EPA's Risk-Screening Environmental Indicators Model," *Social Science Quarterly* 85, no. 2 (2004): 441~462를 참조하라.

6. 관련한 사항을 읽거나 그 셀카 몇 장을 보려면 https://en.wikipedia.org/wiki/Monkey_ selfie_copyright_dispute를 찾아보라.

7. 게가 느끼는 고통과 관련해서는 Robert W. Elwood and Mirjam Appel, "Pain Experience in Hermit Crabs," *Animal Behaviour* 77, no. 5 (May 1, 2009): 1243~1246, doi:10.1016/j.anbehav.2009.01.028을 참조하라.

8. Dwight D. Eisenhower, "Chance for Peace" (speech), April 16, 1953, Miller Center, University of Virginia, transcript, https://millercenter.org/the-presidency/presidential-speeches/april-16-1953-chance-peace.

08 그린경제학과 지속 가능성 개념

1. 핵심적 아이디어 다수를 포괄한 그린경제학 연구물로는 Miriam Kennet and Volker Heinemann, "Green Economics: Setting the Scene: Aims, Context, and Philosophical Underpinning of the Distinctive New Solutions Offered by Green Economics," *International Journal of Green Economics* 1, no. 1~2 (2006): 68~102, doi:10.1504/IJGE.2006.009338을 참조하라.

2. Michael Jacobs, *The Green Economy: Environment, Sustainable Development and the Politics of the Future* (Vancouver: UBC Press, 1993).

3. Ibid., 72.

4. 지속 가능한 발전과 관련한 인용문은 World Commission on Environment and Development, *Our Common Future* (Oxford: Oxford University Press, 1987), 2, 43에서 따왔다.

5. 로버트 솔로와 관련한 인용문과 논의는 "An Almost Practical Step toward Sustainability: An Invited Lecture on the Occasion of the Fortieth Anniversary of Resources for the Future" (lecture, Washington, DC, October 8, 1992)에서 따왔다.

6. 여기에서의 논의는 William Nordhaus, "Is Growth Sustainable?," in *Economic Growth and the Structure of Long-Term Development: Proceedings of the IEA Conference Held in Varenna, Italy*, ed. Luigi L. Pasinetti and Robert M. Solow (Houndmills, Basingstoke: Macmillan, 1994), pp. 29~45를 참고로 했다.

7. 장기적 예견을 시작하기에 좋은 지점은 의회예산국(CBO, www.cbo.gov)이다. CBO는 팬데믹 이후 전망에서 심각한 장기적 성장 하락을 점치지 않았다. 그와 비슷하게 연방준비제도의 팬데믹 이후 예측치는 실질 GDP의 '장기적' 성장이 팬데믹 전 예측치보다 연간 0.1퍼센트밖에 낮아지지 않을 것임을 시사한다.

8. Peter Christensen, Ken Gillingham, and William Nordhaus, "Uncertainty in Forecasts of Long-Run Economic Growth," *Proceedings of the National Academy of Sciences of the United States of America* 115, no. 21 (May 22, 2018): 5409~5414, doi:10.1073/pnas.1713628115.

9. 여기에는 이 섹션 앞에서 지적한 대로 중요한 조건이 하나 있다. 즉, 표준 척도가 건강에 미치는 오염의 영향 같은 외부 효과에 대한 교정을 빠뜨리고 있다는 것 말이

다. 이러한 교정의 잠재적 규모에 대해서는 다음 장에서 살펴볼 것이다.

10. Solow, "Almost Practical Step toward Sustainability."

11. Jeffrey Sachs, "Sustainable Development: Goals for a New Era" (lecture, Pontifical Academy of Sciences and the Pontifical Academy of Social Sciences, Vatican, Vatican City, Rome, May 2014).

09 그린 국민 계정

1. 이 장 초입에 인용한 젊은 급진주의자의 영감을 주는 말은 결국 그린 국민 계정에 대한 초기 작업으로 귀결되었다. Nordhaus and James Tobin, "Is Growth Obsolete?," in vol. 5, *Economic Research: Retrospect and Prospect*, NBER Book Chapter Series, no. c7620, ed. William Nordhaus and James Tobin (Cambridge, MA: National Bureau of Economic Research, 1972), pp. 509~564.

2. Paul Samuelson and William Nordhaus, *Economics*, 19th ed. (Boston: McGraw-Hill Irwin, 2010)를 참고했으며, 문맥을 약간 손보았다.

3. 외부 효과와 관련한 국민 계정 이론의 개발에 대해서는 Martin L. Weitzman, "On the Welfare Significance of National Product in a Dynamic Economy," *Quarterly Journal of Economics* 90, no. 1 (1976): 156~162, doi:10.2307/1886092를 참조하라.

4. National Research Council, *Nature's Numbers: Expanding the National Economic Accounts to Include the Environment* (Washington, DC: National Academies Press, 1999).

5. 출처와 방법에 대해서는 표의 출처 주를 참조하라.

6. 하층토 자산 교정의 영향에 관한 추정치는 대부분 Bureau of Economic Analysis, *Survey of Current Business*, April 1994, 그리고 National Research Council, *Nature's Numbers*에서 가져왔다. 미국의 자원 계정 연구를 개척한 것은 미국 경제분석청의 전직 청장 스티브 랜드펠드(Steve Landefeld)로, 그는 미국의 국가 경제 계정을 현대화하는 데 크게 기여했다.

7. 대기 오염 비용 추정치는 Nicholas Z. Muller, Robert Mendelsohn, and William Nordhaus, "Environmental Accounting for Pollution in the United States Economy," *American Economic Review* 101, no. 5 (2011): 1649~1675, doi:10.1257/

aer.101.5.1649에서 따왔다. 그때 이후 업데이트된 추정치와 관련해서는 Nicholas
Z. Muller, "Boosting GDP Growth by Accounting for the Environment," *Science*
345, no. 6199 (2014): 873~874, doi:10.2307/24917200을 참조하라.

10 '문명 밖 세계'에 대한 유혹

1. 초기의 생활 수준 추정치는 Angus Maddison, *Contours of the World Economy,
1~2030 A.D.: Essays in Macro-economic History* (Oxford: Oxford University
Press, 2007)에서 가져왔다. 최근 데이터는 국제통화기금의 것이다. 맨 처음 시기의
추정치는 Brad de Long, "Estimates of World GDP, One Million B.C.-Present,"
DeLong: Long Form(blog), 1998, Brad de Long, "Estimates of World GDP,
One Million B.C.-Present," *DeLong: Long Form*(blog), 1998, https://delong.
typepad.com/print/20061012_LRWGDP.pdf를 참고했으며, 그 시기의 최저 생활
에 대한 산출 추정치를 사용했다.

2. 조명의 역사에 대한 기술은 나의 논문 "Do Real-Output and Real-Wage Measures
Capture Reality? The History of Lighting Suggests Not," NBER Book Chapter
Series, no. c6064 (Cambridge, MA: National Bureau of Economic Research,
1996)에 토대를 두고 있다. 현재의 장을 쓰기 위한 연구에서 그 추정치를 업데이트
했다.

3. Louis Stotz, *History of the Gas Industry* (New York: Press of Stettiner Bross,
1938), 6.

4. *Elon Musk News*(blog), https://elonmusknews.org/blog/elon-musk-spacex-
mars-quotes에 인용된 내용이다.

5. Ross Andersen, "Exodus," *Aeon*, September 30, 2014, https://aeon.co/essays/
elon-musk-puts-his-case-for-a-multi-planet-civilisation.

6. Adam Morton, *Should We Colonize Other Planets?*(Cambridge: Polity Press,
2018); Sydney Do, Andrew Owens, Koki Ho, Samuel Schreiner, and Olivier
de Weck, "An independent Assessment of the Technical Feasibility of the Mars
One Mission Plan—Updated Analysis," *Acta Astronautica* 120 (2016): 192~228.

7. 바이오스피어 2를 다룬 진지한 연구는 거의 없다. 관련 핵심 논문은 Joel E. Cohen

and David Tilman, "Biosphere 2 and Biodiversity: The Lessons So Far," *Science* 274, no. 5290 (1996): 1150~1151, doi:10.1126/science.274.5290.1150이다. 열정적이면서도 낙관이 넘치는 자료로는 John Allen and Mark Nelson, "Overview and Design: Biospherics and Biosphere 2, Mission One (1991-1993)," *Ecological Engineering* 13 (1999): 15~29를 참조하라.

8. 회계 추정치 대부분은 Cohen and Tilman, "Biosphere 2 and Biodiversity," 1150~1151에서 가져왔다.

11 팬데믹과 그 밖의 사회적 재앙

1. 팬데믹의 역사와 팬데믹 역학을 다룬 빼어난 저서로는 나의 예일 대학 동료 니컬러스 크리스타키스가 쓴 책, *Apollo's Arrow* (New York: Little, Brown Spark, 2020)를 참조하라.

2. 데이터는 Pasquale Cirillo and Nassim Nicholas Taleb, "Tail Risk of Contagious Diseases," *Nature Physics* 16 (2020): 606~613, doi:10.1038/s41567-020-0921-x에서 가져왔다.

3. 질병통제예방센터에서 나온 보고서, *Coronavirus Disease 2019 (COVID-19)*를 참조하라. https://www.cdc.gov/coronavirus/2019-ncov/cases-updates/commercial-lab-surveys.html.

4. CNN, "Fauci Says the WHO's Comment on Asymptomatic Spread Is Wrong," https://www.cnn.com/2020/06/09/health/asymptomatic-presymptomatic-coronavirus-spread-explained-wellness/index.html.

5. Office of Management and Budget, *Budget of the U.S. Government, Fiscal Year 2021*, https://www.govinfo.gov/app/collection/budget/2021.

6. J Joseph A. Schumpeter, "The Crisis of the Tax State" in *International Economic Papers* 4, eds. A. T. Peacock, R. Turvey, W. F. Stolper, and E. Henderson (London and New York: Macmillan, 1954): 5~38 [translation of "Die Krise des Steuerstaates," *Zeitfragen aus dem Gebiet der Sociologie* 4 (1918): 1~71].

7. John Witt, *The Legal Structure of Public Health* (New Haven, CT: Yale University Press, 2020).

8. U.S. Homeland Security Council, *National Strategy for Pandemic Influenza: Implementation Plan*(May 2006): 4.

9. Bob Woodward, *Rage*(New York: Simon and Schuster, 2020).

12 그린의 적, 행동주의

1. George Loewenstein and Richard H. Thaler, "Anomalies: Intertemporal Choice," *Journal of Economic Perspectives* 3, no. 4 (1989): 181~193, doi:10.1257/jep.3.4.181을 참고했으며, 맥락에 맞게 약간 손을 보았다.

2. David Laibson, "Hyperbolic Discount Functions, Undersaving, and Savings Policy" NBER Working Paper 5635 (Cambridge, MA: National Bureau of Economic Research, June 1996), https://doi.org/10.3386/w5635.

3. 초기 비용 편향은 에너지-효율성 격차(energy-efficiency gap)와 에너지 역설(energy paradox) 등 많은 다른 이름으로 통한다. 회의적인 견해로는 Hunt Allcott and Michael Greenstone, "Is There an Energy Efficiency Gap?," *Journal of Economic Perspectives* 26, no. 1 (2012): 3~28, doi:10.1257/jep.26.1.3을 참조하라. 그 격차의 강력한 옹호자는 컨설팅 기업 매킨지(McKinsey & Company)다. 그들이 출간한 책, *Unlocking Energy Efficiency in the U.S. Economy*(2009)를 참조하라. www.mckinsey.com.

4. Richard Thaler and Cass R. Sunstein, *Nudge: Improving Decisions about Health, Wealth, and Happiness*(London: Penguin, 2009)를 참조하라.

13 그린 정치의 이론

1. 이어지는 내용은 Paul Samuelson and William Nordhaus, *Economics*, 19th ed. (New York: McGraw-Hill, 2010)를 참고로 했으며, 문맥에 맞게 약간의 수정을 거쳤다.

2. 책임법의 경제학을 다룬 유용한 연구물로는 Robert D. Cooter, "Economic Theories of Legal Liability," *Journal of Economic Perspectives* 5, no. 3 (1991): 11~30, doi:10.1257/jep.5.3.11을 참조하라.

3. Mancur Olson, *The Rise and Decline of Nations: Economic Growth, Stagflation,*

and Social Rigidities(New Haven, CT: Yale University Press, 2008)

14 그린 정치의 실제

1. 전쟁의 치명률 데이터를 위해서는 Center for Systemic Peace, http://www. systemicpeace.org를 참조하라.

2. Kevin P. Gallagher and Throm C. Thacker, "Democracy, Income, and Environmental Quality" (PERI Working Papers, No. 164, 2008).

3. Madison is in Douglas A. Irwin, *Clashing over Commerce: A History of U.S. Trade Policy*, Markets and Governments in Economic History (Chicago: University of Chicago Press, 2017, Kindle), location 8425.

4. 관세율 데이터는 *Historical Statistics of the United States: Millennial Edition* (Cambridge: Cambridge University Press, 2006), table Ee430에서 가져왔다. 미국 국제무역위원회(International Trade Commission)가 그 자료를 업데이트했다.

5. Irwin, *Clashing over Commerce*, location 8424~8425에 인용된 내용이다.

6. 오염으로 인한 사망률 데이터는 Aaron J. Cohen et al., "Estimates and 25-Year Trends of the Global Burden of Disease Attributable to Ambient Air Pollution: An Analysis of Data from the Global Burden of Diseases Study 2015," *Lancet* 389, no. 10082 (2017): 1907~1918, doi:10.1016/S0140-6736(17)30505-6에서 가져왔다.

Neal Fann, Charles M. Fulcher, and Kirk Baker, "The Recent and Future Health Burden of Air Pollution Apportioned Across U.S. Sectors," *Environmental Science and Technology*47, no. 8 (2013): 3580-3589, doi:10.1021/es304831q; E. W. Butt et al., "Global and Regional Trends in Particulate Air Pollution and Attributable Health Burden over the Past 50 Years," *Environmental Research Letters* 12, no. 10 (2017): 104017, doi:10.1088/1748-9326/aa87be도 참조하라.

7. 황 배출에 따른 한계 피해 추정치는 2002년 수치로, Nicholas Z. Muller, Robert Mendelsohn, and William Nordhaus, "Environmental Accounting for Pollution in the United States Economy," *American Economic Review*101, no. 5 (2011): 1649-1675, doi:10.1257/aer.101.5.1649에서 따왔다. 좀더 최근 연도의 업데이트 자

료는 니컬러스 멀러와의 개인적 의사소통을 통해 얻었다.

8. 이 추정치는 니컬러스 멀러와의 개인적 의사소통을 기반으로 한 것이다.

9. Céline Ramstein et al., *State and Trends of Carbon Pricing: 2019*, World Bank, 2019, doi:10.1596/978-1-4648-1435-8.

15 그린 뉴딜

1. 뉴딜은 역사학자들이 광범위하게 논의해온 주제다. 그에 대한 간략한 역사를 담은 훌륭한 자료로는 William E. Leuchtenburg, *Franklin D. Roosevelt and the New Deal* (New York: Harper, 1963)을 참조하라. 그 시기의 역사를 다룬 권위 있는 자료로는 제임스 맥그레거 번스(James MacGregor Burns)가 쓴 루스벨트에 관한 두 권의 책을 참조하라.

2. 연방 지출에 관한 데이터는 Bureau of Economic Analysis, www.bea.gov, particularly table 3.9.5에서 가져왔다.

3. 예컨대 Robert J. Gordon and Robert Krenn, *The End of the Great Depression, 1939-41: Policy Contributions and Fiscal Multipliers*, National Bureau of Economic Research, no. w16380, 2010, doi:10.3386/w16380을 참조하라.

4. 이를테면 Rolf Czeskleba-Dupont, Annette Grunwald, Frede Hvelplund, and Henrik Lund, *Europaeische Energiepolitik und Gruener New Deal: Vorschlaege zur Realisierung energiewirtschaftlicher Alternativen*(European energy policy and Green New Deal: Proposals for the realisation of energy-economic alternatives) (Berlin: Institut fuer Oekologische Wirtschaftsforschung (IOEW), 1994)을 참조하라.

5. Thomas L. Friedman, "A Warning from the Garden," *New York Times*, January 19, 2007, and "The Power of Green," *New York Times*, April 15, 2007.

6. New Economics Foundation, *A Green New Deal*, 2008, https://neweconomics. org/2008/07/green-new-deal.

7. 하원 결의안의 내용을 알고 싶으면 Recognizing the Duty of the Federal Government to Create a Green New Deal, H.R. 109, 116th Congr. (2019)를 참조하라. https://www.congress.gov/bill/116th-congress/house-resolution/109/text?q=%7

B%22search%22%3A%5B%22Green+New+Deal%22%5D%7D&r=1&s=2.

8. EIA, *Annual Energy Outlook*, eia.doe.gov.

9. Steven J. Davis et al., "Net-Zero Emissions Energy Systems," *Science*360, no. 6396 (2018): eaas9793, doi:10.1126/science.aas9793.

16 그린 경제에서의 이윤

1. "Laudato Si': On Care for Our Common Home," encyclical letter, *Vatican Press*, w2.vatican.va에서 가져왔다.

2. Milton Friedman and Rose Friedman, *Free to Choose: A Personal Statement* (Boston: Houghton Mifflin Harcourt, 1990), 234, Kindle.

3. Steve Forbes, "Why the Left Should Love Big Profits," *Forbes*, May 7, 2014, https://www.forbes.com/sites/steveforbes/2014/05/07/profit-is-indispensable-for-prosperity/#4dc8455323b8.

4. 이윤과 자본에 대한 데이터는 경제분석국, 특히 Sarah Osborne and Bonnie A. Retus, "Returns for Domestic Nonfinancial Business," *Survey of Current Business* 98, no. 12 (2018), www.bea.gov.에서 따왔다. 국채의 실질 수익률은 10년 만기 재무부 채권의 수익률에서 인플레이션율을 뺀 값이다. 수익률 데이터는 국내 비금융 기업만 포괄한 것으로, 금융 이윤과 외국인 투자의 이윤은 배제한 값이다. 'S&P 500' 주식 같은, 수익과 주가에 관한 더욱 친숙한 데이터는 상장 회사를 위한 것으로, 금융 회사와 해외 수익, 그리고 경제분석청 추정치에서 제외된 (자본 수익 같은) 수익 요소를 포함한다.

5. Nicholas Z. Muller, Robert Mendelsohn, and William Nordhaus, "Environmental Accounting for Pollution in the United States Economy," *American Economic Review* 101, no. 5 (2011): 1649~1675, doi:10.1257/aer.101.5.1649.

17 그린세

1. George Washington, "Washington's Farewell Address" (speech), September 19, 1796, The Avalon Project, Yale Law School, transcript,https://avalon.law.yale.edu/18th_century/washing.asp.

2. "Tax Reform: End the Disgrace," *New York Times*, September 6, 1977에 인용된 지미 카터의 말.

3. George H. W. Bush, "Acceptance Speech," delivered at the Republican National Convention, August 18, 1988, published December 4, 2018, by NBC News, https://www.nbcnews.com/video/1988-flashback-george-h-w-bush-says-read-my-lips-no-new-taxes-1388261955924.

4. Oliver Wendell Holmes, quoted in Compania De Tabacos v. Collector, 275 U.S. 87 (1927).

5. Markus Maibach, Christoph Schreyer, Daniel Sutter, H. P. van Essen, B. H. Boon, Richard Smokers, Arno Schroten, C. Doll, Barbara Pawlowska, and Monika Bak, *Handbook on Estimation of External Costs in the Transport Sector*(Holland: CE Delft, 2007); "Internalisation Measures and Policies for All External Costs of Transport (IMPACT)," *Handbook on Estimation of External Costs in the Transport Sector*, version 1.1 (Holland: CE Delft, 2008).

6. 환경세 세수 추정치는 Organisation for Economic Co-operation and Development (OECD), *Towards Green Growth? Tracking Progress*, OECD Green Growth Studies (Paris: OECD, 2015), doi:10.1787/9789264234437-en에서 가져왔다.

7. 효과적인 탄소세율 추정치는 Céline Ramstein et al., *State and Trends of Carbon Pricing: 2019*, World Bank, 2019, doi:10.1596/978-1-4648-1435-8에서 따왔다.

8. Gilbert Metcalf, "A Distribution Analysis of Green Tax Reforms," *National Tax Journal* 52, no. 4 (December 1999): 655-82, doi:10.2307/41789423. 그의 분석은 주로 탄소세와 전통적인 오염 물질에 대한 세금을 고려했는데, 그 모두를 합하면 연방 세수의 10퍼센트를 차지한다.

18 그린 혁신의 이중적 외부 효과

1. 그린화학의 수상자와 그 분야의 성공적인 연구 사례 몇 가지를 살펴보려면, U.S. Environmental Protection Agency, "Green Chemistry Challenge Winners," https://www.epa.gov/greenchemistry/presidential-green-chemistry-challenge-winners 를 참조하라.

2. 이 장은 나의 이전 연구들 가운데 다음의 두 가지를 활용한다. *The Climate Casino: Risk, Uncertainty, and Economics for a Warming World*(New Haven, CT: Yale University Press, 2013), 그리고 "Designing a Friendly Space for Technological Change to Slow Global Warming," *Energy Economics* 33, no. 4 (2011): 665~673, doi:10.1016/j.eneco.2010.08.005.

3. 그린화학에 관한 인용문은 Paul T. Anastas and John C. Warner, *Green Chemistry: Theory and Practice*(Oxford: Oxford University Press, 1998); James Clark, Roger Sheldon, Colin Raston, Martyn Poliakoff, and Walter Leitner, "15 Years of Green Chemistry," *Green Chemistry* 16, no. 1 (2014): 18~23, doi:10. 1039/C3GC90047A에서 가져왔다.

4. 폴 로머는 기술과 신지식의 경제학에 관한 연구를 인정받아 2018년 노벨 경제학상을 수상했다. 그의 작업을 다룬 좋은 자료로는 Charles I. Jones, "Paul Romer: Ideas, Nonrivalry, and Endogenous Growth," *Scandinavian Journal of Economics* 121, no. 3 (2019): 859~883, doi:10.1111/sjoe.12370을 참조하라.

5. David I. Jeremy, "Damming the Flood: British Government Efforts to Check the Outflow of Technicians and Machinery, 1780~1843," *Business History Review* 51, no. 1 (Spring 1977): 1~34, doi:10.2307/3112919.

6. Geoffrey Blanford, James Merrick, Richard Richels, and Steven Rose, "Trade-Offs between Mitigation Costs and Temperature Change," *Climatic Change* 123 (2014): 527~541, doi:10.1007/s10584-013-0869-2.

7. 잠재적인 신기술 다수와 그것을 촉진하는 전략을 다룬 자료로는 특별호인 *Energy Economics* 33, no. 4 (2011)를 참조하라.

8. 이들 신기술 가운데 일부는 낯익지 않을 수도 있다. U.S. Energy Information Administration, "Electricity Explained: How Electricity Is Generated," https://www.eia.gov/energyexplained/electricity/how-electricity-is-generated.php에 담겨 있는 기술을 참고했다.

19 그린 세계에서 개인의 윤리

1. 윤리학은 포괄적인 학문이다. 윤리학을 간략하고도 흥미롭게 개괄해놓은 책으로는

Simon Blackburn, *Ethics: A Very Short Introduction* (Oxford: Oxford University Press, 2003)을 참조하라. 환경윤리학에서 가장 기본적인 저서들 가운데 하나는 Paul Taylor, *Respect for Nature: A Theory of Environmental Ethics* (Princeton, NJ: Princeton University Press, 1986)다.

2. 4장의 논의를 참조하라. 또한 각국의 관계에 적용하기 위해 John Rawls, "The Law of Peoples," *Critical Inquiry* 20, no. 1 (1993): 36~68도 참조하라.

3. 기후 윤리에 관한 논의를 위해서는 John Broome, *Climate Matters: Ethics in a Warming World* (New York: W. W. Norton, 2012)를 참조하라. 이 장의 논의는 브룸의 책에 대한 나의 서평, "The Ethics of Efficient Markets and Commons Tragedies: A Review of John Broome's Climate Matters: Ethics in a Warming World," *Journal of Economic Literature* 52, no. 4 (2014): 1135~1141, doi:10.1257/jel.52.4.1135의 도움을 받았다.

4. 환경 단체 천연자원보호협회(Natural Resources Defense Council, NRDC)는 여기에서와 관련된 이슈들에 대해 현명한 의견을 내놓았다. 오프셋에 대한 유용한 조언을 살펴보려면, "Should You Buy Carbon Offsets?," https://www.nrdc.org/stories/should-you-buy-carbon-offsets을 참조하라.

5. Ibid.

20 그린 기업과 '기업의 사회적 책임'

1. ESG에 대한 세 가지 정의는 Ronald Paul Hill, Thomas Ainscough, Todd Shank, and Daryl Manullang, "Corporate Social Responsibility and Socially Responsible Investing: A Global Perspective," *Journal of Business Ethics* 70, no. 2 (2007): 165~174; John L. Campbell, "Why Would Corporations Behave in Socially Responsible Ways? An Institutional Theory of Corporate Social Responsibility," *Academy of Management Review* 32, no. 3 (2007): 946~967, doi:10.5465/amr.2007.25275684에서 가져왔다.

2. Milton Friedman, "The Social Responsibility of Business Is to Increase Its Profits," in *Ethical Theory and Business*, 8th ed., ed. Tom L. Beauchamp, Norman E. Bowie, and Denis G. Arnold (London: Pearson, 2009), 55.

3. Michael C. Jensen, "Value Maximization, Stakeholder Theory, and the Corporate Objective Function," *Business Ethics Quarterly* 12, no. 2 (2002): 235~256, doi:10.2307/3857812.

4. Ibid., 239.

5. 시장근본주의를 철저히 비판한 자료는 Amartya Sen, *On Ethics and Economics* (New York: Basil Blackwell, 1987)이다. 프란치스코 교황의 인용문은 "Laudato Si': On Care for Our Common Home," encyclical letter, *Vatican Press*, w2.vatican. va에서 찾아볼 수 있다. 프리드먼의 인용문은 Friedman, "Social Responsibility of Business," 55에서 가져왔다.

6. Sen, *On Ethics and Economics*를 참조하라.

7. 인용된 법정 소송 사건은 Sylvia Burwell, Secretary of Health and Human Services et al. v. Hobby Lobby Stores, Inc. et al. (2014), No. 13~354, June 30, 2014이다. 이는 기업이 정치적 목적을 위해 자금을 사용하도록 허락받기 위해 쓰이는 주장(광범위한 반대 의견에 부응하는)이지만, 또한 기업이 주주 가치 극대화라는 협의의 단일 목적만 가지고 있지는 않다는 좀더 일반적인 점을 지적하기도 한다는 것에 유의하라.

8. William M. Landes and Richard A. Posner, "The Independent Judiciary in an Interest-Group Perspective," *Journal of Law and Economics* 18, no. 3 (1975): 875~901; William M. Landes, "Economic Analysis of Political Behavior," *Universities-National Bureau Conference Series* 29 (1975).

9. Christopher Stone, *Where the Law Ends: The Social Control of Corporate Behavior* (New York: Harper, 1975).

21 그린 금융

1. USSIF Foundation, *Report on U.S. Sustainable, Responsible and Impact Investing Trends, 2018*, https://www.ussif.org/currentandpast.

2. TIAA-CREF, "Responsible Investing and Corporate Governance: Lessons Learned for Shareholders from the Crises of the Last Decade"(2010년 3월 발표된 정책 개요), https://www.tiaainstitute.org/sites/default/files/presentations/2017-02/

pb_responsibleinvesting0310a.pdf.

3. California Public Employees' Retirement System, "CalPERS Beliefs: Thought Leadership for Generations to Come"(2014년 6월 발표된 보고서), https://www.calpers.ca.gov/docs/board-agendas/201501/full/day1/item01-04-01.pdf.

4. 윤리적 투자에 관한 예일 대학의 보고서는 John G. Simon, Charles W. Powers, and Jon P. Gunnemann, *The Ethical Investor: Universities and Corporate Responsibility* (New Haven, CT: Yale University Press, 1972), http://hdl.handle.net/10822/764056이다.

5. 이 시장을 위해 나는 미국의 최대 상장 기업 3600개의 가치 가중 펀드인 Vanguard Total Stock Market Index Fund(VTSMX)를 사용한다.

6. 기업과 산업을 위한 ESG 점수는 CSRHub Sustainability Management Tools, https://www.csrhub.com/CSR_and_sustainability_information에서 찾아볼 수 있다.

7. 본문의 계산은 표준적인 금융 이론에 의존한다. 수익률은 두 가지 위험 요소, 즉 시장 요소와 특이 요소를 지니는 것으로 가정한다. 투자자는 특이 요소의 중요성을 줄여주는 다각화를 통해 포트폴리오의 위험을 낮출 수 있다. 표 21-1은 각 기업의 연간 실질 수익률이 6퍼센트로 예상된다고, 각 기업의 위험 절반은 시장 요소 때문이고 나머지 절반은 특이 요소 때문이라고 가정한다. 그린 포트폴리오는 다각화 정도가 덜하므로 위험은 더 크다. 서로 다른 투자를 비교해보기 위해 나는 더 위험한 포트폴리오의 위험도 높은 주식을 안전한 채권으로 대체함으로써 포트폴리오가 동일한 위험을 가지도록 조정했다. 따라서 이 표는 동일한 위험을 지닌 서로 다른 포트폴리오의 수익률 불이익을 보여준다. 현대 포트폴리오 이론의 기본적인 사항은 매우 유익하고 재미있는 책, Burton Malkiel, *A Random Walk Down Wall Street*, 11th ed. (New York: W. W. Norton, 2016)에서 찾아볼 수 있다.

8. 평균 ESG의 총 보수 비용 비율은 Charles Schwab, *Socially Conscious Funds List, First Quarter 2020*, for U.S. equity funds, www.schwab.com에서 가져왔다.

22 그린 행성?

1. 이 책의 논의는 내 책 *The Climate Casino: Risk, Uncertainty, and Economics for a Warming World* (New Haven, CT: Yale University Press, 2013)에 토대를 두고

있다.

2. 환경 조약을 다룬 빼어난 책으로 Scott Barrett, *Environment and Statecraft: The Strategy of Environmental Treaty-Making* (Oxford: Oxford University Press, 2003)을 참조하라.

3. 더욱 완벽한 논의를 위해 찾아볼 만한 자료는 많다. 기후를 다룬 탁월한 책으로는 William F. Ruddiman, *Earth's Climate: Past and Future*, 3rd ed. (New York: W. H. Freedman, 2014)를 참조하라.

4. Massachusetts v. EPA, 549 U.S. 497 (2007), https://www.supremecourt.gov/opinions/06pdf/05-1120.pdf.

5. 여기서 소개한 추정치는 나의 노벨상 수상 강연집, William Nordhaus, "Climate Change: The Ultimate Challenge for Economics," *American Economic Review* 109, no. 6 (2019): 1991~2014, doi:10.1257/aer.109.6.1991에서 가져왔다.

6. 이러한 연구 결과는 기후 변화 경제학이 처음 출현한 이래 그 분야에서 핵심적인 것들이다. 기본적인 모델링과 연구 결과를 개괄해놓은 자료로는 Nordhaus, "Climate Change," 1991~2014, doi:10.1257/aer.109.6.1991, 그리고 거기에 소개된 문헌을 참조하라. 기후 변화에 관한 정부 간 협의체(Intergovernmental Panel on Climate Change, IPCC)의 평가 보고서를 다룬 몇몇 장은 이 점을 심도 있게 탐구했다. 최근 보고서를 보고 싶다면 www.ipcc.org를 참조하라.

23 지구 보호를 위한 기후 협약

1. DICE 모델(기후와 경제에 관한 동적 통합 모델)은 경제와 지구 시스템의 중요한 구성 요소를 나타내주는 컴퓨터로 계산한 일련의 수학 공식이다. 이는 배출량과 기후 변화를 예측하고 정책을 시험하기 위해 사용할 수 있다. William D. Nordhaus, *Climate Casino: Risk, Uncertainty, and Economics for a Warming World* (New Haven, CT: Yale University Press, 2013)를 참조하라.

2. 가령 나의 미국경제협회(American Economic Association) 회장단 연설, "Climate Clubs: Overcoming Free-Riding in International Climate Policy," *American Economic Review* 105, no. 4 (2015): 1339-1370, doi:10.1257/aer.15000001을 참조하라. 이의 비전문가용 버전으로는 William D. Nordhaus, "Climate Clubs to

Overcome Free-Riding," *Issues in Science and Technology* 31, no. 4 (2015): 27~34를 참조하라.

3. Martin Weitzman, "Voting on Prices vs. Voting on Quantities in a World Climate Assembly," *Research in Economics*71, no. 2 (2017): 199-211, doi:10.1016/j.rie. 2016.10.004를 참조하라.

24 그린회의주의자

1. John Aloysius Farrell, "Koch's Web of Influence," Center for Public Integrity, 2011,https://www.publicintegrity.org/2011/04/06/3936/kochs-web-influence. (2014년 5월 19일에 접속).

2. https://www.greenpeace.org/usa/global-warming/climate-deniers/koch-industries/.

3. 커크패트릭 세일의 말은 John Zerzan, ed., *Against Civilization: Readings and Reflections* (Eugene: Uncivilized Books, 1999)에 인용되어 있다.

4. 관련 논의와 인용문은 Milton Friedman, *Capitalism and Freedom: Fortieth Anni- versary Edition* (Chicago: University of Chicago Press, 2009), Kindle, 그리고 Milton and Rose Friedman, *Free to Choose: A Personal Statement* (Boston: Houghton Mifflin Harcourt, 1990), Kindle에서 가져왔다.

5. Milton Friedman and Rose D. Friedman,*Free to Choose: A Personal Statement* (New York: Harcourt Brace Jovanovich, 1980), 218.

6. 아황산가스의 과거 배출량 데이터는 Sharon V. Nizich, David Misenheimer, Thomas Pierce, Anne Pope, and Patty Carlson, *National Air Pollutant Emission Trends, 1900~1995*, EPA-454/R-96-007 (Washington, DC: U.S. Environmental Protection Agency, Office of Air Quality, 1996)에서 따왔고, EPA가 업데이트한 자료도 참고했다. GDP 데이터를 위해서는 U.S. Bureau of Economic Analysis, https://www.bea.gov/data/gdp, 그리고 개별 학자들의 초기 추정치를 참고했다.

7. David Anthoff and Robert Hahn, "Government Failure and Market Failure: On the Inefficiency of Environmental and Energy Policy," *Oxford Review of Economic Policy* 26, no. 2 (2010): 197-224, doi:10.1093/oxrep/grq004.

8. William D. Nordhaus, *The Climate Casino: Risk, Uncertainty, and Economics*

for a Warming World (New Haven, CT: Yale University Press, 2013).

9. Ronald Reagan, "Remarks on Signing the Annual Report of the Council on Environmental Quality" (1984년 7월 11일에 행한 연설), The Ronald Reagan Presidential Library and Museum, transcript,https://www.reaganlibrary.gov/archives/speech/remarks-signing-annual-report-council-environmental-quality.

10. 오염 통제 지출 추정치는 Bureau of Economic Analysis, *Survey of Current Business* (Washington, DC: Bureau of Economic Analysis, 1996)에서 가져왔다.

25 그린의 정신, 그 여정을 마치며

1. Barbara Tuchman, *The March of Folly: From Troy to Vietnam* (New York: Knopf, 1984), 7.

찾아보기